KB175887

데이터 분석

**Be the Solver**

# 탐색적
# 자료 분석(EDA)

데이터 분석

Be the Solver

# 탐색적
# 자료 분석(EDA)

송인식 지음

이담 Books

## '문제 해결 방법론(PSM)'[1]의 재발견!

오랜 기간 기업의 경영 혁신을 지배해온 「6시그마」의 핵심은 무엇일까? 필자의 과제 수행 경험과 강의, 멘토링, 바이블 시리즈 집필 등 20년 넘게 연구를 지속해오면서 6시그마를 지배하는 가장 중요한 요소가 무엇인지 깨닫게 되었다. 그것은 바로 '문제 처리(Problem Handling)', '문제 해결(Problem Solving)', '문제 회피(Problem Avoiding)'이다. 이에 그동안 유지해온 타이틀 『6시그마 바이블』 시리즈와 『Quality Bible』 Series를 이들 세 영역에 초점을 맞춘 『Be the Solver』 시리즈로 통합하고, 관련 내용들의 체계를 재정립한 뒤 개정판을 내놓게 되었다.

기업에서 도입한 경영 혁신의 핵심은 대부분 '문제 처리/문제 해결/문제 회피(이하 '3대 문제 유형')'를 위해 사전 활동으로 '과제 선정'이 요구되고, '3대 문제 유형'을 통해 사후 활동인 '성과 평가'가 이루어진다. 또 '3대 문제 유형'을 책임지고 담당할 '리더'가 정해지고, 그들의 '3대 문제 유형' 능력을 키우기 위해 체계적인 '전문 학습'이 기업으로부터 제공된다. 이들을 하나로 엮으면 다음의 개요도가 완성된다.[2]

---

1) Problem Solving Methodology.
2) 송인식(2016), 『The Solver』, 이담북스, p.38 편집.

상기 개요도에서 화살표로 연결된 내용들은 '용어 정의'를, 아래 밑줄 친 내용들은 '활동(Activity)'을 각각 나타낸다. 기업에는 모든 형태의 문제(공식화될 경우 '과제')들이 존재하고 이들을 해결하기 위해 세계적인 석학들이 다양한 방법론들을 제시했는데, 이같이 문제들을 해결하기 위한 접근법을 통틀어 **'문제 해결 방법론(PSM, Problem Solving Methodology)'**이라고 한다.

필자의 연구에 따르면 앞서 피력한 대로 문제들 유형은 '문제 처리 영역', '문제 해결 영역', 그리고 '문제 회피 영역'으로 나뉜다. '문제 처리 영역'은 '사소한 다수(Trivial Many)'의 문제들이, '문제 해결 영역'은 고질적이고 만성적인 문제들이, 또 '문제 회피 영역'은 연구 개발처럼 '콘셉트 설계(Concept Design)'가 필요한 문제 유형들이 포함된다. '문제 회피(Problem Avoiding)'의 의미는 설계 제품이 아직 고객에게 전달되지 않은 상태에서 "향후 예상되는 문제들을 미리 회피시키기 위해 설계 노력을 강구함"이 담긴 엔지니어 용어이다. 이들 '3대 문제 유형'과 시리즈에 포함돼 있는 '문제 해결 방법론'을 연결시켜 정리하면 다음과 같다.

**[총서]**: 문제 해결 역량을 높이기 위한 이론과 전체 시리즈 활용법 소개.
- The Solver → 시리즈 전체를 아우르며 문제 해결 전문가가 되기 위한 가이드라인 제시.

**[문제 처리 영역]**: '사소한 다수(Trivial Many)'의 문제들이 속함.

- 빠른 해결 방법론 → 전문가 간 협의를 통해 해결할 수 있는 문제에 적합. '실험 계획(DOE, Design of Experiment)'을 위주로 진행되는 과제도 본 방법론에 포함됨(로드맵: 21 − 세부 로드맵).
- 원가 절감 방법론 → 원가 절감형 개발 과제에 적합. 'VE(Value Engineering: 가치공학)'를 로드맵화한 방법론(로드맵: 12 − 세부 로드맵).
- 단순 분석 방법론 → 분석 양이 한두 건으로 적고 과제 전체를 5장 정도로 마무리할 수 있는 문제 해결에 적합.
- 즉 실천(개선) 방법론 → 분석 없이 바로 처리되며, 1장으로 완료가 가능한 문제 해결에 적합.
- 실험 계획(DOE) → '요인 설계'와 '강건 설계(다구치 방법)'로 구성됨(로드맵: '빠른 해결 방법론'의 W Phase에서 'P − D − C − A Cycle'로 전개).

[문제 해결 영역]: 고질적이고 만성적인 문제들이 속함.
- 프로세스 개선 방법론 → 분석적 심도가 깊은 문제 해결에 적합(로드맵: 40 − 세부 로드맵).
- 통계적 품질 관리(SQC) → 생산 중 문제 해결 방법론. '통계적 품질 관리'의 핵심 도구인 '관리도'와 '프로세스 능력'을 중심으로 전개.
- 영업 수주 방법론 → 영업 수주 활동에 적합. 영업·마케팅 부문(로드맵: 12 − 세부 로드맵).
- 시리즈에 포함되지 않은 동일 영역의 기존 방법론들 → TPM, TQC, SQC, CEDAC, RCA(Root Cause Analysis) 등.[3]

[문제 회피 영역]: '콘셉트 설계(Concept Design)'가 포함된 문제들이 속함.
- 제품 설계 방법론 → 제품의 설계·개발에 적합. 연구 개발(R&D) 부문

---

3) TPM(Total Productive Maintenance), TQC(Total Quality Control), SQC(Statistical Quality Control), CEDAC(Cause and Effect Diagram with Additional Cards).

(로드맵: 50 - 세부 로드맵).

- 프로세스 설계 방법론 → 프로세스 설계·개발에 적합. 금융/서비스 부문 (로드맵: 50 - 세부 로드맵).
- FMEA → 설계의 잠재 문제를 적출해 해결하는 데 쓰임. Design FMEA 와 Process FMEA로 구성됨. 'DFQ(Design for Quality) Process'로 전개.
- 신뢰성(Reliability) 분석 → 제품의 미래 품질을 확보하기 위해 수명을 확률적으로 분석·해석하는 데 적합.
- 시리즈에 포함되지 않은 동일 영역의 기존 방법론들 → TRIZ, NPI 등.4)

다음은 『**Be the Solver**』 시리즈 전체와 개별 주제들의 서명을 나타낸다.

| 분류 | 『Be the Solver』 시리즈 |
|---|---|
| 총서 | The Solver |
| 문제 해결 방법론 (PSM) | [문제 처리 영역] 빠른 해결 방법론, 원가 절감 방법론, 단순 분석 방법론, 즉 실천(개선) 방법론<br>[문제 해결 영역] 프로세스 개선 방법론, 영업 수주 방법론<br>[문제 회피 영역] 제품 설계 방법론, 프로세스 설계 방법론 |
| 데이터 분석 방법론 | 확증적 자료 분석(CDA), 탐색적 자료 분석(EDA), R분석(빅 데이터 분석), 정성적 자료 분석(QDA) |
| 혁신 방법론 | 혁신 운영법, 과제 선정법, 과제성과 평가법, 문제 해결 역량 학습법 |
| 품질 향상 방법론 | [문제 처리 영역] 실험 계획(DOE)<br>[문제 해결 영역] 통계적 품질 관리(SQC) − 관리도/프로세스 능력 중심<br>[문제 회피 영역] FMEA, 신뢰성 분석 |

---

4) TRIZ(Teoriya Resheniya Izobretatelskikh Zadach), DFQ Process(Design for Quality Process), NPI(New Product Introduction).

## '탐색적 자료 분석(EDA)'이란?

 

 

기업에서 수행되는 과제는 프로세스 내 문제를 해결하고 이를 통해 수익성과 성장성을 담보한다. 이때 문제를 극복하기 위해 '근본 원인(Root Causes)'을 깊이 있게 탐구하게 되며, 이렇게 확인된 '근본 원인'을 제거하거나 감소시킬 목적의 해당 프로세스에 대한 '개선 방향'이 설정되면 '분석(Analyze)'이 마무리된다. 또 이 과정에 소요되는 각종 도구(Tools)들에 '확증적 자료 분석(CDA)'과 '정성적 자료 분석(QDA)'이 활용된다. 전자는 '수치적 접근'이고, 후자는 '비수치적 접근'으로 분류된다.

그런데 '수치적 접근'과 '비수치적 접근'은 문제의 '근본 원인'을 규명하는 데 빠트림 없는 완전한 분류 체계로 보이나 현실은 그렇지 않다. 보통 기업에서 "분석(Analyze)을 수행한다"고 했을 때 그동안 교육에서 가르쳤던 대부분은 '가설 검정'이었다. 이것은 두 개의 '가설'을 두고 수치적(또는 통계적) 접근을 통해 하나를 선택하는 '검정'의 과정이며, 따라서 "유의하다(의미 있을 정도로 변했다, 다르다)" 또는 "유의하지 않다(의미가 없다, 달라지지 않았다)"로 가설 중 하나를 선택하는 '판사 역할'에 해당한다. '판사의 역할'에 해당하는 '가설 검정'을 '**확증적 자료 분석(CDA, Confirmatory Data Analysis)**'이라고 한다.

그러나 이것만으론 프로세스 내 문제의 핵심인 '근본 원인'을 늘 규명해낼 순 없다. '가설 검정'은 분석 요건에 맞도록 수집된 자료가 '정규성'이나 '등분산성' 등이 전제돼야 하므로 애초 '원 관측치'를 정제한 이후에나 가능한 활동이다. 반면, 프로세스에서 일어나는 여러 현상은 '정제된 데이터'가 아닌 '원 관측치' 그대로에 녹아 있는 정보를 탐구하는 활동이 매우 의미 있다. 마치 범인을 잡기 위해 탐문하고 증거를 추적하는 '탐정의 역할'에 비유되며, 이 같은 분석법을 '**탐색적 자료 분석(EDA, Exploratory Data Analysis)**'이라고 한다.

우리는 그동안 절름발이 분석을 해왔던 셈이다. 물론 문제 해결 과정에 참여한 리더들의 교육에 '탐색적 자료 분석'이 완전 배제된 것은 아니다. 주로 "그래프 분석"이란 타이틀로 커리큘럼에 포함돼 있지만 교재의 면면을 보면 '가설 검정'으로 가기 위한 하나의 절차로 인식될 뿐 별도로 중요성을 부각시키진 않고 있다. 또 '가설 검정'과 대등한 관계에서 논의되지 않으므로 그 실체가 무엇인지와 의미 또는 필요성과 효용성들에 대해서도 고민할 기회를 충분히 가져보지 못한 것도 사실이다. '원 관측치' 속에 '이상점(Outlier)'이나 그동안 보지 못했던 묘한 '경향(Trend)', 놀랄 만한 '순간 실적' 등은 "유의" 한지 여부를 판단하는 것보다 프로세스를 훨씬 업그레이드시키는 데 매우 중요한 단서가 될 수 있다. 결국 앞으로 원활한 과제 수행과 개선 효과를 극대화하기 위해 '탐색적 자료 분석'에 대해 모두가 이해하고 학습해야 할 충분한 이유는 원 자료의 바닷속에 숨겨진 진주를 찾는 일이란 점, 다시 한번 강조하는 바이다.

기존에 해왔던 '확증적 자료 분석(가설 검정)'과 함께 '탐색적 자료 분석'을 문제 해결에 적극 도입함으로써 "수집된 자료가 무엇을 말하는지, 또는 프로세스가 현상에 대해 무엇을 알려주려 하는지를 간파"한다. 즉, 수치 분석을 '확증적 자료 분석'과 '탐색적 자료 분석'으로 분류하고, 이들을 조화롭게 활용함으로써 프로세스에서 명확한 증거를 확보하는 분석의 체계를 완성해보자.

본문의 구성

본문을 구성하면서 고민거리는 "'탐색적 자료 분석'에 철저히 맞춰야 하는 가?"였다. '탐색적 자료 분석'에 매진한다면 창시자인 튜키(Turkey, 1977)의 저술 내용을 그대로 옮겨오는 것이 가장 현실적이고 내용의 전모를 이해시키는 데 도움이 될 것이다. 그러나 과제 수행 주체인 기업인을 대상으로 하고 있는 만큼, 현실과 도구와의 갭을 크게 가져가는 것보다 처한 상황을 그대로 반영하는 것이 합리적이란 생각이 든다. 이에 필자가 기업에서의 다양한 데이터를 20여 년 넘게 접해오면서 분석 중 고민했던 노하우를 접목시키는 것이 오히려 큰 도움이 되리란 생각이 들었다. 따라서 과제 리더가 대면할 데이터 외형이 한 줄로 모아지는 경우를 '일변량 자료(Univariate Data)', 두 줄로 모아지는 경우를 '이변량 자료(Bivariate Data)', 세 개 이상으로 모아지는 경우를 '다변량 자료(Multivariate Data)'로 명명하고 각각에 대해 '개요'와 본문을 구성하였다. 바로 이 부분이 본 책에 있어 기존에 알려진 '탐색적 자료 분석'과 다른 차별성을 제공한다.

또 한 가지 매우 중요한 특징 중 하나는 데이터의 시각화에 기여하면서 그 원리가 불분명하게 알려진 '시계열 분석', '로지스틱 회귀 분석', '단순 대응 분석', '다변량 차트' 등을 완전하게 해석하려고 노력한 점이다. 사실 이들은 문제 해결 중 매우 유용한 도구들이고 활용 빈도도 꽤나 높지만 일반 교육 과정에 포함되지 않았다는 이유로 배제되거나, 또는 전반적인 이해 부족으로 활용에서 크게 밀려나 있는 공통점이 있다. 특히 '대응 분석(Correspondence Analysis)' 경우, 미니탭으론 단 1초도 안 걸려 결과를 얻을 수 있지만 실제 계산 원리는 '통계학'의 '기술 통계(Descriptive Statistics)' 및 '가설 검정(Hypothesis Testing)'을, '선형 대수학(Linear Algebra)'의 '행렬(Matrix)'과 벡터(Vector), '기하학'의 '유클리드 기하학(Euclidean Geometry)', '물리학(Physics)'의 '관성 (Inertia)' 등이 복합적으로 해석돼야 그 원리 파악이 가능하다. 시중의 관련 서적으로부터도 원리 습득이 매우 어렵다는 점이 상황을 방증한다. 즉, 도구의 활용과 해석 방법을 아는 것도 중요하지만 안에서 돌아가는 원리를 이해해야 응용력이 생기는데 이 부분이 애초부터 차단돼 있는 것이다. 따라서 이를 극복시킬 대안으로 '원 관측치'로부터 '계산 결과'까지 하나하나 단계별로 과정을 추적해 설명해놓은 점이 본 책의 매우 중요한 차별적 특징이라 할 수 있다.

사실 '시계열 분석'이나 '로지스틱 회귀 분석', '단순 대응 분석', '다변량 차트'의 원리를 과연 본문에 포함시켜야 하는가라는 판단의 갈림길에 근 한 달 이상을 전전긍긍했다. 잘못하면 다시 통계 책이 돼버릴 소지가 있어 단순히 '확증적 자료 분석'의 연장편이 될 수 있다는 점, 초기 '탐색적 자료 분석'의 취지에서 크게 벗어나 실체가 불분명해질 수 있다는 점뿐만 아니라, 그 원리들이 단순하게 설명될 수 없는 매우 복잡한 과정을 거쳐야 함에도 이를 모두 설명할 수 있는지 필자의 노력 정도도 고민스러웠고, 더불어 허용된 책 본문의 분량과 정해진 기한 내에 탈고해야 하는 제약까지… 고려할 문제가 한둘이 아니었다. 그러나 결국 이 작업이 "기업인, 특히 문제 해결 활동을 한 번이라도 경험했거나 하고 있는 리더들이 진정으로 필요로 하고 계속해서 사용할 수 있겠는가?"라고 반문했을 때 "기록해놓을 필요는 분명 있을 것"이란 결론에 이르렀다. 중간중간 참고할 서적이 거의 없고 해석에 어려움을 느낄 때마다 괜한 일 하는 것은 아닌지 마음이 갈대처럼 흔들리기도 했지만 특히나 무더웠던 여름도 끈질기게 엉치(?)를 붙이고 물고 늘어진 결과, 이제는 초두에 감명 깊게 써 내려가는 의미 있는 추억을 만들었다. '보이지 않는 독자의 힘'을 느끼는 순간이었다.

본 책의 구성은 앞서 설명했던 특징들을 기반으로 하고 있다. 다시 한번 강조하기 위해 핵심들을 요약하면 다음과 같다.

첫째, 큰 흐름은 '탐색적 자료 분석'을 기반으로 하고 있다. 이 분석법은 현재 수집된 데이터를 1차적으로 시각화시키는 데 목적을 둔다. 일단 시각화에 성공하면 그로부터 프로세스의 현상을 진단하는 일이 수월해진다. 시각화시키는 도구들은 기존에 잘 알려진 '상자 그림', '산점도' 등 품질 교육 과정에 포함된 것도 많지만 현상을 객관적으로 표현할 기타 모든 접근법을 포괄한다. 본문에서는 우선 미니탭이 제공하는 시각적 툴들을 기반으로 내용 설명이 이루어지며, 필요에 따라 그 원리를 가장 근본 단계까지 해부하는 접근도 시도할 것이다. 또 필자 본인이 경험한 분석 과정에서의 노하우를 전수하는 공간으로도 십분 활용할 것이므로 독자들에겐 다른 사람의 경험도 엿보고 취할 수 있는 기회의 장이 될 것이다.

둘째, 데이터 유형을 알기 쉽게 구분하여 각각에 대한 접근법을 설명하고 있다. 프로세스로부터 수집하는 데이터는 주로 엑셀에 모여지는 형식을 띤다. 그래야 전처리도 쉽고 중간 편집도 용이하며, 각종 S/W 간 호환도 보장돼 여러모로 편리하다. 이때 상황에 따라 엑셀 기준 한 줄로 수집되는 자료가 있는가 하면, 'X'와 'Y' 각 한 줄씩 총 두 개의 열로 수집되는 경우, 또 세 개 이상의 열들로 구성되는 전체 3개 유형이 있다. 이들 각각은 특성상 분석적 접근에 차이를 둬야 한다. 단 한 줄의 자료를 두 줄의 자료처럼 분석할 방법도, 이유도 없을뿐더러, 두 줄의 자료를 세 줄 이상의 자료로 간주해 분석할 이유도 없기 때문이다. 따라서 본문은 이들을 '**일변량 자료(Univariate Data)**', '**이변량 자료(Bivariate Data)**' 및 '**다변량 자료(Multivariate Data)**'로 명명하고 각각의 특성별 시각화 방법을 제공하는 데 주력한다.

셋째, 보통 기업 교육 커리큘럼에 포함돼 있지 않지만 상대적으로 쓰임새가 높은 도구들의 원리를 완전히 해석하는 데 주력하였다. 이들에는 '시계열 분석(Time Series Analysis)', '이항 로지스틱 회귀 분석(Binary Logistic Regression Analysis)', '단순 대응 분석(Simple Correspondence Analysis)', '다변량 차트(Multivariate Chart)' 등이 포함되며, 기존에 잘 알려진 미니탭 결과를 단순히 해석하는 입장에서 훨씬 더 나아가 이론적 개념과 수치 처리 절차를 하나하나 상세히 설명하고 있다. 원리를 모르면 응용력이 생기지 않는다는 기존의 입장을 고수하기 위한 수순이다. 그러나 앞서 나열한 도구들의 원리가 우리 주변에서 쉽게 구해지지 않는 이유도 생각해봐야 한다. 그리 단순치 않아 그들 모두를 낱낱이 들춰내기가 어려울뿐더러 잘못하면 리더들로 하여금 "어렵다"는 인식을 키워 관심에서 멀어지는 역효과를 불러올 수도 있다. 이런 부작용 가능성에도 굳이 본문에 원리를 낱낱이 소개한 이유는 활용 빈도가 매우 높다는 것과, 그에 비해 원리 설명을 주변에서 찾아보기 매우 어렵다는 역설이 작용했다. 혹 이 도구들을 활용할 리더가 단 한 명이라도 존재해 응용력을 키워 좋은 결과로 이어진다면 그나마 주변에서 눈높이에 맞춰 설명할 유일한 책이 될 수 있다는 점을 강조하는 바이다.

# 차례

# 탐색적 자료 분석 개요

본론으로 들어가기 전 과제 수행 시 '분석의 필요성'과 '분석 개요', '분석 범위' 및 앞으로 전개될 '분석 방향'에 대해 전반적인 이해를 구한다. 따라서 과제 수행 시 분석을 어떻게 진행하는 것이 가장 효과적이고 바람직한 접근인지 이해시키고, 각 분야에서 분석 역량을 최대화할 수 있는 기초를 제공한다.

# 1. '분석'의 도입 배경과 차별성

　　　　　　　　　　"과제 수행에서 '탐색적 자료 분석'이 왜 필요하지?" 그동안 기획돼 온 시리즈에 '탐색적 자료 분석'을 포함시켜 원고를 쓰기 시작했다는 말에 주변에선 의아스럽다는 반응이다. 그도 그럴 것이 '문제 해결 방법론'의 로드맵에는 이미 'Analyze Phase'가 들어 있어 교육 중 '분석'에 필요한 '도구'와 '용법'들을 늘 소개하고 있기 때문이다. 즉, 교육이나 과제 수행에서 항상 다루고 있는 '분석'이란 주제를 별도로 떼어내면 '프로세스 개선 방법론'의 'Analyze Phase'와 중복될 것을 우려한 것이다. 이 모든 의문들에 당장 답하기에 앞서 '문제 해결 방법론'에서의 '분석'이 도대체 어떤 의미를 담고 있는지 먼저 확실하게 이해한 후 제기한 여러 논점들로 다시 돌아오자.

　　문제 해결에 '분석 활동'이 들어 있다는 것 자체가 기존의 여타 방법론들과 차별화됐음을 알아보기 위해서는 뭐니 뭐니 해도 '6시그마'를 벗어나서 얘기하긴 어렵다. 우선 6시그마 확산의 원조(?) 격인 마이클 해리의 'D−M−A−I−C 구조'부터 살펴보자. 사실 최초의 6시그마 방법론은 'Define Phase'가 없는 'M−A−I−C' 4개 Phase로 이루어졌고 나중에 6시그마 경영 혁신을 전 부문으로 확산시킨 GE(General Electric)社에서 'Define'을 추가하였다. 이에 대해 한 문헌은 다음과 같이 서술하고 있다.[5]

　　　"…(중략) 그 이유는 다음과 같다. 초기 모토로라의 6시그마는 제조 현장의 품질 개선이 주요 관심 대상이었다. 제조 현장에는 오랫동안 관리해온 주요 품질 지표가 있으며 품질 지표의 개선 및 관리의 주체가 비교적 명확하기 때문에 Define

---

5) 이팔훈, "한국적 6시그마 정착방향", Journal of the Korean Institute of Industrial Engineers, Vol. 32, No. 4, pp.268~278, December 2006.

(문제 정의) Phase가 그다지 중요하지 않았다. 반면, GE는 6시그마를 조직 내 모든 영역에 적용하였다. 제조 현장과 달리 서비스, 사무 간접 영역은 과제의 범위와 목표 관리 주체가 명확하지 않은 경우가 많다. 이와 같은 문제를 해결하기 위해 GE는 MAIC에 Define Phase를 포함한 것이다. (중략)···."

'6시그마 방법론' 창시자[6]인 마이클 해리(Mikel J. Harry)는 도대체 어떤 생각과 과정을 거쳐 'M-A-I-C'를 완성한 것일까? '분석(Analysis)'의 의미를 되새겨보기 전 'M-A-I-C'가 만들어진 당시의 여정을 잠시 들여다보자. 다음은 관련 정보가 들어 있는 웹사이트[7]와 문헌[8]의 내용을 번역 후 정리한 뒤 알기 쉽게 재편집한 것이다.

"···(중략) 모토로라 경우 1970년대 후반부터 점진적인 변화가 시작되었는데, '74년 일본 파나소닉(舊 '마쓰시타 전기')社가 미국 내 텔레비전 세트를 제조하던 모토로라 공장을 인수한 후 얼마 지나지 않아 과거 모토로라 때보다 1/20 수준의 결점만을 내는 관리 상태에서 TV 세트를 생산한 것이 계기가 되었다. 이를 목격한 모토로라는 자신들의 제품 품질에 심각한 문제가 있었음을 깨닫게 된다. 이 경험은 1981년 밥 갤빈(Bob Galvin)이 모토로라의 CEO가 되었을 때 제품의 품질 수준을 크게 높이는 일에 매진하는 강장제가 되었던 동시에, 이후 5년에 걸쳐 현재의 성능을 10배로 높이겠다는 야심찬 목표를 세워 그에 도전하는 시발점으로 작용한다. 계획 실행 3년 차인 1983년 애리조나 주립대(Arizona State University)에서 박사 과정에 있던 마이클 해리가 모토로라 GEG(Government Electronics Group) 레이더 사업에 인턴직으로 합류하는데, 그의 역할은 외부 컨설턴트로서 통계적 문제 해결 교육 과정을 정립하고 그중 일부를 가르치는 일이었다. 이 시기에 해리는

---

6) '6시그마'가 아닌 '6시그마 방법론(Methodology)'을 언급하고 있음. 공식적인 '6시그마 창시자'는 1986년 Motorola 엔지니어였던 '빌 스미스(Bill Smith)'이며, 마이클 해리는 그를 "the Father of Six Sigma"로 지칭한 바 있음(WIKIPEDIA).
7) http://www.pqa.net/ProdServices/sixsigma/W06002009.html
8) Gregg Young(2009), "Six Sigma's Best Kept Secret—Part I Motorola's DMAIC Six Sigma Process is not the process it used to win the Malcolm Baldrige National Quality Award."

1982년부터 애리조나 대학 '응용과학 기술 분과'9)에서 박사 과정을 밟으며 지속적으로 연구해오던 데이터 기반의 과학적 문제 해결 체계인 "Logic Filters"를 완성한다. 그는 또 "Logic Filters"에 대해 이후 3년에 걸쳐 모토로라에서 추가 연구를 수행하였다.

1985년에 이르러 모토로라 GEG는 해리 박사가 창안한 "Logic Filters" 문제 해결 전략을 공식적으로 채택하는데, 여기에는 해리 박사의 'Logic Filters' 기본 개념과 교육 커리큘럼 및 일정 등이 포함돼 있다. 같은 해 해리는 "Practical Experiment Design, Level Ⅰ, Engineering Workbook"을 발표하였으며, 여기서는 "Logic Filters"의 기본 개념과 함께 '깔때기' 모양의 원인 변수가 줄어드는, 마치 'M−A−I−C' 흐름과 유사한 단계별 그림이 포함되었다(이전보다 업그레이드됨). 또 다양한 도구(Tools)들이 '깔때기' 형체 내 각 단계와 연결된 모습으로 소개되고 있다. 이 시기는 빌 스미스가 설계 마진과 제품 품질의 기대 수준을 설명하기 위해 "Six Sigma (Level)"라는 용어를 만든 때이기도 하다. 이듬해인 1986년 해리는 "Achieving Quality Excellence: The Strategy, Tactics, and Tools"라는 교재(Textbook)를 출판하는데, 이 책에서 'Sigma Level'의 'Z 변환', 품질 향상을 위한 'Quality Excellence Planning', 'Logic Filters와 SPC Training Program'의 통합, 단계별 문제 해결 접근법 및 각종 도구(Tools)들에 대해 상세히 소개하고 있다. 내용적으로 볼 때, 이 책은 '6시그마 프로세스('MAIC'란 표현은 없으나 단계적 문제 해결 접근을 'Step'으로 구분함)'에 대한 최초의 공식적 설명을 담고 있다고 여겨진다. 또 해리는 그의 최초의 백서(White Paper)인 "The Nature of Six Sigma Quality"를 발표(출판은 1987년)하였으며, 여기에서 그는 제품 또는 프로세스의 '6시그마 수준'과 '1.5 Shift' 등을 언급하고 있다. 모토로라社는 대외적으로 1986년도에 6시그마 체계를 정립한 것으로 공표하고 있으며, 이것은 비록 1980년 이후 10:1(10배) 품질 향상에 기여한 도구가 'Shainin Methods'임을 알고 있음에도 6시그마의 파급력에 힘입어 마이클 해리가 'Logic Filters' 관련 책을 출판한 해를 6시그마 태동 시점으로 고려한 것 같다. 1987년부터 해리 박사는 모토로라 기업 전체로 6시그마 방법론을 전파하는 일에 본격적으로 투입된다."

---

9) the Division of Technology, College of Engineering and Applied Sciences, Arizona State University.

설명된 마이클 해리의 행적을 좇다 보면 가장 밑바탕을 이루는 근간이 하나 눈에 띄는데 그것은 바로 'Logic Filters'다. 이 개념은 해리가 애리조나 대학에서 박사 과정 때 문제 해결 방법으로 처음 정립하였으며, 그 후 모토로라의 인턴 근무를 거치면서 GEG 엔지니어를 대상으로 한 교육용 '문제 해결 전략(또는 방법론)'으로 활용된 바 있다. 또, 기존 공정 관리에 매우 유용한 방법론으로 알려진 '통계적 프로세스 관리(SPC, Statistical Process Control)'와 통합10)함으로써 명실상부 '문제 해결 프로세스(Problem Solving Process)'로서의 면모를 갖추게 된다. 다음은 1985년 당시 GEG가 채택한 'Logic Filters' 문제 해결 전략 프로그램 소개지에 실린 내용(소제목; "Logic Filters" Focus Curriculum) 중 일부를 번역해 옮겨놓은 것이다.

애리조나의 GEG에서 근무하는 엔지니어들이 통계 원리를 일상에서 자유롭게 쓰게끔 하는 데는 'The Logic Filters'의 개념 학습을 통해 이루어질 수 있다. 이 프로그램은 기술 인력과 관리자 및 엔지니어를 대상으로 기억하기 쉽도록 총 10개의 '통계 학습 과정'과 GEG 상황에 맞는 '사례 및 사례 연구(Case Study)'로 짜여 있어 학습 효과를 극대화한 것이 큰 특징이다. '통계 학습 과정'과 '사례 연구'는 궁극적으로 통계적 접근에 대해 단순한 관심과 이해를 촉발함과 동시에 그의 활용 능력과 실용적 지식화에 이르기까지 일상의 소통 수단으로 발전시켜 나가는 데 기여할 것이다. (중략)… 'The Logic Filters' 방법은 제조 과정에 숨겨진 모든 변수들을 취해서 그들을 Pareto Analysis, Multi-vari Study, Randomization Techniques를 통해 우선 걸러낸 후, 현상을 설명하는 원리와 변수들에 순위를 매긴다. 그리고 나서 '부분 요인 설계'의 선별 과정(Screening DOE)과 연이은 '완전 요인 설계'로부터 '주 효과'와 '상호작용 효과'를 얻어낸다. 최종 단계에서는 수율 최적화 설계를 이행하고 향상된 결과가 지속되도록 통계적 절차(SPC)를 수반한다. (중략)…

---

10) Milel J. Harry(1986), "Achieving Quality Excellence: The Strategy, Tactics, and Tools."

'The Logic Filters'에 대해 Dr. Harry는 기존에 잘 알려진 원리를 통합하고 응용했는데, 이들엔 Juran의 품질 향상과 관련된 철학과 Shainin의 제품/프로세스 문제 해결을 위한 접근법, 검증된 전통적인 통계 방법, 그리고 최근의 컴퓨터로 짧은 시간에 많은 일을 처리하는 시도들을 포함하고 있다. 1985년에만 400명 이상의 엔지니어를 훈육하기 위해 Dr. Harry는 다음과 같이 언급한 바 있다. "이 혁신적인 접근법을 통해 우리 공정에서 과도하게 영향을 주는 일부 핵심 인자(Vital Few Variables)들을 분리할 수 있다. 이어 우리는 영향력 있는 변수들이 시간에 따라서 충분히 관리되도록 프로세스 관리 방법을 도입한다(SPC를 의미함)." 기술 교육 담당자인 Murry Allen은 이에 덧붙여 "이 방법은 우리가 **고질 문제를 해결할 방법을 찾는 데 소요되는 시간을 크게 줄여준다는 뜻**이다. 결국 우리는 제품과 프로세스에 내재된 원치 않는 문제들의 근본 원인을 빠르고 정확하게 찾아낼 수 있을 뿐만 아니라 그로부터 우리의 제품 수율과 품질을 크게 향상시킬 수 있다." Dr. Harry의 이 프로그램에 대한 설명은 다음과 같이 요약된다. 즉, "이 프로그램은 사람들로 하여금 열심히 일하는 것이 아닌 똑똑하게 일하도록 도움을 주게 될 것이다(The program helps people work smarter, not harder)."

마이클 해리가 정립한 엔지니어 대상 교육 프로그램은 현재 우리가 자주 접하는 '통계적 측정'의 중요성(Measure Phase에 대응), 근본 원인을 찾기 위한 도구들의 응용(Analyze Phase에 대응), 최적화를 위한 '실험 계획'들의 활용(Improve Phase에 대응), 그리고 개선 결과를 유지하기 위한 '통계적 프로세스 관리 도구(Control Phase에 대응)'들이 총 망라돼 있음을 알 수 있다. 다음 [그림 Ⅰ-1]은 1985년 GEG 엔지니어를 대상으로 한 "Logic Filters Focus Curriculum"에 실린 개요도[11]이다.

---

11) <출처> http://www.mikeljharry.com/milestones.php

[그림 Ⅰ-1] 최초의 'Logic Filters' 개요도

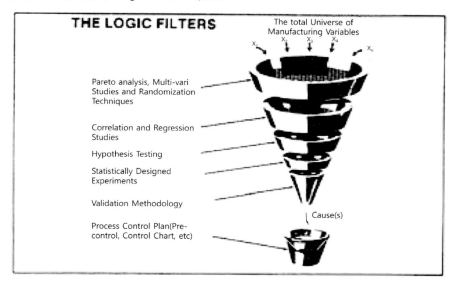

[그림 Ⅰ-1]을 보면 깔때기 모양의 원뿔 상단으로 공정 내 모든 변수 (Variables, Xs)들이 입력되고, 첫 번째 단계에서 그들을 1차로 걸러낸다. 이때 쓰이는 도구들로 Pareto Analysis, Multi-vari Studies, Randomization Techniques 등을 제시하고 있다. 현재의 국내 '프로세스 개선 방법론'과 비교하면 'Measure Phase'에 대응한다. 그림에는 표현돼 있지 않지만 'Process Capability Studies' 도 이 단계에서 이루어진다. 나열된 도구들의 성격상 Measure Phase 맨 끝 활동 인 'Step-6. 잠재 원인 변수의 발굴'과 동일하다는 점도 쉽게 발견할 수 있다. 현재 방법론은 앞서 나열된 'Pareto Analysis' 등이 아닌 'C&E Matrix(또는 X-Y Matrix)'로 변수들을 걸려내는 점이 차이라면 차이다. 원뿔형 두 번째, 세 번째 단계는 'Correlation and Regression Studies'와 'Hypothesis Testing'

이 이루어진다. 현재 '프로세스 개선 방법론'과 비교하면 정확히 'Analyze Phase'에 대응한다. 이 과정을 통해 'Vital Few Xs'가 선정된다는 점도 동일하다. 원뿔의 네 번째와 다섯 번째 단계는 지금의 'Improve Phase'에 대응한다. 제시된 주요 도구는 'Statistically Designed Experiments'이다. 내용이 제조 공정의 엔지니어들을 대상으로 한 만큼 최적화 도구로 오직 '실험 계획(DOE)'만을 언급하고 있다. 이 과정을 통해 'Vital Few Xs'의 '최적 조건'이 찾아지므로 이어 재현 실험이 필요한데 원뿔에서는 'Validation Methodology'로 표현하고 있다. 이 활동은 현재의 '프로세스 개선 방법론' 경우 'Step-12. 결과 검증'과 연결된다. 또 원뿔에서 분리된 맨 아래 영역은 지금의 'Control Phase'에 대응하며, 개요도에는 'Process Control Plan(Pre-control, Control Chart, etc)'으로 쓰여 있다. Improve Phase의 최종 활동인 'Validation Methodology', 즉 '결과 검증'까지 완료되면 과제가 종료된 것으로 보고, 이어 실질적인 공정 관리로 들어간다는 별개의 의미로 원뿔에서 떼어놓은 듯하다.

[그림 Ⅰ-1]처럼 마이클 해리가 정립한 초기 '문제 해결 방법론'인 'Logic Filters'에서 발견할 수 있는 중요한 사실 하나는 바로 '통계 분석의 중요성'을 강조하고 있다는 점이다. 제조 기업에서 문제 해결에 가장 접근성이 뛰어나고 보편화된 방법론 중 하나인 'TQC(Total Quality Control)'가 통계적 해석보다 대부분 'QC 7가지 도구' 등을 통해 현상의 시각화에 초점을 맞추고 있는 것과 대비된다. TQC 외에도 기존의 '문제 해결 방법론'들은 6시그마 방법론과 달리 통계 분석과는 약간 거리를 두고 있는데 이를 살펴보기 위해 다음 [표 Ⅰ-1]에 대표적인 기존의 '문제 해결 방법론(Methodology)'과 그와 연계된 주요 도구들을 정리해놓았다.

[표 Ⅰ-1] '기존 방법론(Methodology)'과 '관련 도구' 모음

| No | 기존 방법론 | 방법론 개발자 | 포함된 주요 도구 |
|---|---|---|---|
| 1 | CEDAC | Ryuji Fukuda | Windows Analysis, Ishikawa Diagram, Stratification(층화) |
| 2 | TRIZ | Genrich S. Altshuller | 문제를 모순 상황으로 전환하여 해결(TRIZ Software 활용) |
| 3 | KT(Kepner-Tregoe) Technique | Kepner, Tregoe | Kepner-Tregoe Matrix |
| 4 | RCA (Root Cause Analysis) Techniques | - | CRT, 5Whys, Why Because Analysis, Ishikawa Diagram, Tree Diagram, Relations Diagram 등 |
| 5 | Risk Management | ISO Guide 73 | Risk Assessment, Scenario Analysis 등 |
| 6 | TOC (Theory of Constraints) | Eliyahu M. Goldratt | CRT 외 4종 |
| 7 | TQC/TQM | Armand V. Feigenbaum | (New) QC 7 Tools |
| 8 | TPS | Taiichi Ohno | JIT, 5Whys, Poka-yoke 등 |
| 9 | Value Engineering Methodology | Lawrence D. Miles(SAVE) | FAST 등 |

[표 Ⅰ-1]에 나열된 도구들은 주로 '정성적 도구' 쪽에 비중을 두고 있어 해리 박사의 방법론과 큰 차이를 보인다.

해리 박사의 '문제 해결 방법론'이 주로 '통계 분석'에 중점을 뒀다는 해석은 [그림 Ⅰ-1]과 동일한 연도(1985년도)에 나왔지만 시간상 뒤에 발표된 "Practical Experiment Design, Level Ⅰ, Engineering Workbook"에 잘 나타나 있다. 다음 [그림 Ⅰ-2]는 그에 실린 좀 더 보완된 'Logic Filters 개요도'를 보여준다.

[그림 Ⅰ-2] 보완된 'Logic Filters' 개요도

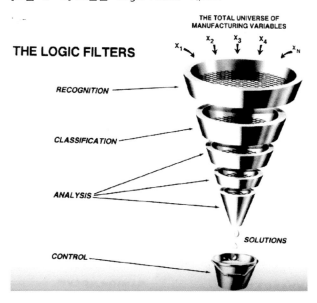

　　[그림 Ⅰ-1]과의 차이는 원뿔의 각 구획에 대한 설명을 '도구'들이 아닌 '로드맵'으로 표기했다는 점이다. '로드맵'은 'Recognition - Classification - Analysis - Control'이며, '분석'을 강조한다는 의미의 'Analysis'가 분명히 명시돼 있다. 특이 사항으로 'Analyze Phase'가 '실험 계획(DOE)'이 주로 쓰이는 지금의 'Improve Phase'까지 포괄하고 있는 점인데, 'DOE' 역시 통계 도구에 해당하므로 '상관/회귀' 또는 '가설 검정'과 한 무리로 본 듯하다. 다음 [그림 Ⅰ-3]은 [그림 Ⅰ-2]와 함께 실린 또 다른 개요도로 'Logic Filters'의 각 단계별 사용 빈도가 높은 도구들을 시각적으로 소개한다.

[그림 Ⅰ-3] 'Logic Filters'의 단계별 사용 도구들과의 연계도

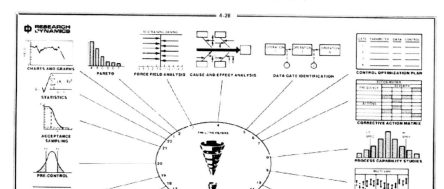

　　마이클 해리와 리처드 슈뢰더(Richard Schroeder)가 지은 『6시그마 기업 혁명』(초판 2000)[12])에 의하면 1990년 갤빈은 해리에게 6시그마의 실행 전략과 추진 방침, 그리고 여러 산업과 기업들에 적용될 수 있는 고급 통계 도구들을 개발하도록 당시 몸담고 있던 GEG를 떠나 일리노이주의 샤움버그(Schaumburg)에 '모토로라 6시그마 연구소'를 설립해 운영해줄 것을 요청했다. 이에 마이클 해리는 프로세스와 사업부 또는 회사에서 6시그마 품질을 달성하기 위해 혁신 전략 적용에 따르는 8가지 기본 단계를 제시했는데, 여기에는 인식(Recognize),

---

12) 안영진 옮김, 김영사.

정의(Define),[13] 측정(Measure), 분석(Analyze), 개선(Improve), 관리(Control), 표준화(Standardize), 통합(Integrate)이 포함되었다. 그는 8-단계를 다시 다음 [표 Ⅰ-2]와 같이 네 가지 범주로 묶어 설명하였다.

[표 Ⅰ-2] 문제 해결을 위한 접근 단계

| 범주 | 단계 | 내용 |
|---|---|---|
| 확인<br>(Identification) | ▷ 인식(Recognize)<br>▷ 정의(Define) | Top-down방식의 제품과 프로세스 B/M을 통해 경영층은 6시그마 프로젝트의 최초 중심을 어느 제조라인 또는 서비스에 둘 것인가를 고려함. |
| 특성화<br>(Characterization) | ▷ 측정(Measure)<br>▷ 분석(Analyze) | 프로세스의 주요한 품질 특성이 측정되고 기술됨. |
| 최적화<br>(Optimization) | ▷ 개선(Improve)<br>▷ 관리(Control) | 향상된 프로세스 능력을 극대화하고 유지시킴. |
| 제도화<br>(Institutionalization) | ▷ 표준화(Standardize)<br>▷ 통합(Integrate) | 전체적인 혁신 전략의 적용 결과가 조직의 문화 속에 흡수됨. |

[표 Ⅰ-2]와 [그림 Ⅰ-2]를 비교해볼 때, 'Recognize', 'Analyze', 'Control' 같은 'Logic Filters'의 초기 개념들이 수년간 연구가 거듭됐음에도 그대로 남아 있으며, 또 **'Analyze'는 도입부와 종결부를 연결하는 주요 활동으로 계속해서 전체 흐름의 핵심 자리를 꿰차고 있음**도 재확인할 수 있다.

해리 박사가 샤움버그(Schaumburg)의 '모토로라 6시그마 연구소'에서 정립한 'M-A-I-C'의 최종 개념은 다음 [그림 Ⅰ-4]와 같이 해석된다.

---

13) 'Define'은 초기엔 없던 것을 GE社에서 포함시킨 것으로 알려져 있다. 여기서 언급된 것은 책이 쓰인 시점이 2000년도이므로 그 기간 동안 보완이 있었던 것으로 보인다.

[그림 Ⅰ-4] 'M-A-I-C 방법론' 개념도

　[그림 Ⅰ-4]의 '가상 세계'와 '현실 세계'는 이해를 돕기 위해 필자가 도입
한 구분이다. 즉, 현실에서 일어나는 '실질적 문제(Measure)'는 바로 해결하려
들지 말고 관계되는 정보들을 모아(통), 계산(계)해 봄(Analyze)으로써 수치적인
상황에서의 '통계적 결론(Improve)'을 이끌어내고, 이를 '실질적 결론'으로 받아
들여 현장에 적용(Control)해보는 과정으로 이루어진다. 데이터로 현상을 파악
하고 해법을 제시한다는 '통계적 접근'은 'Analyze'가 문제 해결에 매우 중요한
활동임을 강조한 기존에 볼 수 없었던 해리 박사만의 차별성을 보여준다.

　지금까지 마이클 해리 박사가 정립한 6시그마 방법론이 어떤 구조로 생겨
났으며, 'Analyze'가 그 속에 어떤 모습으로 존재하는지를 탄생 배경과 함께
알아보았다. 즉, 기존에 제기된 대부분의 '문제 해결 방법론(Methodology)'에
서는 잘 보이지 않던 '통계 분석(Statistical Analysis)'이 이제는 전체 흐름의
중간에 위치해 개선을 수행하는 당위성과 문제의 본질을 객관적으로 밝히는
가교 역할을 한다. 이로써 '분석'이 과제로부터 얻어질 성과를 극대화하고 유
지 관리에 중요한 배경이 되었음을 알 수 있다. 교육 중에 필자가 통상 하는

질문이 있다. "'D-M-A-I-C'에서 흐름상 가장 중요한 Phase는 무엇일까요?" 하고 말이다. 정답으로써 다음의 그림을 보여주곤 한다.

[그림 Ⅰ-5] 'DMAIC 로드맵'에서 흐름 관점의 'Analyze Phase' 위상

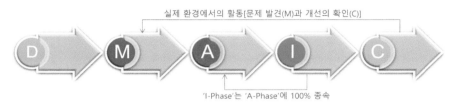

'Analyze Phase'에서 '근본 원인(Root Cause)'을 밝힘으로써 프로세스 내 개선해야 할 포인트를 찾아내면 그들을 'Improve Phase'로 넘겨 '최적 대안'을 결정한 뒤 '최적화'를 구현하므로 'Improve Phase'는 철저하게 'Analyze Phase'에 종속됐다고 봐야 한다. 이 말은 'Analyze Phase'에서 결정해준 방향대로 'Improve'가 진행되므로 'Analyze Phase'가 부실해지면 전체가 부실해져 과제의 품질을 담보하기 어려워진다. 즉, "흐름 측면에서 가장 중요한 위치는 Analyze Phase임"에 틀림없다. 물론 과제의 "성과 측면에서 가장 중요한 위치는 Control Phase"이다. 이유는 개선 내용을 실제 프로세스에 적용해서 예상된 성과가 나오는지, 또 장기적으로 유지될 것인지를 확인하는 단계이므로 사업부장을 포함한 제3자에게 신뢰를 줄 수 있는 활동들이 대거 포함돼 있기 때문이다. 'Analyze Phase'에서 '분석'이 잘 되면, 'Control Phase'에서 큰 '성과'로 이어질 가능성이 매우 높지만 반드시 '분석 잘됨 → 높은 성과'의 관계는 아님을 알아두자. 실제 과제를 수행하면서 종종 마주치는 상황이기도 하다.

다음 단원부터 주제를 '분석(Analysis)' 자체에 맞춰 본론에 좀 더 다가가 보자.

## 2. '분석'의 의미와 방향

        이 단원에서는 과제를 수행하면서 그동안 맞닥트렸던 '분석(Analysis)'의 실질적 의미와 앞으로 나아가야 할 방향을 제시하고, 그로부터 핵심 주제를 이끌어내는 데 역량을 집중할 것이다. 이를 위해 첫 소단원에서는 '프로세스 개선 방법론' 중 'Analyze Phase'의 주요 활동 사항을 '정량적 분석'에 맞춰 설명하되, 실무에서 잘 모르고 늘 빠트려 분석의 질을 떨어트렸던 요소들을 파악한다. 이어 두 번째 소단원에서 그와 같이 부족한 부분을 메우기 위해 앞으로 본론에서 다룰 핵심 내용들이 무엇인지 상세히 소개한다.

### 2.1. 현 'Analyze Phase'의 주요 활동

    기업에서 리더들이 수행하는 과제는 대부분 '프로세스 개선 방법론'이 대세다. 이 중 'Analyze Phase'는 그 직전 활동인 'Measure Phase'의 'Step-6. 잠재 원인 변수의 발굴'에서 넘어온 'Screened Xs'를 시작으로 '정량적 분석', '정성적 분석', '기술적 분석'이 전개된다. 이들 중 '정성적 분석'은 벤치마킹이나 전문가 의견, 문헌 조사와 같이 현 수준과 기대 수준의 격차를 줄이려는 목적의 'Gap 분석' 등을 포함하고, '기술적 분석'은 주로 R&D 부문에서 기존 이론식이나 실험식 등을 이용해 'Xs'를 검증하는 방법이 주를 이룬다. 그러나 이들 모두는 본문에서 다루려는 '통계 분석'과 거리가 있으므로 대상에서 제외할 것이다. 따라서 앞으로의 설명은 모두 '정량적 분석'에 한정한다.

    과제 수행 중 빈도가 꽤 높으면서 잘못 분석된 사례 하나를 다음 [그림 Ⅰ-6]에 실어놓았다.

[그림 Ⅰ-6] Analyze Phase의 잘못된 '가설 검정' 사례

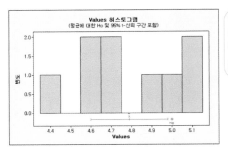

결과: Exh_stat.MTW

일표본 T 검정: Values

mu = 5 대 not = 5의 검정

변수    N    평균    표준 편차  SE 평균        95% CI           T      P
Values  9  4.78889   0.24721   0.08240  (4.59887, 4.97891)  -2.56  0.034

유의수준 0.05에서 P-value가 0.034이므로 대립가설 채택. 즉, Value의 평균은 '5'와 같다고 보기 어렵다.

    [그림 Ⅰ-6]은 "대립가설: μ≠5"에 대해 '1-표본 t-검정'을 수행한 결과이다. 미니탭으로부터 'p=0.034'를 얻어 통계적 결론은 "대립가설을 채택한다"이고, 실질적 결론은 "Value의 평균은 '5'와 같다고 보기 어렵다"이다. 'Value'의 '평균(Mean)'이 약 '4.79'인 점을 감안하면 귀무가설 '5'보다 작아 '대립가설이 채택'됐음을 알 수 있다. 만일 리더가 여기까지 분석하고 잠재 원인 변수인 'Value'는 "유의하므로 핵심 인자(Vital Few X)입니다"로 마무리 짓는다면 이는 100점 만점에 30점 정도의 분석 수준밖에 안 된다. 주어진 '30점'은 '가설 검정' 절차에 문제가 없다는 데 주어진 점수이다. 그렇다면 나머지 '70점'은 어디서 보충해야 할까? 정답은 '사실 분석'이 제대로 수행됐느냐에 달려 있다.

    과제 시작 초기인 Define Phase를 가만히 들여다보면 답이 보인다. 즉, '프로세스 범위'에서 앞으로 최적화할 프로세스의 '시작'과 '끝'을 정한 뒤, Measure Phase 첫 '세부 로드맵'에서 그 프로세스의 끝단에 위치한 '고객'을 정하고, 그들이 가장 중시하는 'CTQ'를 찾아낸다. 다시 'CTQ'는 과제의 'Y'로 전환한 뒤 '현 수준'과 '목표 수준'을 정하는데, 이때 '현 수준'과 '목표 수준'의 간격(Gap)을 메우기 위해 'Xs'가 발굴된다. 즉, Analyze Phase의 '정량

적 분석'은 이들 'Xs'를 받아 진행되는 만큼 분석의 최종 결과는 Define Phase의 '프로세스 범위'에서 '시작'과 '끝'으로 정한 바로 그 프로세스를 최적화하는 데 맞춰져야 한다. 이를 위해 Analyze Phase의 분석 결과는 "A 변수가 유의하므로 Vital Few X입니다"가 아닌 "프로세스의 이 부분을 이와 같은 방식으로 고쳐야 한다"라는 '개선 방향'이 유도돼야 한다. '개선 방향'이 Improve Phase에서 바로 최적화할 수 있도록 명료하면 할수록 '분석'은 잘 수행된 것으로 판단한다. 분석을 얼마나 깊이 있게 진행해야 하는가의 정도를 '분석의 심도(深度)'라고 한다. '분석의 심도(深度)'의 예는 「Be the Solver_프로세스 개선 방법론」편에 잘 설명돼 있는데 그를 일부 옮기면 다음과 같다.

[그림 Ⅰ-7]과 같이 세 개의 수박밭이 있다고 가정하자. 또 각 밭에는 100개씩의 수박이 한창 무르익는 중이라고 하자. 한쪽은 소나무 숲으로 이루어진 환경이다.

[그림 Ⅰ-7] '분석의 심도'를 설명하기 위한 상황

어느 날 농부가 밭에 나가보니 수박 표면에 누런 변색이 발생하고 있는 것을 발견하였다. 농부는 그 정도가 얼마나 되는지 확인하기 위해 밭별로 몇 개

씩 있는지 세어보았다. 결과는 다음 [그림 Ⅰ-8]과 같다.

[그림 Ⅰ-8] '정량적 분석' 예

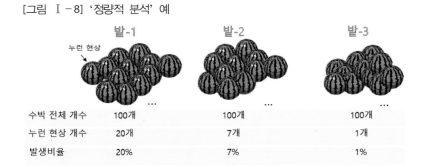

'밭-1'은 전체 100개 수박 중 20개가 누런 현상이 발생되어 '20%'의 발생률을 보이고 있고, '밭-2'와 '밭-3'은 각각 '7%' '1%'가 발생한 것으로 확인되었다. 밭별로 발생률에 차이가 있는 것은 간단한 수치 계산으로 확인(20%-7%-1%)했지만 여기까지는 어디까지나 밭별로 차이가 있는지 분석 과정을 거치지 않았으므로 가설에 지나지 않는다. 제3자로 하여금 충분히 믿게끔 하기 위해서는 '검정'이란 절차가 남아 있다. 본 예 경우 수치 데이터가 확보돼 있으므로 '정량적 분석'에 해당한다.

우선 가설인 "밭별로 누런 현상 발생률에 차이가 있다(대립가설이 될 것임)"를 검정하는 것이므로 'X'는 '밭 위치'이며, '밭-1', '밭-2', '밭-3' 등은 각각 '수준'으로 분류된다. 즉, 수준이 3개인 사례에 해당한다. 따라서 문제 해결 교육 중에 배웠던 다음 [그림 Ⅰ-9]의 '분석 4-블록'을 참조하여 본 상황에 맞는 통계 도구를 선택한다. 예에서 'X'는 '범주 자료'에 속하는 반면, 'Y'는 '누런 현상의 발생 건수(비율의 차이를 보고자 하지만 결국은 건수를 헤아리는 문제)'이므로 '이산 자료'에 속한다. 따라서 수박 예 경우 '분석 4-블록'의 '④번' 블록에 속한다.

**Y**

| | 연속 자료 | 이산 자료 |
|---|---|---|
| 연속 자료 | ✓ 그래프: 산점도<br>✓ 통 계: 상관 분석<br>회귀 분석 | ✓ 그래프: 파레토 차트, 기타<br>✓ 통 계: 로지스틱 회귀 분석 |
| 이산 자료<br>(범주 자료) | ✓ 그래프: 상자 그림, 히스<br>토그램, 다변량 차트<br>✓ 통 계: 등 분산 검정,<br>t-검정, 분산 분석, 비 모<br>수 검정 | ✓ 그래프: 막대 그래프, 대응 분석,<br>기타<br>✓ 통 계: 1-표본 비율 검정, 2-표<br>본 비율 검정, 카이 제곱 검정 |

X (좌측)

① ②
③ ④

분석 대상이 '③번' 또는 '④번' 블록에 속하면 다음 '분석 세부 로드맵'을
참조한다.

[그림 Ⅰ-10] 분석 세부 로드맵

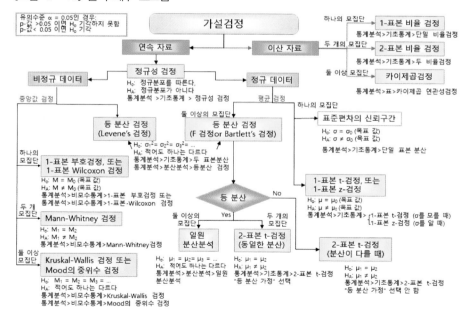

[그림 Ⅰ-10]의 맨 위쪽 첫 갈림길에서 수박 예가 건수를 세는 비율 데이터이므로 오른쪽인 '이산 자료'를 선택한다. 또 세 개 이상의 비율을 검정하므로 '카이 제곱 검정'을 선택한다. 미니탭의 데이터 입력 방법과 검정 과정은 다음 [그림 Ⅰ-11]과 같다.

[그림 Ⅰ-11] 미니탭 '입력 방법' 및 '검정 과정/결과' 예

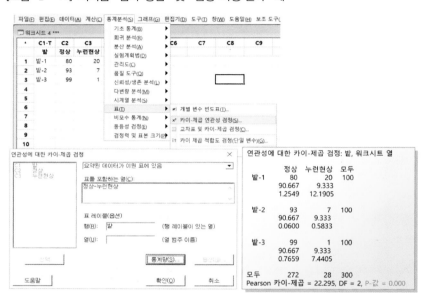

'카이 제곱 검정'은 입력 자체가 '표' 형식으로 되어 있어 미니탭 「통계 분석(S) > 표(T) > 카이 제곱 연관성 검정(S)…」으로 들어간다. '카이 제곱 검정' 결과 통계적 결론은 "유의 수준 0.05에서 p-값이 0.000이므로 대립가설 채택"이며, 실질적 결론은 "적어도 하나 이상의 밭에서 누런 현상의 발생률이 다른 밭과 차이를 보인다"이다. 한마디로 '밭 위치'라는 'X'는 '유의', 즉 "의미가 있을 정도로 밭 위치별 누런 현상 발생률에 차이가 있다"라는 결론에

도달한다. 여기까지가 자주 접하는 '정량적 분석' 과정이다.

이제부터는 이 결과를 이용해 Improve Phase에서 무엇을 할 수 있는지에 대해 생각해보자. 만일 분석을 수행했음에도 뭔가 해야 할 일을 정해주지 않으면 Improve Phase에서 좀 막막하지 않을까? 수박의 예에서 '유의하다'고 하는 그 자체로 분석을 종료했을 때, Improve Phase에서 할 수 있는 일은 적어도 다음 중 하나가 될 것이다.

1) 토양의 차이 → 산 쪽에 위치한 밭의 토양과 그 반대편 밭의 토양 간 성분의 차이가 있는지 확인하고 토양을 안정화시킬 수 있는 조치를 취하는 방향.
2) 종자의 차이 → 수박 종자의 출처나 보관상 차이 등이 있는지 확인하고, 누런 현상이 발생하지 않는 종자로의 최적화를 구현하는 방향.
3) 해충의 피해 → 수박에 영향을 줄 수 있는 해충이 발생했을 가능성을 염두에 두고 이를 방지하기 위한 비료나 적절한 살충제를 모색해보는 방향.

그러나 상기와 같은 방향은 한마디로 수박 겉핥기식 결과라고밖에 볼 수 없다. 모든 가능성을 염두에 두고 하나하나 실행할 수도 없으려니와 실행한다 해도 잘못 짚기라도 하는 날이면 시간과 공수, 비용 등의 손실이 꽤나 클 것이기 때문이다. 분석, 즉 가설의 검정은 'X'의 '유의성 여부'를 확인하는 것은 기본이고, 그 외에 추가로 '사실 분석'의 수순을 밟는 것이 매우 중요하다. '사실 분석'은 "정량적이든 정성적이든 초기 분석을 수행한 후 프로세스상에서 수치 데이터로부터 확인한 현상이 실제 발생하고 있는지 직접 관찰하고 조사하는 활동"이다. 수치 데이터를 통한 검정, 즉 확인은 데이터 자체의 신뢰성에 문제가 있거나 수집 중 왜곡 가능성, 또 우리가 판단한 결과가 실제 프로세스에서 의미가 반감될 수도 있다. 따라서 명확한 '개선 방향'을 설정하기 위해서는 데이터로부터 규명된 현상이 프로세스 어느 위치에서 어떤 메커니즘(Mechanism)을 갖고 발생하는지를 제시해야 한다. 그렇다면 수박밭 예에서의 '사실 분석'은 무엇일까? 바로 누렇게 변색된 부위를 잘라보는 일이다. 표면에서 조금 들어간 깊이로 잘라냈을 때, 원형의 변색과 중앙에 까만 핵 점이 있는 것을 발견했다고 하자. 분석 과정이므로 보이는 현상을 사진으로 찍거나 스케치를 해서 파워포인트에 붙인 뒤 관찰 결과를 기록해놓는 방식을 선택(가정)한다. 다음 [그림 Ⅰ-12]는 첫 번째로 수행된 사실 분석 예(왼쪽 수박)이다(라고 가정한다).

[그림 Ⅰ-12] '사실 분석' 과정 예

첫 번째 '사실 분석'으로부터 적절한 '개선 방향'을 유도해내기 어려우므로 변색된 부위를 중심으로 한 번 더 수박을 잘라 내보고 동일하게 표면을 관찰한 뒤 기록한다(라고 가정한다). 이 같은 과정을 반복하면서 지속적으로 관찰해 나가는 것을 '분석의 심도가 깊어간다'고 표현한다. 만일 수박을 계속 잘라 나가다 최종적으로 아주 작은 해충이 발견되었다고 가정하자([그림 Ⅰ-12]의 오른쪽 수박). 결국 수박 표면에 발생된 변색의 원인을 밝혀낸 순간이기도 하다. 이와 같은 최종적인 원인을 우리는 '근본 원인(Root Cause)'이라고 부른다. '근본 원인'을 찾아낸 순간 지금까지 고려했던 모든 방향성은 명확하게 재정립될 수 있다. 적어도 '토양'이나 '종자'와 같은 문제에서 자유로워지고 '해충'에 의한 영향에만 집중할 수 있게 된다. 그러나 어디까지가 '근본 원인'인지는 사실 아직 잘 모른다. 더 추구할 내용이 있다면 '분석의 심도'는 더욱 깊어질 수 있으며, 이때 Improve Phase에서 해야 할 최적화 활동은 더욱 간소화된다. '개선 방향'이 명확하면 당연히 실행도 그만큼 쉬워지는 논리다. 따라서 수박의 예 경우 발견된 해충의 종류나 수명 주기, 기생 방법 등 추가적인 '사실 분석'이 가능하며, 최종 '개선 방향'은 다음과 같은 예가 가능하다. 즉, "유충을 조기에 박멸할 수 있도록 환경에 영향이 없는 해충 약을 찾고, 4~5월경 소나무에 살포하는 프로세스 최적화를 Improve Phase에서 추진"이 그것이다. 본 예에서 설명된 '수박'은 리더들이 최적화의 대상으로 삼는 '프로세스'에 비유된다.

설명된 기존 '프로세스 개선 방법론'에서의 '데이터 분석'을 정리하면 다음 [그림 Ⅰ-13]과 같이 표현할 수 있다.

[그림 Ⅰ-13] 'Analyze Phase'의 '데이터 분석' 개요도

'프로세스 개선 방법론'에서 일반적으로 얘기하는 Analyze Phase는 '데이터 분석'을 목적으로 하며, 이는 곧 '가설 검정'과 맥락을 같이한다. '가설 검정'은 분석 대상인 'Xs'의 '유의성 여부를 판단'하는 작업이며, 이를 위해 [그림 Ⅰ-9]나 [그림 Ⅰ-10]과 같은 접근성을 높이는 도구들이 개발되었다. 또 Analyze Phase의 주 활동인 '가설 검정'은 교육 프로그램에 기본으로 포함돼

있어 예비 리더라면 누구든지 학습을 통해 자기 것으로 만들 수 있는 기회가 주어진다. 그러나 '가설 검정'에서 "변했다(즉, 대립가설 채택)!"의 대상인 '데이터 변동'이 프로세스 어디에서 왔는지 찾는 방법은 교육받은 적이 별로 없다. 예를 들어 [그림 Ⅰ-13]에서 '사실 분석'을 통해 프로세스 내 'Root Cause'를 찾아 '개선 방향'을 산출물로 얻어야 하나 첫 관문인 '사실 분석'부터 어떻게 접근해야 할지 잘 모른다. 그렇다고 프로세스로 바로 들어가 모든 단위 공정(프로세스)들을 하나하나 들춰낼 수도 없는 노릇이다. 이 때문에 '사실 분석'이 부실해지고 그 여파로 '개선 방향' 역시 불분명해진다. '사실 분석'을 어떻게 수행해야 할지 모르는 상황을 그림에서 "?"로 표현해놓았다. '가설 검정'에 쓰인 데이터의 '평균'이 변했다면 프로세스에 변화가 생긴 것이고, 그 결과가 개별 데이터에 반영된다. 따라서 만일 주어진 데이터로부터 프로세스 내 문제의 근원을 찾아낼 '단서(정보)'를 발견할 수 있다면 분석에서 매우 중요한 '사실 분석'의 첫 단추를 끼우는 것이므로 개선은 그만큼 수월해진다.

　다음 소단원부터는 수집된 데이터로부터 프로세스 내 문제를 찾아낼 '정보'를 어떻게 발견할 수 있는지 그 방법들과, 또 관련된 용어들을 이해하고 이후 그들 하나하나에 대해 상세히 학습해보도록 하자.


## 2.2. '사실 분석'의 미학(美學) – 데이터로부터 '정보'를


　우선 낯설고 경험해보지 못한 분야에 처음 입문할 때는 가장 먼저 고려할 사항이 있는데, 바로 관심 분야와 연관된 '용어'들의 사전적 '정의'를 파악하는 일이다. '용어'와 그 '정의'를 미리 정해놓지 않으면 출처가 불분명한 말이나 단어가 정착됨으로써 그를 바로잡는 데 많은 시간과 노력이 소요될뿐더러, 더 큰 문제는 동일한 대상에 서로 쓰는 용어가 달라 혼선을 야기하기도 한다.

따라서 커뮤니케이션의 효율을 높이기 위해서라도 용어들부터 사전에 철저히 해두는 작업은 표준을 제정하는 활동만큼이나 중요한 일이다.

[그림 Ⅰ-13]을 보면 '프로세스 개선 방법론'의 로드맵 중 **Analyze Phase**의 'Step-7, 8, 9'가 표기돼 있다. 그들 중 'Step-8'의 활동 명칭이 '데이터 분석'이다. 흔히 사용하는 '데이터 분석(Data Analysis)'의 사전적 정의를 모아 보면 다음과 같다.

---

- **데이터 분석**(또는 '자료 분석', Data Analysis)

  → (네이버 지식사전) 주어진 자료를 세심히 분류, 정리하고 요약하여 자료가 내포하고 있는 특성을 이해하고 더 나아가서 어떤 징후를 꿰뚫어 볼 수 있도록 전시하는 방법.

  → (WIKIPEDIA) '데이터 분석(또는 자료 분석)'은 필요한 정보를 찾거나 결론 또는 의사결정에 도움이 되도록 데이터를 관찰, 정제, 변환, 모델링하는 절차이다. (중략)… 데이터 마이닝(Data Mining)은 '데이터 분석'의 특별한 경우로 기술(Descriptive) 목적이 아닌 예측을 위한 모델링과 dB에서 유용한 지식을 자동으로 발견해내려는 시도(Knowledge Discovery)에 초점을 둔 도구이다. (중략)… 통계 응용 분야에서 일부 학자는 '데이터 분석'을 '기술 통계(Descriptive Statistics)', '탐색적 자료 분석(EDA, Exploratory Data Analysis)', 그리고 '확증적 자료 분석(CDA, Confirmatory Data Analysis)'으로 구분한다. 'EDA'는 데이터 안에 숨겨진 새로운 특징(정보)을 찾는 접근이고, 'CDA'는 주어진 가설이 사실인지 그렇지 않은지를 판단하는 접근이다. (중략)… '데이터 분석'은 때로 '데이터 모델링(Data Modeling)'과 동의어로 쓰인다.

---

'네이버 지식사전'의 정의를 보면 '데이터 분석(또는 자료 분석)'은 "～어떤 징후를 꿰뚫어 볼 수 있도록 전시하는 방법"으로 적고 있다. 한 묶음의 데이터를 갖고 있을 때 "그 데이터가 나온 프로세스의 실제 문제에 대해 현재 확보한 데이터로부터 징후를 발견해 보여주는 방법"쯤으로 해석하면 적절할 것 같다. [그림 Ⅰ-13]의 '사실 분석'이 "제기된 문제에 대해 직관이 아닌 사실에 입각해 논리적 근거를 제시하는 접근"이라면, '데이터 분석(또는 자료 분

석)'은 "사실을 직접 확인하기 전에 데이터 자체를 기반으로 그 속에서 문제 발생에 대한 논리적 근거를 찾아 제시하는 접근"이다. 따라서 **'데이터 분석(또는 자료 분석) → 사실 분석'의 순서로 분석**이 이루어진다.

'데이터 분석(또는 자료 분석)'의 또 다른 정의인 'WIKIPEDIA'를 살펴보면 좀 더 의미 있는 설명이 포함돼 있는데, 그것은 '데이터 분석(또는 자료 분석)'이 '기술 통계(Descriptive Statistics)', '탐색적 자료 분석(EDA, Exploratory Data Analysis)', '확증적 자료 분석(CDA, Confirmatory Data Analysis)'과 특수한 경우인 '데이터 마이닝(Data Mining)'으로 나뉜다는 것이다(정의 내용 중 파란색 글자). 이들 각각에 대해 간단히 살펴보면 다음과 같다.


## 2.2.1. 기술 통계(Descriptive Statistics)

기업에서 문제 해결 교육 과정을 경험한 독자라면 Measure Phase에서의 '기초 통계' 학습을 기억할 것이다. 일반적으로 교재 초두에 '통계학의 분류'가 나오기 마련인데 다음 [그림 Ⅰ-14]와 같다.

[그림 Ⅰ-14] 통계학의 분류

‘통계’란 [그림 Ⅰ-14]에 보인 바와 같이 ‘추론 통계(Inferential Statistics)’
와 ‘기술 통계(Descriptive Statistics)’로 나뉜다. ‘추론 통계’14)는 다시 ‘추정’
과 ‘가설 검정’으로 구분한다. ‘추정’은 표본을 추출한 뒤 ‘산술 평균’, ‘표준
편차’, ‘비율’처럼 하나의 값을 계산해 마치 그것이 모집단의 ‘모 평균’, ‘모
표준 편차’, ‘모 비율’인 양 사용할 때의 ‘점 추정(Point Estimation)’과, ‘하한
값~상한 값’처럼 범위로 표현하는 ‘구간 추정(Interval Estimation)’이 있다.
또, ‘가설 검정(Hypothesis Testing)’은 “모집단의 실제 값이 얼마나 되는가 하
는 주장과 관련해, 표본이 가지고 있는 정보를 이용하여 가설이 올바른지 그
른지 판정하는 과정”이다. 일반적으로 ‘가설 검정’은 ‘프로세스 개선 방법론’
의 ‘Analyze Phase’에서 핵심 분석법으로 이용된다.

[그림 Ⅰ-14]의 ‘기술 통계’는, ‘기술’이 ‘Engineering’이나 ‘Technical’이
아닌 ‘Descriptive(설명적인)’를 뜻한다. 사전적 정의는 다음과 같다.

---

· **기술 통계**(記述統計, Descriptive Statistics) (네이버 지식사전) 자료를 조직하고 요
약하는 방법 중 실험자가 자료의 모든 점수를 보고하지 않고도 자료의 특성들을 기술
할 수 있게 해주는 하나의 수치로 표현하는 방법.

---

예를 들면 성인 100명의 키를 측정한 데이터가 있을 때, 이들을 타인에게
보고할 목적으로 하나하나 읽어 전달하는 것은 매우 거추장스럽고 불편하다.
따라서 한 묶음의 데이터를 수치 하나로 표현해 얘기해주면 의사소통이 원활
해질뿐더러 의사 결정도 수월하다. 여기서 ‘하나의 수치’란 주로 ‘대푯값’으로

---

14) 출처에 따라 영문 ‘Inferential Statistics’의 ‘Inferential’을 ‘추론’이 아닌 ‘추측’ 또는 ‘추리’ 등으로도
해석하고 있으나 ‘한국통계학회 통계 용어집’에 ‘Inference’를 ‘추론’으로 쓰고 있어 이를 따름. 영어 사
전에서도 ‘추론적 통계’로 해석하고 있음.

불리는 '평균', '중앙값' 등과, 흩어짐의 정도, 즉 '산포도'를 대표하는 '산포 (또는 표준 편차)'나 '범위(Range)' 등을 일컫는다. '통계(統計)'란 데이터를 모 아서(統), 계산(計)하는 활동이므로 한 묶음의 데이터(또는 자료)를 보유하고 있으면 으레 '모아서 설명'하려는 '기술 통계'를 가장 먼저 수행하기 마련이 다. 일상에서 사용 빈도가 매우 높기 때문에 미니탭 메뉴에서 손쉽게 접근하 도록 맨 상단에 위치시킨 이유이기도 하다. 다음 [그림 Ⅰ-15]는 '기술 통계' 가 위치한 미니탭 메뉴와 '세션 창'의 결과를 나타낸다.

[그림 Ⅰ-15] 미니탭 메뉴에서 '기술 통계'의 위치와 세션 창 '결과'

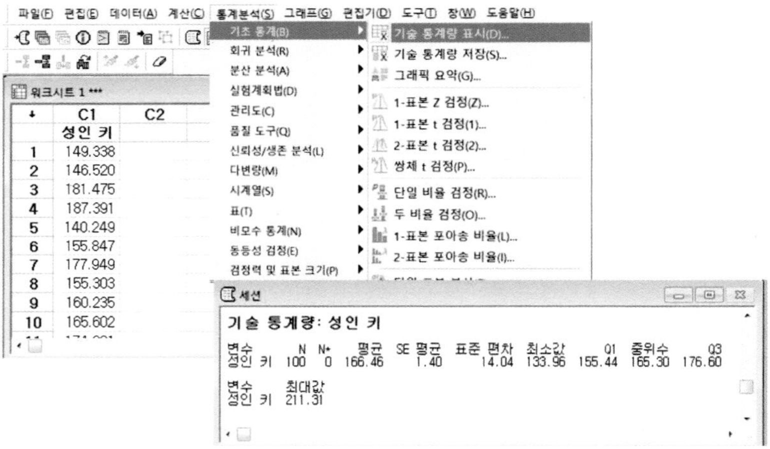

[그림 Ⅰ-15]에서 '기술 통계'는 사용 빈도가 높아 접근이 용이하도록 메 뉴의 맨 처음에 위치하고 있음을 알 수 있다. 또 '세션 창' 결과를 보면 '평 균', '표준 편차' 등 요약 정보인 '기술 통계'가 제시돼 있다. '기술 통계'는 '모 집단'과 '표본'을 구분하지 않고 데이터 속에 필요 정보가 모두 포함돼 있 다고 가정한다. 따라서 확보된 데이터로부터 '모 평균'이나 '모 표준 편차' 등

을 '추정(Estimation)'하거나 그의 평균이 변화되었는지에 대한 '가설 검정(Hypothesis Testing)'과는 무관한, 데이터 자체의 정보를 담는다. 즉, 오직 요약 정보를 '기술'하는 데에만 관심이 있음에 유의하자.

## 2.2.2. 확증적 자료 분석(CDA, Confirmatory Data Analysis)

용어에 대한 별도의 국어 사전적 정의는 없다. 다만 출처에 따라 '확인적 자료 분석'으로 불리기도 하지만 '확증적 자료 분석'이 대세다. 앞서 '기술 통계'와 '추론 통계'가 '통계학'의 관점에서 분류되었다면, '확증적 자료 분석'은 '데이터 분석(또는 자료 분석)'의 관점에서 분류되는 항목 중 하나다. 다음은 사전적 정의를 옮겨놓은 것인데, WIKIPEDIA에 따르면 'Confirmatory Data Analysis'는 'Statistical Hypothesis Testing(통계적 가설 검정)'과 동의어로 해석하고 있다. 따라서 다음에 '통계적 가설 검정'의 내용을 사전적 정의로 옮겨놓았다.

> · **확증적 자료 분석**(確證的 資料分析, Confirmatory Data Analysis) 줄여서 'CDA' 라고 부른다. '통계적 가설 검정'과 동의어이다. (위키백과) 통계적 추측의 하나로서, 모집단 실제의 값이 얼마가 된다는 주장과 관련해, 표본의 정보를 사용해서 가설의 합당성 여부를 판정하는 과정을 의미한다. 간단히 '가설 검정(假說檢定)'이라고 부르는 경우가 많다.

[그림 Ⅰ-14]의 '통계학의 분류'와 방금 설명한 '데이터 분석의 분류'를 종합하면 다음 [그림 Ⅰ-16]과 같이 정리된다(앞서 기술된 '데이터 분석

(Data Analysis)'에 대한 WIKIPEDIA 용어 정의에 근거함).

[그림 Ⅰ-16] '데이터 분석(또는 자료 분석)'의 분류

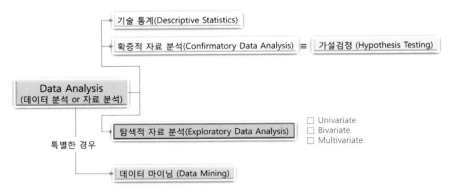

[그림 Ⅰ-16]을 보면 그동안 과제 수행에서 어느 유형의 '분석(Analyze)'
에 관심과 노력을 집중했는지 극명하게 드러난다. 한 묶음의 데이터를 보유했
을 때 그를 요약하기 위한 '기술 통계'와, '가설 검정'을 위주로 한 '확증적
자료 분석'이 지금까지 주변에서 늘 수행해왔던 영역이다. 그러나 '기술 통계'
와 '확증적 자료 분석'인 '가설 검정'만으로는 왠지 균형이 잡혀 보이지 않는
다. 바로 '탐색적 자료 분석(Exploratory Data Analysis)'과 좀 더 나아가 '데이
터 마이닝'의 개념이 포함돼야 비로소 균형 잡인 '데이터 분석(Data Analysis)'
이 완성됨을 알 수 있다.

다음 [그림 Ⅰ-17]은 '확증적 자료 분석'이 실제 '근본 원인'을 어떻게 찾
아가는지 알려주는 개요도이다.

[그림 Ⅰ-17] '확증적 자료 분석'을 통한 '근본 원인' 규명

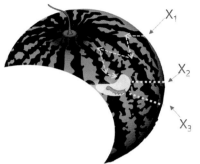

'Screened Xs'는 초기 분석방향을 설정하기 위한 포지셔닝의 역할을 한다. 즉, 근본 원인을 가장 빨리 찾아내기 위한 초기 분석 점을 찾아주는 것과 같다.

[그림 Ⅰ-17]에서 '수박'은 '프로세스'를, '벌레'는 악영향을 미치는 '근본 원인'에 각각 비유된다. '문제 해결 방법론' 경우 '근본 원인'을 찾기 위해 여러 가능성 높은 '잠재 원인 변수'들을 발굴하며, 그들 중 원인 규명에 영향력이 큰 'Xs'를 구분하는데 이들을 '선별 Xs(Screened Xs)'라고 한다. [그림 Ⅰ-17]의 'X₁'은 프로세스 내 '근본 원인'을 찾기 위해 선별된 여러 'X'들 중 하나이다. 이 'X₁'은 수박 외부 접점 부근에서 데이터를 수집해 다음 방향을 결정하기 위한 첫 분석에 이용된다(첫 번째 '확증적 자료 분석'). '근본 원인(벌레 위치)'을 찾기 위한 무한한 경로들 중 하나가 첫 분석에 의해 결정되면 동일한 방식으로 데이터 수집과 '가설 검정'의 반복을 거치며 원인 규명에 박차를 가한다(지그재그 화살표 참조). 개요도는 '확증적 자료 분석'을 통해 '근본 원인'을 어떻게 규명하는지 잘 보여주고 있다. 이후 본문은 '확증적 자료 분석'을 'CDA'로 줄여 표현할 것이다.

본문에서 논할 핵심 주제이다. 기존 '프로세스 개선 방법론'의 'Analyze Phase'에서 주로 수행했던 분석이 '기술 통계'와 '확증적 자료 분석'인 '가설 검정'이었다면 '탐색적 자료 분석'은 중요성이 매우 높으면서도 그동안 소외 돼 왔던 분석법 중 하나이다. 왜 그랬을까? 그렇게 중요하다면 교재에 일정 분량 차지하고 있어야 하고, 또 리더 교육 중에 가르쳤어야 했다. 이에 대해 일부러 제외시켰다기보다 6시그마 탄생 배경에서 해답을 찾으면 어떨까 싶다.

마이클 해리가 6시그마 경영 혁신에 대해 고민하던 시기엔 주로 품질 문제 에 초점이 맞춰져 있었고, 'Y 수준'을 저하시키는 요인들은 제조나, 연구 개 발에서 다루는 '품질 특성'들이 대부분을 차지했다. '품질 특성'인 'X'는 '온 도', '전류량', '압력' 등과 같은 변수들이므로 만일 'Y'가 '펄스 진폭($\mu m$)', '부착량($g/cm^2$)' 등이면 'X와 Y' 간 '상관 분석(Correlation Analysis)'이나 '회 귀 분석(Regression Analysis)' 또는 특성 값들이 변했는지(유의성 검정, 즉 '가설 검정') 여부 등이 중요했을 것이다. 물론 그 이후 생겨난 미국 내 여러 컨설팅 회사들의 교재들을 보면 '가설 검정' 외에 '탐색적 자료 분석'의 내용 들이 포함돼 있긴 하나 별도로 언급하거나 필요성을 강조하기보다 '가설 검 정'의 일환인 '그래프 분석' 수준이 대부분이다. 따라서 리더들은 학습 내용이 '탐색적 자료 분석'이라는 것을 모른 채 '가설 검정'의 일부 또는 '그래프 분 석' 등으로 받아들이는 게 현실이다. 이 같은 상황은 '탐색적 자료 분석'을 유 용하게 활용하고 개개인의 분석 역량을 향상시키는 일에 장애 요소로 작용한 다. '탐색적 자료 분석'의 내용을 자세히 알아보기 위해 사전적 정의를 옮겨 놓으면 다음과 같다.

정의 내용 중 파란색으로 강조한 부분이 '탐색적 자료 분석'의 핵심이다. 즉, "데이터로부터 정보를 찾는 일"과 "자료의 충분한 이해를 통해 모형 적합 등 좀 더 정교한 모형을 개발하는 일"로 요약될 수 있다. 또 정의 내용 중 "자료가 가지고 있는 본연의 의미를 찾는 데…"의 설명과 같이 확보된 데이터의 평균 또는 산포가 변했는지 여부를 검정하는 '확증적 자료 분석'과 달리, 프로세스의 어느 부분에서 무슨 일이 일어나고 있는지를 확보된 데이터 속에서 찾아내려는 노력이 차별화된 특징이라 할 수 있다. 만일 수집된 데이터로부터 프로세스의 문제나 개선의 징후를 미리 발견할 수 있다면 'Analyze Phase'에서 궁극적으로 추구하는 "사실 분석을 통한 개선 방향의 도출"에 크게 기여할 수 있다. 데이터로부터 징후를 포착했으니 실제 프로세스에서 '근본 원인(Root Cause)'을 찾아내는 '사실 분석'은 그만큼 수월해질 수밖에 없다. 다음은 '주석 15)'에 실린 'EDA'의 탄생 배경을 옮겨놓은 것이다.

---

15) 허명회 지음, R을 활용한 탐색적 자료 분석, 자유아카데미.

프린스턴 대학의 튜키(John W. Tukey) 교수는 1977년 이 분야의 첫 저서 *Exploratory Data Analysis*[16]를 출판하였다. 이 책 서문에서 'EDA'에 대해 다음과 같이 쓰고 있다.

> "(필자 번역) 이 책은 '탐색적 자료 분석', 즉 데이터를 보고 데이터가 말하려는 것이 무엇인지 찾는 방법을 설명한다. 분석에는 간단한 산술과 그리기 쉬운 그림 도구를 주로 이용한다. 우리가 알고 있는 모든 상황을 부분으로 나누고 그들로부터 새로운 정보를 얻기 위해 노력한다. 주된 관심은 데이터의 검증이 아니라 데이터가 어떤 상황에 놓여 있는가이다. (원문) This book is about exploratory data analysis, about looking at data to see what it seems to say. It concentrates on simple arithmetic and easy-to-draw pictures. It regards whatever appearances we have recognized as partial descriptions, and tries to look beneath them for new insights. Its concern is with appearance, nor with confirmation.

이 책은 기존 '추론 통계학'이 아닌 '기술 통계학'의 중요성을 강조한 것으로 Tukey는 또 1977년 하버드 대학의 모스텔러(Frederick Mosteller)와 함께 *Data Analysis and Regression*을 출판하였다. 그리고 모스텔러와 그의 동료인 호글린(David C. Hoaglin)과 함께 1983년 *Understanding Robust and Exploratory Data Analysis*를, 1985년 *Exploring Data Tables, Trends, and Shapes*를 펴냈다. 이 4권의 책으로 '탐색적 자료 분석'에 대한 Tukey의 개념과 방법이 어느 정도 정립되었다."

이해를 돕기 위해 탄생 배경과 연계된 한 문헌[17]에 '탐색적 자료 분석 (EDA)'을 풀어 설명한 내용을 옮기면 다음과 같다.

---

16) Turkey, J.(1977), Exploratory Data Analysis. Reading, MA: Addison-Wesley.
17) Prof. Sehyug Kwon, Dept. of Statistics, Hannam University http://wolfpack.hnu.ac.kr

① EDA is about looking at data to see what it seems to say.

데이터가 가진 '정보'를 데이터의 탐색만으로 얻는 방법이다. 이전 통계학이 추론 통계에 의존했다면 EDA는 통계적 가설 설정 과정이 없는 '기술 통계학 (Descriptive Statistics)'임을 강조한다.

② EDA is a detective work.

여러 도구(Tools: 기술 통계량, 관련 그림)와 직감(Intuition: 데이터 분석 경험에서 얻는 분석 노하우)을 이용하여 정보(결론)를 유추하는 분석 방법이다. 'CDA' 가 '판사(Judge)'의 작업이라면 'EDA'는 여러 정황을 고려하여 사건을 분석하는 '탐정(Detective)'과 같은 역할이다.

③ To learn about data analysis, it is right that each of us try many things that do not work.

데이터로부터 정보를 얻기 위한 다양한 시도를 해야 한다. 올바른 데이터 분석은 데이터를 다루는 풍부한 경험(비록 성공하지 못하더라도)으로부터 나오기 때문이다.

④ EDA can never be the whole story, but nothing else can be served as the first step.

'탐색적 자료 분석'이 모든 분석을 대변하는 것은 아니지만 분석을 위한 첫 단계임은 분명하다. '탐색적 자료 분석'을 통해 얻은 정보를 이용하여 통계적 가설이나 모형을 설정한 연구가 가능하고, 정보의 정확도를 측정함으로써 의사 결정에 이용할 수도 있다.

⑤ EDA is a paper-pencil method.

컴퓨터(소프트웨어)가 보편화되지 않았고 데이터 수가 그리 많지도 않았던 시절, 그래프나 통계량들을 직접 그리거나 계산하기 편하게 제안된 방법이 'EDA'이기 때문에 'Paper-pencil Method'란 별명이 붙었다. 요즘은 통계 소프트웨어의 발달로 쉽게 그리거나 계산할 수 있으므로 정보를 얻는 방법이나 해석 방법을 이해하는 것이 중요하다.

⑥ Data Mining is a modern EDA.

신용카드, 멤버십카드, 교통카드 등 카드 사용에 의해 데이터가 자동 수집(OLTP, On-line Transaction Process)되고 수집된 데이터를 잘 저장하는 방법(Data

Warehousing) 등의 발달로 'Data Mining(대용량의 데이터에 내재되어 있는 Patterns이나 Rules을 발견하는 방법)'이 가능해졌다. 'Data Mining'도 일종의 'EDA'이다. 'Data Mining'으로부터 얻은 정보를 이용하여 고객을 관리하는 방법이 'CRM(Customer Relationship Management)'이다.

'탐색적 자료 분석'을 '확증적 자료 분석'과 분리해서 이해하기 위해 다음 [그림 Ⅰ-18]의 개요도를 그렸다.

[그림 Ⅰ-18] '탐색적 자료 분석'을 통한 '근본 원인' 규명

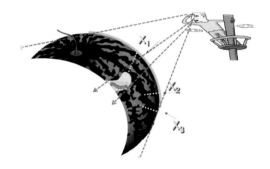

[그림 Ⅰ-18]을 보면 [그림 Ⅰ-17]의 '확증적 자료 분석'과의 차이점을 쉽게 발견할 수 있다. 즉, 'X₁' 등으로부터 '근본 원인(벌레)'을 찾아 들어가기보다 '수박(프로세스)' 전체를 데이터로부터 조망하며 조금씩 '근본 원인'을 찾아 들어가는 접근이다(바깥쪽 점선 화살표에서 안쪽 화살표로 좁혀감).

앞으로 수집된 데이터로부터 '확증적 자료 분석(즉, 가설 검정)'이 아닌 '정보'를 추출하기 위한 '탐색적 자료 분석'을 집중적으로 다루기 위해 데이터 형태를 구분해서 설명을 이어나갈 것이다. 데이터 형태에 따른 분류는 아래 내용 및 이어지는 [그림 Ⅰ-19]와 같다.

① 일변량[18] 자료(Univariate Data): 변량(變量)이 하나인 자료.

② 이변량 자료(Bivariate Data): 변량(변수)이 두 개인 자료.

③ 다변량 자료(Multivariate Data): 변량(변수)이 여러 개인 자료.

[그림 Ⅰ-19] '데이터 군의 형태' 구분 예

| 일변량 자료 (Univariate Data) |
| --- |
| 고객응대시간 |
| 5.21 |
| 5.35 |
| 5.19 |
| 5.14 |
| 5.36 |
| 5.13 |
| 5.28 |
| 5.42 |
| ... |

| 이변량 자료 (Bivariate Data) | |
| --- | --- |
| 전류량(X) | 부착량(Y) |
| 90.6 | 83.6 |
| 80.8 | 75.9 |
| 80.5 | 76.9 |
| 84.2 | 80.2 |
| 78.5 | 90.3 |
| 90.4 | 77.4 |
| 80.6 | 84.1 |
| 70.9 | 75 |
| ... | .... |

| 다변량 자료 (Multivariate Data) | | | |
| --- | --- | --- | --- |
| 공급사(X1) | 두께(X2) | 무게(X3) | 비중(Y) |
| A | 598.0 | 8.3054 | 3.6464 |
| A | 599.8 | 5.6865 | 6.7625 |
| A | 600.0 | 6.4423 | 0.6038 |
| A | 599.8 | 3.5290 | 0.1723 |
| A | 600.0 | 6.4803 | 7.9486 |
| A | 600.0 | 5.4630 | 4.7947 |
| B | 598.8 | 7.6958 | 8.9744 |
| B | 598.2 | 7.0552 | 1.0681 |
| ... | ... | ... | ... |

[그림 Ⅰ-19]와 같이 분석에 쓰일 데이터가 하나의 열에 묶음으로 존재하는지, 또는 'X와 Y'같이 두 변수로 존재하는지, 아니면 여러 변수(열)로 존재하는지에 따라 '정보'를 얻기 위한 도구나 접근이 달라질 수 있다. 따라서 본문에서는 각 형태별로 구분해서 '탐색적 자료 분석'에 대한 설명을 이어 나갈 것이다. 이후 본문부터 '탐색적 자료 분석'을 'EDA'로 줄여 표현할 것이다.

---

18) 영어 사전에서는 "일도량(一度量)의: 분포가 변량(變量)이 하나인"으로 번역하고 있으나 '한국통계학회'의 '용어 사전'을 참조하였다.

## 2.2.4. 데이터 마이닝(Data Mining)

'데이터 마이닝'은 [그림 Ⅰ-16]에서 '데이터 분석(Data Analysis)'의 "특별한 경우"로 분류한 바 있다. 주변에서 많이 들었던 용어 중 하나일 것이다.

10여 년 전쯤으로 기억된다. 업무를 보고 있는데 사용 중이던 카드사의 직원이라고 소개한 사람으로부터 전화 한 통을 받았다. 처음엔 금융 상품이나 대출 안내를 하는 줄 알았는데 보통은 여자 직원이었으나 당시는 남자 직원이 전화를 해와 좀 의아한 느낌을 받았다. 곧이어 그 카드사 직원은 "혹시 최근 53만 원의 카드사용 지출을 하신 적이 있었습니까?" 하고 물어왔다. 지금처럼 보이스 피싱이 횡행하던 시기라면 대꾸도 않고 전화를 끊었겠지만 그때는 생뚱맞은 물음에 궁금증이 커졌고 무슨 일 때문에 그런지 재차 응수를 해주었다. 그때 카드사 직원은 죄송하다는 말과 함께 다음과 같이 답변해주었다. "고객들의 카드 사용 패턴을 저희 CRM팀에서 관리 중인데 마침 고객님의 카드 사용 내역이 평상시와 다르게 급격히 올라 도난 등의 사유가 발생한 것이 아닐까 해서 연락드린 겁니다." 그 말을 듣는 순간 머릿속에서 한두 가지의 생각이 번개처럼 스쳐 지나갔다. 하나는 "우와, 대단하다. 이런 수준까지 고객 관리가 이루어지고 있다니!" 하는 믿음직스럽다는 반응과, 다른 하나는 "아! 나를 뭐로 보고!" 하는 씁쓸한 뒷맛이라고나 할까?(^^!) 여하튼 카드 고객이 한두 명이 아닐 텐데 지출 금액의 급작스러운 변동을 감지해 카드 개개의 도난 예방 등의 목적으로 사용한다는 것은 고객 입장에서는 매우 만족스러운 서비스 중 하나로 인식된다.

앞서 들었던 경험은 '데이터 마이닝'의 대표적인 사례이다. '데이터 마이닝'의 사전적 정의는 다음과 같다.

・ 데이터 마이닝(Data Mining)

→ (국어사전) 데이터 웨어하우스와 데이터 마트는 사용자가 원하는 테이블들을 미리 만들어놓고 이를 꺼내 볼 수 있도록 하는 개념인 반면, 각 데이터의 상관관계를 인공 지능 도구를 통해 자동적으로 밝혀주는 것. 예를 들면, 비를 좋아하는 사람에 대한 데이터가 있고 색깔에 대한 선호도와 관계된 데이터가 있다면 이 둘의 관계를 밝혀내는 기능을 수행한다. 즉, 정확히 수치화하기 힘든 데이터 간의 연관을 찾아내는 역할을 한다.

→ (네이버 지식사전) 데이터베이스 내에서 어떠한 방법(순차 패턴, 유사성 등)에 의해 관심 있는 지식을 찾아내는 과정. 데이터 마이닝은 대용량의 데이터 속에서 유용한 정보를 발견하는 과정이며, 기대했던 정보뿐만 아니라 기대하지 못했던 정보를 찾을 수 있는 기술을 의미한다. 데이터 마이닝을 통해 정보의 연관성을 파악함으로써 가치 있는 정보를 만들어 의사 결정에 적용함으로써 이익을 극대화시킬 수 있다. 기업이 보유하고 있는 일일 거래 데이터, 고객 데이터, 상품 데이터 혹은 각종 마케팅 활동의 고객 반응 데이터 등과 이외의 기타 외부 데이터를 포함하는 모든 사용 가능한 근원 데이터를 기반으로 감춰진 지식, 기대하지 못했던 경향 또는 새로운 규칙 등을 발견하고, 이를 실제 비즈니스 의사 결정 등을 위한 정보로 활용하고자 하는 것. 데이터 마이닝의 적용 분야로 가장 대표적인 것은 데이터베이스 마케팅이다.

　　정의를 통해 알 수 있듯이 "대용량의 데이터 속에서…"의 표현(파란색 글자)이 중요한 키워드로 인식된다. 한 서적[19]에 따르면 용어 '데이터 마이닝'은 적합하지 않은데 그 이유는 '금'을 바위나 모래에서 채취할 경우 '모래 채굴'이 아닌 '금 채굴'이라고 하듯이, '데이터 마이닝'은 "대량의 데이터 속에서 지식을 캐는 활동"이므로 '지식 마이닝'이 의미상 적합하다는 것이다. 그러나 이에는 중요한 '대량'이란 단어가 빠져 있어 여타 분석법과 구별되지 않으므로 정확하진 않지만 '데이터 마이닝'으로 명명됐음을 지적하고 있다.

---

19) (번역서) 『데이터마이닝: 개념 및 도구』, 박우창·승현우·용환승·최기헌 공저, 자유아카데미, 2003.

앞서 카드사의 사례와 같이 관리 중인 고객이 수십만 명이 될 수 있고, 또 그들이 만들어내는 지출 데이터도 상상치 못할 정도로 많을 것이다. 이런 숫자의 바다에서 의미 있는 정보들을 찾는다는 것은 '탐색적 자료 분석'이 태동한 시기의 분석적 개념보다 훨씬 더 확장된 느낌을 갖게 한다. '정보'를 끄집어내는 공통점이 있지만 확보될 데이터의 규모가 표집인지 아니면 어마어마하게 모여진 데이터 전체인지는 해석의 접근이나 '정보'를 추출하는 도구에 있어서 '특별한 경우'로 분류하는 게 맞을 듯싶다.

그러나 '데이터 마이닝'이 카드사나 보험사와 같이 금융 상품을 다루는 비즈니스에만 국한되진 않는다. 제조사 특히 장치 산업에서는 '데이터 마이닝'의 접근이 매우 중요하고 효과적이다. 예를 들어 반도체나 철강, 화학 업종의 생산 라인은 모두 고가의 설비들이 하나로 연결돼 자동화된 체계로 운영되고, 사람의 접근이 어려운 단위 공정도 많아 주요 포인트별로 1초에 적게는 수 개에서 많게는 수백 개의 데이터가 자동으로 측정돼 데이터베이스에 저장된다. 이에 엔지니어들은 데이터가 너무 많아 그들을 수집해 정보를 캐내는 일이 매우 어려우므로 통상 시간당 평균 또는 일일 평균 등으로 편집해 관리에 활용하는데 이것은 '원 자료(Raw Data)'가 아니므로 많은 유용한 정보가 평균 속에 묻혀 버리기 십상이다. 그렇다고 뾰족한 수가 있는 것도 아니므로 적정 수준에서 타협해 관리나 개선에 활용하는 것이 일상이다. 만일 금융사나 장치 산업에서 매일 쏟아지는 엄청난 데이터를 통째로 분석해 의미 있는 정보를 캐내는 작업이 가능하다면 프로세스 관리를 위한 의사 결정에 매우 효과적으로 대응할 수 있다. 통상 금융사 경우 'CRM(Customer Relationship Management)'을 관리하는 별도 조직이 있어 마케팅에 적극 활용한다. 우리말로는 '고객 관계 관리'라고 부른다. '데이터 마이닝'과 유사어로 쓰이는 용어 중엔 '데이터로부터의 지식 마이닝(Knowledge Mining from Database)', '지식 추출(Knowledge Extraction)', '데이터 패턴 분석(Data Pattern Analysis)',

'데이터 고고학(Data Archaeology)', '데이터 준설(Data Dredging)', '데이터베이스에서의 지식 발견(KDD, Knowledge Discovery in Database)' 등이 있다.

'데이터 마이닝'을 수행하는 절차는 출처에 따라 조금씩 다르지만 대체적으로 다음과 같은 순서를 따른다(주석 19).

- □ 단계 1 → (데이터 정제) 잡음과 불일치 데이터의 제거.
- □ 단계 2 → (데이터 통합) 다수의 데이터 소스들의 결합.
- □ 단계 3 → (데이터 선택) 분석 작업과 관련된 Data들이 데이터베이스로부터 검색됨.
- □ 단계 4 → (데이터 변환) 요약이나 집계 등과 같은 연산을 수행하여 마이닝에 적합한 형태로 Data를 변환하거나 합병 정리.
- □ 단계 5 → (데이터 마이닝) 데이터 패턴을 추출하기 위해 지능적 방법들이 적용되는 필수 과정.
- □ 단계 6 → (패턴 평가) 몇 가지 흥미 척도들을 기초로 지식을 나타내는 진짜 흥미로운 패턴을 구별.
- □ 단계 7 → (지식 표현) 사용자에게 채굴된 지식을 보여주기 위하여 시각화와 지식 표현 도구들을 사용.

절차에 따르면 '데이터 마이닝'은 수행할 여러 단계들 중 하나에 속하며, 대량 데이터로부터 정보를 뽑아내는 가장 핵심적이고 중요한 활동임을 알 수 있다. 대량 데이터가 필요하므로 대상은 '관계 데이터베이스(Relational Database)', '데이터 웨어하우스(Data Warehouse)', '트랜잭션 데이터베이스(Transaction Database)', '진보된 데이터베이스(Advanced Database Sets)', 'the World Wide Web' 등에 포함된 데이터가 해당한다. 또 대량 데이터를 분석하기 위한 방법에는 '연관성 분석(Association Analysis)', '분류와 예측(Classification & Prediction)', '군집 분석(Cluster Analysis)', '이상점 분석(Outlier Analysis)' 등이 있으나 대량의 정보 처리가 필요한 하드웨어와 소프트웨어, 원하는 요구에 맞는 정보를 추출하기 위한 코딩 등이 수반돼야 하므로 주로 대학의 전공

교수나 전문 기관을 통해 수행이 가능하다. 따라서 기업 과제를 수행하는 리더들이 접근하기엔 제약이 따르므로 '데이터 마이닝'에 대한 설명은 대상에서 제외한다. 참고로 최근과 같이 정보 통신이 발달한 환경에서 인터넷 또는 SNS상의 오고가는 데이터를 'Big Data'로 부르고, 이들로부터 정보를 캐내기 위한 연구도 다양하게 수행되고 있다.

다음 단원부터 'EDA'에 대해 '일변량 자료(Univariate Data)', '이변량 자료 (Bivariate Data)', '다변량 자료(Multivariate Data)' 순으로 상세히 알아보자.

# 일변량 자료(Univariate Data)의
# 탐색적 자료 분석(EDA)

'일변량 자료의 탐색적 자료 분석'은 변수가 하나인 상태에서 데이터가 확보된 경우 그로부터 정보를 얻는 방법이다. 본 단원은 정보를 얻기 위한 절차와 도구 및 해석 등을 상세히 소개한다.

# 1. 개요

        본 단원에서 '탐색적 자료 분석(이하 'EDA')'
을 위해 가장 필요한 대상이 있다면 바로 '일변량 자료(Univariate Data)'이다.
[그림 Ⅰ-19]에 나타낸 바와 같이 '변수'가 하나인 경우에 수집된 데이터를
일컫는데 사전적 정의는 없지만 'Univariate'을 설명하는 WIKIPEDIA에 다음
과 같이 언급돼 있다.

> · **일변량 자료**(Univariate Data) (WIKIPEDIA) 수학에서 'Univariate'는 변수가 단 하
> 나인 방정식, 함수 또는 다항식을 가리키는 반면, 그 이상의 변수인 경우는
> 'Multivariate'라고 부른다. …(중략) 통계학에서는 변수 한 개의 분포를 변수 여럿의
> 분포와 구별하는 데 이용된다. 예로 **'Univariate Data'는 단 하나의 스칼라 성분으로
> 이루어진 경우이다.** (중략)….

  'Univariate'만으로도 본 단원에서 쓰는 용어 정의로써 충분한 것 같다. 다
만 'Univariate Data(이하 '일변량 자료')'가 "스칼라(Scalar) 성분으로 이루어
진 경우"처럼 훨씬 더 명확하게 표현하고 있어 사용에 적합하다. '스칼라'는
"하나의 수치만으로 완전히 표시되는 양"이다. 다음 [표 Ⅱ-1]은 '일변량 자
료'의 일반적인 예를 보여준다.

[표 Ⅱ-1] '일변량 자료(Univariate Data)'의 예

| 변수(Variable, Xs) | 일변량 자료(Univariate Data) |
|---|---|
| 판매량(개) | 2300, 2316, 2451, 2915, 3145, 1928, 2279 … |
| 전류($\mu$A) | 2.56, 3.13, 1.97, 2.29, 1.85, 2.66, 2.17 … |
| … | … |

'변수(Variable)'는 "어떤 관계나 범위 안에서 여러 가지 값으로 변할 수 있는 수"로 여러 값을 대변하기 때문에 주로 'x, y, z, w' 등의 마지막 알파벳으로 표시하는 반면, '변량(Variate)'은 "통계에서 조사 내용의 특성을 수량으로 나타낸 것"이다. 이를 근거로 [표 Ⅱ-1]에 '변수'와 '변량'을 구분하여 예로 들었다. 영어 사전에서의 '변량'은 'a Variable', 'a Variate', 'a Variant' 모두가 구분 없이 사용되기도 한다. 이제 'EDA'를 위한 '기본 가정'과 '특징'에 대해 알아보자.


## 1.1. 'EDA'의 기본 가정

여기 한 묶음의 '일변량 자료'가 있다고 가정하자. 만약 병원에 종사하고 있다면 특정 환자의 '혈당량 수치'가 될 수 있고, 영업사원이면 '월별 판매량', 제품 개발 연구원이면 실험치인 '코팅 두께' 또는 '회전수', 인사 담당자면 '직원들 고과 점수', 구매 담당자는 '제품 원가' 등 수행 업무나 상황별로 다양한 자료가 이에 포함될 수 있다. 만일 확보된 자료를 이용해 그 묶음의 '대푯값(산술 평균, 중앙값 등)' 또는 '산포', '비율' 등이 기존에 알고 있는 '특정 값(귀무가설)'보다 커졌는지 그렇지 않은지 확인(가설 검정)한다면 이 접근은 'CDA'에 해당한다. 그러나 현재 필요한 것은 확보된 자료로부터 '정보'를 빼내려는 'EDA'가 목적이며, 이럴 경우 당장 어떤 식으로 시작해야 할지 학습되지 않은 상태에서 난감하기만 하다. 어떻게 시작해야 할까?

접근법을 논하기에 앞서 확보한 한 묶음의 자료를 가만히 들여다보자. 그들은 적어도 여러 환경이나 여러 제품 등에서 측정을 통해 제각각으로 모여졌다기보다 수집자가 관심을 갖는 동일한 대상으로부터 적어도 반복적으로 얻어진 값일 가능성이 매우 높다. 예를 들어 화학제품을 만들고 남은 찌꺼기인 공정 부산물의 '함수율'을 관리하는 담당자이면, 동일한 라인으로부터 발생된 부산물의 '함수율' 데이터를 주기적으로 측정해 관리하는 것이지 다른 라인 또는 다른 회사의 '함수율' 데이터를 서로 뒤죽박죽 섞은 채 모아놓진 않을 것이다. 또 재료를 개발하는 연구원이 재료의 '표면 강도'를 높이기 위해 특수 처리한 후 '표면 강도'를 수백 개 측정했다면, 그 값 각각은 서로 다른 표면 처리를 한 값들과 모두 뒤섞어놓진 않을 것이다. 즉, '일변량 자료'의 특징은 관리 중인 프로세스 또는 제품/상품으로부터 '함수율'이나 '표면 강도' 같은 변량들을 추출할 때 적어도 그들은 동질의 성향을 띠게 된다. 그렇지 않고 '함수율'이나 '표면 강도'가 들쭉날쭉하거나 커지다가 작아지는 등의 기대를 벗어나는 움직임을 보인다면 이것은 프로세스에 담당자가 모르는 변화가 생겼거나, 연구원의 특수 표면 처리 경우 처리 과정 중에 의도하지 않은 영향이 가해졌을 가능성을 배제할 수 없다. 즉, '동질의 성향'을 가정하고 그를 벗어나는 현상이 관찰되면 '일변량 자료'로부터 평소에 알지 못하던 새로운 '정보'를 얻게 된다. 이때 '동질의 성향'을 어떻게 규정하고, 또 'EDA' 활동에 어떤 식으로 적극 응용할 수 있을지가 고민인데, '동질적 성향'은 다음과 같이 규정한다.

$$Y = 중심 값(상수) \pm 오차 \qquad (\text{II}.1)$$

식 (II.1)을 보면 현재 확보한 자료들의 각 값은 '중심 값(일반적으로 '평균')'을 가운데 두고 위아래로 '오차'만큼 더하거나 뺀 값의 형태로 관찰될 것이다. 또 '일변량 자료'에 대한 식 (II.1)의 일반적 표현으로부터 몇 가지 상황이 더 유추될 수 있는데, 우선 '중심값'을 가운데 두고 타점들은 '임의성(Randomness)' 형태로 존재하리란 것과, 중심과 각 타점들과의 차를 대변하는 '변동(Variation)'도 일정해야 하며, 끝으로 고정된 '평균'과 '변동(표준 편차)'

및 '임의성'으로부터 데이터를 설명할 '분포'도 존재할 수 있다. 만일 확보된 '일변량 자료'를 대상으로 앞서 언급한 네 가지 유형을 점검함으로써 예상을 벗어난 결과를 얻는다면 적어도 그 부적합한 사유가 데이터를 추출한 프로세스 어딘가에 존재하리란 새로운 '정보'를 얻게 된다. 다음 [표 Ⅱ-2]는 앞서 기술한 네 가지 기본 가정을 요약한 것이다.

[표 Ⅱ-2] '일변량 자료(Univariate Data)'의 4가지 기본 가정('주석 27')

| 기본 가정 | 내용 |
|---|---|
| ① 일정한 대푯값 존재(Central Tendency) | – 산술 평균, 중앙값 등 |
| ② 일정한 변동 존재(Fixed Variation) | – 산포 등 |
| ③ 임의성(Randomness) | – 중심 값을 기준으로 무작위 분포 |
| ④ 일정한 분포(Fixed Distribution) 존재 | – 상기 3가지가 전제된 상태에서 정해진 분포 존재<br>– 주로 '정규 분포' |

결국 'EDA'는 '일변량 자료'로부터 [표 Ⅱ-2]의 네 가지 가정이 맞는지 확인하는 과정이며, 그 속에서 부적합하거나 예상을 벗어난 현상 등을 발견하면 문제의 근원에 접근할 수 있는 기회를 얻게 된다. 이때 사용할 도구(Tools)가 필요한데 'EDA'를 위한 두 가지 도구들 중 하나는 '그래프(Graphical Method)'를 그려보는 것이고, 다른 하나는 '기술 통계(Descriptive Statistics)'를 얻는 것이다. 둘은 별개의 방법이라기보다 상호 보완적이며, 'EDA' 수행 시 함께 사용해서 '정보'를 취하는 접근이 바람직하다. '그래프 방법'과 '기술 통계 방법'에 대해서는 이후 단원인 「2. EDA 방법」에서 상세히 다룰 것이다.

## 1.2. 'EDA'의 '4가지 주제(Four Themes)'

　1983년 처음 출판된 *Understanding Robust and Exploratory Data Analysi s*[20])에 따르면 'EDA'를 특징짓는 4가지 핵심 주제[21])가 있다. 이들은 '저항성 (Resistance)', '잔차(Residual)', '재표현(Re-expression)', '현시(顯示)성(Revelation)' 이다. '현시'는 "나타내 보임"의 뜻으로 '일변량 자료'를 "그래프로 나타내 보임"의 의미를 내포한다. '4가지 주제'는 'EDA'의 전반적 내용을 4개의 특징으로 요약한 것이며 '일변량 자료'뿐만 아니라 '이변량 자료' 및 '다변량 자료'까지 적용되는 일반적 특징이다. 앞으로 본문을 이해하는 데 많은 도움을 줄 것이다. 각각에 대해 알아보자.

## 1.2.1. 저항성(Resistance)

　프로세스나 제품/상품 등에서 측정을 통해 수집된 데이터는 그들 각각이 측정자가 관리하는 특정의 값이 되기를 기대하나 실상은 그렇지 못하다. 좀 큰 값부터 작은 값, 심지어는 예상치 못했던 크게 튀는 값도 존재한다. 예를 들어 한 묶음의 자료가 있을 때, 어떤 값들이 그들 속에 포함돼 있는지 모르는 상황에서 '기술 통계'를 통해 대푯값을 선정한다면 이때 약간의 혼란이 예상된다. 즉, 어느 대푯값을 선택해야 이상점(Outlier), 결측치(Missing Data), 입력 오류(Miscoded Data) 등의 영향을 덜 받고 원하는 정보를 객관적으로 획득할 수 있는가 하는 것이다. 이상점, 결측치, 입력 오류 등의 영향이 최소화된 상태에서 대푯값이 얻어지면 일부 자료에 파손이 있어도 온전한 정보를 얻는

---

20) David Caster Hoaglin, Frederick Mosteller, John Wilder Tukey, (출판사) Wiley.
21) "Four Themes" 또는 "Four R's"로 불린다.

강건한 상태(Robustness)가 되므로 이를 두고 '저항성(Resistance)'이 있다고 얘기한다. 즉, '저항성'이란 "수집된 자료의 일부 데이터에 이상점, 결측치, 또는 입력 오류가 포함되었더라도 'EDA'를 수행함으로써 그들의 영향이 최소화된 대푯값을 선택할 수 있고, 그로부터 객관적 판단 또는 정보를 얻을 수 있다"이다. 이해를 돕기 위해 다음 [표 Ⅱ-3]과 같은 자료가 수집되었다고 가정하자.

[표 Ⅱ-3] 수집된 자료 예(크기 순서로 나열)

| 수집 자료 | 3, 7, 7, 7, 8, 15, 16, 19, 20, 23, 27, 34, 34, 37, 41 |
|---|---|

수집된 자료로부터 일반적으로 쓰이는 대푯값[22]을 계산하면 다음 [표 Ⅱ-4]와 같다. 참고로 일상에서 자주 쓰이는 '대푯값'에는 산술 평균(Arithmetic Mean), 중앙값(Median), 최빈값(Mode), 절사 평균(Trimmed Mean) 등이 있다. '산술 평균'은 '평균(Mean)'과 동의어로 쓰인다.

[표 Ⅱ-4] '대푯값' 산정 예

| 산술 평균(Mean) | $= \frac{1}{n}\sum_{i=1}^{n} x_i = \frac{3+7+7+7+...+34+37+41}{15} \cong 19.867$ |
|---|---|
| 중앙값(Median) | $= \frac{n+1}{2}th = \frac{15+1}{2}th = 8^{th} = 19$ |
| 최빈값(Mode) | =빈도가 가장 높은 값=7 |
| 절사 평균(Trimmed Mean) | =19.54('n×5%'의 반올림한 수를 얻음. 이 수만큼 작은 값, 큰 값 제하고 남는 데이터를 산술 평균) |

---

22) '대푯값(Representative Value)'의 정의와 산정 방법 및 사례에 대해서는 「Be the Solver_확증적 자료 분석」편에 잘 설명돼 있으니 필요한 독자는 참조 바람.

[표 Ⅱ-4]의 대푯값 중 '최빈값'을 빼고는 모두 유사한 성향을 보이므로 어떤 것을 선택하든 중심 값을 표현하기에 큰 무리가 없다. 그러나 만일 [표 Ⅱ-3]의 데이터 중 하나가 이상점, 결측치, 또는 입력 오류 등의 영향을 받아 다른 값으로 바뀌면 대푯값의 변화도 불가피하다. 다음 [표 Ⅱ-5]는 [표 Ⅱ-3]의 데이터 중 가장 끝 값인 '41'이 임의의 '$x$'로 변했다고 가정했을 때의 일반적 성향을 정리한 것이다.[23]

[표 Ⅱ-5] 데이터 중 한 값이 '$x$'로 바뀌었을 때의 대푯값 변화

| 산술 평균(Mean) | $=\dfrac{257+x}{15}=17.133+\dfrac{1}{15}x$ |
|---|---|
| 중앙값(Median) | if $x \leq 16$,     이때 $\tilde{x}=16$<br>if $16 < x \leq 19$,     이때 $\tilde{x}=x$<br>if $x > 19$,     이때 $\tilde{x}=19$ |
| 최빈값(Mode) | $=7$(단, $x=34$가 되면 최빈값은 '7'과 '34'가 됨) |
| 절사 평균<br>(Trimmed Mean) | if $x \leq 3$,     이때 $\overline{x}=16.923$<br>if $3 < x \leq 37$,     이때 $\overline{x}=\dfrac{217+x}{13}=16.692+\dfrac{1}{13}x$<br>if $x > 37$,     이때 $\overline{x}=19.538$ |

수집된 자료의 값 하나가 변동함에 따라 대푯값들이 어떻게 변해가는지 [표 Ⅱ-5]로부터 쉽게 파악할 수 있다. 예를 들어 [표 Ⅱ-3]의 '41'이 임의의 '$x$'로 결정될 때, '산술 평균'은 '$-\infty \sim +\infty$'의 큰 변화를 겪는다('1/15'에 붙은 '$x$'에 따라 평균이 변할 것이므로). 또 '절사 평균' 역시 상황에 따라 달라지긴 하나 '3<x≤37'에 있게 되면 '산술 평균'과 동일한 양상을 보인다. 반면, '중앙값'은 최소 '16'에서 최대 '19'의 변동만을 보이므로 'EDA' 관점에서 일부 자료의 파손에 따른 '저항성'이 가장 강함을 알 수 있다. 그 외에 '최빈값'

---

23) '주석 15)' 사례를 참조해서 편집함.

은 다른 대푯값들과 차이가 크고 현상의 왜곡이 있어 사용 시 주의해야 한다.

　신뢰성 분야에서 '중앙값'의 활용은 더욱 빛나는데 제품의 50%가 고장 날 때까지의 소요 시간을 '수명'의 기준으로 삼는 경우이다. 의학 분야에서도 'LD 50(50% Lethal Dose)', 즉 '50%'가 죽을 때까지 투여된 약의 양을 이용하는 경우에도 유용하게 활용된다.

## 1.2.2. 잔차(Residual)

　'잔차'는 "수집된 데이터의 각 값과 기준 값과의 차이"이다. '기준 값'은 대푯값으로 정해진 '평균'이나 '중앙값' 등이 쓰이며, '잔차'의 절댓값이 큰 경우 프로세스에 어떤 변화가 있었는지를 추적하는 단서로 활용한다. [표 Ⅱ-3]의 '중앙값=19'일 때의 각 값에 대한 '잔차'를 구하면 다음 [표 Ⅱ-6]과 같다.

[표 Ⅱ-6] 수집된 데이터에 대한 '잔차' 산정 예

| 수집 자료 | 3 | 7 | 7 | 7 | 8 | 15 | 16 | 19 | 20 | 23 | 27 | 34 | 34 | 37 | 41 |
|---|---|---|---|---|---|---|---|---|---|---|---|---|---|---|---|
| 잔차(Residual) | -16 | -12 | -12 | -12 | -11 | -4 | -3 | 0 | 1 | 4 | 8 | 15 | 15 | 18 | 22 |

　[표 Ⅱ-6]의 '중앙값=19'에 대한 '잔차'를 보면 그 절댓값이 큰 유형들이 있는데, 예를 들어 '10'을 넘어선 값(표내 빨간색 숫자)들이 의심의 대상이 된다면 프로세스 내 변동 요인을 찾기 위한 '사실 분석'이 요구된다. 만일 '잔차'가 [표 Ⅱ-6]의 수준이 아닌 '127' 등과 같이 의외의 큰 수로 나타나면 '이상점'이나 '입력 오류' 등의 영향도 배제할 수 없다.

　'X-연속/Y-연속'의 '이변량 자료'에서도 '잔차'의 역할은 매우 큰데, '회

귀 분석'을 하게 되면 실측치인 'Y'와 '회귀 모형'으로부터 얻은 '적합 값
(Fitted Value)'과의 차이가 '잔차'이며, 이들의 정규성, 등분산성, 독립성의 평
가를 통해 구해진 '회귀 모형'의 적합성과 실험의 적절성 여부를 판독할 수 있
다. 두 변수에 대한 '잔차'의 'EDA' 접근은 '이변량 자료'에서 소개할 것이다.


### 1.2.3. 재표현(Re-expression)

확보된 자료의 각 값을 다른 값으로 변환시켜 해석에 활용하는 방법이다.
예를 들어 수집 자료가 명백히 좌우대칭인 '정규성'을 보여야 하나 일부 데이
터로 인해 오른쪽으로 긴 꼬리를 갖는 '우변 기운 분포'라면 당장의 '정규 분
포'로서의 해석은 어렵다. 이때 각 값들에 로그(Log)나 제곱근(Square Root),
역(Inverse) 변환 등을 통해 정규화가 형성되면 변환 전 할 수 없었던 '정규
분포'로서의 해석이 가능해진다. 이와 같이 '원 자료'를 변환시키기 위한 목적
은 분포의 대칭성(Symmetry), 산포의 균일성(Constant Variance), 관계의 선형
성(Linearity), 자료의 가법성(Additivity)을 형성시켜 자료 해석 시 유용하게
활용하기 위함이다.
자료의 '재표현'은 두 변수 간 관계도(圖)에서 X의 변화에 따른 Y의 변화
가 일관성을 갖도록 변수 값의 수학적 변환을 이루는 데 자주 응용된다. 예를
들어 '산점도(Scatter Plot)'에서 X의 변화에 따른 Y의 변화 모습이 '곡률'을
보일 때, Y값에 '로그(Log)'를 취해 새로운 값을 얻으면, 재작성된 '산점도'에
서 '직선'으로 나타나는 경우 등이다. 따라서 '재표현'은 '이변량 자료'에서 활
용도가 높다. '일변량 자료'의 '대칭성(Symmetry)' 예를 들기 위해 다음과 같
은 자료가 수집되었다고 가정하자(미니탭 제공 파일; '박스칵스.mtw').

[표 Ⅱ-7] '대칭성(Symmetry)' 설명을 위한 수집 자료

| | | | | | | | |
|---|---|---|---|---|---|---|---|
| 2.6580 | 4.2013 | 5.2003 | 2.2557 | 1.9123 | 3.0462 | 4.1902 | 3.9442 |
| 5.6064 | 7.4514 | 1.3509 | 1.5847 | 2.9220 | 4.7869 | 1.2660 | 4.8414 |
| 5.1834 | 4.3907 | 5.9394 | 4.3803 | 3.3331 | 5.0715 | 6.6356 | 5.1708 |
| 1.6673 | 4.4048 | 6.7707 | 2.5332 | 2.9959 | 6.6261 | 1.2045 | 7.0865 |
| 2.8310 | 11.1304 | 7.8787 | 6.3694 | 1.4790 | 8.2887 | 1.6875 | 3.2869 |
| 6.5270 | 2.0317 | 3.1430 | 7.1751 | 6.6496 | 12.1496 | 2.4516 | 3.3932 |
| 5.8956 | 2.4576 | 2.4516 | 3.9918 | 3.0412 | 2.1482 | 15.1576 | 2.0707 |
| 5.2377 | 4.1920 | 10.5266 | 3.5263 | 6.3428 | 5.5229 | 1.2223 | 8.3590 |
| 2.9015 | 6.9840 | 4.1507 | 1.6746 | 4.3456 | 7.6264 | 11.8880 | 6.8495 |
| 3.2734 | 3.5997 | 5.7550 | 5.8944 | 5.6363 | 3.2538 | 6.4498 | 8.8821 |
| 4.5340 | 21.1340 | 6.3007 | 1.5298 | 9.5731 | 6.8470 | 11.7597 | 8.8315 |
| 9.3105 | 17.8419 | 1.8205 | 11.2131 | 3.6640 | 1.3475 | 1.6683 | 4.6294 |
| 7.8931 | 2.6331 | 4.6708 | 4.1638 | 2.6172 | 8.5186 | 1.8966 | 2.7375 |
| 13.1802 | 3.5791 | 1.6928 | 5.5753 | 3.9355 | 3.9486 | 14.3829 | |
| 6.0037 | 2.4967 | 4.2986 | 4.1671 | 8.8568 | 8.0227 | 2.9300 | |
| 2.6006 | 5.2322 | 6.2164 | 4.1154 | 6.1084 | 9.6140 | 4.5731 | |

[표 Ⅱ-7]의 데이터로 '히스토그램(Histogram)'을 그리면 다음 [그림 Ⅱ-1]
과 같다(미니탭 경로 「그래프(G) > 히스토그램(H)···」).

[그림 Ⅱ-1] 히스토그램

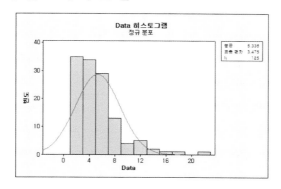

[그림 Ⅱ-1]의 형상은 좌우대칭이 아니며 분포의 오른쪽 큰 값들로 인해
'우변 기운 분포(Right-skewed Distribution)'[24]를 보인다. 만일 어떤 이유로

'우변 기운 분포'를 좌우대칭 종 모양(정규 분포)으로 만들어 해석해야 한다면 [표 Ⅱ-7]의 '원 자료'에 인위적인 조작이 가해져야 한다. '기운 분포'를 '대칭 분포'로 변화시키는 원리는 다음 [그림 Ⅱ-2]에 잘 나타나 있다.

[그림 Ⅱ-2] '기운 분포'를 '대칭 분포'로 만드는 원리

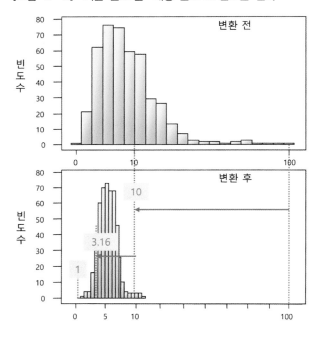

[그림 Ⅱ-2]는 '변환 전' 데이터에 '제곱근(Square Root)'을 적용한 예로 원 관측치 '100'을 '제곱근'하면 '10'으로, 원 관측치 '10'은 약 '3.16', 원 관측치 '1'은 '1'로 각기 변환됨을 보여준다. 즉, '원 자료'에 '제곱근'을 했을

---

24) '한국통계학회' 통계 용어집에는 'Skewness'는 '왜도, 기움'으로, 'Skewed Distribution'은 '기운 분포'로 정의하고 있다.

때, 큰 값일수록 변환 폭이 커지며, 반대로 작은 값일수록 상대적으로 변환 폭도 작아 오른쪽으로 늘어진 '우변 왜도(Right Skewness)'의 모습은 점차 좌우대칭으로 변환돼 간다. 일반적인 변환 조건은 다음 [표 Ⅱ-8]과 같다.

[표 Ⅱ-8] '변환 조건'과 '일반 규칙'

| 변환 조건 | $x_{trans} = \begin{Bmatrix} X^p \\ log(x) \end{Bmatrix}$ | 변환<br>3승<br>제곱<br>무변화<br>제곱근<br>로그<br>역 제곱근<br>역수 | 멱(p)<br>3<br>2<br>1<br>0.5<br>0 (특별한 경우)<br>-0.5<br>-1 |
|---|---|---|---|
| 일반 규칙 | ☐ 변환 시 데이터 순서는 전후가 동일해야 한다.<br>☐ '원 자료'의 최댓값을 최솟값으로 나누었을 때 그 몫이 '2' 이상 돼야 한다. 그렇지 않을 경우 원하는 결과로 이어지기 어렵다. 참고로 이 조건이 만족되지 않을 경우 '최솟값'보다 조금 작은 값을 전체 '원 자료'에서 빼줌으로써 조건을 만족시킬 수 있다.<br>☐ 관련된 '규격'이 있다면 동일한 조건으로 변환시켜야 한다. | | |

사실 모든 '기운 분포(Skewed Distribution)'에 대한 변환을 [표 Ⅱ-8]의 7가지 '멱(거듭 제곱)'으로 해결할 순 없다. 그들 사이 값들도 중요한데 이들을 매 경우에 일일이 찾는 것은 매우 번거롭고 어려운 일이다. 이런 문제를 해결해주는 접근이 '박스-칵스 변환(Box-Cox Transformation)'[25]이다.

미니탭은 「통계 분석(S) > 관리도(C) > BOX-COX 변환(B)…」에서 주어진 '원 자료'를 변환시키기 위한 최적의 '멱'을 찾아준다. 관련 설명은 범위를 약간 벗어나므로 생략하고 정보가 필요한 독자는 관련 자료를 참고하기 바란다.

---

25) Box, G. E. P. and Cox, D. R.(1964), "an Analysis of Transformations", Journal of the Royal Statistical Society, 211-243, discussion 244-252.

'원 자료'에 특정 '멱(거듭 제곱)'을 적용해 '대칭성(정규 분포)'을 확보할 경우 모든 통계적 접근이 원활해진다. 즉, 이 분포로 통계 검정을 수행할 시 '평균'과 '표준 편차'의 타당한 추정치를 얻을 수 있고, 또 외부 고객에게 적합한 '프로세스 능력' 추정치 등 양질의 정보를 제공할 수 있다. 그러나 프로세스나 제품에 존재하는 문제의 원인을 규명할 경우 데이터 교정을 통해 얻을 수 있는 것은 아무것도 없음을 명심해야 한다. '재표현'에서의 '데이터 변환'은 단지 수학적 기교를 통해 분포의 모양을 그럴싸하게 바꾸는 작업에 해당하기 때문이다.

'재표현'의 또 다른 접근 중 하나에 '$z$-변환'이 있다. 보통 '데이터의 정규화(표준화)'라고 하는데 "각 데이터에서 '평균'을 뺀 후, 그 값을 '표준 편차'로 나누어" 얻는다. 이 값을 '$z$값($z$-Score)'[26]이라고 한다. 다음은 산식이다.

$$z_i = \frac{x_i - 평균}{표준편차} \qquad (\text{II}.2)$$

'데이터의 정규화'가 필요한 이유는 다수의 변수들이 포함될 경우, 시간 (hrs), 원(₩), 길이(㎝), 개수 등 여러 유형의 단위가 함께 사용돼 서로 비교 시 측정치 계산에 영향을 미칠 수 있기 때문이다. 금액 경우 백 단위 또는 십만 단위 등 규모에 차이가 있거나, '날짜'로 관리되는 단위를 '분'으로 관리되는 자료와 맞추기 위해 '날짜 → 분'으로 변경할 경우 그 크기가 커져 상대적 비교가 불가한 경우도 '데이터의 정규화'가 필요한 이유 중 하나다.

---

26) '표준 정규 분포'를 이용한 '$z$-변환'에 대해서는 「Be the Solver_확증적 자료 분석(CDA)」편에 잘 설명돼 있으니 필요한 독자는 참고 바람.

| | 원 자료 | 평균/표준 편차 | 정규화(값 '15'의 비교) |
|---|---|---|---|
| Data 1(분) | 3, 4, 4, 7, 10, 11, 15 | 7.71/4.46 | $z = \dfrac{(15 - 7.71)}{4.46} \cong 1.634$ |
| Data 2(일) | 9, 11, 13, 13, 15, 18, 21 | 14.29/4.11 | $z = \dfrac{(15 - 14.29)}{4.11} \cong 0.173$ |

[표 Ⅱ-9]에서 '분(分)'으로 관리된 데이터와 '일(日)'로 관리된 데이터에 대해 '15'를 비교할 경우, 'Data 1'에서 얻어진 'z값=1.634'지만, 'Data 2'에서 얻어진 'z값=0.173'으로 'Data 1'에서의 '15'가 '약 9.45배' 더 큰 값임을 알 수 있다. 만일 '일' 단위를 '분'으로 수정해 비교하면 객관적 정보를 얻는 데 실패할 가능성이 매우 높다. 이와 같은 접근은 '이변량 자료' 또는 '다변량 자료'까지 그대로 확장해 응용할 수 있다.

## 1.2.4. 현시성(顯示性, Revelation)

'현시'는 "나타내 보임"의 뜻으로 '일변량 자료'를 "그래프로 나타내 보임"의 의미를 갖는다. 물론 '일변량 자료'뿐만 아니라 이후에 설명될 '이변량 자료' 또는 '다변량 자료' 모두에 속하는 항목이다. 'CDA'의 '가설 검정'과 달리 'EDA'는 자료로부터 '정보'를 찾으려는 노력이 중요하며, 이것을 대부분의 출처에서는 '통찰력(洞察力, Insight)'으로 설명한다. '통찰력'은 "사물이나 현상을 통찰하는 능력"이며, 다시 사전적 정의로서의 '통찰(洞察)'은 "예리한 관찰력으로 사물을 꿰뚫어 봄"이다. '사물'을 일상에서 늘 접하는 '프로세스'에 비유한다면 그 속에서 일어나는 문제의 근원을 "예리한 관찰력"으로 파악해내려는 노력이 필요하며, 이때 직접적인 관찰보다 문제의 근원과 연계된 데이터를 수집함으로써 간접적인 접근을 시도하는 것이 경제적이고 효율적이다. 데이터를 통해 문제의 근원에 접근할 수 있는 것이 곧 "현시성을 통한 통찰", 즉 "그래프를 이용한 통찰력 얻기의 수순"이다. 따라서 'EDA'가 탄생한 바로그 시점부터 '그래프 분석'은 '탐색적 자료 분석'의 가장 중요하고 반드시 활용해야 할 도구(Tools)로 강조되어 왔다. 일반적으로 '문제 해결 방법론'에서 **Analyze Phase**의 '그래프 분석'은 다음과 같다.

[그림 Ⅱ-3] Analyze Phase에서의 '그래프 분석' 유형

[그림 Ⅱ-3]의 그래프 도구(Tools)들은 '이변량 자료'나 '다변량 자료'에서도 쓰이지만 주로 '일변량 자료'에 사용되는 것들로 묶여 있다. 참고로 '언어 데이터' 영역은 '그래프 분석' 분류에는 포함되나 본문과 관련성이 떨어져 옅은 글자로 처리하였다.

이어지는 '일변량 자료 분석'부터 지금까지의 「1.1. 'EDA'의 기본 가정」

내 [표 Ⅱ-2]는 '그래프 분석'과 함께 매우 주요하게 활용될 것이다. 또 「1.2. 'EDA'의 4가지 주제」는 'EDA'의 전반적 수행을 지배하는 기본 원리쯤 되므로 관련 내용이 나올 때마다 지속적으로 되새겨볼 것이다. 참고로 사용 빈도는 매우 높으나 '일변량 자료 분석'에서 언급하지 않은 '산점도' 등은 '이변량 자료 분석'부터 다룰 예정이므로 필요한 독자는 해당 본문으로 바로 넘어가기 바란다.

## 2. EDA 방법

　　　　　　　본 단원에서는 'EDA'를 실행하는 방법에 대해 알아볼 것이다. 'EDA'는 주로 "수집된 자료에 대해 '그래프 분석'으로 통찰력을 얻어 '정보'를 획득한 뒤 '지식'화해 나가는 접근"이다.

[그림 Ⅱ - 4] Analyze Phase에서의 '그래프 분석' 과정 및 방법

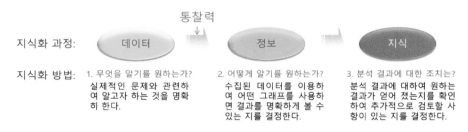

지식화 과정:　데이터　　통찰력　정보　　지식

지식화 방법:　1. 무엇을 알기를 원하는가? 실제적인 문제와 관련하여 알고자 하는 것을 명확히 한다.　　2. 어떻게 알기를 원하는가? 수집된 데이터를 이용하여 어떤 그래프를 사용하면 결과를 명확하게 볼 수 있는 지를 결정한다.　　3. 분석 결과에 대한 조치는? 분석 결과에 대하여 원하는 결과가 얻어 졌는지를 확인하여 추가적으로 검토할 사항이 있는 지를 결정한다.

　　[그림 Ⅱ - 4]는 통상 리더 교육 과정에 포함된 '그래프 분석'에 대한 '과정'과 '방법'의 개요도이다. 그러나 주어진 자료로부터 '지식'을 획득하기 위해 [그림 Ⅱ - 3]에 주어진 다양한 그래프를 하나씩 적용해 나가는 방법은 매우 지루할뿐더러 결론도 불확실하다. 그렇다고 분석을 수행하는 담당자들이 제각기 보유한 분석적 역량이나 능력에 맡기는 방식도 빠르게 움직이는 현업 요구에 부응하기엔 어려운 점이 많다. 결국 현업에서 접하게 될 다양한 '일변량 자료'에 대해 일관되고 예외도 적은 몇몇 그래프를 정한 뒤 그들로부터 원하는 '정보'를 얻되, 필요하다면 상황에 맞는 약간의 '그래프'나 '기술 통계량'을 가감하는 정책이 매우 효과적이다. 이에 가장 근접한 해결책으로 '미국 국립 표준 기술 연구소(NIST, National Institute of Standards and Technology)'[27])에서 제시한

---

27) (위키백과) 'NIST'는 1901년에 창립돼 1988년까지 국립표준국(NBS, National Bureau of Standards)으로 알려진 측정 표준 실험실로 현재는 미국 상무부(the U.S. Department of Commerce) 산하의 비규

'Four EDA Plot(또는 Four Techniques to Test Underlying Assumptions)'을 사용한다.

'Four EDA Plot'은 명칭에서 엿볼 수 있듯이 4개의 핵심 그래프 도구를 사용하며, 이들을 적용해가면서 「1.1. 'EDA'의 기본 가정」에 나열된 [표 Ⅱ-2]의 '기본 가정(Underlying Assumptions)'들에 '일변량 자료'가 부합하는지 여부를 판단한다. 만일 가정에 부합하지 않거나 분석 중 부적절한 패턴이 감지되면 그들의 원인을 규명함으로써 프로세스나 제품에 숨겨진 '근본 원인'들을 규명하고 해결책을 마련하는 과정으로 연결된다. 4개의 핵심 그래프는 다음과 같다.

1) 런 차트(Run Chart)
2) 시차 그림(Lag Plot)
3) 히스토그램(Histogram)
4) 정규 확률 그림(Normal Probability Plot)

각각을 간단히 요약하면 '런 차트'는 확보된 '일변량 자료' 하나하나를 수집 순서대로 타점한 그래프이다. 타점들이 순서대로 놓여 있어 전체 데이터의 '중심 집중화 경향'과 '산포도 수준'을 시각적으로 가늠하며, 시계열적 특성도 파악할 수 있다. '시차 그림(Lag Plot)'은 'Lag'가 'Time Lag', 즉 '시차'를 의미하며 통상 '시차 1'의 데이터 쌍을 순서대로 나열한 뒤 그들 간 상관성(자기상관)을 파악해 자료의 '임의성(랜덤) 여부'를 판단한다. '히스토그램(Histogram)'은 잘 알려져 있다시피 데이터의 중심(Center), 흩어짐(Spread), 왜도(Skewness, 기울어진 정도), 이상점 존재 유무, 다중 봉우리(Multiple Modes) 존재 등을 확인할 수 있다. 끝으로 '정규 확률 그림(Normal Probability Plot)'은 자료를 모아놓았을 때 '정규 분포'하는지 'p-value'를 통해 알 수 있으며, 또 직선형

제 기관으로 활동 중이다. 연구소의 공식적인 임무는 경제 안보를 강화하고, 삶의 질을 개선하기 위한 측정 과학, 표준 및 기술을 진보시켜 미국 혁신과 산업 경쟁력을 증진시키는 일을 한다 (http://www.itl.nist.gov/div898/handbook/index.htm).

타점의 굴곡 상태를 관찰해 히스토그램 형태를 유추할 수 있다.

'NIST'의 'EDA' 경우 앞서 제시한 'Four EDA Plot' 외에 '기술 통계량(Descriptive Statistics)'도 함께 활용한다. 국내 대부분의 기업에서 쓰이는 미니탭(Ver. 14 이상)은 'Four EDA Plot' 중 '히스토그램'과 '기술 통계량'을 한번에 보여주는 '그래픽 요약(Graphical Summary)' 기능이 있어 본문에서는 '3) 히스토그램'을 '그래픽 요약'으로 대체했다. 특히 '그래픽 요약'에는 '상자 그림(Box Plot)'과 '형상 모수(Shape Parameter)' 등 다양한 정보도 함께 포함하고 있어 '일변량 자료 분석' 중 고급 정보 획득에 유용하다. 또 '4) 정규 확률 그림'은 '그래픽 요약'에 'p-value'가 포함돼 있으나 그만의 고유한 해석적 여지가 존재해 그대로 놓아두었다. 따라서 앞으로 활용할 4개 핵심 도구들은 다음과 같으며, 편의상 **'일변량 4-Plot'**으로 명명하겠다(미니탭 경로도 기술함).

1) **런 차트:** 「통계 분석(<u>S</u>) > 품질 도구(<u>Q</u>) > 런 차트(<u>R</u>)…」
2) **시차 그림:** '시차 1' 경우, 「통계 분석(<u>S</u>) > 시계열 분석(<u>S</u>) > 시차(<u>L</u>)…」에서 '시차=1'을 얻은 뒤, '원 자료 vs. 시차 1' 간 「그래프(<u>G</u>) > 산점도(<u>S</u>)…」 작성
3) **그래픽 요약:** 「통계 분석(<u>S</u>) > 기초 통계(<u>B</u>) > 그래픽 요약(<u>G</u>)…」
4) **정규 확률 그림:** 「통계 분석(<u>S</u>) > 기초 통계(<u>B</u>) > 정규성 검정(<u>N</u>)…」

'일변량 4-Plot'으로부터 알 수 있는 정보는 다음과 같다.

1) (4개 기본) 가정의 검정(Testing Four Underlying Assumptions)
2) 모형 선택(Model Selection)
3) 모형 검증(Model Validation)
4) 추정량 선택(Estimator Selection)
5) 연관성 식별(Relationship Identification)
6) 변수 영향 확인(Factor Effect Determination)
7) 이상점 검출(Outlier Detection)

우선 '원 자료' 분석 전 '일변량 4-Plot'의 각 특성에 대해 알아보자.

'런 차트(Run Chart)'는 "데이터를 시간 순으로 연속해서 타점한 그래프"이다. "연속으로 찍어 나간다"의 의미 때문에 'Run Chart'를 'Run – Sequence Plot'으로도 부른다. 영어 단어 "Run"을 정확히 이해해야 하는데, 사전적 정의는 "중심선 위나 아래 한쪽으로 연속해서 찍힌 한 개 이상의 타점(들)"이다. 예를 들어 '일변량 자료'를 이용하여 미니탭으로 'Run Chart'를 얻은 [그림 Ⅱ-5]를 보자. 그림의 가운데에 위치한 '[런(Run) 정의]'용 차트를 보면 타원들이 보인다. 각 타원들 안의 타점들은 중심선 위나 아래에서 연속으로 찍힌 경우로 각각이 하나의 '런(Run)'을 형성한다. 따라서 예에서는 총 10개의 '런'이 형성돼 있다(「통계 분석(S) > 품질 도구(Q) > 런 차트(R)…」).

[그림 Ⅱ-5] '런 차트(Run Chart)'의 '대화 상자' 및 결과 예

(미니탭) 통계분석(S)>품질 도구(Q)>런 차트(R)...

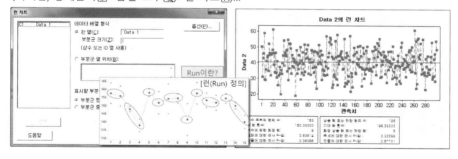

[그림 Ⅱ-5]의 오른쪽 '런 차트'는 미니탭 「계산(C) > 랜덤 데이터(R) > 정규 분포(N)…」에서 '평균=40', '표준 편차=9'로 랜덤 데이터 '300개'를 생성해서 얻어진 결과이다. '대화 상자'의 입력란 중 '부분군 크기'는 만일 프로세스에서 추출한 '표본 크기'가 매회 '5개씩'이면 '5'라고 입력한다. 이때 '런

차트'는 '5개의 평균'을 계속해서 찍어 나간다. 현재는 '부분군(표본 크기)=1개'로 가정하고 있다. 다음은 '런 차트' 결과를 두 가지 관점에서 해석한 예이다.

1) '기본 가정(Underlying Assumptions)'의 검증 관점

「1.1. 'EDA'의 기본 가정」에서 언급한 [표 Ⅱ-2]의 4개 가정 중 '① 일정한 대푯값(식 'Ⅱ.1'에서의 '중심 값')' 존재 유무와 '② 일정한 변동' 존재 유무를 판단하는 용도로 활용한다. 예를 들어 [그림 Ⅱ-5]의 결과 그래프를 보면 타점들이 '평균=40'을 중심으로 분포한다. 만일 서로 다른 '평균'의 집단이 섞여 있으면 "전체를 설명하는 고정된 하나의 중심 값은 존재하지 않음"으로 판단할 수 있으나 현재는 그런 패턴은 관찰되지 않는다(Fixed Location).[28] 또 중심 값을 기준으로 상하 일정한 영역에서 변동하고 있는 점도 인정된다 (Fixed Scale 또는 Fixed Variation).[29] 다음 [그림 Ⅱ-6]은 '일정한 대푯값'과 '일정한 변동'이 성립하지 않는 경우의 예를 든 차트이다.

[그림 Ⅱ-6] '일정한 대푯값 존재'가 성립하지 않는 예

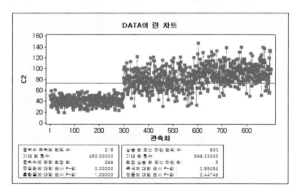

---

28) 'Location'은 일반적으로 모집단의 대푯값인 '평균'이나 '중앙값' 등을 지칭하는 단어로 '위치 모수(Location Parameter)'의 줄임말이다.

29) 'Scale'은 일반적으로 모집단의 변동성을 반영한 '표준 편차' 등을 지칭하는 단어로 '척도 모수(Scale Parameter)'의 줄임말이다.

[그림 Ⅱ-6]은 전체를 대변하는 고정된 '대푯값(여기서는 '평균')'이 있기보다 세 개의 서로 다른 '대푯값'이 존재하는 양상이다. 다른 성격의 데이터가 섞인 것인지 아니면 프로세스나 제품 내 변동성이 반영된 것인지 '사실 분석'을 통한 원인 규명이 요구된다. 또 '일정한 변동의 존재'에 대해서도 첫 집단과 두 번째 및 세 번째 집단 간 변동의 크기가 달라(위아래 오르내리는 진폭이 두세 번째 집단 경우 상대적으로 커 보임) 이 역시 [표 Ⅱ-2]의 4개 가정 중 '② 일정한 변동 존재'가 성립하지 않는 것으로 보인다. 따라서 '변동'이 다른 이유를 규명해야 하므로 '사실 분석'이 필요한 사안으로 판단된다.

2) '변동'에 대한 '가설 검정' 관점
미니탭의 '런 차트'를 이용하면 시간에 따른 프로세스의 변동이나 특수 원인에 의한 변화 등을 통계적으로 검정할 수 있다. 또 프로세스뿐만 아니라 표집(Sampling) 과정 중에 데이터들의 혼합이나 일부 섞임 등의 영향도 고려할 수 있어 분석을 본격적으로 수행하기 직전의 접근으로 매우 유용하다. 이들에 대한 판단은 전적으로 다음 [그림 Ⅱ-7]의 4개 유형('군집화', '혼합물', '추세', '진동')에 대한 '가설 검정'을 통해 이루어진다.

[그림 Ⅱ-7] 변동에 대한 '가설 검정' 예

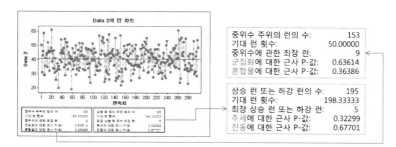

[그림 Ⅱ-7]의 '가설 검정'은 다음 [표 Ⅱ-10]의 해석에 따른다.

[표 Ⅱ-10] '런 차트'의 4개 유형에 대한 패턴 및 '가설 검정'

| 이상 유형 | 정의 | 차트 결과 예 |
|---|---|---|
| 군집화(Clustering) | 비슷한 수치의 점들이 몇 개씩 모여 작은 분포를 이룸. | 군집화에 대한 근사 P-값: 0.05000 |
| 혼합물(Mixtures) | 점들이 중심 부근에는 별로 없고, 높은 수준과 낮은 수준을 오르내리며 마치 톱니와 같은 형상을 보임. | 혼합에 대한 근사 P-값: 0.0471 |
| 추세(Trends) | 우상(또는 우하) 방향으로 연속해서 상승(또는 하강)하는 경향을 보임. | 추세에 대한 근사 P-값: 0.00659 |
| 진동(Oscillation) | 점들이 규칙적으로 오르내리는 움직임을 보임. | 진동에 대한 근사 P-값: 0.01797 |

'군집화(Clustering)'는 수집 데이터 중 일부가 성격이 다른 값들로 채워져 마치 작은 독립된 분포가 존재하는 양상이며, '군집화(Clustering)'의 'p-값'이 '0.05'보다 작으면 '군집화'가 있다고 판단한다. [표 Ⅱ-10]의 예에서는 'p=0.05'로 유의하고, 시각적으로도 일부 값들이 혼입된 모습이 관찰된다. '혼합물(Mixtures)'은 중심선 부근에 타점이 별로 없고 위아래 양 끝단 쪽으로 양분된 모습일 때 두 집단의 데이터들이 섞였다는 판단을 하며, 그림에서의 'p-값=0.0471'로 '혼합물'의 가능성을 제기하고 있다. '추세(Trends)'는 상승

또는 하강하는 경향이며, 그림에서 7개의 타점이 상승하는 모습으로 관찰된다. 역시 'p－값=0.00659'로 매우 유의한 결과를 보인다. 끝으로 '진동(Oscillation)'은 말 그대로 상하 반복되는 모양새이며, 그림에서 'p－값=0.01797'로 '진동'의 가능성이 매우 높은 수준임을 알 수 있다. 현업에서 추출한 데이터의 '런차트'는 눈으로만 봐서는 해석에 어려움이 많으므로 반드시 'p－값'을 이용해 4개 유형에 대한 유의성 검정을 수행한다.


## 2.2. 시차 그림(Lag Plot)

'시차 그림(Lag Plot)'은 문제 해결 교육 과정에도 언급되지 않은 매우 낯선 그래프이다. 그래서 그런지 내용을 본문에 포함시킬 것인지에 대해 약간의 고민이 있었다. 그러나 자료 분석에 있어 데이터가 '임의성(Randomness)'인지 여부를 판독하는 데 매우 유용하므로 '시차 그림'을 중심으로 형성돼 있는 몇몇 지식들에 대해 확실히 이해하는 기회로 삼자는 판단이 섰다. 우선 '시차 그림'의 용법을 살피기 전에 미리 알아두어야 할 데이터의 '무작위[30] 표집'과 '자기 상관(Autocorrelation)'에 대해 이하 세 개의 소단원으로 나눠 정리하였다.


### 2.2.1. '무작위 표집'이 필요한 이유

'시차 그림'을 통해 '일변량 자료'가 '임의성'으로 추출되었는지 확인한다고

---

30) 'Random'의 영어 사전적 정의는 형용사 '임의의, 무작위의'이고, 국어사전에서는 '랜덤'은 없는 대신 '무작위'만 명사로 쓰이고 있음. 한국통계학회 용어집에 'Random'을 '랜덤, 무작위'로, 'Randomness'를 '임의성'으로 표기하고 있어, 명사를 꾸며주면 '무작위'로, 독립적으로 쓰일 때는 '임의성'을 사용함.

했는데, 왜 이 시점에 '무작위 여부'가 중요한지 알아둘 필요가 있다. 다음의 3가지로 요약된다.

1) 대부분의 통계적 검정(Statistical Tests)에 있어 그 결과의 타당성은 데이터가 '임의성'으로 추출되었는지 여부에 직접적으로 관계한다. 예를 들어 성인 남자의 평균 키가 '170㎝'인지를 검정하기 위해 한 대학교 내에서 표본 30명을 추출할 때, 만일 농구부 선수들을 선택적으로 뽑거나 나이가 지긋한 교수들만을 대상으로 한다면 분명 일반 성인들의 키를 대변할지에 의문이 간다. 반대로 점심시간 식당이나 교문 등을 오가는 사람들을 대상으로 한다면 한쪽으로 쏠리는 현상(Bias)은 급격히 줄어들 것이다. 즉, 학교 내 모든 성인들이 똑같은 선택 가능성을 갖도록 배려하는 접근이 무작위 추출이며, 이렇게 수집된 데이터를 통할 때에야 비로소 그들의 '평균'이 우리가 비교하려는 '170㎝'인지 여부를 확인하는 절차에 의미가 생긴다.

2) 일반적으로 쓰이는 통계 관련 식(Statistical Formulae)들 대부분은 데이터의 '임의성(Randomness)'이 전제돼야 한다. 예를 들어 '중심 극한 정리'[31]에서 자주 등장하는 '표준 오차(Standard Error)' 산출 식인 '$\widehat{\sigma_{\bar{x}}} = \sigma / \sqrt{n}$'는 "표본 평균 분포의 표준 편차"이며, 이때 모집단으로부터 '$n$개'를 표집 시 '임의성', 즉 모집단 내 모든 데이터가 표본에 포함될 가능성이 동등하도록 선택된다.

3) '일변량 자료'를 분석할 때 기본 모형으로 소개했던 식 (Ⅱ.1)인 '$Y =$ 중심값(상수) $\pm$ 오차'는 만일 '일변량 자료'가 '임의성'으로 수집된 데이터가 아니라면 모수 추정치인 '중심 값(상수)'은 전혀 의미가 없다. 식에 포함된

---

31) '중심 극한 정리'와 '무작위 표집'에 대해 자세한 설명이 필요한 독자는 「Be the Solver_확증적 자료 분석(CDA)」편의 '중심 극한 정리'를 참고하기 바란다.

'중심 값'은 모집단의 '모 평균'을 추정하는 값이므로 확보된 데이터가 한쪽에 편향된 성격을 띠면 이미 모집단 평균의 추정치로서 의미는 상실한다. 결국 자료 분석 시 데이터의 '임의성(Randomness)'을 점검하지 않으면 거의 모든 통계적 결론의 타당성은 의심받을 수밖에 없으며, 따라서 절차상 가장 우선적으로 '임의성'을 확인할 필요가 있다.

현재 수집된 '일변량 자료'가 '임의성'으로 이루어졌다면 다음 단계는 "정말 임의성인가?"를 확인하는 과정으로 이어진다. 수집 과정 중에는 다양한 변수가 존재하므로 만일 확인 결과 '임의성'이 훼손됐다면 정상적인 통계 분석 절차에 치명적이기 때문이다. 확보된 자료의 '무작위 여부'를 판단할 통계적 도구에 '자기 상관도[Autocorrelation Diagram(또는 Plot)]'가 있다.

## 2.2.2. 자기 상관도(Autocorrelation Diagram(Plot))

'자기 상관(Autocorrelation)'은 말 그대로 데이터 안에서 일어나는 '상관관계'이다. 좀 어렵게 느껴지겠지만 우선 다음의 사전적 정의를 보자.

> · **자기 상관**(自己相關, Autocorrelation) (네이버 지식사전) 서로 다른 2가지 변량 사이의 상관관계를 '상호 상관관계'라 하고, x(t)를 하나의 임의 프로세스로 하여 시각 t₁일 때의 값 x(t₁)와 시각 t₂일 때의 값 x(t₂) 사이에 존재하는 상관을 말한다. 자기 상관을 표시하는 것으로 자기 상관 함수라는 것이 있으며, x(t₁)×x(t₂)의 '조화 평균'으로 정의된다.

'일변량 자료' 경우 자체 내에서 발생하는 상관관계를 '자기 상관'이라 하고,

그 존재를 수식화하는 방법에 '자기 상관 함수(ACF, Autocorrelation Function)'가 있다. 특히, 자료 내 '자기 상관'이 있는지 확인하는 방법으로 '자기 상관도(Autocorrelation Diagram)'가 쓰이는데, 이것은 상관관계를 시각화시켜 줄 '상관 도표(Correlogram)' 중 시계열 분석에 쓰이는 그림을 지칭한다. 정리하면 자료로부터 '자기 상관 계수(Autocorrelation Coefficient)'를 얻고, 다시 이 '계수'로 '자기 상관도'를 작성해서 '무작위 여부'를 판독하며, 만일 '자기 상관'이 존재하면 '자기 상관 함수'로 모델링해서 마무리한다(좀 어렵지만 일단 참고 가자).

이제부터 독자의 이해를 돕기 위해 '일변량 자료'의 어떤 상태가 '자기 상관'에 놓인 것인지 실질적인 숫자로 예를 들어보자. 우선 설명을 단순화하기 위해 수집된 데이터가 총 20개 이내라고 가정하겠다. 다음 [표 Ⅱ-11]은 '자기 상관'의 예를 보여줄 '원 자료'이다(라고 가정한다).

[표 Ⅱ-11] '자기 상관'이 있는 데이터 예

| 가동 시간(hr) | 판매 개수(개) | 주택 거래량(채) |
|---|---|---|
| 2 | 12 | 123 |
| 6 | 8 | 68 |
| 4 | 18 | 108 |
| 8 | 6 | 59 |
| 4 | 11 | 179 |
| 6 | 16 | 47 |
| 5 | 7 | 166 |
| 13 | 21 | 52 |
| 19 | 9 | 243 |
| 23 | 17 | 96 |
| 21 | 3 | 221 |
| 24 | 15 | 84 |
| 6 | 13 | 162 |
| 7 | 18 | 54 |
| 1 | | 177 |
| 8 | | 68 |
| 18 | | |

[표 Ⅱ-11]의 '가동 시간(hrs)'은 설비가 제대로 작동하지 않으면 '가동 시간'이 하루 '2~10hrs'로 줄어들지만 정상 작동하면 최대 '24hrs'까지 가동할 수 있는 상황이며, 담당자가 관리 목적으로 이를 매일 기록하여 '일변량 자료'를 얻은 것이다(라고 가정한다). 자료를 보면 초기 7일간은 설비 고장으로 가동 시간이 낮은 반면, 그 이후 12일째까지 정상 운영하다 13일째부터 다시 감소하고 있다. 자료 '판매 개수(개)'는 한 문구점에서 매일 판매되는 인형 개수를 기록한 것인데 최근 기후 변화의 영향으로 첫날은 좀 많이 팔렸다가 그 다음 날은 덜 팔리는 상황이 반복되고 있다(고 가정한다). 끝으로 세 번째 자료인 '주택 거래량(채)'은 한 지역의 분기당 주택 매매 수를 기록한 것으로 첫해 봄은 매매가 '123채'로 높았다가 여름엔 '68채'로 낮아졌고, 다시 가을 이사철에 '108채' 등 성수기와 비수기가 반복되는 양상을 보이고 있다(고 가정한다). 앞서 기술된 '자기 상관'의 정의에 따르면 만일 각 '일변량 자료'에 '자기 상관'이 존재할 때, 첫 번째 관측치와 두 번째 관측치 간, 또 두 번째 관측치와 세 번째 관측치 간 쌍을 이뤄 관계를 살피면 상관성 여부를 확인할 수 있다. '자기 상관'을 알아보기 위해 미니탭을 이용해보자.

다음 [표 Ⅱ-12]는 [표 Ⅱ-11]에 대한 미니탭 '자기 상관' 결과이다(「통계 분석(S) > 시계열 분석(S) > 자기 상관(A)…」, '대화 상자'는 Default).

[표 Ⅱ-12] '일변량 자료'에 대한 '자기 상관' 미니탭 결과 예

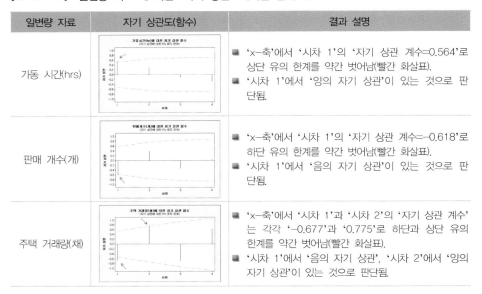

| 일변량 자료 | 자기 상관도(함수) | 결과 설명 |
|---|---|---|
| 가동 시간(hrs) | | ■ 'x-축'에서 '시차 1'의 '자기 상관 계수=0.564'로 상단 유의 한계를 약간 벗어남(빨간 화살표). <br> ■ '시차 1'에서 '양의 자기 상관'이 있는 것으로 판단됨. |
| 판매 개수(개) | | ■ 'x-축'에서 '시차 1'의 '자기 상관 계수=−0.618'로 하단 유의 한계를 약간 벗어남(빨간 화살표). <br> ■ '시차 1'에서 '음의 자기 상관'이 있는 것으로 판단됨. |
| 주택 거래량(채) | | ■ 'x-축'에서 '시차 1'과 '시차 2'의 '자기 상관 계수'는 각각 '−0.677'과 '0.775'로 하단과 상단 유의 한계를 약간 벗어남(빨간 화살표). <br> ■ '시차 1'에서 '음의 자기 상관', '시차 2'에서 '양의 자기 상관'이 있는 것으로 판단됨. |

사실 [표 Ⅱ-12]만 봐서는 무슨 내용인지 전혀 감이 오지 않는다. 시중의 통계 책을 보면 설명들이 너무 생략돼 앞뒤 간 연결에 애를 먹곤 했는데 왜 이리 통계 서적 내용들이 어려운건지 아마도 통계 전공자들을 위한 서적이지 일반 기업인들을 위한 서적은 아닌 듯싶다는 결론…. 그러나 내용이 실무자들에게 매우 유용하게 활용되는 점을 감안하면 안타까운 생각이 매번 들곤 한다. 자! '자기 상관'의 결과가 어떻게 '무작위 여부'를 판단하는 데 쓰이는지 데이터 개수가 제일 적어 설명이 용이한 [표 Ⅱ-12]의 '판매 개수' 자료를 이용해보자. 다음 [그림 Ⅱ-8]은 [표 Ⅱ-12] 내 '판매 개수' 자료에 대한 미니탭 '대화 상자' 입력과 그 결과를 나타낸 것이다.

[그림 Ⅱ-8] '판매 개수' 자료에 대한 '자기 상관' 분석 과정 및 결과

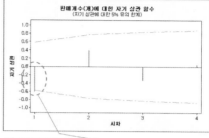

1) 오른쪽 '자기상관도'의 X-축 개수를 정하는 옵션으로 '기본 시차 수' 는 'n/4'으로 결정된다. 본 데이터 개수가 '14개'이므로 '14/4=3.5'이 며 반올림으로 '시차 4개'가 X-축에 적용되었다. 만일 관측치 수가 240개 이상이면 '√n +45'로 결정된다.

2) 'ACF'는 'Autocorrelation Function'의 약자로 '자기상관 함수'를 지칭한다. 이 옵션을 선택하면 워크시트에 '자기 상관 계수'가 기록된다. '자기상관 계수'는 오른쪽 그래프 에서 막대 높이에 해당한다. '계수'가 양수면 막대가 위쪽 으로, 음수면 막대가 아래로 향한다.

3) '시차 1'의 '자기상관 계수는 -0.618'로 막대는 아래쪽을 향하고, 유의한계를 넘었으므로 본 '일변량 데이터'는 '시 차 1'의 '자기 상관'이 있는 것으로 판단한다.

[그림 Ⅱ-8]의 '설명 1), 2), 3)'을 가급적 정독해주기 바란다. 결국 미니탭 과정을 통해 '자기 상관 계수'가 얻어지고, 이 값이 [그림 Ⅱ-8]의 오른쪽 그래프인 '자기 상관도(Autocorrelation Diagram)'의 막대 높이로 표현된다. 이 때 결과 중 '시차 1'의 '자기 상관'이란 어떤 상태일까? 다음 [표 Ⅱ-13]을 보자.

[표 Ⅱ-13] '자기 상관' 결과에 대한 데이터 관점의 해석

| 가동시간 | 가동시간_1 | 판매개수 | 판매개수_1 | 주택거래량 | 주택거래량_1 | 주택거래량_2 |
|---|---|---|---|---|---|---|
| 2 | * | 12 | * | 123 | * | * |
| 6 | 2 | 8 | 12 | 68 | 123 | * |
| 4 | 6 | 18 | 8 | 108 | 68 | 123 |
| 8 | 4 | 6 | 18 | 59 | 108 | 68 |
| 4 | 8 | 11 | 6 | 179 | 59 | 108 |
| 6 | 4 | 16 | 11 | 47 | 179 | 59 |

| | | | | | | |
|---|---|---|---|---|---|---|
| 5 | 6 | 7 | 16 | 166 | 47 | 179 |
| 13 | 5 | 21 | 7 | 52 | 166 | 47 |
| 19 | 13 | 9 | 21 | 243 | 52 | 166 |
| 23 | 19 | 17 | 9 | 96 | 243 | 52 |
| 21 | 23 | 3 | 17 | 221 | 96 | 243 |
| 25 | 21 | 15 | 3 | 84 | 221 | 96 |
| 6 | 25 | 13 | 15 | 162 | 84 | 221 |
| 7 | 6 | 18 | 13 | 54 | 162 | 84 |
| 1 | 7 | * | 18 | 177 | 54 | 162 |
| 8 | 1 | | | 68 | 177 | 54 |
| 18 | 8 | | | * | 68 | 177 |
| * | 18 | | | * | * | 68 |

[표 Ⅱ-13]에서 가운데의 '판매 개수' 자료를 보면, 첫 열이 '원 자료'이고 두 번째 열 '판매 개수_1'은 '원 자료'를 한 칸씩 밀려 입력해놓았다. 이 상황이 '시차 1'에 해당한다. 한 칸씩 밀린 열로 인해 데이터 쌍 (8, 12), (18, 8), (6, 18) … (18, 13)이 형성되는데 이들이 서로 '상관관계'를 갖는다는 의미가 "시차 1에서의 자기 상관"이다. [그림 Ⅱ-8]의 결과와 [표 Ⅱ-13]을 연결해 해석하면 다음과 같이 요약된다.

"[그림 Ⅱ-8]의 '자기 상관도(Autocorrelation Diagram)'에서 '시차 1'이 하단 유의 한계를 벗어났으므로 [표 Ⅱ-13]의 하나씩 밀린 '시차 1'의 상황에서 형성되는 두 쌍의 데이터는 '상관관계'를 갖는다는 것을 알 수 있다. 즉, 한 묶음의 '일변량 자료' 내에서 각 관측치는 그다음 관측치와 쌍을 이루는 상태에서 상관성을 가질 수 있다. 특히 [그림 Ⅱ-8]의 자기 상관 계수가 '음'이므로 정확히는 '음의 자기 상관관계'가 예상된다."

만일 [표 Ⅱ-12]의 '주택 거래량(채)'에서 '시차 1'뿐만 아니라 '시차 2'도 '자기 상관 계수'가 유의 한계를 벗어나므로, 데이터 쌍은 [표 Ⅱ-13]의 '주택 거래량' 자료의 '주택 거래량_1', '주택 거래량_2'에 각각 대응한다.

해당 '시차'에서 '자기 상관'이 통계적으로 유의한지 'p-값'으로 검정하려면 [그림 Ⅱ-8]의 '대화 상자'에서 선택(√)을 통해 얻은 'Ljung-Box Q(LBQ)'를 이용한다. 검정 절차에 대해서는 미니탭 내 '자기 상관'의 '대화 상자'에 있는 '도움말'로 들어가 '예제'들을 활용하기 바란다.

참고로 '자기 상관 계수($r_a$)'는 다음의 식 (Ⅱ.3)을 통해 얻어진다. 이 계수는 익히 알고 있는 '상관 분석'의 'Pearson 상관 계수'와 일맥상통하는 값이다. 어디까지나 참고 사항이므로 있다는 정도만 알아두자('판매 개수'의 계산 예임).

$$r_a = \frac{\frac{1}{n} \times \sum_{t=1}^{n-k} (y_t - \bar{y}) \times (y_{t+k} - \bar{y})}{\frac{1}{n} \times \sum_{t=1}^{n} (y_t - \bar{y})^2} \qquad (Ⅱ.3)$$

$$= \frac{\frac{1}{14} \times [(12-12.43)(8-12.43) + (8-12.43)(18-12.43) + ... + (13-12.43)(18-12.43)]}{\frac{1}{14} \times [(12-12.43)^2 + (8-12.43)^2 + ... + (18-12.43)^2]}$$

$$\cong -0.61765$$

얻어진 '판매 개수' 자료의 '시차 1'에 대한 '자기 상관 계수늑-0.61765'로 [그림 Ⅱ-8]에서의 미니탭 결과와 정확히 일치한다.

### 2.2.3. '시차 그림'의 작성

'시차 그림'이 필요한 이유는 수집된 '일변량 자료'의 '무작위 여부'를 판단하는 데 있다. 다음 [그림 Ⅱ-9]를 보자.

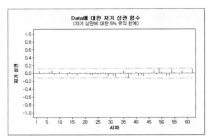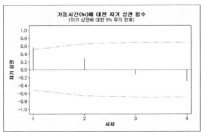

[그림 Ⅱ-9]의 왼쪽 결과는 각 시차별로 '유의 한계'를 넘어선 '자기 상관 계수'가 없다. 이것은 '일변량 자료'의 '첫 번째 관측치와 그다음 관측치의 연이은 쌍', 또는 '첫 번째 관측치와 다음다음 관측치와의 연이은 쌍' 등등이 '상관관계'가 성립하지 않음을 암시한다. 즉, 수집된 '일변량 자료'는 '임의성'이라는 결론에 이른다. 반면, [그림 Ⅱ-9]의 오른쪽 결과는 '시차 1'의 '자기 상관 계수'가 상단 '유의 한계'를 벗어났으며, 따라서 '첫 번째 관측치와 그다음 관측치의 연이은 쌍'들은 '양의 자기 상관관계'에 있음을 알 수 있다. '시차 1의 자기 상관'이 관찰됐으므로 이를 미니탭의 '산점도(Scatter Plot)'로 표현하면, X가 증가할 때 Y가 따라서 증가하는 '양의 상관관계' 그래프가 탄생하는데 이것이 '시차 그림'이다. '시차 1의 자기 상관'과 '시차 그림'에 이르는 과정을 요약하면 [그림 Ⅱ-10]과 같다.

　　[그림 Ⅱ-10]에서 맨 처음 수집된 '일변량 자료'의 '무작위 여부'를 파악하기 위해 '자기 상관도(Autocorrelation Diagram(Plot) 또는 상관 도표(Correlogram))'를 얻었다(그림에서 맨 왼쪽 그래프). 이 결과로부터 '시차 1'에서 '양의 자기 상관'이 있음을 확인하였다(즉, '임의성' 없음, 또는 자료 내에 상관성이 존재함). 이에 '원 자료'로부터 '시차 1'의 데이터 쌍을 만든 후([그림 Ⅱ-10]의 가운데 '데이터 쌍') 미니탭을 이용해 최종 '시차 그림(산점

도)'을 작성하였다(그림 중 맨 오른쪽 그래프). '시차 그림'을 보면 예상했던 대로 '가동 시간 vs. 가동 시간_1' 간 '양의 자기 상관'이 관찰되며, 특히 오른쪽 아래의 '이상점(Outlier)' 존재 가능성도 확인할 수 있다(고 가정한다). 일반적으로 '무작위 여부'를 판단하기 위한 '시차 그림'은 '시차 1'의 경우를 주 관심사로 삼는다. 프로세스 관리에서 '시차 2' 이상의 발생 빈도는 상대적으로 낮기 때문이다.

[그림 Ⅱ - 10] '시차 그림'이 작성되는 과정

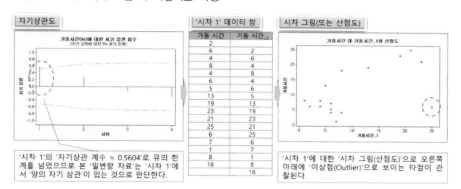

'자기 상관도'는 얻어진 패턴에 따라 다양한 해석이 가능하다. 이 해석은 '일변량 자료'를 함수로 표현할 필요가 있을 때, 모형 식을 유추하는 주요 정보로 활용된다. 여기서의 '모형'은 'Y'가 하나인 '일변량 자료'이므로 '시계열 분석(Time Series)'을 통해 구성된다. 이에 대해서는 「4.1.8. 자기 상관이 있는 경우의 EDA」를 참고하기 바란다.

'시계열 분석'은 '회귀 분석(Regression Analysis)'과 다소 차이가 있다. 후자는 'X와 Y'로 구성된 '이변량 자료'의 모델링 결과이며, '시간에 따른 자료의 해석'보다 '예측'에 목적을 둔다. 다음 [표 Ⅱ - 14]는 다양한 '자기 상관 유형(자기 상관도 패턴)'과 '시차 1'의 '시차 그림'을 정리한 결과이다. 또 '내용 설명'에 '자기 상관 유형'에 따른 예상 모델링(직선, 원형 등)도 언급해놓았다.

[표 Ⅱ-14] '자기 상관 유형'과 각 유형별 '시차 1'의 '시차 그림'

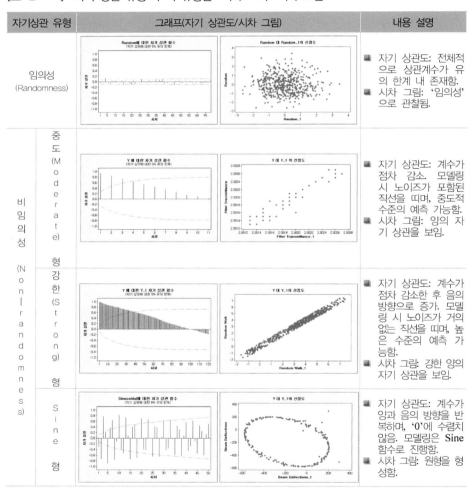

| 자기상관 유형 | | 그래프(자기 상관도/시차 그림) | 내용 설명 |
|---|---|---|---|
| 임의성 (Randomness) | | | ■ 자기 상관도: 전체적으로 상관계수가 유의 한계 내 존재함.<br>■ 시차 그림: '임의성'으로 관찰됨. |
| 비임의성 (Nonlrandomness) | 중도 (Moderate)형 | | ■ 자기 상관도: 계수가 점차 감소. 모델링 시 노이즈가 포함된 직선을 띠며, 중도적 수준의 예측 가능함.<br>■ 시차 그림: 양의 자기 상관을 보임. |
| | 강한 (Strong)형 | | ■ 자기 상관도: 계수가 점차 감소한 후 음의 방향으로 증가. 모델링 시 노이즈가 거의 없는 직선을 띠며, 높은 수준의 예측 가능함.<br>■ 시차 그림: 강한 양의 자기 상관을 보임. |
| | Sine형 | | ■ 자기 상관도: 계수가 양과 음의 방향을 반복하며, '0'에 수렴치 않음. 모델링은 Sine 함수로 진행함.<br>■ 시차 그림: 원형을 형성함. |

[표 Ⅱ-14]의 '내용 설명' 열에 표현된 "모델링 시 노이즈가 포함된(또는 노이즈가 거의 없는) 직선을 띠며"나 "모델링 시 Sine 함수" 등은 '자기 상관도의 유형'과 '자기 상관 여부'를 판단함으로써 '일변량 자료'에 맞는 '식(함수)'을 유추할 수 있다는 뜻이다. 또 "중도적(또는 높은) 수준의 예측 가능"은 '자기 상관'의 유형별 '노이즈 상태'에 따라 모형의 완성도도 달라지기 때문에 예측의 정확도가 떨어지거나 반대로 올라간다는 의미다. 이 같은 모형 유추를 위해 '시계열 분석(Time Series Analysis)'이 필요하며, '시계열 분석'에 대해서는 이후 「4.1.8. '자기 상관(Autocorrelation)'이 있는 경우의 EDA」를 참고하기 바란다.


## 2.3. 그래픽 요약(Graphical Summary)


'일변량 자료'를 객관적으로 파악하는 데 가장 유용한 그래프들 중 하나이다. '그래픽 요약(Graphical Summary)'은 통계학에서 쓰는 공식적인 용어는 아니다. 미니탭이 처음 도입된 'Ver. 12'에 「통계 분석(S) > 기초 통계(B) > 기술 통계량 표시(D)…」 내의 한 모듈로 자리하고 있었는데, 사용 빈도가 매우 높아 별도로 빼내어졌다. '버전 14' 이상 경우 「통계 분석(S) > 기초 통계(B) > 그래픽 요약(G)…」에 위치한다. 즉, 미니탭 메뉴의 한 명칭이며, 통계학에서의 '기술 통계(Descriptive Statistics)'에 해당한다.

'그래픽 요약'이 매우 유용한 이유는 하나의 화면에 시각적으로 자료를 관찰할 수 있는 히스토그램, 상자 그림, 평균 및 중앙값의 '신뢰 구간도'와 정량적 해석이 가능한 정규성 검정, 각종 대푯값, 형상 모수, 최솟값/최댓값 및 사분위수, 신뢰 구간 등이 보기 쉽도록 한 화면에 요약돼 있기 때문이다. 다음 [그림 Ⅱ-11]은 '그래픽 요약'의 예와 주요 항목을 표시한 것이다.

[그림 Ⅱ-11] '그래픽 요약(Graphical Summary)' 예

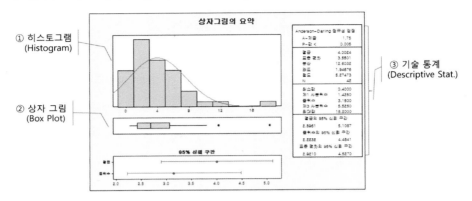

① 히스토그램
(Histogram)

② 상자 그림
(Box Plot)

③ 기술 통계
(Descriptive Stat.)

[그림 Ⅱ-11]의 '그래픽 요약'으로부터 얻을 수 있는 정보는 무엇일까? 우선 '원 번호'가 붙은 순서대로 그 특징을 살펴보고 그로부터 가능한 해석에 어떤 것들이 있는지 알아보자.

### 2.3.1. ① 히스토그램(Histogram)

프로세스로부터 얻은 한 묶음의 '일변량 자료'가 어떤 모습을 띠고 있는지 확인하는 가장 대표적인 그래프이다. 자료의 '최솟값'과 '최댓값'을 일정 등분으로 나눈 뒤 각각의 데이터를 마치 벽돌처럼 하나씩 해당 구간에 쌓아 나가면 '히스토그램'이 만들어진다. '히스토그램'의 형성 과정을 알아야 실제 해석에 유리하므로 번거롭지만 다음에 과정을 실어놓았다. 내용은 「Be the Solver_확증적 자료 분석(CDA)」편의 것을 그대로 옮겨놓았다.

우선 특정 집단에 속한 성인들의 키의 분포를 알아보기 위해 그 집단에서 무작위로 50명을 추출하여 신장을 측정하였고 그 결과가 [표 Ⅱ-15]와 같다고 하자. 후속 작업의 편의를 위해 작은 키부터 큰 키 순으로 정렬을 시켰고, 소수점 이하 자릿수는 제거하였다.

[표 Ⅱ-15] '히스토그램' 작성을 위한 데이터 예

| 키(신장) | | | | |
|---|---|---|---|---|
| 164 | 171 | 175 | 178 | 182 |
| 165 | 171 | 176 | 178 | 184 |
| 166 | 172 | 176 | 180 | 184 |
| 166 | 173 | 176 | 180 | 184 |
| 167 | 173 | 176 | 181 | 185 |
| 167 | 173 | 176 | 181 | 185 |
| 168 | 174 | 177 | 181 | 186 |
| 170 | 174 | 177 | 181 | 186 |
| 170 | 174 | 177 | 182 | 188 |
| 171 | 175 | 177 | 182 | 188 |

[표 Ⅱ-15]와 같이 순서대로 나열해서 관찰하는 것도 필요하나 구간으로 나누어 집계하면 신장의 현황을 파악하는데 더 효과적이다. 이때 나누어질 구간을 '계급(Class)'이라 하고, '계급'의 적정 수를 결정하기 위해 '스터지스의 법칙(Sturges' Rule)'을 이용한다. 즉,

$$k = 1 + 3.322 \times \log_{10} n = 1 + 3.322 \times \log_{10} 50 \cong 6.644 \qquad (\text{Ⅱ}.4)$$

'$n$'은 [표 Ⅱ-15]의 데이터 수(50개)이므로 대입해서 '$k$'값을 얻으면, 약 '6.644'이다. 즉, 현 데이터 경우 '계급'의 적절한 개수는 반올림해서 '7개'이며, 이 정도면 모든 데이터를 적정하게 집계할 수 있다는 뜻이다. 그런데 문제가 생겼다. '계급'은 '7개'로 정해졌는데 각 '계급'의 시작과 끝을 알아야

해당 데이터를 가져다 하나하나 분배할 수 있지 않을까? 현재 데이터의 최솟값이 '164'이고, 최댓값이 '188'이므로 데이터의 '범위(Range)'는 '24(＝188－164)'이다. 따라서 '범위÷계급의 수'를 하게 되면 개개 '계급'의 '평균 크기'가 나오는데 이것을 '계급의 크기(구간의 너비에 해당)'라고 한다. 예에서는 '약 3.43(＝24÷7)'이다. 편의상 '계급의 크기'를 반올림해서 '3'으로 정해보자. 데이터의 최솟값이 '164'이므로 최초 구간은 이 값이 들어갈 수 있는 '162'로 정한 뒤, '계급의 크기'인 '3'을 더해가며 데이터를 집계한다. 다음 [표 Ⅱ-16]은 그 결과이다.

[표 Ⅱ-16] 도수 분포 표

| 계급 구간 | 도수 분포 | 도수 |
|---|---|---|
| 162～165 | // | 2 |
| 166～169 | ///// | 5 |
| 170～173 | ///////// | 9 |
| 174～177 | ////////////// | 14 |
| 178～181 | //////// | 8 |
| 182～185 | //////// | 8 |
| 186～189 | //// | 4 |

[표 Ⅱ-16]에서 '도수(Frequency)'는 구간별 집계한 데이터 개수이며, 이 표를 '도수 분포 표(Frequency Distribution Table)'라고 한다. 여기서 도수 분포를 왼쪽으로 '90도' 돌리면 잘 알려진 '정규 분포'의 형상을 띤다. 또, 표를 이용해 좀 더 확률·통계론적으로 해석하려면 모든 발생 사건이 '1'이어야 하므로 각각의 '도수'를 '전체 개수'로 나눈다. 이것을 '상대 도수(Relative Frequency)'라 하고, 표로 정리하면 '상대 도수 분포 표'가 된다. 다음 [표 Ⅱ-17]은 작성된 '상대 도수 분포 표' 예이다.

| 계급 구간 | 도수 분포 | 도수 | 상대 도수 |
|---|---|---|---|
| 162~165 | // | 2 | 0.04 |
| 166~169 | ///// | 5 | 0.10 |
| 170~173 | ///////// | 9 | 0.18 |
| 174~177 | ////////////// | 14 | 0.28 |
| 178~181 | //////// | 8 | 0.16 |
| 182~185 | //////// | 8 | 0.16 |
| 186~189 | //// | 4 | 0.08 |
| 합 계 | | 50 | 1.00 |

'도수'와 '상대 도수'를 이용해 엑셀로 막대그래프를 그리면 다음 [그림 Ⅱ-12]와 같은 '히스토그램(Histogram)'을 얻는다. 출처에 따라 '히스토그램(Histogram)'은 '도수 다각형', '도수 곡선'과 함께 '도수 분포도'의 한 요소로 분류된다.

[그림 Ⅱ-12] 히스토그램('도수 분포도'와 '상대 도수 분포도') 예

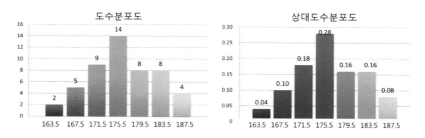

[그림 Ⅱ-12]의 왼쪽 그래프를 보면 각 막대 위의 숫자가 [표 Ⅱ-16]과 [표 Ⅱ-17]의 '도수(즉, 데이터 개수)'임을 알 수 있다. '데이터 1개'가 '벽돌 1개'라고 생각하면 [그림 Ⅱ-12]의 왼쪽 그래프 내 숫자들은 모두 해당 구간 (또는 값)에 쌓아 올린 '벽돌의 개수'에 대응한다. 그러나 '도수'로 '도수 분포

도(히스토그램)'를 그리면 전체 합이 확률에서 쓰이는 '1'이 되지 않는다. 확률·통계론에서의 '히스토그램'이란 전체 합이 '1'이 되는 '상대 도수 분포도'를 지칭한다. 따라서 [그림 Ⅱ - 12]의 오른쪽 그래프가 미니탭 결과인 [그림 Ⅱ - 11]에서의 '히스토그램'에 대응한다.

'히스토그램'이 어떻게 만들어지는지를 살펴보았다. 따라서 독자는 작성 과정을 이해함으로써 '히스토그램'을 접할 때 다음의 사실을 파악할 수 있다.

1) 'x - 축'은 '측정값(또는 반응값, Y값 등)'을, 'y - 축'은 해당 측정값에서의 전체 데이터 개수에 대한 '점유율(또는 확률, 상대 도수)'을 나타낸다.
2) 막대 높이의 전체 합은 '1'이다.
3) 모집단을 대변하는 '대푯값'을 추정할 수 있다. 통상 '점유율'이 가장 큰 값이며, [그림 Ⅱ - 12]의 오른쪽 그래프 경우 약 '175.5㎝'임을 알 수 있다.

'히스토그램'에 대한 기본 이해가 섰으면, 이제부터 그를 접했을 때 어떤 '정보를 획득'할 수 있는지에 대해 알아보자. 우선 '히스토그램'을 관찰할 때 '대칭(Symmetry)성 여부'와 '꼬리 형태(정상형, 짧은 또는 긴 꼬리형, 없음형)'에 따라 프로세스의 상황을 파악할 수 있다. 통상 잘 알려진 '정규 분포(Normal Distribution)'는 "종 모양의 좌우대칭형이며, 좌우 꼬리가 중심에서 멀어질수록 급격한 감소 후 완만하게 낮아지고 '0'에 근접하는 히스토그램 형상"을 보인다. 따라서 '히스토그램'은 항상 '표준 정규 분포의 형상'을 기준으로 그에 빗대어 해석한다. 다음에 설명할 '히스토그램'들은 현업에서 자주 접하는 유형들과 각각의 해석이다.[32] 유형들로는 '대칭/짧은(또는 긴) 꼬리형, 이상점 포함형, 이봉형', '비대칭/왜도(Skewness)형, 알갱이(Granularity)형' 등이 있다.

---

32) '유형' 분류와 해석은 '주석 27)' 내용을 참고해서 편집함.

'대칭/짧은(또는 긴) 꼬리형'은 '히스토그램'을 그렸을 때 "시각적으로 좌우 대칭이지만 양쪽 꼬리가 짧은지, 긴지 아니면 없는지에 따라 분포를 해석하는 방법에 차이를 두는 유형"이다. 관찰을 통해 '분포를 해석하는 일'은 프로세스로부터 나온 데이터에 근거하므로 원하든 원치 않든 프로세스는 이미 그와 같은 자료를 만들어내도록 운영되고 있음을 뜻한다. 해석 결과로부터 '분포'가 애초 원치 않는 모습을 띤다면 '사실 분석'을 통해 원인을 찾아 보정하는 활동이 필요하다. 즉, 교육에서 학습 받은 대로 '그래프 분석을 시작으로 이상이 발견되면 원인을 규명해서 개선에 이르는 활동'을 수행한다.

'히스토그램'을 그렸을 때 "대칭이며 꼬리의 형태"로 판단할 수 있는 극단적인 분포는 크게 2가지로 구분된다. 하나는 '균등 분포(Uniform Distribution)'이고, 다른 하나는 '코쉬 분포(Cauchy Distribution)'이다. 다음 [그림 Ⅱ-13]은 '균등 분포', '정규 분포', '코쉬 분포'의 '히스토그램' 예이다.

[그림 Ⅱ-13] 분포별 꼬리 형태

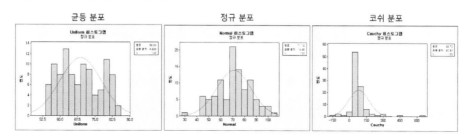

[그림 Ⅱ-13]은 모두 미니탭 「그래프(G) > 히스토그램(H)…」 내 '적합선 표시'로 작성되었다. 가운데 '히스토그램'은 미니탭에서 $N(70, 15^2)$의 랜덤 데이터를 만들어 얻은 결과이다. 전형적인 '정규 분포'로 좌우대칭이고, 중심에서 급격하게 하강한 후 '0'에 근접해간다. 그림에 함께 그려진 이상적인 '정

규 곡선(빨간색)'과 윤곽에 있어 큰 차이가 없다. 왼쪽은 미니탭의 '랜덤 데이터' 기능에서 '균등 분포'인 '최솟값=55', '최댓값=85'로부터 얻었다. 역시 '정규 분포'와 비교하기 위해 빨간색의 '정규 곡선'을 함께 넣었는데 꼬리가 거의 관찰되지 않음을 알 수 있다. 끝으로 오른쪽 '히스토그램'은 '위치 모수=70', '척도 모수=15'인 'Cauchy 분포'의 '랜덤 데이터'로부터 얻은 결과이다. 이상적인 '정규 곡선'과 비교할 때 왼편도 그렇지만 특히 오른편으로 꼬리가 길게 늘어선 모습이 관찰된다('600' 이상에도 막대가 관찰됨).

현업의 프로세스 데이터로부터 얻은 "대칭이며 짧은(또는 긴) 꼬리형" 히스토그램은 설명한 바와 같이 '정규 분포'를 중심으로 꼬리가 아예 없는 '균등 분포'와 꼬리가 좌우로 길게 늘어선 '코쉬 분포'를 한계로 그 내의 어딘가에 위치한다. 문제는 해석이다. 만일 개발 중인 특정 회로의 전압 출력 특성이 '55~85V'로 한정돼 있다면 그로부터 얻은 '일변량 자료'의 '히스토그램'은 '최솟값=55V'보다 작거나 '최댓값=85V'보다 큰 값은 없을 것이므로 정확히 '균등 분포'로 관찰돼야 한다. 그런데 '최솟값' 미만 또는 '최댓값' 초과의 막대가 존재하면 회로 내 예상치 못한 문제를 의심하게 되고 결국 개선(Improve)의 필요성을 느끼게 된다. 또 구매 부서에서 구매품의 납기가 예정된 시점에 정확하게 입고됐는지 확인하기 위해 '입고 정확도=입고 시각-예정 시각'으로 관리한다면, '히스토그램'은 값 '0'을 중심으로 데이터가 많이 몰려 있고('입고 시간'을 관리하므로), '예정 시간'보다 훨씬 일찍 들어온 경우는 '왼편'에, 매우 늦게 들어온 경우는 '오른편'에 몇몇 막대가 위치하게 돼 꼬리가 긴 형태의 '코쉬 분포'를 형성한다. 그러나 해석에 있어 첫 번째 예인 '전압 특성'은 설계치가 애초에 '55~85V'의 '균등 분포'가 목표이므로 '균등 분포'를 적용해 '위치 모수(Location Parameter)'[33]나 '척도 모수(Scale Parameter)'[34] 등의

---

33) '위치 모수(Location Parameter)'는 분포의 '위치' 또는 '이동(Shift)'을 관장하는 파라미터로 잘 알려진 '정규 분포'의 '평균' 등이 이에 속한다.
34) 척도에 관한 측도를 나타내는 확률 분포의 모수를 말하며, 예로 '정규 분포'의 '표준 편차'가 이에 속한다.

추정량을 산출할 수 있지만, 두 번째 예인 구매 부서에서의 '입고 정확도'가 설사 '코쉬 분포'를 따른다 해도 이 분포로 해석하는 접근은 타당치 않다. 업무 특성에 비추어볼 때 리더가 '코쉬 분포'와 같은 어려운 분포로 업무를 관리하는 것은 학문적 관점에선 연구 대상(?)이 될지 모르지만 적용에 의구심이 들뿐더러 '코쉬 분포'의 사용이 올바른 관리 방식인지조차 주변에 설득하기란 쉽지 않은 일이다. 이 분포는 주로 물리학에서 유용하게 쓰이는 함수이기 때문이다. 따라서 수집된 '일변량 자료'의 '히스토그램'이 [그림 Ⅱ-13]의 '균등 분포' 또는 그에 근접하거나, '정규 분포' 또는 그에 근접, '코쉬 분포' 또는 그에 근접한 "대칭이면서 짧은(또는 긴) 꼬리형"의 판단이 서면 이어서 설명할 본문 내용을 적극 참조하기 바란다.

우선 '히스토그램'으로부터 분포가 정해지면 그에 적합한 '위치 모수(Location Parameter)'의 '추정량(Estimator)'을 결정한다. 좀 어려운 말이다. '정규 분포' 경우 '(산술) 평균'이 분포의 중심이며, 이 값이 작아지거나 커지면 분포도 그에 맞춰 작은 값 쪽으로 이동(Shift)하거나 큰 값 쪽으로 이동한다. 즉, '(산술) 평균'은 분포의 '위치(Location)'를 관장한다. 그러나 이 '평균'은 모집단의 평균인 '모 평균'을 대변할 뿐 실제 '모 평균'인지는 불확실하다. 따라서 수집된 데이터가 '정규 분포'일 때 그의 '평균'을 구하면 이 값을 "모 평균을 추정(Estimation)했다"고 해서 '추정값(Estimate)'이라 하고, 이를 산정하는 방식인 '$\frac{1}{n}\sum_{i=1}^{n} x_i$'를 '추정량(Estimator)'이라고 부른다. 실제 '모 평균'인지 불확실하기 때문에 '추정'이란 단어가 붙는다. '위치 모수'를 추정하는 방식에는 이 외에도 '중앙값', '절사 평균', '최빈값' 등 수없이 많은데 이들을 모두 총칭해서 '통계량(Statistic)'이라고 부른다. 정리하면, '정규 분포'에 있어 '모 평균'인 '위치 모수(Location Parameter)'를 추정하는 '통계량' 중에서 가장 적합한 '추정량'은 '산술 평균'인 '$\frac{1}{n}\sum_{i=1}^{n} x_i$'이며, 이로부터 얻어진 '평균값'이 '추정값'에 해당한다. 용어를 이해했으면 [그림 Ⅱ-13]과 같이 수집된 '일변량 자료'의 분포가 '균등 분포'나 '정규 분포' 또는 '코쉬 분포' 등 어느 쪽에 근접하다는 판단이 섰을 때(즉, 분포를 결정했을 때) '위치 모수'를 추정하기 위해 다음의 방식에 따라 프로세스 '대푯값'을 결정한다(즉, '히스토그램' 형상에 따라 '위치 모수'도 그에 맞게 결정한다).

□ 균등 분포; 범위의 중앙$(Midrange) = \dfrac{Max. + Min.}{2}$

□ 정규 분포; (산술)평균 $= \dfrac{1}{n}\displaystyle\sum_{i=1}^{n} x_i$

□ 코쉬 분포; 중앙값 $= \dfrac{n+1}{2} th$ (짝수 개수), 또는 정중앙 값(홀수 개수)

안내된 방식에 의거해 합리적인 '대푯값(위치 모수)'이 정해지면 리더가 예상했던 프로세스 '대푯값'과 비교해 현재 상황을 진단하는 데 이용한다.

**'대칭/이상점(Outlier) 포함형'**은 히스토그램이 대칭을 이루되 중심에서 동떨어진 데이터가 일부 섞여 있는 형상이다. 다음 [그림 Ⅱ-14]는 '이상점'이 포함된 예이다(라고 가정한다).

[그림 Ⅱ-14] '균등 분포'와 '코쉬 분포' 내 '이상점' 예

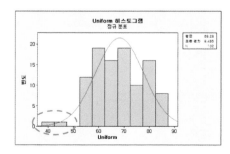
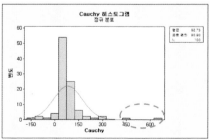

'일변량 자료'가 어떤 분포를 따르는지 판단이 서고 그에 따른 '위치 모수'의 '추정값'이 결정되면, 이어 '이상점(Outlier)'이나 '영향점(Influential Point)'을 해석한다(물론 상황에 따라 반대의 순서가 효과적일 수도 있다). '이상점'과 '영향점'은 둘 다 '회귀 분석(Regression Analysis)'에 자주 등장하는 용어로, 주 집단으로부터 동떨어진 값들이며, 눈으로도 쉽게 식별된다. 특히 '영향점'은 중심으로부터 크게 벗어나면서 그 근거를 제시하기 어려운 관측치다. '회귀 분석'에서는 둘 다 '표준화 잔차(Standardized residuals)'를 이용해 정량적으로 분리해낼 수 있다.

[그림 Ⅱ-14]의 왼쪽 '히스토그램' 예에서, 만약 '원 자료'가 전압 출력 특성이 '55~85V'로 한정된 '균등 분포'이면, 파란색 타원 점선으로 표시한 두 데이터는 '이상점'으로 간주될 수 있어 추가 해석의 여지가 있다. 측정 과정에서 실수로 작은 관측치가 얻어졌을 수도 있고, 회로 구성이 잘못돼 나타나는 구조적인 문제일 수도 있다. 원인이 무엇이든 '개선(Improve)'을 위해 '사실 분석'이 필요한 대목임엔 틀림없다. 그러나 '히스토그램'을 형성시킨 데이터가 '정규 분포'로 예상되는 프로세스에서 나왔다면 해석은 완전히 달라진다. '균등 분포'에서 '이상점'으로 간주된 두 데이터는 '정규 분포' 관점에서는 정상적일 수 있기 때문이다.

만일 [그림 Ⅱ-14]의 오른쪽 '히스토그램' 예에서, '입고 정확도=입고 시각-예정 시각'의 결과이면 '0' 주변은 '예정 시각'에 근접하게 입고된 경우로 문제될 게 없으나 그를 훨씬 넘어선 오른편 작은 막대들은 대부분 '이상점'들에 속할 수 있다. 'ERP' 등에서 나온 데이터면 저장 데이터의 오류나 편집 중 실수 또는 과거 배달 과정에서의 대형 사고로 인한 불가피한 결과로 해석될 수 있다. 어떤 이유든 중심 '0'에서 떨어질수록 원인 규명은 쉬워지며, 큰 이탈 값들을 개선할수록 프로세스 관리 능력도 그에 비례해서 증가한다. '이상점'은 부정적 이미지 외에 전혀 상반된 중요한 분석적 정보를 제공하기도 한다. 다음 [그림 Ⅱ-15]를 보자.

[그림 Ⅱ-15] '벤치마킹' 정보 획득 예

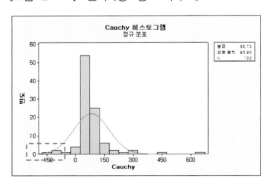

[그림 Ⅱ-15]에서 '0'을 기준으로 왼편의 떨어진 데이터들은 '입고 정확도' 관점에서 '예정 시각'보다 매우 이르게 입고된 경우로, 만일 프로세스에서 왜 이와 같은 긍정적 결과가 초래되었는지 확인할 수 있으면 '내부 프로세스 벤치마킹'의 효과를 거둘 수 있다. 이것은 비단 예를 든 '입고 정확도'에 국한된 해석만은 아니며, 또 '히스토그램'에서만 일어나는 특징도 아니다. '히스토그램'을 포함해서 앞으로 얻어질 대부분의 그래프들은 '원인 규명할 개선 대상'을 찾아줄 뿐만 아니라 '벤치마킹'과 같은 좋은 '아이디어'를 획득할 수 있는 기회까지 동시에 제공한다는 점을 분석 시 항상 염두에 두도록 한다. 이것이 'EDA'가 주창하는 '통찰력(Insight)'을 얻는 과정이다.

모든 'EDA'에 있어, '이상점'이나 '영향점' 경우 다음의 전제 조건이 만족되면 '히스토그램' 또는 해당 그래프에서 타점을 제거하고 다시 그릴 수 있다.

① '이상점'의 원인이 명확하게 규명되고,

② 문제가 개선되었으며,

③ 재발 방지책이 마련됨.


'이상점' 발생은 프로세스 내 존재하는 '5M−1I−1E'[35]의 크고 작은 변동에 기인하므로 정확한 해석을 위해서는 해당 프로세스를 오랫동안 관리하던 전문가가 반드시 함께하는 것이 중요하다.


**'대칭/이봉(Bimodal)형'**은 출력된 '히스토그램'이 대칭 형태를 띠지만 중심이 두 개로 관찰되는 형상이다. 주로 다음과 같은 유형들이 있다.

[그림 Ⅱ−16] 대칭이면서 '이봉우리(Bimodal)' 히스토그램 예

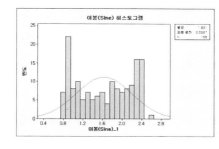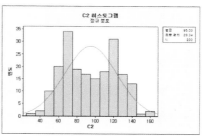


[그림 Ⅱ−16]의 왼쪽 히스토그램은 이상적인 '정규 곡선(빨간색 곡선)'과 비교할 때 양쪽 꼬리가 없으며, 중심 부분이 상대적으로 움푹 들어가 보인다. 이와 같은 이봉 히스토그램은 '일변량 자료'가 일정 주기를 갖고 등락을 반복하는 '사인 곡선(Sine Curve)'의 경우에 나타난다.

---

35) (5M) Man, Machine, Material, Method, Measurement, (1I) Information, (1E) Environment.

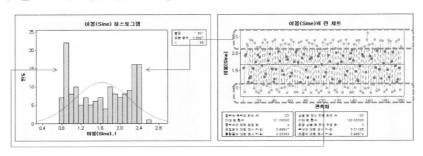

[그림 Ⅱ-17]은 '히스토그램'과 「2.1. 런 차트(Run Chart)」에서 설명했던 '런 차트'를 함께 비교하고 있다. '런 차트'는 관측치가 상하로 계속 반복하고 있으며, 이때 위쪽 타점들은 히스토그램의 오른쪽 봉우리(Peak)를, 아래쪽 타점들은 히스토그램의 왼쪽 봉우리를 형성한다. 또 '런 차트'의 중심부에는 타점이 상단과 하단보다는 적지만 다수 존재하며, 이 값들은 히스토그램의 중심부를 형성한다. 타점 수가 많지 않아 양쪽 봉우리보다 빈도가 낮게 나타났음을 알 수 있다. 현업에서는 예와 같이 매우 규칙적이진 않지만 계절적 성수기와 비수기가 포함된 장기 데이터를 수집했거나 설비 내에서의 반복 동작을 기록한 자료라면 유사한 히스토그램 패턴을 보일 수 있다.

그림이 작아 잘 보이진 않지만 [그림 Ⅱ-17]의 '런 차트'에 기록된 '혼합물'의 'p-값=0.00383', '추세'의 'p-값=0.01428'로 자료가 '임의성'이 아님을 알 수 있다. 이 결과를 토대로 만일 정확한 '사인 곡선'인지 확인하고 싶으면 「표 Ⅱ-14] 시차 그림」에서와 같이 '시차 1'의 '시차 그림'을 그려 '타원'의 존재 유무를 확인한다. 'EDA' 관점에서는 '사인 곡선'의 출현이 문제일수도 있고 정상일 수도 있다. 어느 시각에서 해석을 시도하든 처한 상황에 따라 '사실 분석'의 방향과 수준을 결정한다.

이에 반해 [그림 Ⅱ-16]의 오른쪽 히스토그램은 전형적인 '이봉 분포 (Bimodal Distribution)'를 형성한다. 통계학에서는 '이봉 분포'의 존재 가능성을 인정하고 모델링을 시도(함수화)하기도 하지만 현업에서는 데이터가 섞여 나타나는 경우가 대부분이다. 예를 들어 '성인의 키'를 알아보기 위해 수집된 '일변량 자료' 중 남자와 여자를 구분하지 않고 단순히 '성인'에 초점을 맞춰 수집 후 히스토그램을 그렸거나, 용도가 똑같은 시스템에서 얻은 자료를 합쳤으나 본질적으로 서로의 작동이 동일하다고 보기 어려우므로 결국 '이봉 분포'로 나타나는 경우 등 가능한 상황은 얼마든지 존재한다. 문제는 이질의 데이터가 섞였음을 모르는 상태에서 애매한 '이봉 분포'를 보일 때 어떻게 판단해야 하는가이다. 다음 [그림 Ⅱ-18]을 보자.

[그림 Ⅱ-18] '이봉 분포' 해석을 위한 '런 차트' 활용 예

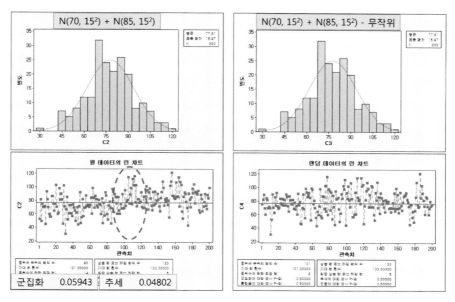

[그림 Ⅱ-18]의 왼쪽 그림은 'N(70, 15²)'와 'N(85, 15²)'의 랜덤 데이터를 각 100개씩 생성해 합한 후 얻은 결과이다. 오른쪽 그림은 「계산(C) > 랜덤 데이터(R) > 열에서 표본 추출(C)…」을 이용해 왼쪽 그림의 데이터를 '임의성'으로 얻은 결과이다(즉, 200개의 '원 자료'로부터 대화 상자 내 '표본 추출할 행 수=200'을 입력해서 얻음). 본 예는 현업에서 '평균'이 서로 차이 나는 두 무리의 데이터가 그대로 연결된 채 수집된 상황을, 다른 하나는 성격이 서로 다른 데이터가 '임의성'으로 뒤섞여 수집된 상황을 가정한 것이다.

[그림 Ⅱ-18]의 왼쪽 '히스토그램'은 '평균'이 서로 차이 나는 자료가 섞였음에도 시각적으로 전혀 구분이 가지 않는다. 즉, '이봉 분포'임을 알 수 없다는 뜻이다. '평균'이 '15(=85-70)'나 차이 나지만 '표준 편차'가 '15'로 커서 서로 겹쳐지는 데이터가 상당수 존재하기 때문이다. 그러나 '런 차트'를 작성해보면 해석할 여지가 생기는데 '군집화 p-값=0.05943', '추세 p-값=0.04802'로 유의함을 알 수 있다. 특히 '추세'가 '유의'하게 나온 배경은 두 데이터가 만나는 경계에서 낮은(또는 높은) 평균으로부터 높은(또는 낮은) 평균으로 옮겨갈 때의 '기울기'가 반영된 결과이다. 물론 모든 데이터가 이 두 검정 항목들이 '유의'하게 나오진 않겠으나 두 집단의 차이가 존재함에도 '히스토그램'상에서 감지가 어려우면 적어도 '런 차트'의 네 개 검정 항목들 중 최소 하나 이상은 '유의'한 결과가 될 수 있다. '히스토그램'만으로 알 수 없는 내용을 '런 차트'를 추가함으로써 'EDA' 효과를 높일 수 있다.

만일 [그림 Ⅱ-18]의 오른쪽 그림처럼 두 집단의 데이터가 완전히 뒤섞여 있으면 그들이 두 집단임을 'EDA'를 통해 확인하기란 쉽지 않다. '런 차트'에서도 이상 징후는 전혀 감지되지 않는다. 그러나 자료 수집자가 인위적으로 개입하지 않는 한 현실적으로 두 집단의 데이터가 완전히 무작위로 뒤섞여 수집될 가능성은 매우 희박하다. 데이터 각각엔 이력이 붙어 다니고, 또 시간 순서대로 생성되므로 두 모델이 뒤죽박죽 뒤섞이는 상황은 상상하기 어렵다.

앞서 전제된 가정이 대체로 맞는다면 '평균'이 아주 근소하게 차이 나거나 '산포'가 한쪽이 너무 커서 다른 쪽 데이터까지 점하지 않는 한 '히스토그램' 과 함께 '런 차트'를 탐구함으로써 '이봉 분포'의 가능성을 추정할 수 있다. 물론 '런 차트'의 검정 4개 항목들 중 하나 이상이 '유의'할 때 모두 '이봉 분포'로 단정 지을 수 없다는 것쯤은 논외로 하겠다.

**'비대칭/왜도(歪度, Skewness)형'**은 한쪽 꼬리가 다른 쪽에 비해 길게 늘어선 유형이다. 오른쪽으로 늘어선 분포를 '우변 기운 분포(Right−skewed Distribution)', 왼쪽으로 늘어선 분포를 '좌변 기운 분포(Left−skewed Distribution)'라고 한 다. '기울어짐'을 나타내는 총칭은 '왜도(Skewness)'이다.

[그림 Ⅱ-19] '좌변 기운 히스토그램'과 '우변 기운 히스토그램' 예

| 좌변 기운 분포 | 우변 기운 분포 |
|---|---|
| 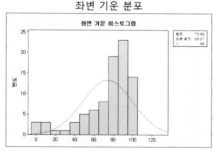 | 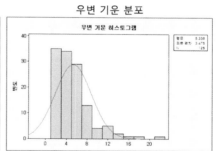 |

가장 일반적인 '왜도'의 발생 이유는 관측치들에 '한계(Bounds)'가 존재하는 경우이다. 예를 들어 고장 개수, 시간, 크기 등은 음수가 없으므로 관측치들의 '한계'는 '0'이다. 특히 관측치들이 '망소 특성'처럼 늘 작아지도록 관리가 집중된다면 '0' 근처에 자료가 모이게 되고 오른쪽으로 갈수록 발생 빈도가 낮아져 '우변 기운 히스토그램(분포)'을 형성한다. 반대로 '상한 한계(Upper

Bounds)'가 정해진 상태에서 '망대 특성', 즉 설문 점수나 강도(Strength), 연비, CS 점수 등을 '한계'에 근접하도록 집중 관리하면 '좌변 기운 히스토그램(분포)'이 나타날 수 있다.

'기운 분포'에서 가장 큰 이슈는 '위치 모수'의 추정이다. 비대칭이므로 '(산술) 평균'은 몇몇 동떨어진 값들의 영향으로 데이터가 몰려 있는 영역에서 벗어난 값을, '최빈값(Mode)'은 데이터가 주로 집중된 위치의 값을, '중앙값(Median)'은 전체 데이터의 50% 지점의 값이므로 어느 대푯값이 '기운 분포'를 잘 대변할지 제각각 판단할 경우 논란이 예상된다. 전문가들의 의견을 반영한 '주석 27)'의 한 자료에 따르면 분포 형상이 특이한 '기운 분포'의 '대푯값' 결정은 다음과 같이 하도록 권유하고 있다.

1) 평균과 최빈값, 중앙값 각각은 나름의 장점과 특징을 갖고 있으므로 1차로 '평균'과 '중앙값' 2개를 함께 이용하되,
2) 필요에 따라 '최빈값'을 추가해 총 3개로 자료 해석에 활용한다.

'EDA' 관점에서 '기운 히스토그램'을 접하면, 데이터 성향에 따라 해석이 달라진다. 예를 들어, '수명(Life)'의 품질을 다루는 '신뢰성(Reliability)' 특성 경우 [그림 Ⅱ-19]와 같은 분포가 자주 관찰되며, 이때는 자료를 설명할 '분포 함수'를 찾아야 하는데, 주로 '와이블 분포(Weibull Distribution)', '대수 정규 분포(Log-normal Distribution)' 등 비대칭 함수들이 관여한다. 미니탭은 「통계 분석(S) > 신뢰성/생존 분석(L) > 분포 분석(우측 관측 중단)(S) > 분포 ID 그림(I)…」에서 적합한 비대칭 함수를 찾도록 도와준다.[36] 만일 비대칭 함수를 찾았다면 해당 함수의 파라미터(위치 모수, 척도 모수 등)가 자료

---

36) 미니탭 「그래프(G) > 확률도(Y)…」에서도 자료를 설명할 '분포 함수'를 찾을 수 있으나 '신뢰성/생존분석' 모듈에서와 같이 한꺼번에 여럿을 대조하기보다 한 개씩 적합시켜야 하므로 번거로운 작업이 될 수 있다.

로부터 추정되므로 앞서 정리한 '평균, 중앙값, 최빈값'은 별도의 정보로 활용한다. 다음 [그림 Ⅱ-20]은 미니탭에서 기본으로 제공된 '박스 칵스.mtw' 파일을 이용해 '히스토그램'과 그에 적합한 '분포 함수'를 찾는 과정과 결과이다.

[그림 Ⅱ-20] '우변 기운 히스토그램(분포)'의 '분포 함수' 조사 예

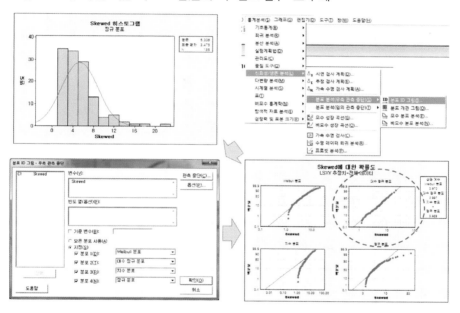

[그림 Ⅱ-20]에서 '히스토그램'은 '우변 기운 분포'를 보이고 있으며, 만일 해당 자료가 '신뢰성' 같은 품질 특성이고, 따라서 적합한 해석을 위해 '분포 함수'를 찾는다고 가정할 때, 미니탭의 '신뢰성/생존 분석'으로 들어간다(그림의 상단 오른쪽 그림). '대화 상자'에는 적합할 것 같은 4개의 함수를 지정했으며 (하단 왼쪽 그림), 그로부터 4개의 '확률도(Probability Plot)'를 얻었다(하단 오른쪽 그림). '확률도'를 보면 둥근 원으로 표시한 '대수 정규 분포'의 타점들이

직선을 따라 잘 분포한다. 따라서 '일변량 자료'는 '대수 정규 분포'를 통해 해석이 가능하단 결론에 이른다. 함수가 결정되면 「통계 분석(S) > 신뢰성/생존 분석(L) > 분포 분석(우측 관측 중단)(S) > 분포 개관 그림(O)…」에 들어가 '파라미터' 산정 등 추가 분석을 수행하지만 설명은 이 정도에서 마무리한다. 연결되는 분석이 필요한 독자는 「Be the Solver_신뢰성 분석」편을 참고하기 바란다.

만일 '신뢰성' 특성이 아닌 간접이나 서비스 부문에서 나온 '기운 히스토그램(분포)'일 경우, 복잡한 함수를 찾아 해석하려는 접근은 무의미하다. 공학에서는 빈도가 높은 영역으로부터 멀리 떨어진 데이터도 해석에 중요하지만, 그외의 분야 경우 멀리 떨어진 일부 데이터는 곧 '이상점'이나 '영향점'일 가능성이 높으며, 따라서 제거 대상이 될 수 있다. 예를 들어 고객 요청이 있은 후 '3일 이내'에 처리하도록 규정된 '고객 응대 소요일'을 가정해보자. 핵심 관리 항목이므로 과거 데이터를 모아 [그림 Ⅱ-21]과 같이 '히스토그램'을 그리면 '3일 이내'에 자료가 집중되고 그 외의 몇몇 '이상점'들이 포함된 '우변 기운 분포'를 보일 것이다.

[그림 Ⅱ-21] '고객 응대 소요일' 예

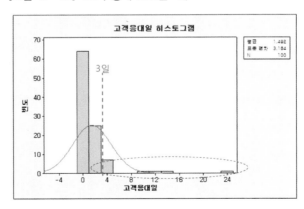

[그림 II-21]에서 내부적으로 규정된 '3일' 이내의 막대는 문제가 없으나 그를 넘어선 막대들은 모두 '사실 분석' 대상이다. 왜 오래 걸렸는지 추가 분석을 통해 원인을 규명해야 하며, 재발하지 않도록 '개선(Improve)'이 요구된다. 'Measure Phase'에서 '프로세스(공정) 능력'을 산정할 때 '이상점'들을 정상 데이터로 보고 부득이 비대칭 분포를 사용할 수 있다. 그러나 이 경우도 기본적으로 수학적 해석의 필요성보다 '이상점' 여부를 먼저 판독한 후 시도할 것을 권장한다.

**'알갱이(Granularity)형'**은 독특한 '히스토그램'인데 20년이 훨씬 넘는 기간 동안 컨설팅을 해오면서 딱 한 차례 접했을 정도로 발생 빈도가 높지 않다. '히스토그램'의 형상은 중간중간 막대가 빠진 듯한 모습이며, 관찰되는 각 막대가 마치 '알갱이(**Granularity**)'처럼 보인 데서 붙여진 이름이다. 혹자는 '입상(粒狀)'으로 번역하기도 한다. 다음 [그림 II-22]는 '알갱이형 히스토그램'의 예이다.

[그림 II-22] '알갱이형' 히스토그램 예

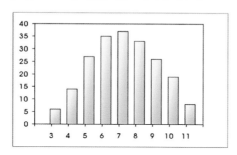

컨설팅 중 처음 접했던 '알갱이형 히스토그램'은 담당자가 프로세스에서 데이터를 수집할 때 소수점 둘째자리 값을 인위적으로 반올림해서 나타난 경우였다. 반올림의 인위적 조작을 없앤 이후로 그와 같은 현상이 사라졌기 때문이다. 그러나 특이한 것은 '알갱이형 히스토그램'을 일부러 만들려 해도 잘

안 만들어진다는 점이다. 이와 같이 발생 원인을 파악하기 어렵다는 이유 때문에 해석은 주로 "황금률은 없다"로 마무리 짓곤 한다. 최근의 통계 패키지 프로그램에선 '알갱이형 히스토그램'도 정상처럼 보여줘 외형상 '정규 분포'로 판단하기도 한다. 이때 '정규성 검정'에서 'p-값'이 유의하게 나오면 해석에 혼란을 야기할 수 있다. 현재로선 '표본 크기'를 충분히 증가시켜 보는 것이 유일하게 권장되는 해결책이다.

'알갱이형'은 아니지만 '히스토그램'에서 막대 높이가 비이상적으로 낮거나 높은 경우도 경험상 자료의 '통찰력'을 얻는 데 주요 정보로 활용된다. 다음 [그림 Ⅱ-23]을 보자.

[그림 Ⅱ-23] '막대 높이'가 '정규 곡선'과 많이 차이 나는 예

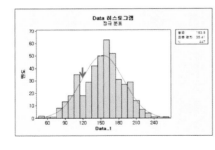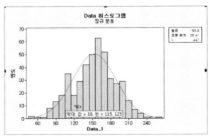

[그림 Ⅱ-23]의 왼쪽은 미니탭에서 'N(150, 34²)'인 랜덤 데이터를 '500개' 만든 후 전체를 '오름차순'으로 정렬한 뒤, 값이 '120대'인 데이터를 모두 삭제하고 작성한 결과이다. 그림의 빨간 화살표에서 보이듯 정상적인 '정규 곡선' 대비 막대가 한참 모자란 형태로 관찰된다. 만일 [그림 Ⅱ-23]의 오른쪽 '히스토그램'처럼 마우스를 그 부분에 위치시키면 '정보'가 뜨며, 내용을 옮기면 "막대: 값=18, 빈=115, 125"이다. "값=18"은 "그 막대를 이루는 데이터 수가 18개"란 의미를, "빈=115, 125"는 "계급의 크기"이다. 즉, "이 계급 내 데

이터 점유율이 예상보다 낮을 가능성"을 시사한다. '표본 크기'가 작으면 몰라도 100개 이상의 충분한 양에서 발생한 경우라면 '표본 추출'의 문제인지 프로세스 내 현상인지를 파악할 '통찰력'을 얻는 주요 정보로 활용될 수 있다.

지금까지 「[그림 Ⅱ－11] '그래픽 요약(Graphical Summary)' 예」 중 '① 히스토그램(Histogram)'과 'EDA'와의 관계에 대해 알아보았다. 이어지는 소단원은 그 두 번째인 '② 상자 그림(Box Plot)'에 대해 자세히 소개한다.

## 2.3.2. ② 상자 그림(Box Plot)

[그림 Ⅱ－11]의 '그래픽 요약(Graphical Summary)'으로 되돌아가 두 번째 주제인 '② 상자 그림'에 대해 알아보자. '상자 그림'은 자체 내에 '상자' 모양과 '수염' 모양이 있어 만들어질 당시 'Box－and－Whisker Plot'으로 불렸는데, 이를 줄여 지금은 'Box Plot'으로 통용된다. 사전적 정의와 탄생 배경(출처)은 다음과 같다.

---

· **상자 그림**(Box Plot)

→ (WIKIPEDIA) 'Box Plot'은 'Boxplot', 'Box-and-whisker Diagram', 또는 'Box-and-whisker Plot' 등으로 불린다. 'Box Plot'은 5개의 값을 이용하여 '일변량 자료'를 그래픽으로 묘사하는 편리한 방법이며, 5개 값에는 '최솟값', '제1사분위수(Q1)', '중앙값', '제3사분위수(Q3)', 그 외에 '최댓값'이 있다. 여기에 추가로 '이상점(Outlier)'의 판별도 가능하다. 'Box Plot'은 별도의 통계적 가정 없이 모집단 간 차이를 시각적으로 비교할 수 있으며, 나눠진 영역을 관찰해 자료의 산포도와 왜도, 이상점을 식별하는 데 이용된다.

→ (최초 출처) Tukey, J. W. 'Box-and-Whisker Plots' § 2C in "Exploratory Data Analysis" Reading, MA: Addison-Wesley, pp.33～43, 1977.

---

'히스토그램'과 마찬가지로 '원 자료'로부터 만들어지는 과정을 정확하게 알아야 'EDA' 해석에 유리하다. 다음은 데이터가 주어졌을 때 '상자 그림'을 작성하는 과정과 결과이다.

다음 [표 Ⅱ-18]은 특정 업무 처리 시간을 '분(min)' 단위로 기록해 수집한 결과이다(라고 가정한다). '표본 크기'는 총 42개이다.

[표 Ⅱ-18] '상자 그림(Box Plot)' 작성을 위한 '원 자료'

| 원 자료 (분) | 8.7, 5.3, 4.6, 2.4, 2.2, 3.8, 2.3, 18.2, 3.3, 10.3, 0.9, 1.0, 1.9, 1.1, 0.7, 0.4, 0.5, 4.1, 3.3, 1.2, 2.4, 6.7, 0.5, 2.5, 0.8, 3.4, 7.3, 5.5, 5.2, 4.7, 6.6, 7.3, 3.0, 3.6, 2.3, 11.7, 6.7, 1.9, 1.9, 1.5, 5.6, 0.8 |
|---|---|

<작성 순서>
1) '원 자료'를 작은 값부터 큰 값 순(오름차순)으로 정렬한다. 다음 [표 Ⅱ-19]는 [표 Ⅱ-18]을 오름차순으로 정렬(Sorting)한 결과이다.

[표 Ⅱ-19] '원 자료'를 오름차순으로 정렬(Sorting)한 결과

| 원 자료 | | | | | |
|---|---|---|---|---|---|
| 0.4 | 1.1 | 2.3 | 3.6 | 5.6 | 11.7 |
| 0.5 | 1.2 | 2.4 | 3.8 | 6.6 | 18.2 |
| 0.5 | 1.5 | 2.4 | 4.1 | 6.7 | |
| 0.7 | 1.9 | 2.5 | 4.6 | 6.7 | |
| 0.8 | 1.9 | 3.0 | 4.7 | 7.3 | |
| 0.8 | 1.9 | 3.3 | 5.2 | 7.3 | |
| 0.9 | 2.2 | 3.3 | 5.3 | 8.7 | |
| 1.0 | 2.3 | 3.4 | 5.5 | 10.3 | |

2) '중앙값(Median, $Q_2$)'과 '제1사분위수(First Quartile, $Q_1$)', '제3사분위수(Third Quartile, $Q_3$)'를 구한다. '$Q_1$'과 '$Q_3$'를 얻는 산식은 다음과 같다.

$$Q_1 = \frac{(n+1)}{4} th, \qquad Q_3 = \frac{3 \times (n+1)}{4} th \qquad (\text{II}.5)$$

식 (II.5)에 의거해 'Q₁'과 'Q₃'를 구하면 다음 [표 II-20]과 같다.

[표 II-20] '중앙값(Q₂)' 및 'Q₁, Q₃' 산정 예

| 중앙값($Q_2$) | $= \frac{n+1}{2} th = \frac{42+1}{2} th = 21.5 th = \frac{(3.0+3.3)}{2} = 3.15$ |
|---|---|
| 제1사분위수($Q_1$) | $= \frac{n+1}{4} th = \frac{42+1}{4} th = 10.75 th = 1.2 + 0.75 \times (1.5 - 1.2) = 1.425$ |
| 제3사분위수($Q_3$) | $= \frac{3 \times (n+1)}{4} th = \frac{3 \times (42+1)}{4} th = 32.25 th$ <br> $= 5.5 + 0.25 \times (5.6 - 5.5) = 5.525$ |

3) '사분위(간) 범위(IQR, Interquatile Range)'를 구한다. '사분위(간) 범위'는 'Q₃ − Q₁'을 통해 얻는다.

$$IQR = Q_3 - Q_1 = 4.1 \qquad (\text{II}.6)$$

4) 'Lower Limit(LL)'과 'Upper Limit(UL)'을 구한다. 'LL'과 'UL'은 다음의 식을 통해 각각 얻을 수 있다.

$$LL = Q_1 - 1.5 \times IQR = 1.425 - 1.5 \times 4.1 = -4.725 \qquad (\text{II}.7)$$
$$UL = Q_3 + 1.5 \times IQR = 5.525 + 1.5 \times 4.1 = 11.675$$

5) '수염(Whisker)' 값을 구한다. 이때, 아래쪽 '수염'은 '원 자료'에서 'LL'보다 큰 값들 중 가장 작은 값을, 위쪽 '수염'은 '원 자료'에서 'UL'보다 작은 값들 중 가장 큰 값을 선택한다. 다음은 아래쪽 '수염'과 위쪽 '수염'을 구한 예이다.

아래쪽 '수염' 값 = 0.4 ('LL'인 − '4.725'보다 큰 데이터 중 가장 작은 값)      (Ⅱ.8)
위쪽   '수염' 값 = 10.3 ('UL'인 − '11.675'보다 작은 데이터 중 가장 큰 값)

6) 구한 'Q₁', 'Q₂', 'Q₃', '수염 상·하한'을 이용하여 '상자 그림'을 완성한다. 이때, '수염 상·하한'을 넘어가는 데이터 점은 '*'로 표시하고 '이상점(Outlier)'으로 간주한다. 다음 [그림 Ⅱ−24]는 완성된 '상자 그림'을 보여준다.

[그림 Ⅱ−24] 완성된 '상자 그림' 예

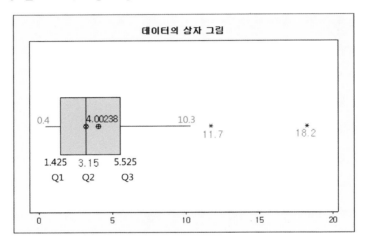

이해를 돕기 위해 몇 가지 수치를 그림에 포함시켰다. '2)'와 '5)'에서 구한 'Q₁', 'Q₂', 'Q₃'와 '수염 상·하한'이 표시돼 있다. 오른쪽 '*'는 '이상점(Outlier)'을 나타낸다. 추가로 상자 내에 '산술 평균(4.00238)'을 기입했는데, 큰 값인 '이상점'들로 인해 '중앙값'에 비해 오른편으로 치우쳐 있음도 확인할 수 있다.

'일변량 자료'에 대한 '상자 그림'은 [그림 Ⅱ−24]와 같이 분포의 '중심',

'산포', '분포 모양', '이상점' 등을 한눈에 쉽게 파악할 수 있다. '히스토그램' 역시 동일한 정보를 얻을 수 있으나 '상자 그림'이 시각적으로 확인하기에 훨씬 유리할뿐더러 특히 '이상점'의 구분에 있어선 다른 어떤 그래프보다 우위에 있다. 또, '상자 그림'이 다른 그래프 도구들과 차별되는 최대의 특징은 바로 여러 자료들을 동시에 비교할 수 있다는 점이다. 즉, 출처가 서로 다른 자료들 사이의 중심 값, 변동, 이상점 등을 한 번에 비교함으로써 그들 간 유의성 여부를 검증할 수 있다. 그러나 둘 이상의 집단을 비교하는 예는 「이변량 자료 분석」 단원에서 다시 언급하고, 본 단원에서는 「일변량 자료 분석」에 설명을 한정한다. 그 외에 '상자 그림'에 정량적 접근인 '확증적 자료 분석'이 추가될 경우 그래프 분석 효과를 배가시킬 수 있다. 일반적으로 '평균 검정' 시 '상자 그림'을 함께 사용하고 있기 때문이다.

'상자 그림'으로 자료의 특성을 이해하는 방법은 앞서 전개한 '상자 그림 작성법' 원리를 이용한다. 다음 [그림 Ⅱ – 25]는 이상적인 '상자 그림' 예이다.37)

[그림 Ⅱ – 25] 이상적인 '상자 그림' 예

[그림 Ⅱ – 25]의 '상자 그림'은 '중앙값'이 정확하게 상자의 중심에 자리하고 있고, 양쪽 '수염(Whisker)'의 길이도 동일하다. 또 실제 '상자 그림'에는

---

37) [그림 Ⅱ – 25]에서 '수염'과 관련된 용어 '끝단 값'은 필자가 정한 것임. 일부 출처에는 왼쪽을 'Smallest Non-Outlier', 오른쪽을 'Largest Non-Outlier'라고도 호칭함.

나타나지 않지만 '식 (II.7)'에 따른 'LL(Lower Limit)'과 'UL(Upper Limit)'도 표시돼 있다. 이들을 중심으로 '수염(Whisker)'과 '이상점 여부'가 결정된다. 이상적인 '상자 그림'은 'Q1'과 'Q3' 전후로 전체 데이터 수의 25%가 각각 들어 있다('상자' 내 '50%'). 실제 프로세스에서 수집한 자료를 이용해 '상자 그림'을 그릴 때, [그림 II-25]와 같이 이상적인 '상자 그림'이 전혀 나오지 말라는 법은 없다. 그러나 현실적으로 정확히 균형을 이루는 데이터가 모여질 가능성은 매우 희박하며, 따라서 '상자 그림' 작성 시 그 모양은 때에 따라 다르게 나타나고, 이런 변화를 통해 자료의 특성을 탐색하는 일이 가능하다.

그렇다면 '상자 그림'에서 관찰할 포인트는 무엇일까? 만일 프로세스에서 한 묶음의 데이터를 추출한 경우, '상자(Box)'는 반드시 존재해야 '상자 그림'으로써 의미가 생기므로 자료로부터 바로 'Q1', 'Q3'가 계산된다. 이들은 'IQR' 계산에도 쓰이므로 [그림 II-25]의 '상자(Box)'와 'LL, UL'은 자료 수집과 동시에 결정된다. 이때 직접적 관찰 대상은 값이 유동적인 '상자' 내 **'중앙값 위치'**와 **'수염(Whisker) 길이'** 및 **'수염 내 자료의 수'**이다.

**<u>'중앙값(Median) 위치</u>'**는 [그림 II-25]와 같이 정중앙에 있는 경우를 제외하면 다음 [그림 II-26]처럼 왼쪽 또는 오른쪽으로 치우치는 두 유형을 고려할 수 있다.

[그림 II-26] '중앙값'의 위치 이동 예

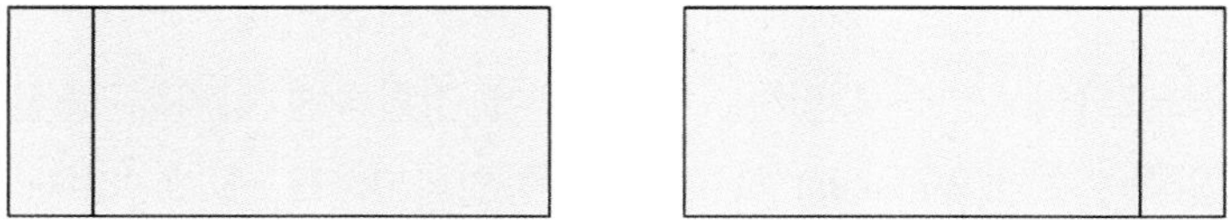

[그림 Ⅱ-26]의 왼쪽 '상자 그림'은 'Q₁'과 '중앙값' 사이 간격이 좁으며, 이유는 그 공간에 들어 있는 약 '25%' 데이터 '값들의 크기'가 서로 간 별로 차이가 나지 않는 데 있다. 반대로 오른쪽 '상자 그림'은 '중앙값'과 'Q₃' 간 간격이 좁아 그 안에 포함된 약 25%의 데이터 역시 그 크기가 서로 유사할 것이라 추측된다. 결국 각각은 '히스토그램'상 '우변 기운 분포(Right-skewed Distribution)'와 '좌변 기운 분포(Left-skewed Distribution)'로 연결된다.

'**수염(Whisker) 길이**'는 'LL과 Q₁' 사이 또는 'Q₃와 UL' 사이에 존재하는 '원 자료'의 양상에 따라 달라진다. 즉, 'LL(Lower Limit)'과 'UL(Upper Limit)'에 최 근접한 데이터의 값 크기에 달려 있다. 다음 [그림 Ⅱ-27]은 대표적인 '수염'의 한 유형을 나타낸다('중앙값'이 반대로 'Q₃'에 근접해도 해석은 동일).

[그림 Ⅱ-27] '수염'의 대표적 유형 예

'LL'과 'UL'은 'Q₁'과 'Q₃'로부터 각각 동일한 거리에 위치하므로 [그림 Ⅱ-27]에서 '수염' 길이가 왼쪽처럼 작다는 것은 'LL과 Q₁' 사이에 존재하는 약 '25% 데이터' 값들 크기가 유사하다는 정보를 준다. 만일 그 길이가 점점 줄어들어 'Q₁'에 매우 근사하게 접근하면 '상자 그림'에서 왼쪽 '수염'은 관찰되지 않을 수도 있으며, 이 경우 '히스토그램' 모습은 왼쪽 영역이 급격히 떨어지는 절벽의 형상을 띠게 될 것이다.

[그림 Ⅱ - 28] '수염'의 극단적인 유형 예('수염'이 줄어들어 안 보이는 경우)

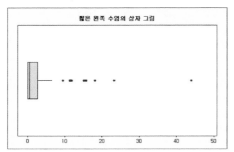 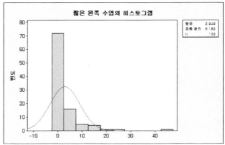

[그림 Ⅱ - 28]은 한쪽 '수염'의 길이가 극단적인 형상(관찰 안 되는 경우)의 '상자 그림' 및 동일한 데이터의 '히스토그램' 작성 예이다. 수집된 데이터를 작은 값부터 큰 값 순으로 정렬했을 때, "0.0002, 0.0005, … 0.0119, 0.0138, … 4.3989, 5.1230, … 18.0821, 23.2048, 43.9962"와 같이 맨 앞부분의 작은 값들 간격이 매우 밀집돼 있어 'LL'에 가장 근접한 값(즉, '수염'의 '끝단 값')이 'Q₁'과 거의 일치돼 나타난 결과이다.

만일 극단의 경우가 아니면서 '수염'이 반대편 '수염'보다 짧은 형태로 관찰되면 '이상점' 존재 유무에 따라 탐색적 분석의 판단을 달리할 수 있다. [그림 Ⅱ - 29]는 '수염' 길이가 짧으면서 '이상점'이 존재하는 '상자 그림' 예이다('중앙값'이 'Q₃'에 근접한 경우도 해석은 동일).

[그림 Ⅱ - 29]의 '상자 그림'에서, '상자' 안 '중앙값'이 왼쪽으로 치우쳐 있어 전체 약 '25%'에 속하는 'Q₁'과 '중앙값' 사이의 값들은 그 크기가 서로 유사할 것이란 판단과, '수염' 역시 왼쪽이 짧고 'Q₁'에 근접해 있어 이 영역의 약 '25%' 데이터까지 포함한 총 50% 정도의 데이터('상자 그림'에서 '중앙값'을 기준으로 왼쪽에 위치한 데이터 전체)가 유사한 값으로 이루어졌음을 알 수 있다(참고로 '상자 그림'에 'LL'과 'UL' 및 데이터 포함 비율(25%)을

영역별로 표시해놓았다). 이때 '이상점=−9.3'의 존재로부터 여러 가지 추가 해석이 가능하다. 예를 들어, 왼편의 '이상점'이 없으면 완연한 '우변 기운 분포'로 판단할 수 있으나 '이상점'의 존재로 정말 '이상점'인지 아니면 '이상점'과 'Q₁' 사이에 있어야 할 데이터가 누락된 '표집(Sampling)'의 문제인지 추가 점검 대상이 될 수 있다.

[그림 Ⅱ-29] '수염' 한쪽이 짧으면서 '이상점'이 존재하는 경우

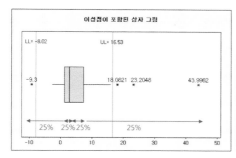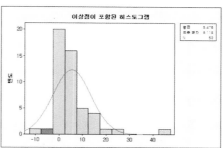

'**수염 내 자료의 분포**'를 확인하는 일은 중요한 'EDA' 요소 중 하나인데, 예를 들어 [그림 Ⅱ-29]의 '상자 그림' 중 왼쪽 '수염'의 '끝단 값'과 'Q₁' 사이에 데이터가 어떤 분포를 하는지 반드시 확인한다. '히스토그램'을 그려보면 맨 왼쪽의 '이상점' 막대를 제외한 단 하나의 값('히스토그램'상 빨간색 막대에 해당. 막대 높이로 판단컨대 데이터가 한 개임을 알 수 있음)이 '상자 그림'상 왼쪽 '수염'의 '끝단 값'임을 알 수 있다. 이것은 'Q₁' 주변 값들과 동떨어진 단 하나의 값 때문에 왼쪽 '수염'이 형성됐다고 볼 수 있으며, 이로부터 '히스토그램'상 '0' 미만의 값들 두 개를 모두 '이상점'으로 간주할 수 있는 근거가 마련된다. 이때 분포는 완연한 '우변 기운 분포'로 해석할 수 있으며, 두 '이상점'은 '사실 분석' 1순위 대상이 된다(고 가정한다). 만일 '이상

점'으로 분류된 '히스토그램'상 '0' 미만의 두 값들이 프로세스 내에서 정상으로 발생 가능한 경우이면 데이터 누락 등 '표집'의 문제를 지적하고 보완할 방법을 찾는다.

만일 '우변 기운 분포'가 아닌 '좌변 기운 분포'라면 '상자 그림'의 오른쪽 '수염'과 '이상점' 등을 대상으로 동일하게 해석한다. 또, '히스토그램'을 이용한 '수염' 영역의 분포를 확인할 때 '$Q_1$'과 '$Q_3$', 'IQR' 등 정확한 값이 필요하면 다음 소단원에서 설명할 '기술 통계(Descriptive Statistics)'를 이용한다 ([그림 Ⅱ-11]의 '③' 참조).

지금까지의 '상자 그림'에 대한 'EDA' 접근을 정리하면 다음과 같다.

1) '상자(Box)' 내 '중앙값' 위치를 확인한다. '$Q_1$' 또는 '$Q_3$'에 근접한 정도에 따라 상자 내 약 '25%'의 데이터가 얼마나 유사한 값들로 이루어졌는지에 대한 정보를 얻는다.

2) '수염 길이'와 '이상점'을 확인한다. '중앙값'이 근접해 있는 '사분위수' 쪽의 '수염' 길이가 매우 짧고, 또 동일 방향으로 '이상점'이 없다면 약 '50%'의 데이터가 유사한 값들로 구성됐다고 판단한다. 이 경우는 완연한 '우변 기운 분포(또는 반대의 경우라면 '좌변 기운 분포')'로 판단할 수 있다. 그러나 '이상점'이 존재하면 데이터의 누락 여부 등 '표집'의 문제인지 아니면 진짜 '이상점'인지의 해석에 따라 이후 활동이 결정된다.

3) '수염' 내 자료의 분포를 확인한다. '상자 그림'만으로는 확인이 어려우므로 앞서 설명한 '히스토그램'을 그려 해석에 활용한다. 만일 '히스토그램'의 '막대'로부터 분포의 확인이 어려울 경우 '원 자료'를 '정렬

(Sorting)'해 그래프와 함께 비교하거나 필요하면 '기술 통계(Descriptive Statistics)'에 나타난 'Q$_1$'과 'Q$_3$', 'IQR' 등의 값을 이용하면 효과적이다. 이 접근으로부터 '수염'의 '끝단 값'과 '사분위수('Q$_1$' 또는는 'Q$_3$')' 사이에 데이터가 어떤 모습으로 존재하는지 'EDA'함으로써 프로세스에 대한 새로운 통찰력을 얻는다.

'상자 그림'의 'EDA'로부터 필요한 정보를 얻고, 최종 '이상점'들이 확인되면 미니탭의 '브러시(Brush)' 기능을 이용해 '사실 분석'을 수행한다. 다음 [그림 Ⅱ-30]은 미니탭의 '브러시' 기능 위치와 분석 순서를 나타낸다.

[그림 Ⅱ-30] '이상점' 분석을 위한 '브러시' 기능의 사용 예

① 미니탭 위치;「편집기(D)>브러시(B)」

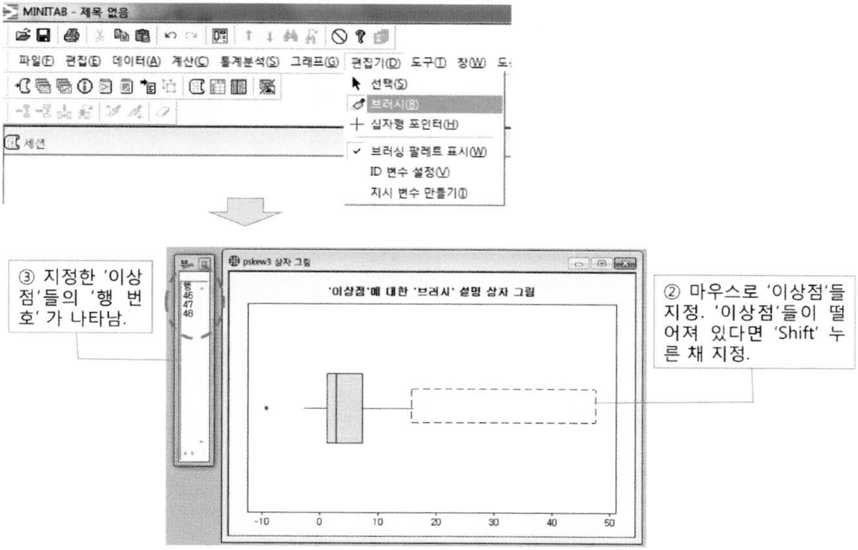

③ 지정한 '이상점'들의 '행 번호'가 나타남.

② 마우스로 '이상점'들 지정. '이상점'들이 떨어져 있다면 'Shift' 누른 채 지정.

'이상점' 분석을 위해서는 그들의 '워크시트' 내 '행 번호'를 알아야 한다. [그림 Ⅱ-30]의 '①'과 같이 미니탭의 「편집기(D) > 브러시(B)」를 실행하면 화면에 '작은 창'이 하나 나오면서 마우스가 '☞'으로 바뀐다. 이때 [그림 Ⅱ-30]의 '②'와 같이 '이상점'을 지정하면 '③'에서 보이듯 '작은 창'에 '이상점'의 '행 번호'가 나타나고 '워크시트'에도 다음 [그림 Ⅱ-31]과 같이 해당 '행'에 '검은 점'이 표시된다(그림의 왼쪽 '워크시트').

[그림 Ⅱ-31] '이상점' 분석을 위한 '이상점' 분리 과정

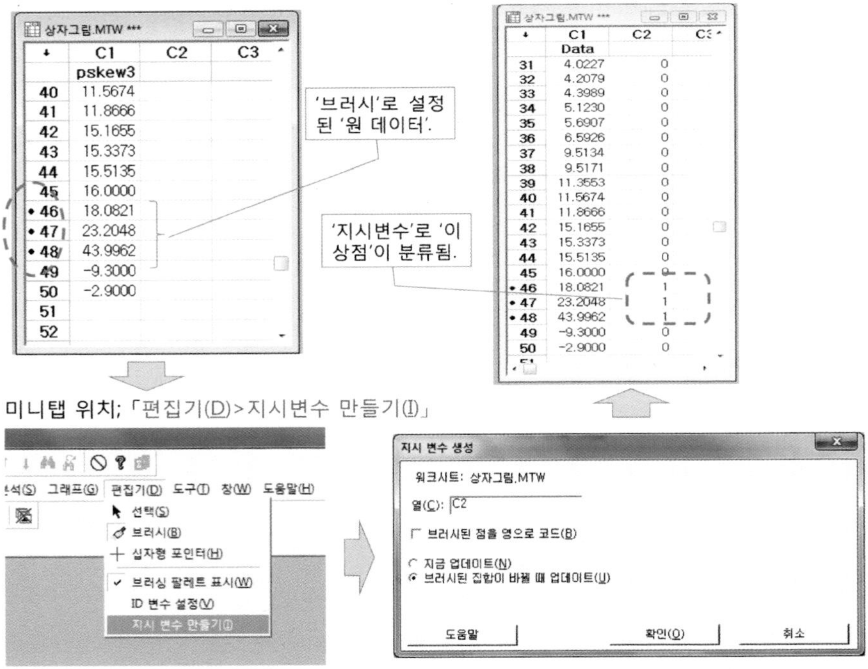

[그림 Ⅱ-31]의 화살표 순서는 표시된 '이상점'들에 '지시 변수'를 만드는 과정이다. '오른쪽 워크시트'를 보면 '검은 점'의 '이상점'들에 '지시 변수=1'이 할당돼 있다. 이어 미니탭의 「데이터(<u>A</u>) > 열 분할(<u>U</u>)…」로 들어가 '대화 상자'에 다음 [그림 Ⅱ-32]와 같이 입력하면 '이상점'과 '정상점'들이 서로 다른 열로 분할된다. 열 'Data_1'이 분리된 '이상점'들이다.

[그림 Ⅱ-32] '이상점'과 '정상점'들 간 분리 결과

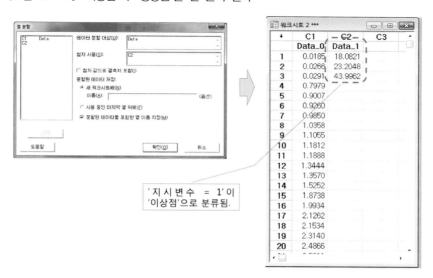

이후부터는 분리된 '이상점'들에 대해 '사실 분석'을 수행한다. 설명된 [그림 Ⅱ-30]~[그림 Ⅱ-32]의 과정은 '상자 그림'뿐만 아니라 다른 그래프 분석에서 나타나는 모든 '점'들에 대해서도 똑같이 적용되는 방법이다. 그 쓰임새가 매우 높아 본 'EDA' 과정에서 자세히 소개하였다.

2.3.3. ③ 기술 통계(Descriptive Statistics)

[그림 Ⅱ－11]의 '그래픽 요약(Graphical Summary)'을 상기하면 '기술 통계
(Descriptive Statistics)'는 다음 [그림 Ⅱ－33]과 같다.

[그림 Ⅱ－33] '기술 통계' 예

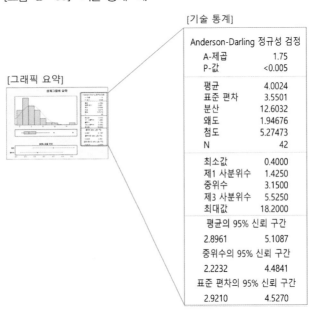

[그림 Ⅱ－33]에 보인 '기술 통계'는 주로 '그래프 분석'을 통해 '통찰력'을
얻으려는 'EDA'에 하나의 보조적 수단으로 활용한다. 미니탭이 출력해주는
'그래픽 요약'은 총 4개의 영역으로 나뉜다. 각각에 대해 내용과 활용도를 정
리하면 다음과 같다.

'**첫 번째 영역**'은 'Anderson – Darling 정규성 검정'이다. 원 영어명은 'Anderson – Darling Test'로 1952년에 발표됐으며, 만든 이인 'Theodore Wilbur Anderson'과 'Donald A. Darling'의 이름을 따서 지어졌다.[38] 이 검정은 프로세스로부터 추출된 '일변량 자료(표본 데이터)'로 '히스토그램'을 그렸을 때, [그림 Ⅱ-34]처럼 막대 높이가 규칙적으로 상승하는 '비모수적 계단 함수(Non-parametric Step Function)'와 그에 적합(Fitted)된 매끈한 분포 곡선 사이의 '넓이(Area)'를 측정한다. 보통 '$A^2$'로 표기하며 이 값이 작을수록 매끈한 곡선의 분포(함수)가 데이터를 잘 설명하는 것으로 해석한다. 이런 이유로 'Anderson – Darling Test'를 'ECDF(Empirical Cumulative Distribution Function)', 즉 "경험적 누적 분포 함수에 바탕을 둔 검정법"으로 설명한다. 다음 [그림 Ⅱ-34]는 검정 방법에 대한 개요도이다.[39]

[그림 Ⅱ-34] 'Anderson – Darling Test' 개요도

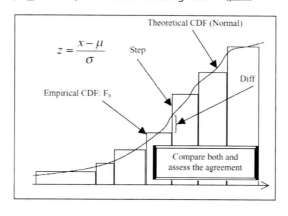

---

38) Anderson, T. W.; Darling, D. A.(1952), "Asymptotic theory of certain "goodness-of-fit" criteria based on stochastic processes." Annals of Mathematical Statistics 23: 193~212.

39) "Anderson-Darling: A Goodness of Fit Test for Small Samples Assumptions", START(Selected Topics in Assurance Related Technologies) 2003-5, Volume 10, Number 5.

[그림 Ⅱ-34]에 쓰인 'Empirical CDF: $F_n$'은 경험적으로 얻어진 '히스토그램'의 '누적 분포 함수(비모수적 계단 함수)'를 나타낸다. 쉽게 설명하면 '계단(Step)' 모양으로 이루어진 분포를 설명하는 함수가 있다고 보고 이를 '$F_n$'으로 표기한 것이다. 또 'Theoretical CDF(Normal): $F_0$'는 '히스토그램'을 이론적으로 잘 설명하는 곡선(적합선, Fitted Line)이 있다고 가정한 것이다. 그림 내 'Diff'는 두 그래프(분포) 간 존재하는 '차이'이며, 이를 비교해서 '일치도'를 평가하는 과정이 주어진 '일변량 자료'에 대한 '정규성 검정'이다. '넓이 차이'인 '$A^2$(또는 AD로 표기)'를 얻는 식(검정 통계량)은 다음과 같이 있다는 정도만 알아두자.

$$A^2 = -N - \sum_{i=1}^{n} \frac{(2i-1)}{N} \left\{ \ln F(Y_i) + \ln\left[1 - F(Y_{n+1-i})\right] \right\} \tag{Ⅱ.9}$$

$where,\ 'F'$ 는 정규 분포의 '누적분포함수'
$\quad\qquad\ 'Y_i'$ 는 데이터를 오름차순으로 정렬했을 때 각 관측치

물론 '$A^2$'를 이용해 'p-값'을 얻는 약간 복잡한 과정이 더 있어야 하지만 본문에서의 설명은 이 정도로 정리한다.

다시 [그림 Ⅱ-33]으로 돌아가 '정규성 검정' 결과를 보면 'A-제곱=1.75'이다. 그러나 이 값으로 당장 현재의 '히스토그램'이 '좌우대칭 종 모양'의 '정규성'을 보이는지는 판단하기 어렵다. 그러나 그 아래의 'A-제곱=1.75'를 이용해 계산된 'p-값=0.005'를 통해 "유의 수준=5%(0.05)에서 유의, 즉 의미가 있을 정도의 차이가 있어 '정규 분포'로 보기 어렵다"는 결론에 도달한다. 덧붙여 '히스토그램'을 관찰하면 '우변 기운 분포'임도 알 수 있다.

'정규성 검정'에 대한 좀 더 발전된 해석은 소단원 「2.4. 정규 확률 그림(Normal Probability Plot)」에서 추가로 소개된다.

'두 번째 영역'은 '모수의 추정 값'들로써 '위치 모수(Location Parameter)'의 추정에는 '(산술) 평균', '척도 모수(Scale Parameter)'의 추정엔 '표준 편차(또는 분산)'가, '형상 모수(Shape Parameter)'의 추정에는 '왜도(Skewness)'와 '첨도(Kurtosis)'가 기술돼 있다.

'위치 모수(Location Parameter)'는 분포의 '위치(Location)'를 관장하는 '모수(Parameter)'로 '평균' 외에 '중앙값', '최빈값', '절사 평균' 등 다양하게 존재한다. 여기서 쓰인 추정량 '평균'은 「2.3.1. ① 히스토그램(Histogram)」에 따라 현재의 분포 모양이 '우변 기운 분포'이므로 '위치 모수'를 추정하기에 부적절해 보인다. '코쉬 분포' 형태 등 비대칭 경우 '중앙값'이 적합한 '추정 값'이다. 사실 '평균'은 '좌우대칭 종 모양'인 '정규 분포'에 포함된 파라미터이다. 그러나 당장 쓸모가 없다는 판단보다 '중앙값' 등과의 비교를 통해 프로세스 내 '중심치 이탈(Off-Target)'이나, '이상점'의 문제를 해결한 후 나타날 '평균'의 변화 등을 판단하는 데 활용한다. 특히 프로세스의 관리 특성이 '정규 분포'를 보여야 함에도 비대칭으로 나타났다면 분포가 왜곡된 원인을 규명하고 개선에 이른 후 '평균'의 전후 값을 비교하는 용도로도 그 쓰임새가 있으니 상황에 따라 판단한다.

'척도 모수(Scale Parameter)'는 흩어짐의 정도를 관장하는 '모수(Parameter)'로 '정규 분포' 경우 '표준 편차(Standard Deviation)'가 대표적이다. 그 외에 '와이블 분포(Weibull Distribution)', '대수 정규 분포(Lognormal Distribution)' 등에서는 '척도 모수'란 명칭이 그대로 쓰인다.[40] [그림 Ⅱ-33]에서 '표준 편차=3.5501', '분산=12.6032'들이 '척도 모수'에 해당한다. 산정 과정에 대해서는 생략한다. 필요한 독자는 「Be the Solver_확증적 자료 분석(CDA)」편에 자세히 소개돼 있으니 참고하기 바란다. 둘의 용도 차이는 뭘까? '분산(Variance)'

---

40) 예를 들어, 미니탭 경로 「계산(C) > 확률 분포(D) > ○○분포…」에 들어가 함수를 선택하면 '척도 모수'를 입력하는 난이 있다.

은 '흩어짐의 정도'를 계산하는 과정에 불가피하게(?) 얻어지는 '0'을 피하기 위해 '제곱'해서 얻어진 결과이고, '표준 편차(Standard Deviation)'는 '제곱' 때문에 변형된 '단위'를 되돌리기 위해 '분산에 제곱근($\sqrt{}$)'을 해서 얻어진 값이다. 즉, 현재의 프로세스 상태를 설명하려면 '평균'과 동일한 단위로 쓰이는 '표준 편차'를 사용해야 한다. 만일 '분산'을 쓰면 '길이'의 단위인 'cm'가 '넓이'의 단위인 'cm²'가 되므로 '평균'의 단위인 'cm'와 함께 쓰면 현상을 설명할 수 없다. 그러나 다른 '평균'과 '표준 편차'를 갖는 분포끼리 더하거나 뺄 경우(정규 분포의 가법성), '표준 편차' 대신 '분산'을 이용한다. 다음은 '정규 분포의 가법성' 예로 '총 분산($s^2_{tot}$)'은 각 '정규 분포'들의 '분산'을 서로 더해 얻는다.

$$When \quad N(\bar{x} \qquad (\text{II}.10)$$

[그림 II − 33]에서 '히스토그램'이 비대칭이므로 '표준 편차'가 '정규 분포'에 포함된 파라미터인 점을 감안하면 직접적 사용엔 제한적이다. 따라서 '평균'과 마찬가지로 원 분포가 '정규 분포'임에도 현재와 같은 결과를 얻었다면 문제의 근원을 찾아 개선 후 재평가 과정을 밟는다. 만일에 원 분포가 비대칭이면 '사분위간 범위(IQR)'나 '범위(Range)' 등의 사용을 고려한다.

'형상 모수(Shape Parameter)'는 분포의 모양을 관장하는 '모수(Parameter)'이다. [그림 II − 33]에서 '왜도=1.94576'과 '첨도=5.27473'이다. '왜도(歪度, Skewness)'란 "비뚤어진(기울어진) 정도"이며, '첨도(尖度, Kurtosis)'는 "첨예, 즉 뾰족한 정도"를 나타낸다. 물론 비교 대상은 '정규 곡선'이다. 다음 [그림 II −35]는 '왜도'와 '첨도'에 대한 '산식'과 값에 따른 구분을 정리한 개요도이다.

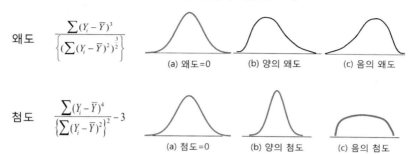

[그림 Ⅱ-35] '왜도'와 '첨도'의 산식 및 값에 따른 분포 개요도

$$왜도 \quad \frac{\sum (Y_i - \bar{Y})^3}{\left\{ \left( \sum (Y_i - \bar{Y})^2 \right)^{\frac{3}{2}} \right\}}$$

(a) 왜도=0    (b) 양의 왜도    (c) 음의 왜도

$$첨도 \quad \frac{\sum (Y_i - \bar{Y})^4}{\left\{ \sum (Y_i - \bar{Y})^2 \right\}^2} - 3$$

(a) 첨도=0    (b) 양의 첨도    (c) 음의 첨도

　　자세한 '산식'은 미니탭 「통계 분석(<u>S</u>) > 기초 통계(<u>B</u>) > 그래픽 요약(<u>G</u>)…」 의 '대화 상자'에서 '도움말 → 참고 항목 → 방법 및 공식'에 들어가면 잘 나와 있으니 필요한 독자는 참조하기 바란다. '왜도'와 '첨도'의 '산식'은 통계 학에서 쓰이는 '적률(Moment)'이란 것과 관계하는데 적분 등의 다소 수학적 절차가 포함돼 있어 리더가 이 정도까지 학습할 필요는 없다.

　　[그림 Ⅱ-35]의 '왜도'와 '첨도' 개요도에서 처음의 것은 '정규 분포'의 예 로 '왜도'와 '첨도' 값 모두 '0' 또는 '0에 매우 근사한' 경향을 보인다. '왜도' 는 '양의 값'이 커질수록 '우변 기운 분포'로, '음의 값'이 커질수록 '좌변 기 운 분포'로 해석한다. 그에 반해 '첨도'는 '양의 값'이 커질수록 '정규 분포'보 다 뾰족한 분포인 '급첨(急尖, Leptokurtic)'[41]으로, '음의 값'이 커질수록 '정 규 분포'보다 납작한 분포인 '저첨(低尖, Platykurtic)'[42]으로 해석한다. 따라서 [그림 Ⅱ-33]의 '왜도=1.94576'과 '첨도=5.27473'으로 미루어 이 분포는 '히 스토그램'상 "정규 분포보다 오른쪽으로 치우친 '우변 기운 분포'이면서 상대

---

41) 출처에 따라서는 '첨도>0'을 '첨용(Leptokurtic)', '첨도<0'을 '평용(Platykurtic)', '첨도=0'을 '정상 분포 (Mesokurtic=Bell Shaped)'로 구분하기도 한다. 본문에서는 'Leptokurtic'은 한국통계학회 용어 사전에 따라 '급첨'으로 표기하였다.

42) 'Platykurtic'은 한국통계학회 용어 사전에 포함돼 있지 않아 네이버 지식백과사전 정의를 따라 '저첨'으 로 표기하였다.

적으로 뾰족”한 ‘급첨’의 ‘비대칭/왜도(Skewness)형’으로 분류된다. 이 결과는 ‘Anderson – Darling 정규성 검정’에서 ‘p – 값’이 ‘0.05’보다 작은 이유와도 연계된다.

**‘세 번째 영역’**은 ‘일변량 자료’를 ‘오름차순’으로 정렬했을 때 ‘1/4(25%) 번째’, ‘2/4(50%) 번째’, ‘3/4(75%) 번째’ 값과 ‘최솟값(Minimum)’ 및 ‘최댓값(Maximum)’을 표기한다. ‘1/4 번째 → 제1사분위수’, ‘3/4 번째 → 제3사분위수’를 각각 나타낸다. ‘사분위수(四分位數, Quartile)’란 “데이터를 오름차순으로 정렬해서 4등분한 것으로 1/4, 3/4번째 값”을 이용한다. 유사한 용어로 ‘백분위수(百分位數, Percentile)’는 “오름차순 데이터를 100등분 했을 때의 각 퍼센트 번째의 값”들을 나타낸다. 이들 값으로부터 ‘일변량 자료’의 윤곽을 잡을 수 있는데, 예를 들어 ‘중앙값’과 ‘평균’을 비교하면 ‘분포’와 ‘대푯값’에 대한 정보를 얻을 수 있다.

[그림 Ⅱ – 36] 분포별 ‘대푯값’ 간 비교

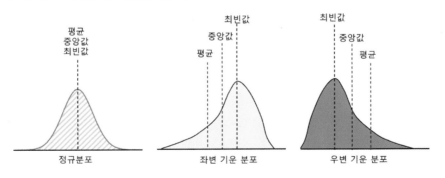

[그림 Ⅱ – 36]에서, 수집된 ‘일변량 자료’의 분포가 ‘정규성’을 보이면 ‘평균’, ‘중앙값’, ‘최빈값’ 모두는 일치한다. 만일 분포가 ‘좌변 기운 분포’이면

'평균'은 치우친 값에 영향을 받으므로 맨 왼편에, '최빈값'은 가장 빈도가 높은 곳에 위치하며, 따라서 '중앙값'은 그 둘 간 사이 어딘가에 존재한다. 즉, '평균'과 '중앙값'을 비교함으로써 자료의 '분포'와 '대푯값'에 대한 윤곽을 잡을 수 있다. [그림 Ⅱ-33]의 예에서 '평균=4.0024'와 '중앙값=3.1500'이므로 이 자료는 '평균'이 치우친 값에 영향 받으므로 '우변 기운 분포'이며, 두 값 간 차이가 '0.8524(=4.0024-3.1500)'임을 알 수 있다. 만일 프로세스가 '정규성'을 보여야 함에도 이 정도의 차이가 무시할 수 있을 정도면 분포의 왜곡은 큰 문제가 되지 않을 수도 있다. 현재 관찰되는 시각적인 비대칭이 실제 관리 관점에서 과장돼 보일 수도 있기 때문이다.

'**네 번째 영역**'은 '신뢰 구간(Confidence Interval)'을 표기한다. 우선 '위치 모수'의 '구간 추정'인 '평균의 95% 신뢰 구간'과 '중앙값의 95% 신뢰 구간'이 있다. 일반적으로 '모수(Parameter)'를 '추정(Estimation)'하는 방식에 '점 추정(Point Estimation)'과 '구간 추정(Interval Estimation)'이 있다. '점 추정'은 '평균', '중앙값', '표준 편차', '비율' 등과 같이 하나의 값으로 '모수'를 추정하지만, '구간 추정'은 '구간(Interval)'으로 추정하는 방식이며, '구간 추정'의 결과가 '신뢰 구간'이다. 상황에 따라 한쪽이나 양쪽 '신뢰 구간'이 모두 존재하나 '그래픽 요약'에서는 '양쪽 신뢰 구간'만 표기된다. '신뢰 구간'을 설명하는 것은 본문의 범위를 벗어난다. 기본적으로 '정규 분포'에 대한 이해와 '표준 정규 분포', '중심 극한 정리' 등 필수 지식이 요구되며, 이들에 대해서는 「Be the Solver_확증적 자료 분석(CDA)」편에 자세히 기술돼 있으니 관심 있는 독자는 관련 서적을 참고하기 바란다. 본문에서는 결과만을 해석에 이용할 것이다.

[그림 Ⅱ-33]으로 돌아가 "평균의 95% 신뢰 구간=(2.8961, 5.1087)"이다. 이것은 '일변량 자료'를 '정규 분포'로 인식할 때 "모집단의 '평균'은 이 두

값 사이에 있을 것이라 95% 자신한다"로 해석한다. 그러나 정황상 '정규 분포'가 아니면 '중앙값'에 대한 '신뢰 구간'을 이용하는 게 바람직하다. 기술된 값에 따르면 모집단의 '중앙값'은 "2.2232와 4.4841 사이에 있을 것이라 95% 자신한다"이다. 만약 원 프로세스가 '정규성'을 보여야 함에도 지금과 같이 비대칭으로 나왔다면 '중앙값의 95% 신뢰 구간'을 활용하는 것이 훨씬 유리하다. 그 이유는 모집단이 '정규성'을 띠면 모집단의 '중앙값'과 '평균'은 유사할 것이고, 따라서 개선 전후 효과의 비교가 수월해지기 때문이다.

'신뢰 구간'의 활용은 '점 추정'이 새로운 표본을 추출할 때마다 값이 변해 판단에 어려움을 겪는 것에 비하면 상대적으로 안정적이며 활용 범위도 높은 특징이 있다. 예를 들어, 현 '중앙값'을 기준으로 의사 결정할 때, 수집된 자료가 '환율'이면, 원자재 수입 시 낙관적으로 볼 때 구간의 아래 값인 '2.2232'를 기준으로 전략을 세우면 최상의 시나리오가 되지만, 정황상 비관적이면 높은 값인 '4.4841'을 기준으로 삼는 일 등이 가능하다. 물론 중도적 관점에서 '중앙값'을 정책적으로 선택하는 방안도 권장된다. 또 '판매량'같이 '망대 특성'은 '신뢰 구간'의 큰 값을 기준으로 계획을 세우면 낙관적 전망의 시나리오가 되지만 구간의 작은 값을 기준으로 삼으면 비관적 양상을 띠게 된다. 자료의 다양한 특성만큼이나 다양한 활용이 가능하다는 점만 명확하게 기억해두자.

'신뢰 구간'의 활용에 있어 고려 사항 중 하나가 '구간의 범위'는 '표본 크기'에 직접적인 영향을 받는다는 것이다. '중심 극한 정리'의 원리 때문인데 '표본 크기'가 작을수록 '구간 폭'이 넓어지는 경향이 있어, 판단하기에 앞서 현재의 '표본 크기'가 적정한지를 항상 염두에 두는 것이 좋다. 통상 '30개 이상'이면 통계적 평가에 적합한 것으로 알려져 있으며, [그림 Ⅱ-33]의 '두 번째 영역'에서 'N=42'로 판단컨대 현재 '신뢰 구간'의 활용엔 큰 문제가 없을 것으로 보인다. '신뢰 구간'과 '표본 크기', '중심 극한 정리'와의 관계 설명은 생략하며, 관심 있는 독자는 「Be the Solver_확증적 자료 분석(CDA)」편을 참고하기 바란다.

그 외에 '표준 편차의 95% 신뢰 구간'은 [그림 Ⅱ-33]의 '두 번째 영역'에 있는 '표준 편차=3.5501'이 '점 추정'인 것에 반해 이 값은 '구간 추정'이며, 본 데이터 경우 "'모 표준 편차'가 2.9210과 4.5270 사이에 있을 것이라 95% 자신한다"로 해석한다. '표준 편차'는 '정규 분포'에 포함된 파라미터이므로 '일변량 자료'가 '정규성'을 가정할 때에야 의미가 생긴다. 따라서 비대칭 분포에선 참고 자료로 활용한다.

이로써 '일변량 자료'의 'EDA'를 위한 '일변량 4-Plot' 중 세 번째 그래프인 '그래픽 요약(Graphical Summary)' 설명이 완료되었다. 다음은 네 번째 그래프인 '정규 확률 그림(Normal Probability Plot)'에 대해 알아보자.


## 2.4. 정규 확률 그림(Normal Probability Plot)

'Normal Probability Plot'은 한국통계학회 용어사전에 '정규 확률 그림'으로 명명하고 있다. 'EDA'에서의 쓰임새를 알아보기 전에 사전적 정의를 옮기면 다음과 같다('WIKIPEDIA'의 영문 번역을 한 후 내용 이해를 돕기 위해 일부 편집함).

---

· **정규 확률 그림(Normal Probability Plot)** (WIKIPEDIA) '일변량 자료'가 '정규 분포'에 근사하는지 아닌지를 판단하는, 즉 '정규성 검정'을 위한 그래프 도구 중 하나이다. 데이터 타점이 직선에 가까울수록 '정규 분포'의 이론적 모습에 가깝다고 판단한다. 'Probability Plot'에는 와이블, 대수 정규 등의 별도 '확률 그림'이 있으며, 'Normal Probability Plot'은 그들 중 '정규 분포'를 위한 특별한 경우이다.

---

'정규성 검정'에 필요한 그래프이므로 미니탭에서는 「통계 분석(S) > 기초 통계(B) > 정규성 검정(N)…」에 들어가 확인할 수 있다. 일단 그래프를 얻어보면 다음 [그림 Ⅱ - 37]과 같다.

[그림 Ⅱ - 37] '정규 확률 그림(정규성 검정)'의 '대화 상자' 및 결과

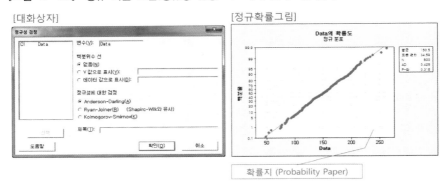

　[그림 Ⅱ - 37]의 '정규 확률 그림' 내 타점들이 '직선'을 형성하고 있다. 잘 알고 있다시피 타점들이 직선을 보이면 '일변량 자료'는 "정규 분포하고 있다"고 판단한다. 그림의 모눈종이 패턴은 '확률지(Probability Paper)'라고 하며, 'X - 축'에 '변량(데이터 개별 값)'을, 'Y - 축'에 해당 '변량'의 '백분위수(Percentile)'를 타점하도록 설계돼 있다. '설계'란 표현이 의미하듯 '정규 분포 함수'를 직선화시키기 위한 약간의 수학적 조작(?)을 통해 만들어졌으므로 주어진 자료가 좌우대칭 종 모양의 히스토그램 형상을 띠면 타점들은 '직선'에 근접한다. '확률지'를 쉽게 설명하기 위해 상상력을 동원하면 매끈한 '정규 분포'의 곡선 양 끝을 니퍼로 잡고 좌우로 강하게 잡아당겨 직선으로 펴놓았다고 생각한다. 이 경우 곡선의 왼쪽과 오른쪽보다 중앙으로 갈수록 데이터가 촘촘히 몰려 있어(단위 길이당 밀도가 높음) 모눈종이 간격도 이 지점의 값을

타점하기 쉽도록 촘촘하게 설계한 것에 비유된다. 실례를 들어보자. 다음 [표 Ⅱ－21]의 간단한 '일변량 자료'를 가정할 때, '정규 확률 그림'을 이용하기 위한 과정은 다음과 같다(편의상 자료는 오름차순으로 정렬함).

[표 Ⅱ－21] '정규 확률 그림' 작성을 위한 '원 자료' 예

| 일변량 자료($x_i$) | 15.4 | 18.6 | 20.3 | 22.5 | 24.0 | 27.8 | 29.8 | 31.6 | 31.9 | 38.0 |
|---|---|---|---|---|---|---|---|---|---|---|
| 순위 | 1 | 2 | 3 | 4 | 5 | 6 | 7 | 8 | 9 | 10 |
| 백분율 ($p_i$×100) | 6.6967 | 16.2325 | 25.8804 | 35.5282 | 45.1761 | 54.8239 | 64.4718 | 74.1196 | 83.7675 | 93.3033 |

(산식) 확률지의 'y－축' 값인 '백분율 $p_i$' 산식

$$p_{i=1} = 1 - p_{i=n}, \quad p_{i=2,\dots,n-1} = \frac{(i-0.3175)}{(n+0.365)}, \quad p_{i=n} = 0.5^{(1/n)}$$

[표 Ⅱ－21]에서 각 '$x_i$'에 대해 '순위'를 이용한 '$p_i$'가 쌍으로 얻어지며, 이 좌표 값들을 미리 설계된 '정규 확률지'에 타점한다. 예로, 첫 번째, 네 번째 및 열 번째 '변량($x_i$)'인 '15.4', '22.5', '38.0' 경우, '$p_i$'는 다음과 같다('백분율'은 '100'을 곱함).

$$
\begin{aligned}
p_1 &= 1 - p_{10} = 1 - 0.5^{1/10} = 1 - 0.933033 = 0.066967 \qquad\qquad (\text{Ⅱ.11})\\
p_4 &= (4 - 0.3175)/(10 + 0.365) = 0.355282\\
p_{10} &= 0.5^{1/10} = 0.933033
\end{aligned}
$$

'확률지(Probability Paper)'에 직접 타점하기보다 미니탭으로 확인해보면 다음 [그림 Ⅱ－38]과 같다.

[그림 Ⅱ-38] '정규 확률 그림' 결과 예

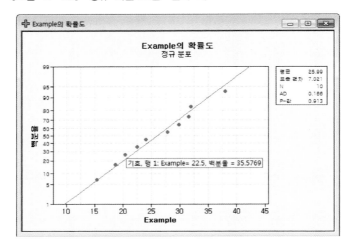

[그림 Ⅱ-38]에서 파란색 직선은 '정규 곡선'을 직선으로 펴놓은 결과이고, 그렇게 하기 위해 모눈종이의 간격을 조절해놓았다(실제 중간 영역의 모눈종이 간격이 좁다). 네 번째 타점에 마우스를 올려놓으면 좌표 (22.5, 35.5769)가 나타난다. 'y(즉, $p_i$) 값' 경우 [표 Ⅱ-21]의 좌표 값인 (22.5, 35.5282)와 거의 일치된다. 타점들은 파란색 직선을 따르는 것으로 보이며, '가설 검정' 차원에서 'p-값=0.913'인 점을 고려해 "유의 수준 0.05에서 p-값이 '0.913'이므로 귀무가설을 기각하지 못함. 즉, 일변량 자료는 정규 분포 한다"로 결론짓는다.

'정규 확률 그림'은 방금 앞서 설명한 바와 같이 '가설 검정'의 일환인 '확증적 자료 분석(CDA)'과 그래프로부터 '통찰력'을 얻기 위한 '탐색적 자료 분석(CDA)'이 공존한다. 이것은 '정규 확률 그림' 자체가 '정규성 여부'를 '검정(판정)'하기 위한 용도로 쓰이기 때문이다.

'확증적 자료 분석(CDA)' 관점은 [그림 Ⅱ-37]의 '대화 상자(Dialog Box)'로부터 시작된다. '대화 상자'에는 '정규성 검정'을 위한 세 가지 접근 방식을 제시하고 있다. 각각에 대한 특징을 요약하면 다음 [표 Ⅱ-22]와 같다.

[표 Ⅱ-22] '정규성'에 대한 검정 방법

| 검정 방법 | 특징 |
| --- | --- |
| Anderson-Darling | '그래픽 요약(Graphical Summary)'에서 설명한 바 있다. ECDF(Empirical Cumulative Distribution Function)에 기반을 둔 검정 방법이다. |
| Ryan-Joiner | 회귀와 상관 계수를 기초로 하는 검정 방법으로, Shapiro-Wilk 검정과 유사한 방법으로 알려져 있다. |
| Kolmogorov-Smirnov | Anderson-Darling과 같이 경험적 분포 함수에 기초하며, 특히 '표본 크기'가 훨씬 큰 경우에 적합한 검정 방법으로 알려져 있다. |

미니탭 기술 자료[43])에 따르면, 어떤 상황에서 세 검정 방법 중 하나를 선택하는 것이 가장 좋은지 언급하고 있는데, 우선 세 방법 모두 평가 대상 자료가 '기운 분포(왜도)'일 경우 구별은 잘해내나, 't-분포'처럼 '표준 정규 분포'보다 중심이 낮고 꼬리가 약간 두꺼운(넓이가 약간 넓은) 분포 또는 '첨도'가 있는 분포는 분별력이 다소 떨어지는 것으로 알려져 있다. 특히 'Anderson-Darling Test' 경우 분포 꼬리의 이탈 정도를 검출하는 능력이 매우 뛰어나 '공정 능력' 같은 꼬리의 중요성을 판단하는 절차엔 이 검정법의 활용이 적극 권장된다. 또 통계학자들 역시 분포를 검정할 때 가장 큰 관심사가 대부분 꼬리 영역에서의 정규성 이탈 여부에 맞춰져 있어 주로 'Anderson-Darling Test'를 선호하는 것으로 알려져 있다.

또 다른 출처[44])에 따르면, 성능이 상대적으로 떨어지는 'Kolmogorov-Smirnov

---

43) http://www.minitab.com/en-KR/support/answers/answer.aspx?id=1167
44) http://blog.naver.com/PostView.nhn?blogId=tiger3257&logNo=50012129091&redirect=Dlog&widget TypeCall=true

Test'를 제외한 'Anderson－Darling Test'와 'Ryan－Joiner Test' 두 검정 방법을 동시에 활용하는 접근을 제시한다. 예를 들어, 'Anderson－Darling Test'와 'Ryan－Joiner Test' 검정 방법 모두 "정규 분포이다"로 판정하거나 "정규 분포가 아니다"로 판정하는 경우 결과를 그대로 신뢰하지만, 만일 서로 다른 결과를 내놓는 경우, '히스토그램'을 관찰해 '기운 분포(왜도가 있는 분포)'로 보인다면 신뢰도가 더 높은 'Ryan－Joiner Test' 판단을 따르라는 설명이다.

사실 앞서 제시한 두 출처의 검정 방법은 약간 상반되는 내용을 담고 있다. '기운 분포' 경우, 통상 '정규 확률 그림'상에서 꼬리 영역이 이탈하는 양상을 보이며, 이 경우 미니탭 기술 자료에서는 'Ryan－Joiner Test'보다 'Anderson－Darling Test'가 더 강력함을 피력하고 있기 때문이다. 이 부분에 대해 어느 한쪽을 부정하기보다 미소한 차이에 대한 전문가들의 경험적 의견을 반영한 것으로 보고 상황에 적절히 대처하는 지혜가 필요하다. 필자 경우 수집된 '일변량 자료'가 정규 분포인 경우와 그렇지 않은 경우의 경계선상에 놓여 판단에 어려움을 겪을 경우 수치 자체보다 현실을 반영해 판단한다. 즉, 관리 중인 프로세스가 '정규'와 '비정규'의 경계선상에서 운영된다는 논리보다 둘 중 하나만이 정답이며, 따라서 표집 과정이나 데이터에 포함된 몇몇 자료의 왜곡, 또는 프로세스가 기대하는 방식으로 운영되지 못한 데서 오는 변동 등으로 해석한다. 이런 접근은 수치에 의한 '확증적 자료 분석(CDA)'과 더불어 '탐색적 자료 분석(EDA)'이 중요한 이유로 작용한다. 이제 '정규 확률 그림'의 'EDA' 적 접근에 대해 좀 더 자세히 알아보자.

'탐색적 자료 분석(EDA)' 관점에서 검정 방법이 'Anderson－Darling Test', 'Ryan－Joiner Test', 'Kolmogorov－Smirnov Test' 중 어느 것이 선택되든 '정규 확률 그림'은 항상 동일한 모양이 얻어지므로 타점의 형태로부터 프로세스에 대한 '통찰력'을 얻는 데 이용할 수 있다. 세 가지 검정 방법은 'p－값'을 얻기 위한 수학적 처리에 기반을 두지만, '정규 확률 그림(Normal Probability

Plot)'은 시각화하는 방식에 근거하기 때문이다. '정규 확률 그림'은 타점들이 모두 직선을 따라 형성돼 있느냐에 따라 '정규 분포' 여부를 판단하지만 그러나 해석의 주안점을 타점들이 직선으로부터 '이탈(Departure)'된 양상에 둔다면 상황은 달라진다. 다음 [그림 Ⅱ-39]는 비정규 분포의 다양한 형태에 따른 '정규 확률 그림'을 보여준다.45)

[그림 Ⅱ-39] '분포 형태'별 '정규 확률 그림' 특징 예

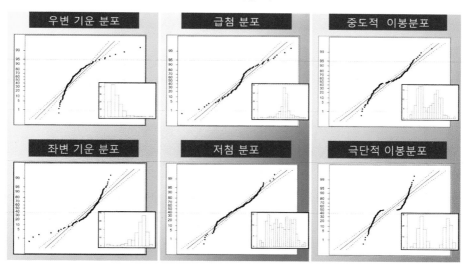

[그림 Ⅱ-39]는 '왜도'와 관계한 '우변(또는 좌변) 기운 분포', '첨도'와 관계한 '급첨(또는 저첨) 분포', 그리고 '이봉 분포(Bimodal Distribution)'의 일반적 유형과 극단적 유형의 '정규 확률 그림'을 잘 설명하고 있다. '기운 분포' 경우 오른쪽 또는 왼쪽에 큰 '이상점'이 존재할수록 꼬리 부분의 꺾임이

---

45) <출처> 미국 컨설팅 업체인 'Qualtech社' 6시그마 BB 교재.

커진다. 중간의 '급첨(또는 저첨) 분포' 경우 좌우측 꼬리가 정규 직선을 중심으로 아래쪽 또는 위쪽 등 어느 쪽으로 벗어났는지를 관찰한다. '이봉 분포(Bimodal Distribution)'는 뒤집힌 'S' 모양을 보이며, 봉우리가 얼마나 명확하게 관찰되는지가 중간 꺾임의 정도로 확인된다. 'Bimodal'에서 'Bi'는 '둘'이란 의미고, 'Modal'은 'Mode'의 형용사적 표현이다. 'Mode'는 수학에서 '최빈값'이므로 'Bimodal'은 "최빈값이 두 개인"으로 해석한다. 즉, "봉우리가 두 개"란 뜻이다. 참고로, 봉우리가 여럿이 섞인 경우는 '다중 분포(Multimodal Distribution)'라고 한다.

필자의 경험상 판단으로는 '정규 확률 그림'을 통해 '통찰력'을 얻기 위한 최상의 조건은 다양한 분포를 접하면서 나름대로 얼마만큼의 노하우를 축적해 놓았는가에 달렸다. 이때 직감도 중요하지만 다음 [그림 Ⅱ-40]과 같은 관찰 포인트에 집중하면서 해석 경험을 쌓아가도록 한다.

[그림 Ⅱ-40] '정규 확률 그림' 관찰 포인트

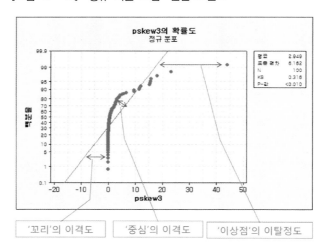

'꼬리의 이격도'는 "양쪽 꼬리선이 확률지 내 직선으로부터 얼마나 이탈했는지"를, '중심의 이격도'는 "50% 백분위수 영역이 확률지 내 직선으로부터 얼마나 이탈했는지, 끝으로 '이상점의 이탈 정도'는 "꼬리 영역에 위치한 끝 타점들이 확률지 내 직선으로부터 얼마나 이탈했는지"를 집중적으로 관찰한다. 이와 같은 접근은 서로 다른 프로세스의 '일변량 자료'들을 비교하는 것보다 동일 프로세스에서 시간차를 두고 수집한 자료의 비교에 더 큰 효과를 볼 수 있다. 오랜 관찰과 그로부터 얻은 노하우 축적은 작은 변화로부터도 프로세스의 변동을 감지할 수 있는 능력을 키울 수 있기 때문이다.

지금까지 '일변량 자료'로부터 통찰력을 얻어내는 방법을 설명하였다. 이어지는 소단원인 '사례 연구(Case Study)'로 넘어가기 전에 전체 내용을 요약하면 다음과 같다.

1) 기본 가정이 있다.

[표 Ⅱ-2]에서 '일변량 자료'가 갖추어야 할 4가지 기본 가정을 다음과 같이 정의하였다.

[표 Ⅱ-23] '일변량 자료(Univariate Data)'의 4가지 기본 가정

| 기본 가정 | 내용 |
|---|---|
| ① 일정한 대푯값 존재(Central Tendency) | - 산술 평균, 중앙값 등 |
| ② 일정한 변동 존재(Fixed Variation) | - 산포 등 |
| ③ 임의성(Randomness) | - 중심 값을 기준으로 무작위 분포 |
| ④ 일정한 분포(Fixed Distribution) 존재 | - 상기 3가지가 전제된 상태에서 정해진 분포 존재<br>- 주로 '정규 분포' |

2) '가본 가정'을 검증해 나가면서 예측에서 벗어난 내용들을 통해 프로세스에 대한 '통찰력'을 얻는다. 이때 쓰이는 도구에 '일변량 4‒Plot'이다. 다음과 같다.

① 런 차트(Run Chart): 「통계 분석(S) > 품질 도구(Q) > 런 차트(R)…」
② 시차 그림(Lag Plot): '시차 1' 경우, 「통계 분석(S) > 시계열 분석(S) > 시차(L)…」에서 '시차=1'을 얻은 뒤, '원 자료 vs. 시차 1' 간 「그래프(G) > 산점도(S)…」 작성
③ 그래픽 요약(Graphical Summary): 「통계 분석(S) > 기초 통계(B) > 그래픽 요약(G)…」
④ 정규 확률 그림(Normal Probability Plot): 「통계 분석(S) > 기초 통계(B) > 정규성 검정(N)…」

사실 'EDA'만으로 프로세스 내 문제의 원인들을 찾기보다 '정량적 분석'을 동시에 병행한 뒤 종합 결과를 통해 해석하는 접근이 일반적이다. '정량적 분석'은 '확증적 자료 분석', 즉 'CDA'를 일컫는다. '정량적 분석'에 대해서는 이어지는 '사례 연구‒1'에서 소개된다. 또 **'EDA'의 '그래프 분석'과 'CDA'의 '가설 검정'을 종합한 접근은 '사례 연구‒2'에 포함된 [표 Ⅱ‒29]를 참고하고 이후부터 이루어지는 'EDA'는 이에 근거해 분석할 것을 권장한다.**

이어지는 소단원부터 몇몇 '사례 연구(Case Study)'를 통해 지금까지 설명된 '일변량 자료 분석'의 내용을 최종 정리해보도록 하자.

# 3. 사례 연구(Case Study)

본 단원에서는 프로세스로부터 수집된 '일변량 자료'에 대해 '통찰력'을 얻기 위한 실제 사례에 대해 알아본다. 다음 [표 Ⅱ-24]는 '일변량 자료'가 갖추어야 할 '4가지 기본 가정'과 각각을 확인하기 위한 '일변량 4-Plot'을 정리한 것이다.

[표 Ⅱ-24] '일변량 자료'의 '4가지 기본 가정'과 그를 확인하기 위한 '그래프'

| 기본 가정 | 확인을 위한 주요 그래프 |
|---|---|
| ① 일정한 대푯값(Central Tendency) 존재 | □ 런 차트 |
| ② 일정한 변동(Fixed Variation) 존재 | □ 런 차트 |
| ③ 임의성(Randomness) | □ 시차 그림 |
| ④ 일정한 분포(Fixed Distribution) 존재 | □ 그래픽 요약<br>□ 정규 확률 그림 |

'일변량 자료 분석'은 식 (Ⅱ.1)에 주어진 "중심값(상수)±오차"의 기본 모형을 검증하는 과정으로 이루어진다. 따라서 '일변량 자료 분석'의 초기 분석을 위한 기본 목적[46]을 다음과 같이 3가지로 정의한다.

1) 프로세스가 '관리 상태'인지를 알아보기 위해 [표 Ⅱ-24]의 「4가지 기본 가정」이 성립하는지 여부 확인. 이 결과를 토대로,
2) 모형 「$Y_i$=중심 값(상수)±오차$_i$」가 성립하는지 여부 확인.
3) '중심 값'의 불확정성을 나타내는 '95% 신뢰 구간(Confidence Interval)'이 성립하는지 여부 확인. 이때 '신뢰 구간'은 다음의 식으로 얻는다.

---

46) http://www.itl.nist.gov/div898/handbook/eda/section4/eda4.htm

$$95\% \; CI \cong \overline{Y} \pm 2\frac{s}{\sqrt{n}} \quad or \quad 95\% \; CI(\overline{Y} - 2\frac{s}{\sqrt{n}}, \; \overline{Y} + 2\frac{s}{\sqrt{n}}) \qquad (\text{II}.12)$$

식 (II.12)는 어차피 '1)'과 '2)'가 모두 성립하면 '정규 분포'를 가정할 수 있게 돼 '신뢰 구간'의 설정이 가능하다. '1)'의 '점 추정(Point Estimation)' 과 '3)'의 '구간 추정(Interval Estimation)' 모두를 고려한 것으로 해석할 수 있다.

4) 앞 3−단계 과정 어디에서든 기대했던 바가 아니거나 알고 있던 기준을 벗어났다는 새로운 증거를 얻으면 프로세스에서 무슨 일이('5M−1I−1E' 의 변동) 일어났는지 확인하는 '사실 분석'으로 넘어간다.

## 3.1. 사례 연구−1

첫 번째 사례 연구는 가장 기본적인 내용을 학습하는 차원에서 '~N(30, $9^2$)'인 '랜덤 데이터'를 미니탭으로부터 '300개' 생성하고 이를 '일변량 자료' 로 가정한 뒤 앞서 '1)~4)'의 과정을 밟고자 한다. 물론 본 자료는 프로세스 로부터 추출한 '원 자료로 가정할 것이다(독자는 미니탭 등으로 유사한 수준 의 '랜덤 데이터'를 얻어 본문과 비교할 수 있다).' 다음 [그림 II−41]은 미 니탭에서 '랜덤 데이터'를 추출하는 위치와 '대화 상자' 입력 및 결과를 요약 한 개요도이다.

[그림 Ⅱ-41] '랜덤 데이터' 생성

계산(C) > 랜덤 데이터(R) > 정규분포(N)...

'일변량 자료'가 수집되었으므로 데이터가 속한 프로세스가 '관리 상태'인지 확인하는 작업부터 시작한다.

1) 「4가지 기본 가정」이 성립하는지 여부 확인

'4가지 기본 가정'의 확인은 [표 Ⅱ-24]에 주어진 항목들과 그를 검증할 '일변량 4-Plot'을 통해서 이루어진다('①'과 '②'는 '런 차트'로 동시 진행).

① 일정한 대푯값 존재(Central Tendency)
② 일정한 변동 존재(Fixed Variation)

우선 '일정한 대푯값'과 '일정한 변동'의 존재를 확인하기 위해 '런 차트'를 사용한다. 경로는 미니탭 「통계 분석(S) > 품질 도구(Q) > 런 차트(R)···」에 서 얻는다. 다음 [그림 Ⅱ-42]는 그 결과이다.

[그림 Ⅱ-42] '런 차트' 결과

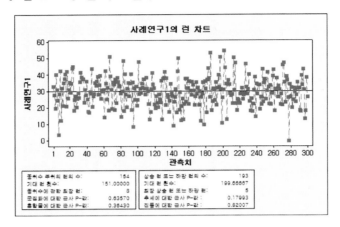

[그림 Ⅱ-42]로부터 '기본 가정 검증 관점'에서 '중심선'이 수평을 이루고 있어 '일변량 자료'를 배출한 프로세스는 뚜렷한 중심 성향, 즉 '중심 값(상수)'이 존재하는 것($\overline{x}=30$)으로, 또 전 영역에 걸쳐 타점들의 높낮이가 일정하게 분포하고 있어 '일정한 변동성'도 존재하는 것으로 보인다. '가설 검정 관점'에서는 '군집화 p-값=0.63570', '혼합물 p-값=0.36430', '추세 p-값=0.17993', '진동 p-값=0.82007'들로 모두 "유의 수준=5%에서 발생하지 않음"도 알 수 있다.

③ 임의성(Randomness) 확인

'일변량 자료'가 시간에 따라 '임의성'을 갖는지 확인하기 위해 '시차 그림'을 작성한다. 이를 위해 데이터 편집이 필요한데, 미니탭 「통계 분석(S) > 시계열 분석(S) > 시차(L)…」에서 '시차(L)=1'의 새로운 열을 얻는다. 다음 [그림 Ⅱ-43]은 '대화 상자'와 '시차=1'의 열이 얻어진 결과이다.

[그림 Ⅱ-43] '시차=1'의 열 얻기

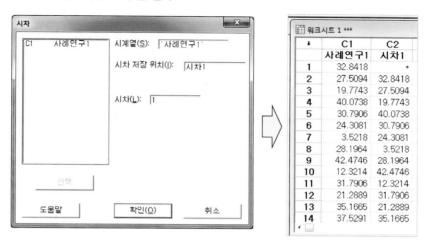

　[그림 Ⅱ-43]으로부터 새로운 열 '시차 1'이 생성되었다. '시차=1'이란 '첫 관측치'와 '두 번째 관측치', '두 번째 관측치'와 '세 번째 관측치'처럼 바로 하나씩 밀린 관측치끼리 서로 쌍을 이룬다는 뜻이다. 또 '워크시트'의 'C2'에서 '첫 행' '*'의 표기는 최초 '32.8418'의 바로 앞 데이터가 없기 때문에 생겼다. 열 '시차 1'이 하나씩 밀려 형성되므로 맨 마지막 데이터는 열 '사례 연구1'보다 하나 많아지며, 이때 쌍을 이루기 위해 마지막 데이터는 자동 삭제된다.

　'시차=1'의 데이터를 얻었으므로 '시차 그림'을 작성하기 위해 「그래프(G) > 산점도(S)… '단순'」으로 들어가 열 '시차 1'을 'x-축'으로 하는 '산점도(시차 그림)'를 작성한다. 다음 [그림 Ⅱ-44]는 그 결과이다.

[그림 Ⅱ-44] '시차 그림' 결과

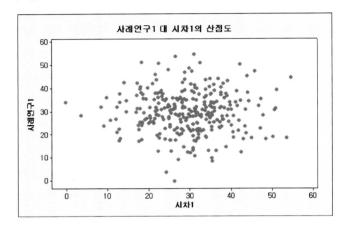

[그림 Ⅱ-44]로부터 '시차=1'에서 두 축 간 타점들이 상승하거나 하강하는 경향이 관찰되지 않으므로 수집된 '일변량 자료'는 무작위 성향, 즉 '임의성'이라고 판단한다.

④ 일정한 분포(Fixed Distribution) 존재
수집된 '일변량 자료'가 일정한 분포를 형성하는지 확인한다. 이미 '중심 성향'을 확인했으므로 그를 둘러싼 타점들이 정규 분포를 이루는지 검증한다. 이를 위해 미니탭의 '그래픽 요약(Graphical Summary)'을 실행한다. 경로는 「통계 분석(S) > 기초 통계(B) > 그래픽 요약(G)…」이며, 동시에 '정규성 검정' 및 '분포의 윤곽'을 확인하기 위한 '정규 확률 그림'도 실행한다. 다음 [그림 Ⅱ-45]는 그 결과이다.

[그림 Ⅱ-45] '그래픽 요약'과 '정규 확률 그림'

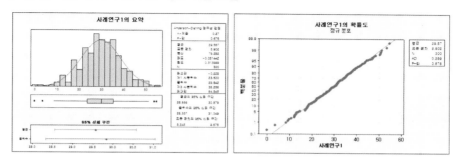

　우선 '히스토그램'의 대칭과 '정규 확률 그림'의 직선으로부터 좌우대칭 종 모양의 '정규 분포'를 가정할 수 있다. '형상 모수'를 알려주는 '왜도=-0.051442'로 약간의 '좌변 기운 히스토그램'을, '첨도=0.313999'로 역시 '정규 분포'보다('그래픽 요약'에서 파란색 '정규 곡선') 약간 높은 성향을 띤다. 그러나 두 그래프에서 '정규성 검정 p-값=0.678'로 의심할 여지도 없이 '정규 분포' 한다고 결론짓는다. 만일 '히스토그램'에서 '정규 곡선'보다 낮은 크기의 막대들 또는 유난히 높은 크기의 막대들이 관찰되면 프로세스 내 데이터가 몰리거나 부족한 이유에 대한 통찰력을 키워본다.

　'그래픽 요약'의 '상자 그림'을 보면 좌우에 '이상점'이 관찰되며, 미니탭의 '브러시' 기능으로 확인한 결과 '행7=3.52177', '행186=53.493', '행202=54.548', '행278=-0.2247'로 확인되었다. 프로세스가 예상대로 완연한 '정규성'을 보이지만, 이들 4개의 '이상점'들에 대해서는 추가적인 '사실 분석'으로 이어질 필요가 있다. 만약 확인 결과 문제가 발생한 것이고, 재발 가능성이 있다면 반드시 '제거'함으로써 프로세스 개선의 기회로 삼는다.

　지금까지의 접근은 '그래프 분석'을 통한 '모형의 적합성 여부'를 판단한 과정이었다. 애초 '랜덤 데이터'가 '정규 분포'로부터 형성됐으므로 몇몇 '이상점'을 제외하면 특이 사항이 없어 해석 과정이 매끄러웠다(고 가정한다). '일 변량 4 – Plot'으로부터 '일변량 자료'의 분석 결과는 다음 [표 Ⅱ – 25]와 같 이 결론짓는다.

[표 Ⅱ – 25] '일변량 자료'의 'EDA' 결과

| 항목 | 결과 |
|---|---|
| 모형 | $Y_i$=상수±error$_i$ |
| 신뢰 구간(불확정성) | '정규 분포'이므로 95% CI 존재 |
| 사실 분석 | 기대했던 '정규성'을 보임. 발견된 '이상점'에 대해서만 원인 규명과 개선 추 진 및 완료(가정) |

'모형'의 의미는 [그림 Ⅱ – 42]의 '런 차트'에서 중심선이 오르거나 내리는 경향을 보일 경우 '회귀 모형'이 적절하고, 따라서 '일차 방정식'을 얻겠지만 현재는 일정한 '상수'이므로 이를 '식'으로 표현하면 [표 Ⅱ – 25]의 형태를 띠 게 된다. 모형 중 'error$_i$'는 "모든 데이터($Y_i$)가 '평균'에 특정 '오차'를 더하 거나 뺌"으로써 얻어진다는 뜻이다. [표 Ⅱ – 25]에 기술된 '모형'으로부터 '300개'의 '일변량 자료'의 윤곽을 파악할 수 있다. '신뢰 구간'은 '평균'이 왔 다 갔다 할 것이란 '불확정성'을 표현한 것이다. 데이터 개수가 '300개'로 많 아 식 (Ⅱ.12)를 그대로 적용할 수 있지만 만일 '30개' 이내의 적은 수라면 't – 분포'를 통해 '신뢰 구간'을 구한다. 그러나 'EDA'가 통상 적은 수보다는 많 은 양의 데이터를 대상으로 하므로 't – 분포'에 대한 별도의 설명은 생략한다. '모형'의 실제 값으로의 표현은 바로 이어질 「정량적 분석」에서 언급할 것이 다(사실 '그래픽 요약'에 이미 '평균'과 '95% 신뢰 구간'이 포함돼 있으나 「 정량적 분석」의 의미를 학습하는 것도 매우 중요하므로 설명은 그 시점으로 미룬다).

결국 '사례 연구 – 1'은 깔끔한 '정규 분포' 자료를 활용함으로써 'EDA'의 표준 접근이 어떤 모습인지를 알려준다. '모형'을 형성하는 과정에서 '이상점'을 빼고는 특이 성향이 관찰되지 않았으므로 통찰력의 발휘는 '이상점' 처리에 대해서만 이루어진다(고 가정한다). 만일 데이터를 추출한 프로세스가 [표 Ⅱ-25]의 '모형'으로 해석돼야 함에도 다른 결과를 얻는다면 분석 담당자는 그 원인에 대한 심도 있는 '사실 분석'을 추가해야 할 것이다.

지금까지는 주로 '일변량 4-Plot'을 이용한 접근이었으나 'EDA'가 반드시 그래프만을 활용하란 법은 없다. 「**정량적 분석」을 추가**함으로써 결론인 [표 Ⅱ-25]를 명확한 수치로 완성한다. 이제부터 그에 대해 자세히 알아보도록 하자(완성된 결과를 미리 보려면 [표 Ⅱ-28] 참조).

① 일정한 대푯값 존재(Central Tendency)
'일정한 대푯값'이란 모집단 평균(위치 모수)이 '상수'임을 가정한 것으로 「정량적 분석」 중 '단순 회귀 모형(Single Regression Model)'을 통해 확인할 수 있다. 이를 위해 '일변량 자료'의 각 값에 '1'부터 '300'까지의 인덱스를 부여한다('X-축' 값으로 활용). 다음 [표 Ⅱ-26]은 분석을 위한 자료 예이다.

[표 Ⅱ-26] '일정한 대푯값(위치 모수)'의 존재 확인을 위한 자료화 예

| $Y_i$ | 32.8418 | 27.5094 | 19.7743 | 40.0738 | 30.7906 | ⋯ | 18.1536 | 38.1505 | 26.4728 |
|---|---|---|---|---|---|---|---|---|---|
| $X_i$ | 1 | 2 | 3 | 4 | 5 | ⋯ | 298 | 299 | 300 |

[표 Ⅱ-26]에서 '$Y_i$'는 프로세스로부터 추출한 '일변량 자료'이고, '$X_i$'는 임의로 붙여준 인덱스이다. [표 Ⅱ-26]을 이용해 '단순 회귀 모형'을 얻으면 다음 [그림 Ⅱ-46]과 같다(미니탭 「통계 분석(**S**) > 회귀 분석(**R**) > 회귀 분

석(<u>R</u>)…」).

[그림 Ⅱ-46] '단순 회귀 모형'을 이용한 '일정한 대푯값' 존재 확인하기

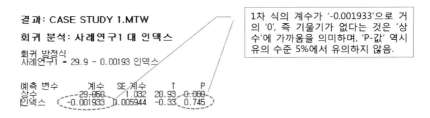

결과: CASE STUDY 1.MTW

회귀 분석: 사례연구1 대 인덱스

회귀 방정식
사례연구1 = 29.9 - 0.00193 인덱스

| 예측 변수 | 계수 | SE 계수 | T | P |
|---|---|---|---|---|
| 상수 | 29.560 | 1.032 | 28.93 | 0.000 |
| 인덱스 | -0.001933 | 0.005944 | -0.33 | 0.745 |

1차 식의 계수가 '-0.001933'으로 거의 '0', 즉 기울기가 없다는 것은 '상수'에 가까움을 의미하며, 'P-값' 역시 유의 수준 5%에서 유의하지 않음.

[그림 Ⅱ-46]에서 '인덱스'의 '계수'는 '-0.001933'으로 거의 '0'에 근접해 있으며, '1차 함수'에서 '계수≈0'은 '기울기가 없다', 즉 직선은 '수평'에 가깝다는 뜻이다. 'p-값=0.745' 역시 "유의 수준 5%에서 귀무가설을 기각하지 못함"이므로 '기울기가 없음'을 재확인한다. 이 결과는 [그림 Ⅱ-42]의 '런 차트'에서 '일정한 대푯값(위치 모수)'이 존재하리란 기대를 정량적으로 확인한 것이며, 그 값은 '그래픽 요약'에서 얻었던 '29.567'임을 알 수 있다.

② 일정한 변동 존재(Fixed Variation)

'일정한 변동', 즉 '등 분산(Equal Variance)'인지 여부를 확인하는 통계적 절차가 '등 분산 검정(Test for Equal Variance)'이다. 이 부분에 좀 더 관심 있는 독자는 「Be the Solver_프로세스 개선 방법론 or 확증적 자료 분석(CDA)」편을 참조하고 본문에서의 자세한 설명은 생략한다.

분산이 같은지 다른지를 확인하려면 최소 2개 이상의 집단이 필요하다. 그러나 '일변량 자료'는 말 그대로 한 묶음의 동질 집단이며, 따라서 분산을 서로 비교할 다른 집단이 없다. 이 경우 정상적으론 '등 분산 검정'을 실행할

수 없다. 그러나 '런 차트'를 통해 한 묶음의 데이터가 분산이 균일한지 그렇지 않은지를 판단할 수 있는데, 이를 위해 [그림 Ⅱ – 42]의 '런 차트'를 다음 [그림 Ⅱ – 47]에 다시 옮겨놓았다.

[그림 Ⅱ – 47] '런 차트' 결과

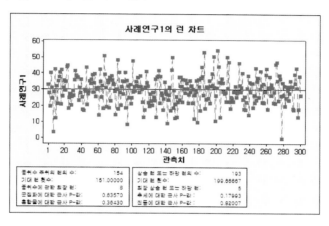

[그림 Ⅱ – 47]에서 타점의 오르내림을 관찰할 때, 'X – 축' 기준 '약 150∼190(폭 40)'의 변동이 다른 부위보다 작아 보이고, 또 '약 240∼300(폭 60)'도 변동이 잦아드는 느낌을 준다. 이를 근거로 '일변량 자료'를 '폭 50'이 되도록 분할하면, 총 개수가 '300'이므로 '6개의 부분군(300/50)'을 얻는다. 몇 개의 군으로 나눌지는 상황에 따라 다르다. 다만 분석 목적이 한 묶음의 자료 전체에 걸쳐 과연 "분산이 일정한가?"를 확인하는 과정이므로 눈으로 관찰했을 때 차이 나는 영역이 하나의 군으로 분리될 수 있게 준비한다. 다음 [표 Ⅱ – 27]은 새롭게 얻어진 '6개 부분군'을 나타낸다(값의 범위를 너무 좁게 하거나 서로 다른 범위로 구성하는 접근은 가급적 피한다).

| No | 부분군 1 | 부분군 2 | 부분군 3 | 부분군 4 | 부분군 5 | 부분군 6 |
|----|----------|----------|----------|----------|----------|----------|
| 1 | 32.8418 | 33.5811 | 47.7589 | 12.2572 | 31.0173 | 25.2197 |
| 2 | 27.5094 | 35.9519 | 28.2267 | 21.0241 | 54.5483 | 30.2672 |
| 3 | 19.7743 | 39.0316 | 31.5861 | 25.4213 | 44.3383 | 41.6177 |
| 4 | 40.0748 | 28.0802 | 29.0746 | 12.7796 | 34.4472 | 32.3845 |
| 5 | 30.7906 | 33.8537 | 34.8440 | 22.2066 | 13.0199 | 22.3447 |
| … | … | … | … | … | … | … |
| 47 | 20.4649 | 24.7547 | 42.1930 | 50.8274 | 43.4215 | 13.1713 |
| 48 | 20.0405 | 32.8190 | 50.1964 | 31.1818 | 23.4189 | 18.1536 |
| 49 | 28.2944 | 21.2649 | 18.7597 | 10.7359 | 34.9874 | 38.1505 |
| 50 | 35.1460 | 24.7514 | 29.4212 | 26.1875 | 37.2621 | 26.4728 |

미니탭에서 [표 Ⅱ-27] 내 부분군들의 '등 분산 여부'를 검정하려면 우선 「데이터(A) > 쌓기(T) > 열(C)…」에서 하나의 군으로 쌓은 뒤, 다시 「통계 분석(S) > 분산 분석(A) > 등 분산 검정(V)…」으로 들어가 '대화 상자'에 '데이터'와 '첨자'를 '반응(R:)', '요인(F:)'에 각각 입력하고 실행한다.47) 각 부분군이 '정규 분포'하므로 ' 옵션(N)… '에서 "정규 분포를 바탕으로 하는 분포 사용(U)"을 체크한다. 다음 [그림 Ⅱ-48]은 '대화 상자' 입력 예와 그 결과를 보여준다.

[그림 Ⅱ-48] '일정한 변동의 존재' 확인을 위한 '등 분산 검정' 예

---

47) '등분산 검정'은 미니탭 내 「통계 분석(S) > 기초 통계(B) > 두 표본 분산(A)…」에서도 실행 가능함(Ver. 14 기준). 단, 버전이 다를 경우 미니탭의 명칭에 차이가 날 수 있으니 참고하기 바람.

[그림 Ⅱ-48]에서 '등 분산 검정' 결과를 보면 각 부분군의 '표준 편차 신뢰 구간'이 모두 겹쳐 있는 것을 볼 수 있다. 이때 하나라도 겹치지 않는 부분군이 있으면 'p-값'이 '5%보다 작게' 나온다. 또 각 부분군 모두가 '정규 분포'인 경우만 'Bartlett 검정(부분군이 2개면 F-test)'을 이용하고 만일 하나라도 '정규 분포'를 따르지 않으면 'Levene 검정'으로 대체한다. 현재는 모든 부분군들이 '등 분산' 하는 것으로 보인다(p-값=0.998). 즉, 수집된 '일변량 자료'는 "일정한 변동을 보인다"고 판단한다.

잊어서는 안 될 것이 있다. '등 분산 여부'를 확인하는 일은 '모형 설정'에 필요한 사전 활동이다. 그러나 검정 중에 특정 부분군의 분산이 다르거나 예상 밖의 현상이 관찰되면 '통찰력'을 발휘해 'EDA' 본연의 활동으로 들어간다. 프로세스에서 그 같은 변화를 야기한 원인을 찾아야 한다는 뜻이다. 이를 '사실 분석'이라 한 바 있다. 현재는 예상대로 '등 분산'이므로 별도의 추가 조치는 없는 것으로 가정한다.

③ 임의성(Randomness) 확인

'임의성'에 대한 정량적 접근은 '자기 상관도[또는 상관 도표: Correlogram, Autocorrelation Diagram(Plot)]'를 통해 확인한다. 다음 [그림 Ⅱ-49]는 미니

[그림 Ⅱ-49] '자기 상관도'를 위한 '대화 상자' 및 결과 예

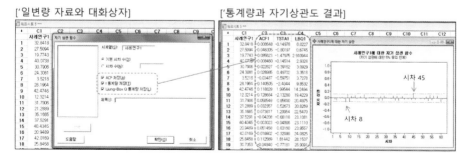

['일변량 자료와 대화상자']　　　　['통계량과 자기상관도 결과']

탭「통계 분석(S) > 시계열 분석(S) > 자기 상관(A)…」으로 들어가 얻은 '대화 상자'와 그 결과이다.

[그림 Ⅱ-49]의 왼쪽 '대화 상자'는 'ACF 저장(A)', '$t$ 통계량 저장(T)', 'Ljung-Box Q 통계량(L)' 모두를 '√'하였다. 이들은 오른쪽 그림 중 '워크시트'에 해당 값들이 결과로써 출력된다. '자기 상관도'에서는 '시차 8'과 '시차 45'가 '유의 한계'를 아래와 위로 약간씩 벗어났다(빨간 화살표로 표식). 즉, 8 번째 이후 데이터 또는 45번째 이후 데이터끼리 쌍을 이룰 경우 약한 '음' 또는 '양'의 '자기 상관'이 있음을 알려준다. 그러나 '일변량 자료' 경우 '시차 1(Lag 1)'이 가장 중요하며, 이에 대해서만 통계적 검정을 수행한다. 과정은 다음과 같다.

1) '워크시트'에 저장된 'LBQ'의 첫 번째 값을 확인한다(시차 1). 본 예에서는 '0.0227'이다([그림 Ⅱ-50] 참조).

[그림 Ⅱ-50] '시차 1'의 'LBQ 통계량'

| | C1 사례연구1 | C2 ACF1 | C3 TSTA1 | C4 LBQ1 |
|---|---|---|---|---|
| 1 | 32.8418 | -0.008648 | -0.14978 | 0.0227 |
| 2 | 27.5094 | -0.046305 | -0.80197 | 0.6745 |
| 3 | 19.7743 | -0.085623 | -1.47975 | 2.9109 |
| 4 | 40.0738 | -0.008460 | -0.14514 | 2.9328 |
| 5 | 30.7906 | -0.022827 | -0.39162 | 3.0929 |
| 6 | 24.3081 | 0.028985 | 0.49702 | 3.3518 |
| 7 | 3.5218 | -0.03487 | -0.59751 | 3.7278 |
| 8 | 28.1964 | -0.140505 | -2.4044 | 9.8532 |
| 9 | 42.4746 | 0.118829 | 1.99544 | 14.2494 |

2) 누적 확률을 구한다. 이를 위해 미니탭 「계산(C) > 확률 분포(D) > 카이 제곱 분포(C)…」로 들어가 다음 [그림 Ⅱ-51]과 같이 입력한다.

[그림 Ⅱ-51] '누적 확률'을 위한 '대화 상자' 입력 예

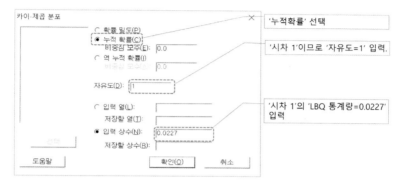

3) 'p-값'을 얻은 뒤 유의성 여부('시차=1'에서의 '자기 상관' 유무)를 판단한다. 'p-값'을 얻기 위해서는 '2)'에서 얻은 '누적 확률'을 '1'에서 빼준다. 결과의 'p-값=0.88024(1-0.11976)'이며, "'유의 수준=5%'를 기준할 때, '자기 상관'이 없는 것으로 판단(임의성)"한다.

결론적으로 수집된 '일변량 자료'에 대해 '임의성(Randomness)'이 있는 것으로 확인되었다.

④ 일정한 분포 존재

이미 [그림 Ⅱ-45]의 '정규 확률 그림'을 통해 '정규 분포'임이 확인된 바 있다. 정량적 분석 관점에서는 [그림 Ⅱ-45]에 나타난 'Anderson-Darling Test' 결과 중 'p-값=0.678'만 활용한다(다음 [그림 Ⅱ-52] 참조).

[그림 Ⅱ-52] 분포 확인을 위한 '정규 확률 그림' 예

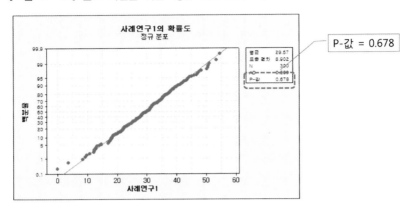

[그림 Ⅱ-52]의 '정규성 검정'으로부터 '귀무가설을 기각하지 못함'을 확인할 수 있다. 즉, '정규 분포' 한다.

지금까지의 정량적 분석을 통해 [표 Ⅱ-25]의 'EDA' 결과는 확실한 값들로 채워짐으로써 다음 [표 Ⅱ-28]의 모형을 완성한다.

[표 Ⅱ-28] '일변량 자료'의 'EDA' 결과

| 항목 | 결과 |
| --- | --- |
| 모형 | $Y_i = 29.567 \pm error_i$ |
| 신뢰 구간(불확정성) | 평균의 95% CI(28.556, 30.579) |
| 사실 분석 | '이상점' 분석을 통해 공정 내 ○○문제를 확인하고 개선함. |

[표 Ⅱ-28]의 모형을 통해 현 프로세스의 관리 수준과 추이를 예측할 수 있으며, 특히 '이상점(Outlier)'의 조치로 '프로세스 관리 능력'이 훨씬 높아지

게 되었다(고 가정한다).


## 3.2. 사례 연구-2

모범 답안 성격의 '사례 연구-1'을 참고하여 실제 프로세스로부터 추출된 '일변량 자료'를 'EDA' 해보도록 하자. 그 전에 지금까지의 학습 효과를 극대화하기 위해 **'그래프 분석'과 '정량적 분석'의 배치를 다음 [표 Ⅱ-29]와 같이 정하고 앞으로 모든 '일변량 자료'의 'EDA'에 적용**한다.

[표 Ⅱ-29] '일변량 자료'의 분석 도구 재배치

| 기본 가정 | 그래프 분석용 도구 | 정량적 분석용 도구 |
|---|---|---|
| ① 일정한 대푯값 존재 (Central Tendency) | □ 런 차트 | □ 단순 회귀 모형('기울기' 확인) |
| ② 일정한 변동 존재(Fixed Variation) | □ 런 차트 | □ 등 분산 검정(적정한 수의 부분군으로 나눈 후) |
| ③ 임의성(Randomness) | □ 시차 그림 | □ 자기 상관 함수(자기 상관도) |
| ④ 일정한 분포(Fixed Distribution) 존재 | □ 그래픽 요약 □ 정규 확률 그림 | □ 정규성 검정(p-값) |

'사례 연구'를 위한 '원 자료'는 공유하기도 어렵지만 그 수가 너무 많아 본문에 담기도 어렵다. 따라서 유사한 가상의 상황을 만들어 'EDA' 접근 방법을 알리는 데 초점을 맞추도록 하겠다. 다음 '일변량 자료'는 관리해야 할 고객들의 신상 정보 중 '몸무게'를 수집 순서대로 모아놓은 예이다(라고 가정한다).

```
순서
    55 75 52 60 75 70 52 50 43 60 65 69 80 71 70 60 80 70 76 54 54 64 64 69
    60 60 50 53 45 66 56 60 65 84 52 58 66 64 73 52 52 62 70 50 56 58 60 78
    46 56 56 52 75 55 68 56 53 76 70 63 52 55 54 66 78 55 50 63 76 74 81 65
    62 52 45 47 57 70 64 61 68 65 47 62 47 63 47 62 64 58 60 78 48 60 53 50
    61 67 61 65 45 61 57 65 49 75 49 57 53 46 53 62 83 54 77 66 52 78 61 47
    56 53 73 53 67 64 64 53 60 58 60 70 48 50 75 68 60 72 70 70 61 50
    51 54 74 84 50 51 60 66 58 52 58 52 55 60 57 71 71 50 55 78 65 54 76 72
    68 75 70 76 79 65 60 64 69 70 60 47 48 50 85 66 65 70 58 50 60 56 57 54
    76 68 60 64 80 58 48 54 60 79 56 63 83 80 53 70 55 58 53 50 55 48 66 45
    70 80 73 49 54 45 62 52 64 54 54 57 59 58 57 57 58 64 70 63 67 50
    60 75 52 70 64 68 53 62 54 59 75 64 59 48 45 59 67 70 63 61 61 70 47 65
    68 48 63 57 55 72 50 48 58 53 65 80 60 58 50 61 66 53 59 79 60 58 76 62
    48 64 54 71 65 50 57 54 79 50 56 62 54 47 50 63 79 56 64 60 60 64 54 52
    60 75 55 72 73 60 52 68 62 70 56 52 48 65 65 53 47 59 75 50 85 50 59 67
    80 58 63 90 69 64 55 84 64 56 68 62 50 72 59 69 48 58 80 58 74 53 48
    85 62 69 46 49 70 83 63 68 81 53 55 52 67 62 52 50 60 58 57 47 58 70
    48 55 50 78 70 51 54 70 63 60 70 65 45 65 46 58 69 65 82 51 64 78 60
    76 58 65 70 50 63 50 67 55 63 68 52 62 57 55 49 52 57 51 62
    59 67 49 70 87 92 52 61 61 66 52 70 50 50 52 78 64 45 47 40 55 47 59
    67 51 50 55 54 50 78 74 64 69 65 80 54 80 75 78 57 68 47 58 66 50 60
```

[그림 Ⅱ-53]은 '순서'라고 쓰인 방향으로 '일변량 자료'를 형성한다. 'EDA'를 위해 단계별로 진행해보자.

① 일정한 대푯값 존재(Central Tendency)

[표 Ⅱ-29]에서 정한 바와 같이, '위치 모수'의 추정 값(평균)이 일정한지에 대해 '런 차트'와 '단순 회귀 모형'을 적용하면 [그림 Ⅱ-54]와 같다.

[그림 Ⅱ-54]의 '런 차트'는 중심이 수평으로 관찰되며, 따라서 '중심 성향'이 뚜렷함을 알 수 있다. 만일 프로세스 내에서 추출된 자료라면 '평균=60'을 맞추도록 운영될 것이라 짐작된다. 물론 본 데이터가 사람의 '몸무게' 자료이긴 하나 자연현상도 크게 보면 일정한 패턴으로 운영되므로 그에 속한 피조물들 역시 평균 집중 경향을 띠게 된다. 위아래로 몇몇 튀는 타점들이 관찰되나 이들이 '이상점'인지는 아직 불분명하며, 이후 분석까지 좀 더 지켜보도록 하겠다.

'가설 검정 관점'에서는 '혼합물'의 'p-값=0.08420', '진동'의 'p-값=0.02704'로 "두 그룹의 자료가 비슷한 크기로 혼합됐을 가능성과 그들이 주기적으로 오르내리고 있을 가능성"을 지적한다('유의 수준=10%' 기준). 이에 대해 '사실 분석' 차원에서 자료를 재검토한 결과 '원 자료'가 '남'과 '여'의 성별이 섞인 자료로 판명되었으며, 무작위 측정 순서로 배열됐기 때문에 통계적 관점에서 '혼합(남자의 큰 몸무게와 여자의 작은 몸무게가 비슷한 비율로 존재)'과 '진동(남녀가 뒤섞여 있으므로 큰 값과 작은 값이 번갈아 나타남)'일 가능성에 무게를 두었다. 이와 같은 현상은 제조 공정에서도 자주 발생하는 경우로 '층화'의 중요성을 시사한다.

[그림 II-54] '런 차트'와 '단순 회귀 모형' 예

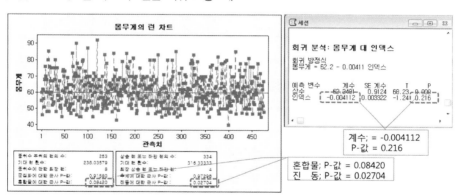

'정량적 분석'으로 수행된 '단순 회귀 모형'의 '계수=-0.004112'이며, 거의 '0'에 가까운 수평이다. 이것은 '중심(평균)'이 기대에 부합하는 '상수'임을 방증한다. 'p-값' 역시 '0.216'으로 '기울기'는 유의하지 않음을 알 수 있다. 이를 종합했을 때 모형 '$Y_i$=상수±$error_i$'의 관계가 성립한다.

② 일정한 변동 존재(Fixed Variation)

우선 '등 분산 여부'를 판단하기 위해 [그림 Ⅱ-54]의 '런 차트'를 관찰하면 오르내림의 폭이 상대적으로 작거나 큰 영역은 보이지 않는다. 즉, 전체 영역에서 분산이 일정한 것으로 판단된다.

정량적으로 알아보기 위해 자료를 14개 부분군으로 나눈 뒤('런 차트'에서 변동의 차이가 크지 않아 적정한 부분군 수를 임의로 정함), [그림 Ⅱ-48]과 동일한 방식으로 '등 분산 검정'을 수행한다. 다음 [그림 Ⅱ-55]는 검정 결과이다(일부 부분군이 '정규 분포'하지 않아 '대화 상자'의 ' 옵션(N)... '에서 "정규 분포를 바탕으로 하는 분포 사용(U)"을 체크하지 않음).

[그림 Ⅱ-55] '등 분산 검정' 결과 예

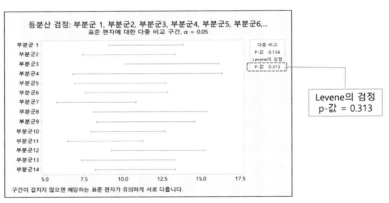

[그림 Ⅱ-55]를 얻기 전 '정규성 검정'에서 '부분군 8'과 '부분군 9', '부분군 12'가 정규성을 보이지 않아 'Levene 검정'으로 '등 분산 여부'를 확인하였다. 'p-값=0.313'으로 귀무가설을 기각하지 못하게 됨에 따라 14개의 부분군 모두 통계적으로 "분산이 동일"한 것으로 확인되었다(고 가정한다).

③ 임의성(Randomness) 확인

'임의성'을 확인하기 위해 '시차=1'인 '시차 그림'을 작성한다. 작성법은 앞서 여러 차례 소개했으므로 여기서는 결과만 옮겨놓도록 하겠다. 다음 [그림 Ⅱ-56]은 몸무게 '일변량 자료'에 대한 '시차=1'에서의 '시차 그림(미니탭에서는 '산점도')'을 작성한 결과이다.

[그림 Ⅱ-56] '시차=1'에서의 '시차 그림' 예

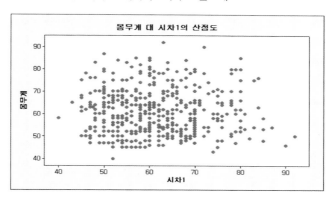

[그림 Ⅱ-56]에서 두 집단 간 '상관관계'가 없는 것으로 관찰됨에 따라 '자기 상관'도 해당 사항이 없다고 판단한다. '정량적 접근'에 대해서는 '자기 상관 함수(자기 상관도)'를 통해 '임의성'을 판단할 수 있으므로 다음 [그림 Ⅱ-57]에 그 결과를 옮겨놓았다(과정은 생략).

[그림 Ⅱ-57]은 '자기 상관 함수'와 '시차=1의 시차 그림' 유형들을 정리한 [표 Ⅱ-14]들 중 '임의성 유형'과 정확히 일치한다. 즉, 예의 '일변량 자료'는 '무작위 분포'라고 판단한다.

[그림 Ⅱ-57] '자기 상관도' 결과 예

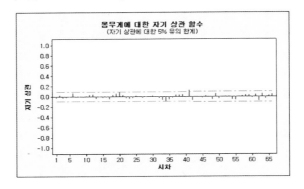

④ 일정한 분포(Fixed Distribution) 존재

분포 확인을 위해 필요한 '그래프 분석'은 '히스토그램'과 '정규 확률 그림'을, '정량적 분석'은 '정규 확률 그림'의 'p-값'을 확인한다. 'p-값'은 'Anderson Darling Test'라고 하는 수학적 방식에 의해 산출된다. 다음 [그림 Ⅱ-58]은 '히스토그램'과 '정규 확률 그림'을 작성한 결과이다.

[그림 Ⅱ-58] '그래픽 요약'과 '정규 확률 그림' 결과 예

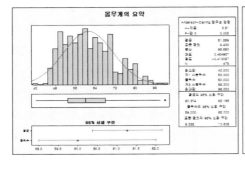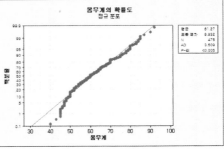

[그림 Ⅱ-58]은 해석의 여지가 많은데, 우선 '히스토그램'은 왼쪽 꼬리가 매우 짧고 전체 '약 2/3'가 '균등 분포' 형태를 취하고 있다. 외형만 봐서는 '균등 분포'이면서 '대칭/이상점 포함형'으로 분류된다. '균등 분포'라면 성인의 '몸무게'는 '하한점=46kg'부터 '상한점=70kg' 사이에 대부분 속하며 '상한점'을 넘는 다소 큰 '이상점(몸무게가 많이 나감)'들이 존재한다. 그러나 '대칭이면서 이봉우리(Bimodal Distribution)'를 소개했던 [그림 Ⅱ-16]을 상기할 때, '평균'이 서로 다른 두 집단이 섞였을 가능성도 배제할 수 없다. 만일 추측이 맞는다면 [그림 Ⅱ-58]의 '히스토그램'은 '대칭/이봉(Bimodal)형'에 견줄 수 있다. 이에 대한 해석은 [그림 Ⅱ-18]에서 '히스토그램'과 '런 차트'를 함께 비교하며 설명한 바 있다.

이제 앞서 이루어진 몇몇 '그래프 분석'과 '정량적 분석'을 토대로 탐정 놀이(?)를 해보자. '일변량 자료'에 대한 분석적 정보가 쌓이고 있으므로 이들을 이용해 통찰력을 최대로 키워볼 수 있다. 이미 [그림 Ⅱ-54]의 '런 차트'에서 '가설 검정 관점'의 유의한 상황, 즉 '혼합의 가능성'과 '진동(유사한 값들이 반복됨)'을 탐지한 바 있다. 또 그의 원인으로 '남녀 자료'가 섞여 있는 형국도 간파한 바 있다. 이쯤 되면 지금까지의 정보를 종합할 때 [그림 Ⅱ-58]의 '히스토그램'은 '대칭/이봉(Bimodal)형'에 심증을 두는 편이 해석에 유리하다. '심증'은 있지만 '물증'이 미흡하므로 추가 확인 작업이 필요한데, 이와 같이 정해진 '4가지 가정'을 검증해가는 과정에 예상에서 벗어난 현상을 접할 때마다 재차 확인을 위한 추가 활동이 필요하며 이를 '사실 분석'이라 정의한 바 있다. 따라서 이 시점에 "남녀 자료가 섞였다!"라고 하는 가설을 확인할 '사실 분석'을 수행한다. 다음 [그림 Ⅱ-59]는 미니탭 「그래프(G) > 히스토그램(H)… '적합선 및 그룹 표시'」로 들어가 '몸무게'인 '일변량 자료'를 '남'과 '여'로 구분하여 작성한 결과이다.

[그림 Ⅱ-59] '적합선 및 그룹 표시' 히스토그램 결과 예(남/여 구분)

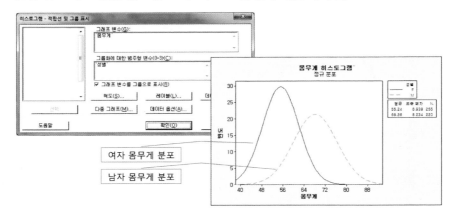

[그림 Ⅱ-59]는 '대화 상자' 입력 예와 그래프 결과를 각각 나타낸다. '대화 상자'에는 '원 자료'인 '몸무게'와 함께 수집된 '성별'이 입력된다. '성별'을 "그룹화에 대한 범주형 변수"란에 입력함으로써 '분리형 적합선 그림'을 얻는다. 얻어진 결과 그래프는 '여자 평균'이 '약 55kg', '남자 평균'이 '68kg'쯤 되는 두 분포의 형상을 띠고 있으며, 결국 이들 혼합에 의한 [그림 Ⅱ-58]의 '히스토그램'이 탄생한 것으로 결론짓는다. 두 집단이 '중심 성향'과 '산포' 등에 서로 다른 모집단을 형성하고 있으므로 이후부터는 따로 '층화'해서 해석하는 것이 바람직하다. 따라서 [그림 Ⅱ-58]의 '정규 확률 그림' 역시 섞인 자료의 결과물이므로 별도의 해석은 불필요하다. 지금까지의 과정을 정리하면 다음 [표 Ⅱ-30]과 같다.

[표 Ⅱ-30] '몸무게' 자료의 'EDA' 결과

| 항목 | 결과 |
| --- | --- |
| 모형 | '혼합(Mixture)'된 자료로써 해석 불필요 |
| 신뢰 구간(불확정성) | '혼합(Mixture)'된 자료로써 해석 불필요 |
| 사실 분석 | '남/여' 자료로 층화하여 추가 분석 수행(했다고 가정) |

물론 본 자료가 프로세스로부터 나온 표본이라면 '층화' 후 각각에 대해 '4
가지 가정'을 검증해 나가는 절차가 또 필요하나 이는 처한 상황에 따라 다를
것이므로 이후의 분석 과정은 생략한다.


## 3.3. 사례 연구-3

[그림 Ⅱ-60]은 변동성 있는 데이터를 살펴보기 위해 일정 기간 화학 공
정에서 추출한 'A 특성' 값들을 모아놓은 '일변량 자료'이다(고 가정한다).

[그림 Ⅱ-60] '사례 연구-3'을 위한 '일변량 자료' 예

|  |  |  |  |  |  |  |  |  |  |  |  |  |  |  |  |  |  |
|---|---|---|---|---|---|---|---|---|---|---|---|---|---|---|---|---|---|
| 1.9 | 20.3 | 34.3 | 23.4 | 22.5 | 28.3 | 40.4 | 34.5 | 43.8 | 53.5 | 38.2 | 47.2 | 54.3 | 21.7 | 35.9 | 24.7 | 37.8 | 43.3 |
| 1.8 | 19.5 | 41.2 | 16.8 | 22.1 | 32.1 | 21.0 | 33.5 | 43.6 | 54.8 | 46.6 | 56.5 | 72.2 | 42.1 | 33.6 | 43.1 | 32.3 | 48.9 |
| 1.1 | 23.0 | 40.7 | 27.1 | 23.0 | 44.1 | 47.1 | 35.5 | 49.0 | 52.3 | 48.7 | 58.3 | 102.1 | 52.5 | 29.0 | 42.9 | 32.0 | 48.5 |
| 0.8 | 23.0 | 50.5 | 25.1 | 25.5 | 34.8 | 30.0 | 37.5 | 58.9 | 49.5 | 48.6 | 58.5 | 51.0 | 36.8 | 41.5 | 40.8 | 31.2 | 38.6 |
| 0.8 | 24.5 | 18.9 | 21.8 | 26.1 | 29.7 | 48.6 | 38.3 | 57.6 | 54.5 | 57.0 | 59.7 | 49.5 | 29.1 | 50.7 | 44.5 | 36.8 | 28.3 |
| 1.3 | 26.5 | 24.4 | 18.3 | 23.8 | 32.0 | 42.4 | 45.7 | 45.8 | 55.7 | 57.9 | 55.6 | 48.4 | 43.9 | 43.6 | 43.5 | 30.2 | 21.6 |
| 26.7 | 29.1 | 23.9 | 20.3 | 17.2 | 27.4 | 39.3 | 48.1 | 61.6 | 52.4 | 47.5 | 61.9 | 56.5 | 37.5 | 45.0 | 46.6 | 27.8 | 45.2 |
| 33.3 | 29.9 | 22.6 | 23.8 | 20.5 | 29.5 | 44.5 | 46.6 | 63.0 | 71.8 | 64.4 | 88.1 | 52.1 | 34.5 | 46.8 | 42.0 | 25.7 | 40.1 |
| 29.7 | 27.4 | 22.9 | 25.3 | 29.1 | 31.3 | 22.2 | 43.5 | 56.3 | 64.1 | 73.1 | 60.5 | 41.3 | 64.2 | 51.1 | 37.6 | 34.1 | 33.5 |
| 33.6 | 35.2 | 26.5 | 24.9 | 51.6 | 28.9 | 47.0 | 41.0 | 35.2 | 63.6 | 78.8 | 100.7 | 42.9 | 62.0 | 41.7 | 38.0 | 46.8 | |
| 25.9 | 30.9 | 24.8 | 24.2 | 22.1 | 28.3 | 46.5 | 35.8 | 32.6 | 74.4 | 88.9 | 66.0 | 39.3 | 28.1 | 40.5 | 45.2 | 37.1 | |
| 21.4 | 30.6 | 32.3 | 22.5 | 21.5 | 23.8 | 43.5 | 43.6 | 59.7 | 74.6 | 103.2 | 67.7 | 31.9 | 27.7 | 42.6 | 32.2 | 66.9 | |
| 24.5 | 32.1 | 24.7 | 23.8 | 27.8 | 34.0 | 39.5 | 49.7 | 51.5 | 82.2 | 55.5 | 54.3 | 27.2 | 38.5 | 40.6 | 43.7 | 46.0 | |

*순서 (왼쪽 세로 방향 화살표)*

[그림 Ⅱ-60]은 '순서'라고 쓰인 방향으로 '일변량 자료'를 형성한다. 'EDA'
를 위해 단계별로 진행해보자.


① 일정한 대푯값 존재(Central Tendency)
'위치 모수'가 일정한지 확인하기 위해 '런 차트'와 '단순 회귀 모형'을 얻
어 보면 다음 [그림 Ⅱ-61]과 같다.

[그림 Ⅱ-61] '런 차트'와 '단순 회귀 모형' 예

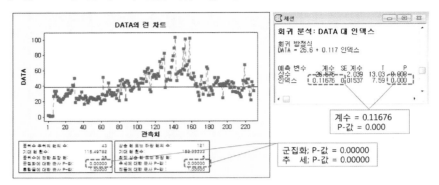

[그림 Ⅱ-61]의 '런 차트'는 중심의 이동이 관찰되며, 한눈에도 '평균'이 일정하지 않다는 것을 알 수 있다. '정량적 분석'인 '단순 회귀 모형'의 '계수' 역시 '0.11676'의 값과 'p-값=0.000'으로 '기울기의 존재'를 암시한다. '런 차트'의 '가설 검정'에서도 유사한 정보를 얻을 수 있다. 우선 '군집화 p-값 =0.00000'은 중간중간 뭉쳐 있는 타점들을 지적한 것으로 보이며, '추세 p-값=0.00000'은 '단순 회귀 모형'에서 '기울기'가 '유의'하게 나온 배경으로써 차트상 타점들의 상승과 무관치 않다. 만일 '일변량 자료'를 추출했던 '프로세스'의 '평균'이 '일정한 값'이어야 하면 우선 '추세'의 원인부터 '사실 분석'을 통해 규명해야 한다. 경우에 따라서는 공정 관리에 심각한 문제가 있음을 드러낼 수도 있다. 본 결과로부터 현 상황을 대변할 모형 '$Y_i$=상수±$error_i$'의 관계는 현재로선 성립하지 않는다.

② 일정한 변동 존재(Fixed Variation)

[그림 Ⅱ-61]의 '런 차트'로부터 'X-축' 값 '130~180' 구간의 변동성이 다른 영역보다 크다는 것을 알 수 있다. 특히 변동이 큰 구간 내 '130~140'

구간은 타점들이 급격하게 연속적으로 상승하고 있는 점도 눈여겨볼 부분이다. 프로세스 내에서 원치 않는 변화가 있었음을 통찰할 수 있는데, 만일 이와 같은 특징이 자주 관찰되면 '사실 분석'이 있을 경우 프로세스에 미치는 개선 효과는 매우 클 것으로 기대된다.

'정량적 분석'인 '등 분산 검정'을 위해 변동성이 큰 '130~180' 구간을 고려해 총 8개의 부분군을 형성하였다. 참고로 '부분군 1'은 '1~30번째', '부분군 2'는 '31~60번째' 등으로 값이 구성된다('130~180' 구간을 고려해 임의로 설정한 범위임). 'Bartlett 검정'과 'Levene 검정' 중 어느 검정 방법을 선택할지 알아보기 위해 사전 진행된 '정규성 검정'에서 '부분군 1, 3, 5'가 비정규를 보임에 따라 '등 분산 검정' 시 'Levene 검정'을 선택하였다. 모두 '정규 분포'면 'Bartlett 검정'을, 하나라도 정규하지 않으면 'Levene 검정'을 선택해야 하는 통계적 절차 때문이다. 다음 [그림 Ⅱ-62]는 미니탭의 '등 분산 검정' 결과이다.

[그림 Ⅱ-62] '등 분산 검정' 결과 예

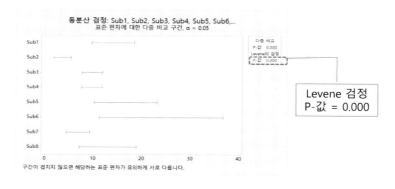

[그림 Ⅱ-62]에서 각 부분군의 '표준 편차 신뢰 구간'이 겹치지 않는 것들이 있으며, 특히 '6번째 부분군(151~180번째)'의 '표준 편차'에 대한 '95% 신

뢰 구간'이 다른 부분군들에 비해 월등히 크다는 사실도 알 수 있다. 이것은 [그림 Ⅱ‒61]의 '런 차트'를 볼 때, '6번째 부분군' 내에 포함된 약 '158~169번째' 타점들의 급격한 하락이 반영된 결과로 보인다. 이 역시 '사실 분석' 대상이다. 'Levene 검정'의 'p‒값'은 '0.000'으로 '분산'에 차이가 있음을 수치적으로 알려준다.

'일변량 자료'의 전체 영역에서 분산이 동일하지 않음에 따라 산포를 줄이려는 노력이 필요하며, 이를 위해 가장 시급한 사항은 '130~180' 구간의 변동성을 확인하는 일이 될 것이다.

③ 임의성(Randomness) 확인

'임의성'을 확인하기 위해 '시차=1'인 '시차 그림'을 작성한다. 다음 [그림 Ⅱ‒63]은 '시차 그림'이며, '정량적 분석'도 동시에 관찰하기 위해 '자기 상관 함수(자기 상관도)'를 함께 작성하였다.

[그림 Ⅱ‒63] '시차 그림'과 '자기 상관도' 결과 예

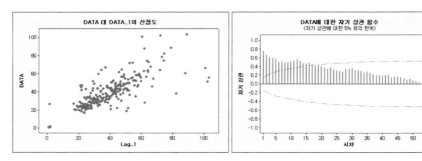

'시차=1'인 '시차 그림'을 보면 양의 관계가 있으며, 따라서 '일변량 자료'는 임의성이 결여된 것으로 판단한다. 또 '자기 상관도'에서 각 '시차'별 '자기 상관'이 완만하게 감소하는 전형적인 '자기 회귀' 과정을 보여준다.

본 '일변량 자료'가 '임의성'이 없으므로 우선 모형 'Y_i=상수±error_i'은 타당하지 않게 되었다. '원 자료'들이 '평균(상수)'에 약간의 '오차(error)'를 더하거나 빼서 얻어지기보다 바로 앞 데이터와의 관계에 의해서 설명될 수 있기 때문이다. 따라서 모형은 다음과 같이 정리될 수 있다.

$$Y_i = 상수 + a Y_{i-1} + E_i \qquad (\text{II}.13)$$

모형 식 (II.13)에서 '원 자료' 각각은 바로 직전 관측치와의 1차 함수 관계로 얻어진다. 이 같은 관계를 알아보는 접근법이 '시계열 분석(Time Series Analysis)'이며, 「4. 시계열 분석(Time Series Analysis)」에서 다룬다.

④ 일정한 분포(Fixed Distribution) 존재

분포 확인을 위해 '그래픽 요약'과 '정규 확률 그림' 및 '정량적 분석'을 위한 '정규성 검정'을 수행한 결과는 다음 [그림 II-64]와 같다.

[그림 II-64] '그래픽 요약'과 '정규 확률 그림' 결과 예

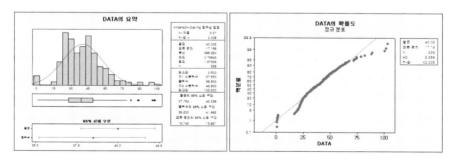

[그림 II-64]의 '히스토그램'은 해석의 여지가 많은데 우선 전체적으로는 '비대칭/왜도형'인 '우변 기운 분포'이며, '정규 확률 그림' 역시 휘어진 활대

모양으로부터 동일한 해석을 낳는다. 이것은 [그림 Ⅱ-61]의 '런 차트'에서 구간 '130~180'의 높은 값들과 무관치 않다. '상자 그림'에서도 이 영역의 값들이 다른 대부분의 값들과 차이를 보여 '이상점'으로 표식하고 있다. '상자 그림'이 좌우대칭의 모습으로 관찰되므로 만일 이 타점들이 문제고, 따라서 '사실 분석'을 통해 원인이 제거된다면 분포는 '정규성'에 근접할 것으로 기대된다.

한편으론 '히스토그램'이 봉우리가 두 개인 '대칭/이봉형'의 성향도 보인다. 이 역시 [그림 Ⅱ-61]의 '런 차트'를 통해 해석할 수 있다. 다음 [그림 Ⅱ-65]를 보자.

[그림 Ⅱ-65] '런 차트'와 '히스토그램'의 해석

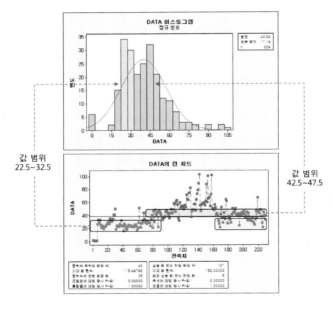

[그림 Ⅱ-65]는 '히스토그램'을 해석하기 위해 '런 차트'를 함께 사용한 예이다. '런 차트'의 '평균'을 중심으로 아래쪽과 위쪽으로 타점의 빈도가 높은 반

면 '평균' 부분은 상대적으로 빈도가 낮다. '정규 분포'를 만들려는 노력에 비해 특정 영역의 자료 빈도가 두드러지게 높아진 것으로 보인다. 왜냐하면 정상적인 공정이면 평균이 유지되고 '정규 분포'가 관찰돼야 하나 설사 벗어났더라도 히스토그램의 중심 빈도는 대부분 가장 높은 상태를 유지하기 때문이다(히스토그램 중심이 오목하게 들어가 보임). '사실 분석'을 심도 있게 추진한 결과 화학제품 생산이 배치로 이루어지고 있었으며, 유사 제품 두 종이 생산 계획에 따라 늘 조건 변경돼 왔던 것으로 확인되었다. 특히 '130~180번째'의 큰 변동성은 조건 변경 시 설비 이상으로 불안정한 상태가 지속된 것이며, 동일 구간 내 '추세'로 관찰된 영역들은 모두 '승온율(Rate of Temp. Rising)'을 조정하는 과정에 나타난 불안정한 결과임이 밝혀졌다. 사실 본 화학제품 생산 프로세스는 관찰된 몇몇 문제점들을 개선하기 위해 자원이 투입될 경우 효율화를 통한 생산성 향상뿐만 아니라 금전적으로도 매우 큰 성과를 기대할 수 있게 되었다.

공정 대부분이 자동화로 운영돼 자료 분석 기회가 상대적으로 적은 장치 산업에 있어 "자동이므로 늘 문제없이 잘 운영되고 있겠지…" 하는 믿음은 'EDA'를 통해 여지없이 깨지는 경우가 종종 발생하곤 한다. 지금까지의 과정을 정리하면 다음 [표 Ⅱ-31]과 같다.

[표 Ⅱ-31] '화학제품 A특성' 자료의 'EDA' 결과

| 항목 | 결과 |
|---|---|
| 모형 | $Y_i = 상수 + a\,Y_{i-1} + E_i$ |
| 신뢰 구간(불확정성) | 정규성을 띠지 않고 '군집', '추세' 등이 관찰됨. 해석 불필요 |
| 사실 분석 | '군집'은 '배치 생산'의 영향으로, '추세'는 온도를 상승시키는 과정에서 '승온율'의 불안정으로 발생한 것임. 또 설비 이상으로 인한 이상점들이 다수 발견됨. 이후 이들 모두는 과제화를 통해 수개월간 원인 규명, 재발 방지 등의 조치가 이루어져 생산성이 높아지는 전기를 마련(한 것으로 가정). |

다음 단원부터 '일변량 자료 분석'과 밀접하게 연계된 '시계열 분석'에 대해 알아보자.

# 4. 시계열 분석(Time Series Analysis)

'시계열 분석(Time Series Analysis)'은 품질 교육 과정에 대부분 빠져 있어 예비 리더뿐만 아니라 익숙한 리더들도 선뜻 손이 가지 않는 도구이다. 그러나 앞서 '사례 연구-3'의 식 (Ⅱ.13)과 같이 '일변량 자료'의 현 상태 해석에 있어 '일변량 자료'와 '시계열 분석'은 불가분의 관계에 있음을 명심해야 한다.

영업과 같이 차월 또는 3개월 이후의 판매량, 판매가의 추이를 예측하거나, 구매 부서에서 외부 요인에 의해 등락하는 원료 단가를 예측하는 업무는 단기 전략을 구사하기 위해 없어서는 안 될 주요 활동임에도 이때 유용한 '시계열 분석'은 거의 활용되지 못하고 있는 실정이다. 왜일까? 우선 있는 줄 몰라서 못 쓰는 경우도 있지만, 경영 혁신 도입 이후 그 존재는 대부분 인식하고 있으므로 모른다기보다 좀 어려워 보이는 선입견 때문이 아닌가 싶다. '추세', '분해', '지수 평활', 'Winters의 방법' 등이 그렇고 그 내부로 들어가면 절차와 과정, 해석이 그리 와 닿지 않는다. 또 다른 이유는 불신감도 크게 작용하는 것 같다. "예측을 했다손 치더라도 믿음이 가지 않는다" 또는 "그런 게 가능하다면 왜 주식에서 떼돈 버는 사람이 나타나지 않는가?" 등의 유사한 답변들이 무성하다.

한번은 모 기업의 영업 담당자 과제가 향후 3개월간 '판매량 예측 정확도 향상'이었다. 과거 데이터의 패턴이 어느 정도 일관성이 있어 '시계열 분석'을 추천했더니 두 달이 넘도록 멘토링 내용조차 진전이 없었다. 모두 생소한 용어 때문에 손이 가지 않아 계속 미루기만 했던 것이다. 멘토링 시간을 잘 활용하려 해도 자기 학습이 선행돼야 하는데 그 정도 시간 투입이 어려울 정도로 실무자들에겐 낯선 도구란 생각을 떨쳐버릴 수 없다. 그러나 다행스러운 일은 당장 손은 안 가더라도 그 필요성은 매우 긍정적으로 수용하는 이중적

태도를 보인다는 점이다. 왜냐하면 다음과 같은 필자의 답변(?)에 '혹'한 때문인데 대화 내용을 요약하면 다음과 같다.

(필자) "어떻게 미래를 정확하게 맞출 수 있겠어요. 당연히 불가능하죠. 우리가 할 수 있는 최선은 단지 맞추려고 노력하는 것뿐입니다. 그런데 예측은 업무에 필요한 겁니까? 아니면 안 해도 상관없는 겁니까?"

(영업 담당자) "필요하죠! 안 하면 생산 계획 수립부터 올해 목표 달성이 가능한지에 대한 판단 등 모든 업무가 혼란스러워질 테니까요."

(필자) "그럼 현재 하는 예측 활동이 그동안 잘 맞았나요?"

(영업 담당자) "그게 좀…, 잘 맞지도 않고 담당자마다 작성 기준이 달라서요."

(필자) "이전 담당자는 어떻게 해왔는데요?"

(영업 담당자) "그걸 모르겠어요. 주관적 판단이 상당 개입하고 있다는 것 외에는…."

(필자) "그래요. 그럼 이참에 하나라도 제대로 해보는 게 어때요? 어차피 맞지 않는 거면 누가 하든 재현성만큼은 완벽하게 해놓는 거죠!"

(영업 담당자) "어떻게요?"

(필자) "시계열 분석을 하면 됩니다."

(영업 담당자) "헉! 배우지 않았는데… 그걸 하면 어떻게 활용되는데요?"

(필자) "모르면 알면 되는 거고, 우선 과거 자료를 갖고 있으면 수식 선택에 차이가 없는 한 모두 똑같은 예측 자료가 나오므로 과정의 품질은 90% 이상 확보할 수 있어요. 그다음이 '예측 정확도'인데 어차피 100% 맞추려고 덤비는 건 난센스입니다. 그래서 쓰이는 것이 '신뢰 구간'이에요. 통상은 '평균' 개념의 예측 값을 사용하지만 '신뢰 구간'을 쓰면 '중간 값'뿐만 아니라 '하한 값'과 '상한 값'이 나오게 됩니다. 예측 정확도의 자유도를 좀 더 늘려놓는 것이죠. 만일 판매량 경우 앞으로 3개월 동안 여건이 여의치 않다고 판단되면 모든 전략은 비관적인 '하한 값'에 맞춰 수립합니다. 여건이 예상과 달리 좋아지면 목표 초과달성이고, 예측대로 매우 안 좋아졌다면 환경에 잘 대응한 것이죠. 이 경우 예측 정확도는 매우 높았다고 결론지을 수 있습니다. 물론 여건이 매우 좋을 것 같으면 낙관적인 '상한 값'에 맞추거나, 중도적 상황이 예상되면 '평균 값'에 맞추면 됩니다. 위험도를 피하고 싶다면 당연 비관적 판단인 '하한 값'에 주로 맞추는 정책을 구사하는 것도 접근 전략에 있어 유용하죠. 만일 상황 변화에 따라 생산 계획 대응 능력이 매우 유연하고 빠르다면 비관적 전략을 먼저 구사하다 상황이 반전되는 시점에 중도적

또는 낙관적 전략으로 바꾸는 접근도 가능합니다. 또 여기서 끝나는 게 아니죠. 이런 객관적이고 재현도 높은 산식의 이용과 신뢰 구간을 활용한 판단 자료가 쌓이면 소위 오조준의 능력도 생겨날 겁니다. 노하우가 쌓일수록 정확도 수준은 점점 경지에 이를 수 있다는 뜻이죠."

(영업 담당자) "아! 정말 그렇겠네요! 어떻게 하면 되는 거죠?"

사실 지도 위원과 리더와의 대화는 여기까지다. 그다음부터 과제 수행과 멘토링은 지지부진하다 흐지부지되기 일쑤다. 지도 위원은 입만 갖고 지도한 꼴이고 리더는 제목만 갖고 과제를 완료한 겪이다!(^^) 안타깝기 그지없다. 업무를 계량화할 수 있는 정말 괜찮은 접근인데 말이다.

본격적인 설명으로 들어가기에 앞서 밑도 끝도 없이 갑자기 '예측'의 용도로 쓰이는 '시계열 분석'을 EDA 본문에 포함시킨 이유에 대해 의아해하는 독자가 있을 수 있다. 사실 포함시킬지 여부에 대해 몇 차례 고민이 있었던 것도 사실이다. 그러나 많은 분량임에도 본문에 넣기로 최종 결론을 지은 이유는 다음으로 요약된다.

1) 영업의 매출이나 판매량, 구매의 원자재 단가 추이, 조업의 생산량이나 품질 특성들의 시계열적 변화는 '예측(Forecast) 모형'을 통해 단기 전략을 구사하거나 운영 중인 프로세스 성향을 파악하는 데 매우 유용하다. 이들은 EDA 과정 중에 주요 해석 정보로 이용된다.

2) '1)'의 내용과는 반대로 '일변량 4－Plot'을 통해 초기 분석을 수행했을 때 '시차 그림'으로부터 '자기 상관'이 관찰됐다고 가정하자. 만일 '자기 상관'이 있어선 안 되는 프로세스면 '사실 분석'을 통해 자료를 왜곡시킨 프로세스 내 '근본 원인'을 찾아 개선해야 하며, 이 과정은 EDA 본연의 활동에 해당한다. 그렇지 않고 '자기 상관'이 존재하는 프

로세스면 '시계열 분석'을 수행한다. 관련 내용에 대해서는 「4.1.8. '자기 상관(Autocorrelation)'이 있는 경우의 EDA」에서 간단한 사례를 들어 설명이 있을 것이다.

'시계열 분석'이 '일변량 자료'에서 매우 중요하다고 해서 그 어려운 모든 것을 여기서 몽땅 다루는 것은 분명 한계가 있다. 적정선에서 타협해야 하는데 우선 독자가 '시계열'을 받아들이는 데 작으나마 장애를 느껴선 안 되므로 기초 부분을 차근차근 밟아 나가면서 활용도가 높은 수준까지만 전개할 것이다. 그 이상을 넘는 부분은 별도의 자료나 문헌을 참고하기 바란다.

## 4.1. '시계열 분석'의 기초

'시계열(Time Series)'의 사전적 정의부터 알아둬야 할 것 같다. 어떤 일을 시작할 때 용어를 미리 명확하게 정의해놓지 않으면 점점 알아갈수록 서로 간 대화에 문제가 생긴다.

---

· **시계열**(時系列, Time Series) (네이버 지식사전) 일반적으로 어떤 양의 관측 결과를 일정한 기준에 따라 계열로 정리한 것을 통계 계열이라고 한다. 어떤 관측치(觀測値) 또는 통계량의 변화를 시간의 움직임에 따라서 포착하고 이것을 계열화했을 때, 이와 같은 통계 계열을 시계열이라고 한다. 이러한 경우의 관측 결과 x는 시간 t에 따라서 변동하는 양이므로 그 시계열은 {x$_t$}로 표시된다. 예를 들면, 한 나라의 경제 성장을 알기 위한 실질 국민 총생산지수에 관한 통계 도표는 연도를 시간이라고 생각하였을 때의 시계열의 도표이다.

---

> · **시계열 분석**(時系列 分析, Time Series Analysis) (네이버 지식사전) 경기 변동 등
> 의 연구에 사용되고 있다. 통계 숫자를 시간의 흐름에 따라 일정한 간격마다 기록한
> 통계 계열을 시계열 데이터라고 하며, 이 계열의 시간적 변화에는 여러 원인에 기인한
> 변동이 포함되어 있다. 예를 들면, 돌연적인 사건을 원인으로 하는 것(우연 변동 또는
> 불규칙 변동), 해마다 똑같이 되풀이되는 계절 변동, 또한 오랜 세월에 걸쳐 추세적(趨
> 勢的)으로 나타나는 구조 변동, 1년 이상의 장기간에 걸쳐 규칙적으로 반복되는 순환
> 변동 등이 있는데, 이들 변동이 복잡하게 혼합되어 하나의 시계열 데이터를 이루고 있
> 다. 연구 목적에 따라 특정한 원인에 의거하여 나타나는 변동 부분만을 분리하여 추출
> 하거나 또는 소거(消去)하는 일이 필요하게 된다. 이와 같은 통계 기술을 사용하는 연
> 구를 '시계열 분석'이라고 한다.

이어지는 내용은 기업들에겐 당장 큰 효용성은 없으나 앞으로 좀 더 깊이
있는 활용이 될 수 있도록 '시계열 분석'의 발전 과정을 개략적으로 정리해보
았다. 사실 한글이지만 전문 용어들이 많아 기대한 만큼 크게 와 닿진 않는
다.(^^!) 다음은 한 문헌[48]에 들어 있는 시계열의 기원을 끈기 있게(?) 번역해
옮긴 내용이다. 확실한 기초 다지기를 위해 찬찬히 읽어보기 바란다.

'시계열 분석'은 그 체계가 잡히기 훨씬 전부터 이미 천문 관측에 이용됐는데, 단적인
예로 경제 방면의 논문가들, 예로써 Cournot(1838)[49]는 천문학의 '영년 변화(永年變化,
Secular Variation)'[50]가 경제학의 주기 변화와 다르다는 주장을 펼 정도로 천문학과의 강
한 연관성을 빗대기도 하였다. 이와 달리 Jevons(1884)[51]는 그의 단기 파동 연구가 천문학
과 기상학에서 따온 방법임을 역설하기도 했다.

---

48) "New Palgrave Time Series Analysis", faculty.arec.umd.edu, (Web Site)
http://faculty.arec.umd.edu/mnerlove/New%20Palgrave%20Time%20Series%20Analysis.pdf
49) Cournot, A.(1838), Researches into the Mathematical Principles of the Theory of Wealth, trans.
N. Bacon. New York: Macmillan, 1927.
50) 관측 값이 오랜 시간 동안 변하는 현상을 말한다.
51) Jevons, W.(1884), Investigations in Currency and Finance. London: Macmillan.

19세기 전반에 걸쳐 시계열 분석은 천문학과 기상학에서 벗어나 새로운 연구 영역인 사회, 경제 분야로 그 영향력을 확대해 나갔다(자세한 내용은 "Nerlove, Grether and Carvalho, 1979, pp.1~21" 참조).[52] 초기에는 주기성(Form of Periodicity)을 보이는 자료의 시계열 분석 방법 중 하나로 '조화 분석(Harmonic Analysis)'이 이용되었다. 이 분석법은 진동수가 다른 'Sine' 또는 'Cosine' 파가 서로 중첩된 것으로 가정한다. 그러나 유한한 개수의 주기 함수들을 합치면 그 역시 주기성을 보이는데, 실제 주변에서 관찰되는 경제 지표 등에는 늘 주기성이 존재하는 것만은 아니다. 이에 학자들은 'Noise'라고 하는 확률 성분을 추가하게 되었다. 결국 관찰자는 'Noise'에 숨겨진 사인 파동의 진폭과 진동수(데이터 내 숨겨진 주기성)를 찾는 문제에 골몰하게 되었고, 이때 사용된 초기 방법으로 Stokes(1879)[53]에 의해 제안된 '주기도(週期圖, Periodogram) 분석'이 생겨났다. '주기도 분석'은 Schuster (1898)[54]가 태양 흑점 데이터를 분석하는 데 이용했으며, 그 외에도 William Beveridge(1921; 1922)[55]에 의해 경제 분야 시계열 분석에 활용되었다.

한편 경제 분야에서 얻어진 시계열이 완전히 확률적인 경우 이전의 '주기도 기법 (Periodogram Technique)'으론 해석에 어려움을 겪는 문제가 생겨났다. 이에 'Noise 성분' 과 달리 완전한 '확률적 시계열 성분'을 반영해 발전시킨 '주기도 분석'의 현대화 버전 격에 '스펙트럼 분석(Spectral Analysis)'이 활용되기도 하였다.

'조화 분석'이 경제, 사회 분야의 시계열 분석에 부적절하다는 것이 입증돼 갈 즈음(필자: '주기도 분석'과 '스펙트럼 분석'은 '조화 분석'의 아류로 볼 수 있음), 새로운 해법이 러시아 통계학자이자 경제학자인 Eugen Slutsky(1927)[56]과 영국의 통계학자 G. U. Yule(1921; 1926; 1927)[57]에 의해 제안되었다. Slutsky와 Yule는 순전히 무작위 수들로만

---

52) Nerlove, M., Grether, D. and Carvalho, J.(1979), Analysis of Economic Time Series. New York: Academic Press.

53) Stokes, G.(1879), Note on searching for hidden periodicities. Proceedings of the Royal Society 29, 122.

54) Schuster, A.(1898), On the investigation of hidden periodicities with application to the supposed 26-day period of meteorological phenomena. Terrestrial Magnetism and Atmospheric Electricity [now Journal of Geophysical Research] 3, 13 - 1.

55) 1) Beveridge, W.(1921), Weather and harvest cycles. Economic Journal 31, 429 - 2.
2) Beveridge, W.(1922), Wheat prices and rainfall in western Europe. Journal of the Royal Statistical Society 85, 412 - 9.

56) Slutsky, E.(1927), The summation of random causes as the source of cyclic processes. Econometrica 5, April 1937, 105 - 6.

이루어진 계열이 있고, 그들을 서로 합하든 빼든, 또는 가중하든 안 하든지에 관계없이 그들로부터 새롭게 얻어진 계열은 과거 경제 분야에서 보아왔던 시계열 특징인 주기성이 존재함을 입증한 것이다. 이로써 순전히 무작위 수들만의 합 또는 차와 그로부터 얻어진 새로운 계열들 간의 합 또는 차 모두는 'ARMA(Autoregressive Moving-Average)'라고 부르는 다양한 부류의 시계열 모델링 과정으로 해석할 수 있게 되었다. 'ARMA 모형'은 시계열의 '시간 변역(變域, Domain)'을 포함한다. 비록 'ARMA 모형'이 시계열의 스펙트럼적 표현과 매우 다르게 보일지라도 '시간 변역 분석'과 '스펙트럼 분석' 간에는 일대일 관계 [Mapping, 사상(寫像)]가 성립한다. 어느 방식이 좋은지는 현재로선 문제 해결에 좀 더 확실한 답을 주는 쪽이 선호될 뿐이다.

'시계열 분석'은 수집된 '일변량 자료'인 'Y$_i$'와 각 데이터가 수집된 시점인 'X$_i$(즉, 시간 t)'와의 관계를 해석한다. 이때 '시간 t' 간 간격은 일정한 것을 전제로 한다. 일정하지 않아도 '시계열 분석'이 가능하나 복잡도가 증가한다. 다행히 기업 내 프로세스에서 수집되는 '일변량 자료'는 일정한 시간 간격의 것들이 대부분이다. 예를 들어 시간별, 월별, 분기별, 연간 등으로 수집돼 보유하고 있는 자료가 이에 속한다. '시계열 분석'은 주로 다음과 같은 상황에 매우 유용하게 활용된다.

○ 경제 전망(Economic Forecasting)
○ 판매 예측(Sales Forecasting)
○ 예산 심의/분석(Budgetary Analysis)
○ 증시 분석(Stock Market Analysis)

---

57) 1) Yule, G.(1921), On the time-correlation problem, with special reference to the variate difference correlation method. Journal of the Royal Statistical Society 84, 497 - 26.
2) Yule, G.(1926), Why do we sometimes get nonsense correlations between time series? A study in sampling and the nature of time series. Journal of the Royal Statistical Society 89, 1 - 4.
3) Yule, G.(1927), On a method of investigating periodicities in disturbed series with special reference to Wolfer's sunspot numbers. Philosophical Transactions of the Royal Society of London A 226, 267 - 8.

○ 수익/생산량 예측(Yield Projections)

○ 프로세스 또는 품질 관리(Process and Quality Control)

○ 재고 연구/관리(Inventory Studies)

○ 작업량/부하 예측(Workload Projections)

○ 유틸리티 관리/연구(Utility Studies)

○ 인구 조사/연구(Census Analysis)

○ 등등.

이들의 공통점, 즉 '시계열 분석'이 가능한 자료의 특징을 요약하면 다음과 같다.

1) 시간의 흐름에 따라 수집된 자료임.
2) '내부 구조(Internal Structure)'를 포함하고 있는 자료임. '내부 구조'란 '자기 상관 (Autocorrelation), 추세(Trend), 계절 변동(Seasonal Variation)'을 의미함.

'시계열 자료'는 "일정한 시간 간격을 두고 연속적으로 얻은 자료"이다. 만일 현재 '시계열 자료'를 수집했다고 가정할 때, 해석을 위해 당장 판단할 일은 어떤 방법으로 어떻게 해나갈 것인가이다. 우선 '방법'들에 있어 우리 주변에서 쉽게 찾을 수 있는 것들에 '시계열 그림(Time Series Plots)', '추세 분석(Trend Analysis)', '분해(Decomposition)', '이동 평균(Moving Average)', '단일 지수 평활(Single Exponential Smoothing)'과 '이중 지수 평활(Double Exponential Smoothing)', 그리고 'Winters의 방법(Winters' Method)', ARIMA(Autoregressive Integrated Moving Average) 등이 있다. 좀 낯선 용어들이지만 이들 모두는 다음 [그림 Ⅱ-66]에서 보여주듯 미니탭의 「통계 분석(S) > 시계열 분석(S)」에 포함된 하위 메뉴들이다.

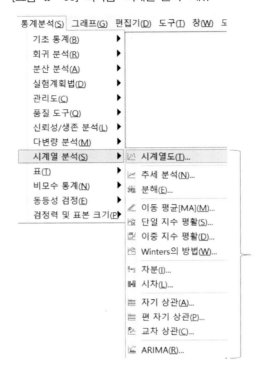

[그림 Ⅱ-66] 미니탭 '시계열 분석' 메뉴

'시계열 분석'이란 결국 [그림 Ⅱ-66]의 하위 메뉴들 중 하나를 선택한다는 의미다. 각각의 특징과 내용을 어느 정도 이해해야 '시계열 분석'이 가능할 것이므로 이들 각각에 대해 적힌 순서대로 간단히 알아보자.

### 4.1.1. 시계열 그림(Time Series Plot)

미니탭과 달리 '한국통계학회 통계 용어집'에는 '시계열 그림(Time Series

Plot)'으로 돼 있어 이후부터는 '시계열 그림'으로 부르겠다. '시계열 그림'은 '시계열 자료'가 확보됐을 때 시간 순서 그대로 타점을 찍어 나타낸 그래프이다. 결과 그림에 '평균선'이 나타나지 않는 점을 빼면 '부분군 크기=1'인 '런 차트'와 다를 바 없다. 다음 [그림 Ⅱ-67]은 '시계열 그림'의 예이다.

[그림 Ⅱ-67] '시계열 그림' 예

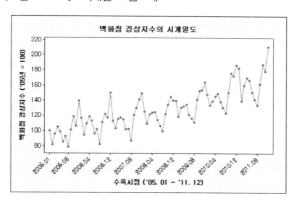

[그림 Ⅱ-67]은 서울시에 있는 대형 백화점의 '백화점 경상 지수(2005=100 기준)'를 2005년 1월부터 2011년 12월까지 총 84개월 동안 수집한 자료를 적용한 결과이다. '시계열 그림' 중 반복되는 최고점은 백화점 호황기인 매년 12월의 매출을 나타낸다. 출처는 '국가통계포털(KOSIS, Korean Statistical Information Service)'을 참고하였다.[58] 참고로 '시계열 그림'은 [그림 Ⅱ-66]의 미니탭 경로 외에 「그래프(G) > 시계열도(T)…」에서도 얻을 수 있다.

---

58) '국가통계포털'의 초기 화면 'http://kosis.kr/index/index.jsp'으로 들어가 화면 왼쪽 "주제별>도소매서비스>소매판매·도소매업동향>소매판매액지수>16개 시도별 대형소매점 판매액지수(2005=100)"에서 얻음. 단, '조회범위 상세설정하기'에서 '서울특별시' 및 '백화점 경상지수'만 선택함.

## 4.1.2. 추세 분석(Trend Analysis)

'추세 분석'의 사전적 정의를 옮기면 다음과 같다.

> · **추세 분석**(趨勢分析, Trend Analysis) (네이버 지식사전) 과거의 추세치가 앞으로도 계속되리라는 가정하에 과거의 시계열 자료들을 분석해 그 변화 방향을 탐색하는 미래 예측 방법을 말한다. 추세 분석의 방법으로는 투사법(projection) 또는 외삽법(extrapolation)이 흔히 이용된다. 추세 분석 자료는 정책 결정자에게 필수불가결한 정보가 된다.
>
> (참고) 용어 'Trend'는 1901년 Reginald Hooker가 처음 사용(아래 출처).
> Judy L. Klein(1997), "Statistical Visions in Time: A History of Time Series Analysis, 1662-1938", Cambridge University Press, p.236.

'추세'란 "어떤 현상이 일정한 방향으로 나아가는 경향"이다. "일정한 방향"은 '증가' 또는 '하락'의 경우로 나뉜다. 이해를 돕기 위해 「통계 분석(<u>S</u>) > 시계열 분석(<u>S</u>) > 추세 분석(<u>N</u>)…」의 '대화 상자'를 보자.

[그림 Ⅱ-68] '추세 분석'의 '대화 상자'

미니탭 「통계분석(<u>S</u>)>시계열 분석(<u>S</u>)>추세 분석(<u>N</u>)…」

'일변량 자료'가 시간에 따라 '상승' 또는 '하락'의 추세로 나타날 경우, '선형'처럼 "직선의 경향"을 보일 수도 있고, '2차'처럼 "감소하다 증가 또는 증가하다 감소하는 곡률의 경향", 또 '지수 성장'과 같이 "지수 함수적으로 증가 또는 감소"를, 끝으로 'S-곡선(Pearl-Reed 로지스틱)'과 같이 "지수 함수적으로 증가하다 일정 수준에 이르는 S-자 곡선 형상" 등이 존재한다. '선형', '2차', '지수 성장', 'S-곡선'을 규정짓는 함수 모형은 다음 [표 Ⅱ-32]와 같은 구조로 이루어져 있다.

[표 Ⅱ-32] '추세 분석'에 쓰이는 일반 모형

| 유형 | 모형 |
|------|------|
| 선형 모형(Linear Model) | $Y_t = \beta_0 + \beta_1 t + e_t$ |
| 2차 모형(Quadratic Model) | $Y_t = \beta_0 + \beta_1 t + \beta_2 t^2 + e_t$ |
| 지수 성장 모형(Exponential Growth Model) | $Y_t = \beta_0 \beta_1^t + e_t$ |
| S-곡선 모형(S-Curve Model) | $Y_t = \dfrac{10^a}{\beta_0 + \beta_1 \beta_2^t} + e_t$ |

[표 Ⅱ-32]에 나타난 '모형'들에서 '독립 변수'인 '$t$'는 시계열 자료가 동일한 기간 동안 계속해서 반복적으로 얻어지기 때문에 대부분 '1, 2, 3, 4, … $n_t$'와 같이 순서를 의미하는 '자연수'를 사용한다. 예를 들어, 수집된 '일변량 자료'가 총 30개면, '28번째 값'을 추정하기 위해서는 '선형 모형'의 '$t$'에 '28'을 넣고 계산하는 식이다.

프로세스로부터 수집된 자료를 [표 Ⅱ-32]의 모형들 중 하나로 설명하려는 시도는 '시계열 그림'을 작성해서 '추세 유형'을 판단하는 일부터 시작된다. 만일 자료가 직선의 추세를 보이면 '선형 모형'을, 곡선의 추세를 보이면

'2차 모형'을 선택하며, 이때 미니탭은 주어진 자료로부터 [표 Ⅱ-32]의 모형들에 포함된 '계수(βs)'들의 쓸 만한 값들을 추정해준다. '추정 방법'은 주로 '최소 제곱법(Least Squares Method)'을 사용한다. 이에 대한 좀 더 자세한 과정을 원하는 독자는 「Be the Solver_확증적 자료 분석(CDA)」편을 참고하기 바란다.

앞서 설명한 바와 같이 '추세 분석'은 '시계열 그림'을 작성하면 바로 알 수 있는데, [그림 Ⅱ-67] 경우 서울에 있는 대형 백화점의 '월 경상 지수'는 '상승 추세'에 있으며, 이를 [그림 Ⅱ-68]과 비교 시 '선형 모형'으로 설명되거나, 또는 약간 '곡률의 상승 추세'를 보임에 따라 '2차 모형'의 설정도 가능할 것으로 보인다. 미니탭 실행 및 결과는 다음 [그림 Ⅱ-69]와 같다.

[그림 Ⅱ-69] '추세 분석'을 위한 '선형 모형'과 '2차 모형' 적합 예

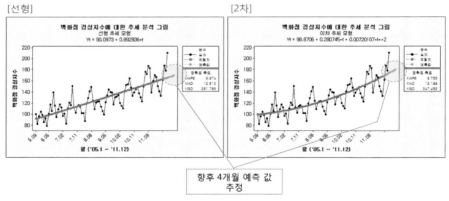

[그림 Ⅱ-69]의 왼쪽 '선형' 적합 그림은 선형의 상승 추세를 염두에 둔 결과이며, [그림 Ⅱ-68]의 '대화 상자' 내 "예측 생성=4"를 입력하여 향후 4개월 동안의 '경상 지수'를 예측하였다. 오른쪽 '2차' 적합 그림은 '곡률 추세'

가 있다고 보고 얻은 결과이며, 역시 향후 4개월의 예측 값을 얻었다. 그러나 두 그래프 모두 시계열 자료가 등락하지 않는 상황에 적합하며, 백화점 사례와 같이 상하 변동성(매년 말 매출이 높음)이 존재할 경우 예측 값은 실측값과 큰 차이를 보이는 구조적 한계에 직면한다(각 '모형'은 그래프 상단 참조).

'일변량 자료'의 '추세 분석'은 만일 각 '$Y_i$'에 '자연수('$Y_1 \rightarrow 1$', '$Y_2 \rightarrow 2$' … '$Y_{84} \rightarrow 84$')'를 대응시켜 '회귀 분석'을 해도 동일한 결과를 얻는다. 따라서 예측 값에 대한 '신뢰 구간'은 '회귀 분석'을 통해 얻을 수 있다. 예를 들어 [그림 Ⅱ-69]의 '선형'에서, '85번째 예측 값'을 얻으려면, 미니탭의 「통계 분석(S) > 회귀 분석(R) > 회귀 분석(R) > 예측(P)…」에서 '$x = 85$'를 입력해 얻는다. 이 과정의 결과는 "적합 값=165.99, 95% CI(158.82, 173.16), 95% PI(132.63, 199.35)"이다. 만일 본 결과를 근거로 시장이 불안정하다고 가정한 상황에서 1개월 뒤 매출 전략을 수립한다면 실제 판단에 유리한 'PI(132.63, 199.35)' 중 '132.63'에 맞추는 시도가 적절하다.


## 4.1.3. 분해(Decomposition)

'분해(分解, Decomposition)'는 [그림 Ⅱ-66]의 하위 메뉴 중 세 번째에 위치한다. '시계열 그림', '추세 분석'까지 나름 이해하던 리더들도 '분해'란 메뉴에 이르면 시계열에 대한 무한한 관심과 활용 의지를 과감하게(?) 접어버린다. 스마트폰을 구매해서 사용 매뉴얼을 일일이 뜯어보는 고객은 거의 없을 것이다. 만일 대부분의 사용자가 그렇게 하고 있다면 제조사가 제품을 잘못 만든 것이다. 바빠 죽겠는데 그 기능 하나하나를 모두 쓰겠다고 깨알만 한 문장들을 주경야독하는 사람이 몇이나 될 것인가 말이다. 제조사는 느낌으로 이용할 수 있도록 감성에 입각한 디자인을 해주고, 구매자는 주변에서 주워듣는 사용 담을 통해 익숙해가는 방법이 오히려 재미도 있고 바쁜 현대인에도 걸맞다. 그런데 '분해'는 안타깝게도 미니탭 회사가 감성적 디자인을 해주지도 않을뿐더러, 그렇다고 주변에서 쓰는 사람이 많아 경험담을 나눠가며 알아가는 쏠쏠한 재미도 없다. 오히려 어떻게라도 알아보려 노력하는 선량한 직장인들의 기를 단번에 꺾어버리고 감히 범접하지 못하도록 복잡하고 이해 못할 상형문자(?)들로 잔뜩 채워버린다. 사랑스러운 스마트폰의 매뉴얼도 안 보는데 이중 삼중으로 접근 금지 방어벽을 구축한 상태에선 한마디 하고 만다. "안 쓰고 말지!" 그나마 이렇게 말하는 사람은 오히려 노력이라도 한 축에 든다. '분해'란 단어만으로도 아예 덮어버리는 사람이 있는가 하면 좋다고 계속 알려주고 설명해도 단 한 발짝을 나가지 않는 사람이 수두룩하다. 그만큼 와 닿지 않는 내용이다. 용어나 내용이…. 그러나 그 필요성은 공감하니 이 기회에 그 벽을 깨쳐버리자. 사실 알아보기 쉽게 설명한 출처가 없어 문제지 가만히 따져보면 생각보다 그리 어렵지 않다는 것에 대부분 동의할 것이다. 자, 출발해보자!(^^)

우선 '분해'의 국어사전과 미니탭 정의 및 용어 출처는 다음과 같다.

---

- **분해**(分解, Decomposition) (국어사전) 여러 부분이 결합되어 이루어진 것을 그 낱낱으로 나눔.
  → (미니탭) 시계열에 '계절 성분'이 있을 때 예측 값을 구하려는 경우, 또는 단순히 성분 요소의 특성을 조사하려는 경우에 이 절차를 사용.

  (참고) 용어 'Decomposition'은 Lucien March가 처음 사용. 단 분해된 각 성분들은 그 이전부터 사용돼 옴(아래 출처).
  Judy L. Klein(1997), "Statistical Visions in Time: A History of Time Series Analysis, 1662-1938", Cambridge University Press, p.236.

---

'미니탭' 정의를 보면 "시계열에 '계절 성분'이 있을 때…"로 설명한다. '계절 성분'을 알아보기 위해 [그림 Ⅱ-67]을 옮겨 다시 살펴보자.

[그림 Ⅱ-70] '시계열 그림' 내 '계절 성분' 예

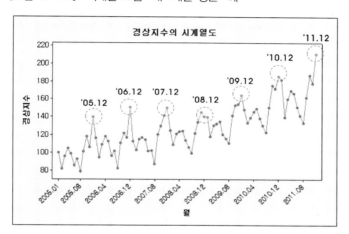

[그림 Ⅱ-70]에서 작은 원으로 표시된 타점의 해당 월을 보면 모두 '12월'임을 알 수 있다. 이 자료는 설명을 위해 인위적으로 만든 것이 아니다. 실제 서울에 위치한 대형 백화점들의 '월 경상액'에 대해 2005년을 '100'으로 놓고 지수화한 결과이다. 어떻게 '12월'만 모두 금액이 튀어 오른 것일까? 복잡한 조사 과정이 있을 필요도 없이 '연말 특수'라는 것쯤은 삼척동자도 다 아는 사실이다. 눈치 빠른 독자라면 '계절 성분'이 존재할 때 [그림 Ⅱ-69]에서 설명한 '추세 분석'은 별 도움이 안 되리란 것을 쉽게 알 수 있다. [그림 Ⅱ-70]처럼 계절적 요인으로 등락을 반복하는 환경에서 상승 또는 하락의 경향만 따지는 해석은 분명 설득력이 떨어진다. 결국 '계절 성분', 즉 계절의 영향으로 반복되는 성향을 어떻게든 따로 떼어내어 해석에 반영하는 일이 절실

하게 필요한 이유가 여기에 있다. '분해'를 이해하기 위해 「통계 분석(S) > 시계열 분석(S) > 분해(E)…」의 '대화 상자'를 열어보자.

[그림 Ⅱ-71] '분해'를 위한 '대화 상자'

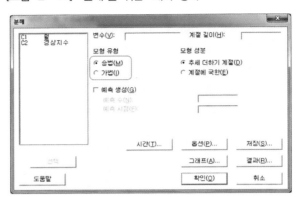

[그림 Ⅱ-71]에 의하면 '분해법(Decomposition Method)'엔 '승법 모형 (Multiplicative Model)'과 '가법 모형(Additive Model)'이 있고, '대화 상자'에는 없지만 이 외에 '유사 가법 모형(Pseudo-additive Model)'[59]이 알려져 있다. '유사 가법 모형'의 설명은 생략한다. 두 접근법을 이해하기 위해서는 앞서 정의한 용어 '시계열 분석'에 포함된 '불규칙 변동', '계절 변동', '구조 변동(추세 변동)', '순환 변동'에 대한 학습이 먼저 필요하다. 이들은 '분해'의 대상이 되므로 통상 '성분(Component)'으로 불린다. 다음은 '성분'들의 요약이다.[60]

---

59) '한국통계학회' 용어집에 'Pseudo-additive'는 없고, 그 대신 'Pseudo'가 모두 '유사'로 번역하고 있어 그에 따라 표현하였음.

60) 각 성분별 용어 및 내용은 '네이버 지식사전'에서 용어 '계절 조정 변동'에 포함된 내용 중 관련 부분만 발췌하여 옮겨놓은 것임.

| 성분 | | 설명 |
|---|---|---|
| 체계적 변동 성분61)<br>(Systematic<br>Variation<br>Component) | 추세 변동 성분<br>(Trend Variation<br>Component) | 경제 성장 등에 수반하여 발생하는 주기가 10년 이상인 장기적인 상승 또는 하강 경향을 나타나는 변동 |
| | 계절 변동 성분<br>(Seasonal Variation<br>Component) | 1년을 주기로 반복해서 발생하는 변동<br>1) 시작 시기, 진폭 등이 매우 일정<br>• 기상 상태(Natural Conditions): 계절을 대표하는 기상 변동 등<br>• 사업과 행정 절차(Business & Administrative Procedures): 영업 분기/반기 결산, 학기 개강과 종강 등<br>• 사회 문화적 관습(Social and Cultural Behaviour): 석가탄신일, 크리스마스 등<br>2) 특정 월 일수 또는 시작 시기의 변화<br>• 거래일 변동: '00년 3월엔 주말이 4번 있었으나 '02년 3월엔 5번 있었음.<br>• 시작일 변동: 설, 부활절, 중국 춘절 등 |
| | 순환 변동 성분<br>(Cyclical Variation<br>Component) | 경기 순환 과정에서 확장 및 수축 기간이 교대로 나타내는 약 2~6년의 주기를 갖는 변동 |
| 불규칙 변동 성분<br>(Irregular Variation Component) | | 위의 3가지 성분 외의 변동으로서 돌발적인 요인이나 원인 불명의 요인(파업, 태풍, 지진, 홍수 등)에 의거하여 일어나는 변동. 미니탭에서는 '오차(Error) 성분'으로 표기함. |

다음 [그림 Ⅱ-72]는 [표 Ⅱ-33]의 성분들을 그림으로 표현한 예이다.62)

---

61) '체계적 변동 성분(Systematic Variation Component)'은 출처에 따라 포함된 경우와 그렇지 않은 경우 등 명확한 분류 기준인지 불분명하나 구분이 용이해 도입하였음.

62) Hansoo Kim, "생산 운영 관리, 예측", Dept. of Manag. Info. Syss. Yanbian Univ. of Science & Technology의 내용을 본문에 맞게 일부 편집해 적용함.

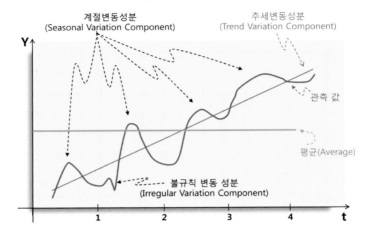

[그림 Ⅱ-72] '분해'를 위한 '성분'들의 유형

보통 '경제 통계'는 [표 Ⅱ-33]의 4가지 성분의 합 또는 곱으로 표현될 수 있는 것으로 알려져 있다. '성분'을 이해했으면 수식 처리를 위해 꼭 필요한 [그림 Ⅱ-71]의 '승법 모형'과 '가법 모형'에 대해 알아보자.

### 4.1.3.1. 승법 모형(Multiplicative Model)

'**승법 모형**(Multiplicative Model)' 또는 '승법 분해'는 일반적으로 "'계절 변동'과 '불규칙 변동'의 진폭이 추세의 증가(또는 감소)에 따라 커지거나 작아지는 경우"에 사용되는 수식 표현 방법이다. 다음 [그림 Ⅱ-73]의 '시계열 그림'이 '승법 모형'으로 설명 가능한 형태이다.[63]

---

63) (DVD 판매 수) http://faculty.wiu.edu/F-Dehkordi/DS-533/Lectures/Week%25205.ppt

[그림 Ⅱ-73] '승법 모형'에 적합한 시계열 그림 예

['승법 모형' 적용을 위한 이상적 계절 변동]　　　['승법 모형' 적용을 위한 실제 예('97~'02 DVD 월 판매 수)]

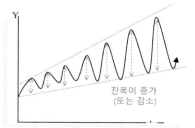

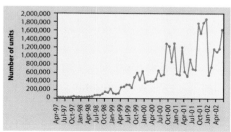

[그림 Ⅱ-73]을 보면 추세가 증가하면서 '계절 변동의 진폭'도 증가하는 것을 볼 수 있다. 오른쪽 그래프는 '97~'02년 동안 월별 판매된 DVD 수를 나타낸 '시계열 그림'으로 '추세'만 봐서는 우상향의 '선형'이 적합한 것으로 생각되나 이것만으로는 이후 월들의 수량 예측이 어렵다는 것을 직감할 수 있다. 오르내리는 '계절 변동'을 분리해 적절한 '인덱스(Index)'로 변환한 뒤 '추세'에 반영함으로써 예측의 정확도를 높일 수 있는 방안이 필요한 이유이다. '승법 모형'의 일반식은 다음과 같다.

$$시계열의 관측치(O_t) = 추세 성분(T_t) \times 계절 성분(S_t) \times 불규칙 성분(I_t) \qquad (Ⅱ.14)$$

'계절 성분'이 포함된 시계열 자료 16개가 있다고 가정할 때, 식 (Ⅱ.14)로부터 17번째 시점의 '예측 값'을 얻는 방법은 우선 「통계 분석(<u>S</u>) > 회귀 분석(<u>R</u>) > 적합 회귀 모형(<u>F</u>)··· or 적합선 그림(<u>F</u>)···」에서 추세 식을 얻은 다음, 이로부터 17번째 시점의 '추세 값'을 예측한다(식 내 '추세 성분'에 해당). 다음 별도로 계산된 '계절 인덱스(Seasonal Index)'를 얻어(식 내 '계절 성분'에 해당) 이를 '추세 성분'에 곱함(또는 나눔)으로써 17번째 예측 값을 완성한

다. 물론 이 과정은 [그림 Ⅱ-71]의 미니탭 '대화 상자'에서 일괄적으로 이루어진다. 또 식 (Ⅱ.14)에 속한 '불규칙 성분(Irregular Component)'은 시계열 자료에서 '계절 성분'과 '추세 성분'이 모두 추정돼 제거되고 난 후 남겨진 값들이다. 이들은 '회귀 분석' 등에서 자주 접했던 '잔차(Residual)'로 분류된다.

이제부터 '승법 모형'을 적용한 예측 방법에 대해 자세히 알아보자. 본 예는 미니탭 본사(www.minitab.com)에서 제공된 기술 자료인 「Time Series Decomposition」의 내용을 번역해 옮겨놓은 것이다.

> (상황) 현재 에어컨 판매 사업을 하고 있으며, 지난 몇 년에 걸쳐 판매가 증가 또는 감소했는지 알고 싶다고 하자. 또 덧붙여 향후 가까운 미래의 판매량도 예측하기를 원한다. 미리 자료를 관찰한 결과 봄과 여름에 판매량이 급격히 오르는 현상을 발견했으며, 이것은 제품이 여름에 주로 쓰이는 계절적 영향으로 파악되었다. 따라서 에어컨 판매에 대한 시계열 자료는 매 분기 판매 비율의 변화, 즉 '추세 변동'이 어떻게 되는지와 겨울보다 여름에 더 많은 판매가 이루어지므로 '계절 변동'을 고려해야 한다는 점, 그리고 설명이 어려운 '불규칙 변동'으로 분해될 수 있음을 예견할 수 있다.

주어진 상황을 이용해 다음 '여름 분기' 판매에 대한 '예측 값'을 얻어보자. '일변량 자료'는 분기별 4년 치 총 16개를 수집해놓은 상태다(라고 가정한다). 시작 분기는 '겨울'이며, 이 '기간'을 'Season 1'이라고 한다. 따라서 '봄은 Season 2', '여름은 Season 3', '가을은 Season 4'이며, '계절 주기(Seasonal Cycle)'는 '1년(4분기)'이다. 만일 주어진 '기간', 즉 'Season'이 '요일'이라면, '계절 주기(Seasonal Cycle)'는 '1주'가 된다.

[표 Ⅱ-34] 에어컨의 분기별 판매량 원 자료

| 계절주기 | 한 주기 | | | | 다른 한 주기 | | | | 다른 한 주기 | | | | 다른 한 주기 | | | |
|---|---|---|---|---|---|---|---|---|---|---|---|---|---|---|---|---|
| 계절 | 겨울 | 봄 | 여름 | 가을 | 겨울 | 봄 | 여름 | 가을 | 겨울 | 봄 | 여름 | 가을 | 겨울 | 봄 | 여름 | 가을 |
| 판매량 | 10 | 31 | 43 | 16 | 11 | 33 | 45 | 17 | 13 | 34 | 48 | 19 | 15 | 37 | 51 | 21 |

수집된 [표 Ⅱ-34]의 자료가 어떤 추이를 보일지 사전 정보가 전혀 없다면 '시계열 그림'을 작성해야 한다. 그래야 '승법 모형' 또는 '가법 모형' 등 향후 분석 방향을 잡을 수 있다. 다음 [그림 Ⅱ-74]는 미니탭으로 작성된 '시계열 그림' 결과이다.

[그림 Ⅱ-74] 에어컨의 분기별 판매량 '시계열 그림'

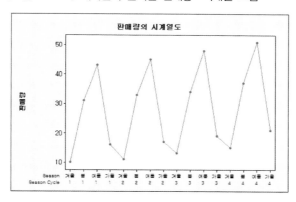

[그림 Ⅱ-74]는 에어컨 수요 성수기인 '여름'에 높은 판매를 보이고 있으며(계절 변동), 점차 증가하는 경향도 관찰된다(추세 변동). 따라서 다음 '여름 분기' 때 판매량은 이들을 '분해'해 해석한 뒤 예측하는 접근이 필요하며, 모형은 진폭이 이전 진폭의 판매율(Sales Rate)에 비례해서 증가한다고 가정하고 '승법 모형'을 적용하기로 하였다(사실 외관상으로는 '가법 모형'의 적용도 가능). 다음 '여름 분기 판매량' 예측을 위한 접근을 단계로 나눠보았다.

(**단계 1**) '최소 제곱법'을 이용해 추세 선을 적합시킨다(즉, 직선 식을 만든다). 이 작업은 「통계 분석(S) > 시계열 분석(S) > 추세 분석(N)…」에서 진행

한다. 다음 [그림 Ⅱ - 75]는 그 결과이다.

[그림 Ⅱ - 75] 에어컨의 분기별 판매량 '추세 분석' 결과

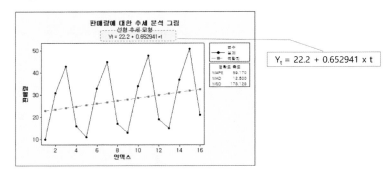

[그림 Ⅱ - 75]에서 모형 식의 't'에 시간 순서 '1, 2, 3, … 16'을 넣어 계산하면 각 판매량별 이론치인 '적합 값(Fitted Value)'을 얻는다. 다음 [표 Ⅱ - 35]는 구해진 '적합 값'의 결과이다.

[표 Ⅱ - 35] 에어컨의 분기 판매량별 '적합 값(Fitted Value)'

| 계절주기 | 한 주기 | | | | 다른 한 주기 | | | | 다른 한 주기 | | | | 다른 한 주기 | | | |
|---|---|---|---|---|---|---|---|---|---|---|---|---|---|---|---|---|
| 계절 | 겨울 | 봄 | 여름 | 가을 | 겨울 | 봄 | 여름 | 가을 | 겨울 | 봄 | 여름 | 가을 | 겨울 | 봄 | 여름 | 가을 |
| 판매량 | 10 | 31 | 43 | 16 | 11 | 33 | 45 | 17 | 13 | 34 | 48 | 19 | 15 | 37 | 51 | 21 |
| 적합 값 | 22.85 | 23.51 | 24.16 | 24.81 | 25.46 | 26.12 | 26.77 | 27.42 | 28.08 | 28.73 | 29.38 | 30.04 | 30.69 | 31.34 | 31.99 | 32.65 |

※ '적합 값'은 소수점 3째 자리에서 반올림함.
※ (계산 예) 첫 번째 적합 값=22.2+0.652941 × 1=22.8529

(**단계 2**) 다음 단계를 논하기에 앞서 [그림 Ⅱ - 75]를 자세히 관찰해보자. 각 계절(Season)별 '판매량'은 결국 빨간 '추세 선'의 해당 시점 판매량에 '계절 변동'분만큼을 곱(또는 나눔)해줌으로써 얻을 수 있다. 이것은 식 (Ⅱ.14)

를 보더라도 금방 알 수 있는데, 만일 가까운 미래의 '예측 값' 경우 '추세 성분($T_t$)'인 "$Y_t = 22.2 + 0.652941 \times t$"가 존재하므로 이에 원하는 '시점($t$)'을 입력해 추세에 걸맞은 '판매량'을 구한 뒤, 해당 시점의 '계절 성분($S_t$)' 비율만큼 추세로 얻은 값에 곱(또는 나눔)하는 구조이다. 글로 쓰니 복잡한데 이해를 돕기 위해 다음 [그림 Ⅱ-76]을 추가하였다.

[그림 Ⅱ-76] '예측 값'을 얻기 위해 사전 요구되는 절차

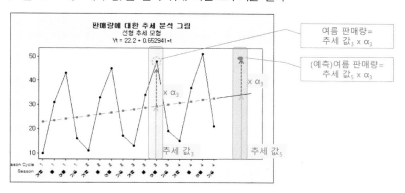

[그림 Ⅱ-76]의 가운데 사각 표시 부위는 3년 차 여름의 '판매량'으로 이를 '승법 모형'으로 구하는 절차는, 우선 얻어진 '회귀 모형'의 '$t$'에 데이터 순번이 '11번째'이므로 '11'을 입력해 '29.3824($=22.2+0.652941\times11$)'을 얻는다. [그림 Ⅱ-76]에는 이 값을 '추세값₃'으로 표기해놓았다. 그러나 실질적인 판매량은 이보다 큰 '48'이며, 둘 간의 격차는 '계절 변동 성분'의 영향으로 해석할 수 있고, 따라서 앞서 구한 '추세값₃=29.3824'에 '승법 모형' 식 (Ⅱ.14)의 '계절 성분($S_t$)'인 '$\alpha_3$'를 곱함으로써 '관측치'인 '48'에 근접하게 만든다.

이 과정은 5년 차 '여름 판매량'을 '예측(Forecast)'하는 데도 그대로 적용된다. 즉, 직선형 상승 추세는 여전할 것으로 보고 '회귀 모형'의 '$t$'에 예측

여름 판매량이 '19번째' 타점임을 감안, '19'를 입력해 추세에 의한 '예측 판매량'을 얻는다. 이어 이전 여름 판매량에 쓰였던 '$\alpha_3$'를 '예측 추세 값'에 곱해 추정 과정을 마무리한다. 따라서 여름에는 그에 맞는 배수 '$\alpha_3$'가 있듯, 겨울 판매량 예측엔 '$\alpha_1$', 봄 판매량 예측엔 '$\alpha_2$', 가을 판매량엔 '$\alpha_4$'가 각각 존재한다. 이 같은 예측 과정이 맞는다면 앞으로 해야 할 일은 바로 계절별 고유한 '$\alpha$'를 찾는 문제로 귀결되며, 식 (Ⅱ.14)에서는 이를 '계절 성분($S_t$)'으로 명명하고 있다. 물론 '$\alpha$'를 얻는 과정에 '불규칙 성분($I_t$)' 등을 최소화할 '평활화(Smoothing)' 작업 등이 수반된다. '평활화(Smoothing)'의 의미와 절차는 소단원 「4.1.4. 이동 평균」 이후부터 자세히 다룬다.

[그림 Ⅱ-76]을 보면 이번 '겨울 판매량'이 직전 해 '여름 판매량'보다 높아질 수 있는데 그 이유는 추세가 상승하므로 직전 연도보다 이번 연도의 전반적 판매량이 증가하기 때문이다. 그러나 이것은 여름과 겨울이라는 '계절 변동'이 아닌 '추세 변동(여기서는 판매율 상승)'에 의한 영향이므로 '계절 변동 성분($S_t$)'인 '$\alpha$'를 얻기 위해서는 '추세 변동 성분'을 제거할 필요가 있다. 이렇게 얻어진 데이터를 특히 'Detrended Data'라고 한다. 우리말로는 '추세 제거 데이터'쯤 된다.

'Detrended Data'는 '실 관측치'를 '회귀 모형'으로부터 구한 '적합 값'으로 나누어 얻는다. [표 Ⅱ-35]와 연계해 정리하면 다음 [표 Ⅱ-36]과 같다.

[표 Ⅱ-36] '추세 변동'을 제거한 'Detrended Data' 결과

| 계절주기 | 한 주기 | | | | 다른 한 주기 | | | | 다른 한 주기 | | | | 다른 한 주기 | | | |
|---|---|---|---|---|---|---|---|---|---|---|---|---|---|---|---|---|
| 계절 | 겨울 | 봄 | 여름 | 가을 | 겨울 | 봄 | 여름 | 가을 | 겨울 | 봄 | 여름 | 가을 | 겨울 | 봄 | 여름 | 가을 |
| 판매량 | 10 | 31 | 43 | 16 | 11 | 33 | 45 | 17 | 13 | 34 | 48 | 19 | 15 | 37 | 51 | 21 |
| 적합 값 | 22.85 | 23.51 | 24.16 | 24.81 | 25.46 | 26.12 | 26.77 | 27.42 | 28.08 | 28.73 | 29.38 | 30.04 | 30.69 | 31.34 | 31.99 | 32.65 |
| Detrended Data | 0.438 | 1.319 | 1.780 | 0.645 | 0.432 | 1.264 | 1.681 | 0.620 | 0.463 | 1.184 | 1.634 | 0.633 | 0.489 | 1.181 | 1.594 | 0.643 |

※ 'Detrended Data'는 소수점 4째 자리에서 반올림함.
※ (계산 예) 첫 번째 값=10÷22.8529=0.4376

[표 Ⅱ-36]에서 'Detrended Data'는 유사한 값으로 나눴기 때문에 '1'을 중심으로 등락하는 구조를 띤다. 이 값들로 '시계열 그림'을 작성하면 다음 [그림 Ⅱ-77]과 같이 상승하는 추세가 사라진 것이 관찰된다.

[그림 Ⅱ-77] '추세 변동 성분'이 제거된 '시계열 그림'

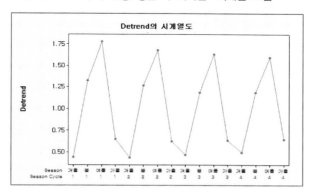

[그림 Ⅱ-76]과 [그림 Ⅱ-77]을 비교하면 '추세 변동'이 있고 없고의 차이를 확인할 수 있다.

(**단계 3**) '승법 모형'인 식 (Ⅱ.14) 속에는 원인 규명이 어려운 '불규칙 변동 성분'이 포함돼 있다. 이 성분은 '추세 변동'과 '계절 변동'을 빼고 실제 관측치 중 설명이 안 되는 부분을 정하기 위해 도입됐으므로 가급적 영향을 최소화시켜 그로부터 자유로워지는 것이 해석에 도움 된다. 이와 같이 '불규칙 변동 성분'을 최소화시킨 과정을 '평활화(Smoothing)'라고 하며, 본문에서는 '중심 이동 평균(Centered Moving Average)'을 이용한다. 미니탭에서는 '평활된 자료'를 특히 'Raw Seasonals'로 명명한다. 주어진 자료를 '평활화'하는 방법엔 '단일 이동 평균(Single Moving Average)', '중심 이동 평균(Centered Moving Average)',

'이중 이동 평균(Double Moving Average)', '단일 지수 평활(Single Exponential Smoothing)', '이중 지수 평활(Double Exponential Smoothing)', 'Winters의 방법(Holt-Winters(HW) Method)'의 활용 등이 있으며, '이중 이동 평균' 이후의 방법들은 '예측(Forecast)'에도 주요하게 활용된다. 특히 나열된 접근법들 중 몇몇에 대해서는 소단원 「4.1.4. 이동 평균」 이후부터 자세히 다루고 있으니 필요 시 해당 위치로 건너뛰기 바란다.

현재 수집된 자료는 '계절 주기(Seasonal Cycle)'가 '겨울'로 시작해 '봄', '여름', '가을' 이렇게 4개로 반복되는데 이를 '계절 길이(Seasonal Length)'라고 하며, 본 예 경우 '4'이다. 따라서 '평활화'를 위한 '이동 평균'은 4개씩 묶어 평균을 내는 방식을 취한다. 또 '중심 이동 평균'은 4개씩 묶어 연속해 평균 낸 두 값을 다시 평균 내는 방식이며, 다음에 과정을 간단히 표현해놓았다.

[그림 Ⅱ-78] '중심 이동 평균'을 활용한 '평활화'

[그림 Ⅱ-78]에서 4개 평균(2.5번째 위치) 및 그다음 4개 평균(3.5번째 위치)과, 다시 두 값 간의 평균(3번째 위치)이므로 첫 '중심 이동 평균'은 3번째 칸에 입력되고, 따라서 맨 앞 두 개 칸은 '결측 값(Missing Value)'으로 남는다. [표 Ⅱ-36]에 '중심 이동 평균법'을 적용한 결과가 다음 [표 Ⅱ-37]이다.

[표 Ⅱ-37] '중심 이동 평균' 산정 결과(평활화 예)

| 계절주기 | 한 주기 | | | | 다른 한 주기 | | | | 다른 한 주기 | | | | 다른 한 주기 | | | |
|---|---|---|---|---|---|---|---|---|---|---|---|---|---|---|---|---|
| 계절 | 겨울 | 봄 | 여름 | 가을 | 겨울 | 봄 | 여름 | 가을 | 겨울 | 봄 | 여름 | 가을 | 겨울 | 봄 | 여름 | 가을 |
| 판매량 | 10 | 31 | 43 | 16 | 11 | 33 | 45 | 17 | 13 | 34 | 48 | 19 | 15 | 37 | 51 | 21 |
| 적합 값 | 22.85 | 23.51 | 24.16 | 24.81 | 25.46 | 26.12 | 26.77 | 27.42 | 28.08 | 28.73 | 29.38 | 30.04 | 30.69 | 31.34 | 31.99 | 32.65 |
| Detrended Data | 0.438 | 1.319 | 1.780 | 0.645 | 0.432 | 1.264 | 1.681 | 0.620 | 0.463 | 1.184 | 1.634 | 0.633 | 0.489 | 1.181 | 1.594 | 0.643 |
| 중심 이동 평균 | * | * | 1.045 | 1.037 | 1.018 | 1.002 | 1.003 | 0.997 | 0.981 | 0.977 | 0.981 | 0.984 | 0.978 | 0.975 | * | * |

※ 'Detrended Data'는 소수점 4째 자리에서 반올림함.
※ (계산 예) 첫 '중심 이동 평균' 값=[그림 Ⅱ-78] 참조.

자료를 쓸모 있게 해놓은 '평활된 자료', 즉 'Raw Seasonals'은 'Detrended Data'를 '중심 이동 평균'으로 나누어 구한다. 그 결과는 다음 [표 Ⅱ-38]과 같다.

[표 Ⅱ-38] '중심 이동 평균법'을 적용한 '평활화' 결과(Raw Seasonals)

| 계절주기 | 한 주기 | | | | 다른 한 주기 | | | | 다른 한 주기 | | | | 다른 한 주기 | | | |
|---|---|---|---|---|---|---|---|---|---|---|---|---|---|---|---|---|
| 계절 | 겨울 | 봄 | 여름 | 가을 | 겨울 | 봄 | 여름 | 가을 | 겨울 | 봄 | 여름 | 가을 | 겨울 | 봄 | 여름 | 가을 |
| 판매량 | 10 | 31 | 43 | 16 | 11 | 33 | 45 | 17 | 13 | 34 | 48 | 19 | 15 | 37 | 51 | 21 |
| 적합 값 | 22.85 | 23.51 | 24.16 | 24.81 | 25.46 | 26.12 | 26.77 | 27.42 | 28.08 | 28.73 | 29.38 | 30.04 | 30.69 | 31.34 | 31.99 | 32.65 |
| Detrended Data | 0.438 | 1.319 | 1.780 | 0.645 | 0.432 | 1.264 | 1.681 | 0.620 | 0.463 | 1.184 | 1.634 | 0.633 | 0.489 | 1.181 | 1.594 | 0.643 |
| 중심 이동 평균 | * | * | 1.045 | 1.037 | 1.018 | 1.002 | 1.003 | 0.997 | 0.981 | 0.977 | 0.981 | 0.984 | 0.978 | 0.975 | * | * |
| 평활된 자료 (Raw Seasonals) | * | * | 1.704 | 0.622 | 0.425 | 1.261 | 1.670 | 0.622 | 0.472 | 1.212 | 1.665 | 0.643 | 0.499 | 1.210 | * | * |

※ 'Detrended Data'는 소수점 4째 자리에서 반올림함.
※ (계산 예) 첫 'Raw Seasonal' 값=1.7799/1.0446=1.7039

[표 Ⅱ-38]에서 얻어진 'Raw Seasonals'는 '원 자료'로부터 '추세'를 제거한 'Detrended Data'에서 다시 '불규칙 변동'을 최소화시킨 결과이므로 순수 '계절 변동 성분'만을 갖는 특징이 있다. 다음 [그림 Ⅱ-79]는 'Raw Seasonals'에 대한 '시계열 그림'을 작성한 결과이다.

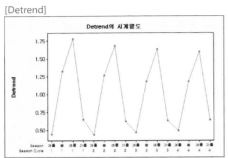

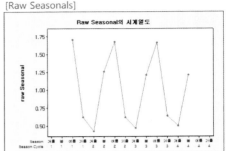

[그림 Ⅱ-79]의 왼쪽 그림은 평활 전 'Detrended Data'에 대한 것이고, 오른쪽은 평활화 후 그림이다. '중심 이동 평균'이 '1'보다 약간 크거나 약간 작은 값들로 이루어져 있으므로 그로 나누어진 'Raw Seasonals'는 'Detrended Data'보다 약간 작아졌거나 약간 높아진 정도의 변화만 생긴다. [그림 Ⅱ-74]에서처럼 '원 자료' 자체가 눈으로 보기에도 불규칙 변동이 별로 없어 보여 '중심 이동 평균'의 영향력도 그다지 커보이진 않는다.

(**단계 4**) '계절 변동 지수(Index of Seasonal Variation)'[64]를 계산한다. 지수를 산정하는 목적을 이해하기 전에 '계절 변동 지수'의 사전적 정의를 옮기면 다음과 같다.

> · **계절 (변동) 지수**(季節指數, Seasonal Index) (네이버 백과사전) 시계열(時系列) 경제 통계의 '계절 변동'을 지수화한 것. 일반적으로 4분기의 데이터, 또는 월별 데이터의 1년간 평균을 100으로 하고, 각기 해당되는 기간의 4분기 또는 월별 데이터의 '계절 변동'을 지수화하여 나타낸다. '계절 지수'는 계절변동에 대한 분석 목적을 위해 쓰이는 경우가 있으나, 일반적으로는 시계열의 계절 변동을 제거하기 위해서 이를 이용한다.

---

64) 미니탭에서는 'Seasonal Index' 또는 '계절 인덱스'로, 네이버 지식사전에서는 '계절 지수(季節指數, Seasonal Index)'로 정의하고 있으나, 본 책에서는 '한국통계학회' 용어집 표현을 따랐음.

어렵다! 갈수록 태산처럼 느껴지나 거의 다 왔으니 글을 읽고 있을 독자는 힘들 내기 바란다! '계절 변동 지수'를 산정하는 이유는 정의에 쓰인 바와 같이 하나는 "분석 목적", 다른 하나는 "계절 변동을 제거하기 위함"이다. 전자는 식 (Ⅱ.14)의 '승법 모형'에서 '계절 성분($S_t$)'에 입력함으로써 '예측'을 하는 용도 또는 계절 간 '판매량'의 상대적 비교에 이용될 수 있다. 반면, 후자는 다음과 같은 용도로 활용된다(네이버 지식 사전 '계절 변동 조정' 참조).

경제 흐름을 분석하기 위하여 월별 또는 분기별 경제 통계를 이용하다 보면 경제 통계에서 기후, 설·추석과 같은 사회적 관습과 제도 등으로 인하여 흔히 1년을 주기로 같은 형태를 반복하여 움직이는 계절 변동 현상이 발견되는데 이를 통계적으로 조정하는 것을 말한다. 예를 들어 GDP는 농산물의 추수 시기, 영업 일수의 차이 등으로 매년 1/4분기에는 작게, 4/4분기에는 크게 나타나며 실업률도 학교 졸업에 따른 신규 노동 인력 증가와 농한기로 매년 3월에는 높게, 농번기인 10월에는 낮게 나타난다. 이러한 계절 변동을 고려하지 않고 경제 통계를 이용, 분석하는 경우 반복된 계절 변동으로 인해 인접 기간 간 경제 통계를 비교하기 곤란할 뿐만 아니라 또한 분석 대상 통계 간의 관계를 파악하는 경우에도 바른 인과관계를 파악하기 어렵다. 따라서 작성·공표된 통계 중에서 계절 변동 성분을 미리 파악하여 이를 제거한 상태에서 통계의 움직임을 분석하고, 통계 간의 관계를 파악하는 것이 바람직하다.

'계절 변동 지수'를 인식했으면 이를 구해보자. 우선 '추세 변동'과 '불규칙 변동'이 제거된 'Raw Seasonals' 중 각 계절별 '중앙값'을 구한다. [표 Ⅱ-39]는 [표 Ⅱ-38]의 'Raw Seasonals'로부터 계절별 '중앙값'을 계산한 예이다.

| 계절주기 | 한 주기 | | | | 다른 한 주기 | | | | 다른 한 주기 | | | | 다른 한 주기 | | | |
|---|---|---|---|---|---|---|---|---|---|---|---|---|---|---|---|---|
| 계절 | 겨울 | 봄 | 여름 | 가을 | 겨울 | 봄 | 여름 | 가을 | 겨울 | 봄 | 여름 | 가을 | 겨울 | 봄 | 여름 | 가을 |
| 판매량 | 10 | 31 | 43 | 16 | 11 | 33 | 45 | 17 | 13 | 34 | 48 | 19 | 15 | 37 | 51 | 21 |
| … | … | … | … | … | … | … | … | … | … | … | … | … | … | … | … | … |
| 평활된 자료 (Raw Seasonals) | * | * | 1.704 | 0.622 | 0.425 | 1.261 | 1.670 | 0.622 | 0.472 | 1.212 | 1.665 | 0.643 | 0.499 | 1.210 | * | * |
| 계절별 중앙값 | 0.472 | 1.212 | 1.676 | 0.622 | 0.472 | 1.212 | 1.676 | 0.622 | 0.472 | 1.212 | 1.676 | 0.622 | 0.472 | 1.212 | 1.676 | 0.622 |

※ '계절별 중앙값'은 소수점 4째 자리에서 반올림함.
※ (계산 예) '겨울'의 '중앙값'=Median(0.4245, 0.4720, 0.4993)=0.4720

[표 Ⅱ-39]에서 '평활된 자료(Raw Seasonals)'의 같은 계절끼리 글자 색을 동일하게 표식하였다. 예를 들어, '겨울'의 '중앙값'은 빨간색 값들로부터 얻어진다. 일단 '중앙값'이 얻어지면 각 계절별 동일한 값으로 대체한다. 이로써 최초 시계열 자료의 '계절 변동'을 현재의 계절별 상대적 크기로 비교할 수 있는 전기가 마련되었다. 예를 들어 '여름 판매량=1.6760'은 '겨울 판매량=0.4720'보다 약 3.55(=1.6760÷0.4720)배 높음을 알 수 있다.

'계절별 중앙값'이 얻어졌으면 이를 이용하여 '계절 변동 지수(Index of Seasonal Variation)'를 구한다. 앞서 사전적 정의에 따르면 '계절 길이'의 '평균'을 구해 이를 '100'으로 둔 후, 각 계절 값을 보정해 최종 지수를 얻는다. 과정과 결과는 다음 [표 Ⅱ-40]과 같다.

[표 Ⅱ-40] '계절 변동 지수(Index of Seasonal Variation)' 산정

| 계절주기 | 한 주기 | | | | 다른 한 주기 | | | | 다른 한 주기 | | | | 다른 한 주기 | | | |
|---|---|---|---|---|---|---|---|---|---|---|---|---|---|---|---|---|
| 계절 | 겨울 | 봄 | 여름 | 가을 | 겨울 | 봄 | 여름 | 가을 | 겨울 | 봄 | 여름 | 가을 | 겨울 | 봄 | 여름 | 가을 |
| 판매량 | 10 | 31 | 43 | 16 | 11 | 33 | 45 | 17 | 13 | 34 | 48 | 19 | 15 | 37 | 51 | 21 |
| … | … | … | … | … | … | … | … | … | … | … | … | … | … | … | … | … |
| 평활된 자료 (Raw Seasonals) | * | * | 1.704 | 0.622 | 0.425 | 1.261 | 1.670 | 0.622 | 0.472 | 1.212 | 1.665 | 0.643 | 0.499 | 1.210 | * | * |

| 계절별<br>중앙값 | 0.472 | 1.212 | 1.676 | 0.622 | 0.472 | 1.212 | 1.676 | 0.622 | 0.472 | 1.212 | 1.676 | 0.622 | 0.472 | 1.212 | 1.676 | 0.622 |
|---|---|---|---|---|---|---|---|---|---|---|---|---|---|---|---|---|
| 계절 변동<br>지수 | 0.474 | 1.217 | 1.684 | 0.625 | 0.474 | 1.217 | 1.684 | 0.625 | 0.474 | 1.217 | 1.684 | 0.625 | 0.474 | 1.217 | 1.684 | 0.625 |

※ '계절 변동 지수'는 소수점 4째 자리에서 반올림함.
※ (계산 예) 첫 주기 평균=(0.4720+1.2118+1.676+0.6219)÷4≒0.995426. 이어 구해진 '평균=1'이 돼야 하므로, '겨울' 경우 0.4720÷0.995426≒0.474169를 얻음. 즉, 첫 주기 각 계절별 '계절 변동 지수'는 다음과 같음.
-(겨울) 0.4720÷0.995426≒0.4742
-(봄  ) 1.2118÷0.995426≒1.2174
-(여름) 1.6760÷0.995426≒1.6837
-(가을) 0.6219÷0.995426≒0.6247

복잡하다. 당장 이해가 되지 않는 독자는 정의에 따라 차근차근 직접 구해 보며 과정을 스스로 학습하는 수밖에 없을 것 같다.

최종 얻어진 '계절 변동 지수'로부터 계절 간 상대적 영향을 비교할 수 있을 뿐만 아니라, 한편으론 원 '일변량 자료' 내에 숨겨진(?) '계절 변동 성분'을 분리해낸 것으로도 볼 수 있다. 이제 '원 자료'를 '계절 변동 지수'로 나눠주면 '계절 변동'이 제거된 'Deseasoned Data'를 얻는다. 이 결과가 어떤 개념인지 머리에 잘 그려지지 않으면 '원 자료' 및 '추세'를 그래프로 그려 비교하는 방법이 있다. 다음 [그림 Ⅱ-80]을 보자.

[그림 Ⅱ-80] '원 자료', '추세(Trend)' 및 'Deseasoned Data'

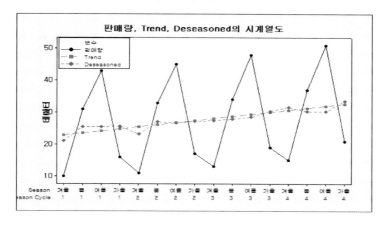

[그림 Ⅱ-80]에서 'Deseasoned Data(파란색)'는 '계절 변동 성분'을 제거했으므로 '원 자료'의 계절별 들쭉날쭉한 양상과 대조되며(피크 부분이 사라짐), 한편 순수 '추세(Trend)'의 직선과 거의 일치한다. '불규칙 변동 성분'이 크지 않고, '계절 변동 성분'이 또렷한 상태에서 이를 제거했으므로 '추세'와 유사한 양상을 보이는 것은 당연하다. 이 같은 결과는 '경제 통계'에서 추석이나 설 등의 특정한 시기에 발생된 소매 증가가 일반적 경향이라기보다 특수한 이벤트로 발생된 변동임을 감안, 해석에서 제외시킴으로써 통계 간 관계 파악과 일반적 움직임을 해석하는 용도로 쓰이는데 이 과정을 '계절 변동 조정(季節變動調整, Adjustment for Seasonal Variation)'이라고 한다.

본 예에서는 '계절 변동 성분'을 제외시키기보다 '추세 변동'과 함께 '다가올 여름 판매량'을 '예측(Forecast)'하는 데 이용할 것이다.

(**단계 5**) '다가올 여름'의 '예측 판매량'을 계산한다. '예측(Forecast)'에 대해서는 이미 [그림 Ⅱ-76]에서 얻는 방법에 대해 논한 바 있다. '이어지는 여름의 판매량'은 19번째 타점이므로 't=19'에 해당한다. 따라서 식 (Ⅱ.14)에 관련 항목들을 대입하면 다음과 같다.

$$\text{다가올 여름 판매량} = \text{추세 성분}(T_t) \times \text{계절 성분}(S_t) \times \text{불규칙 성분}(I_t) \qquad (\text{Ⅱ.15})$$
$$\cong (22.2 + 0.652941 \times 19) \times 1.6837 \cong 58.265918$$

미니탭 '대화 상자'의 입력과 예측 결과는 [그림 Ⅱ-81]과 같다.

[그림 Ⅱ-81]에서 '대화 상자'의 '저장'에 들어가 '예측 값' 등 확인이 필요한 항목들을 지정한 후 실행하면 오른쪽 결과 그래프가 얻어진다. '다음 여름(19번째 타점)'에 대한 식 (Ⅱ.15)와 [그림 Ⅱ-81]의 결과 간 '약 0.8'의 차이는 미니탭 발행 '기술 자료'에선 '소수점 이하 자릿수 영향'으로 언급하고 있으나 이는 '분해'에서 얻어지는 추세 직선의 계수가 약간 차이가 나서 나타

난 현상이다('시계열 분석'의 '추세 분석'과 '분해'에서 얻은 식 비교).

[그림 Ⅱ-81] '다가올 여름(19번째 타점)'의 판매량 예측(Forecast)

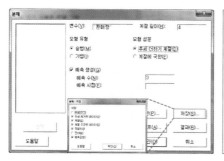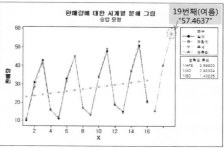

### 4.1.3.2. 가법 모형(Additive Model)

 '**<u>가법 모형</u>**(Additive Model)' 또는 '가법 분해'는 일반적으로 "'계절 변동' 의 진폭이 추세의 증가(또는 감소)에 따라 일정한 경우"에 사용되는 수식 표 현 방법이다. '시계열 그림'만으로 판단하면 다음 [그림 Ⅱ-82]의 형태가 '가 법 모형'으로 설명 가능한 유형이다.65)

[그림 Ⅱ-82] '가법 모형'에 적합한 '시계열 그림' 예

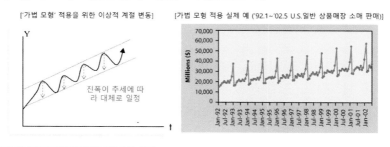

---

65) (일반소매 판매 수) http://faculty.wiu.edu/F-Dehkordi/DS-533/Lectures/Week%25205.ppt

[그림 Ⅱ-82]를 보면 추세가 증가하지만 '계절 변동의 진폭'은 상대적으로 일정한 경향을 보인다. 오른쪽 그래프는 '92. 1~'02. 5월 동안 미국 내 일반 상품 매장의 소매 판매액을 나타낸 '시계열 그림'으로 '계절 변동 성분'의 진폭이 상승 추세와 관계없이 대체로 일정해 보인다. '가법 모형'의 일반식은 다음과 같다.

$$시계열의\ 관측치(O_t) = 추세\ 성분(T_t) + 계절\ 성분(S_t) + 불규칙\ 성분(I_t) \qquad (Ⅱ.16)$$

'승법 모형'에서 사용된 '원 자료'는 '시계열 그림'인 [그림 Ⅱ-74]로 판단해 볼 때, '계절 변동 성분'의 일정한 진폭을 고려하면 '승법 모형'보다 오히려 '가법 모형'으로 접근하는 것이 나을 듯하다. 어느 방법이 좋을지는 '예측 정확도'가 높은 쪽이 선호돼야 한다.

'가법 모형'을 통해 가까운 미래 값을 예측(Forecast)하는 방식은 '승법 모형'과 대부분 동일하고 중간중간 '곱'이나 '나눗셈'을 할 자리에 '덧셈'이나 '뺄셈'을 하는 점만 차이가 있다. 따라서 '승법 모형'에서 설명한 「(단계 1)~(단계 5)」과정 중 '가법 모형'이 필요한 부분만 언급하고 넘어갈 것이다.

(**단계 1**) 추세 방정식(회귀 모형)을 얻는다. '승법 모형'과 동일하며, 구해진 식은 'Y_t=22.2+0.652941×t'이었다.

(**단계 2**) '승법 모형'에서는 'Detrended Data'를 얻기 위해 '원 자료'를 '적합 값'으로 나눴지만 '가법 모형'에서는 '원 관측치'에서 '적합 값'을 빼는 점이 다르다. 얻어진 'Detrended Data'는 다음과 같다.

| 계절주기 | 한 주기 | | | | 다른 한 주기 | | | | 다른 한 주기 | | | | 다른 한 주기 | | | |
|---|---|---|---|---|---|---|---|---|---|---|---|---|---|---|---|---|
| 계절 | 겨울 | 봄 | 여름 | 가을 | 겨울 | 봄 | 여름 | 가을 | 겨울 | 봄 | 여름 | 가을 | 겨울 | 봄 | 여름 | 가을 |
| 판매량 | 10 | 31 | 43 | 16 | 11 | 33 | 45 | 17 | 13 | 34 | 48 | 19 | 15 | 37 | 51 | 21 |
| 적합 값 | 22.85 | 23.51 | 24.16 | 24.81 | 25.46 | 26.12 | 26.77 | 27.42 | 28.08 | 28.73 | 29.38 | 30.04 | 30.69 | 31.34 | 31.99 | 32.65 |
| Detrended Data | -12.853 | 7.494 | 18.841 | -8.812 | -14.465 | 6.882 | 18.229 | -10.424 | -15.077 | 5.271 | 18.618 | -11.035 | -15.688 | 5.659 | 19.006 | -11.647 |

※ 'Detrended Data'는 소수점 4째 자리에서 반올림함.
※ (계산 예) 첫 번째 Detrended 값=10-22.8529=-12.8529

(**단계 3**) '불규칙 변동'을 최소화하기 위한 사전 작업으로 '중심 이동 평균 (Centered Moving Average)'을 구한 후, 그를 이용하여 'Raw Seasonals'를 얻 는다. '중심 이동 평균'을 얻는 과정과 결과는 '승법 모형'과 동일하며, 단지 'Raw Seasonals'을 산정할 때, '승법 모형'에서 'Detrend Data'를 '중심 이동 평균'으로 나눴던 것을 '가법 모형'에서는 빼준다는 차이점이 있다. 다음 [표 Ⅱ-42]는 '평활된 자료(Raw Seasonals)'를 얻은 결과이다.

[표 Ⅱ-42] '중심 이동 평균법'을 적용한 '평활화' 결과(Raw Seasonals)

| 계절주기 | 한 주기 | | | | 다른 한 주기 | | | | 다른 한 주기 | | | | 다른 한 주기 | | | |
|---|---|---|---|---|---|---|---|---|---|---|---|---|---|---|---|---|
| 계절 | 겨울 | 봄 | 여름 | 가을 | 겨울 | 봄 | 여름 | 가을 | 겨울 | 봄 | 여름 | 가을 | 겨울 | 봄 | 여름 | 가을 |
| 판매량 | 10 | 31 | 43 | 16 | 11 | 33 | 45 | 17 | 13 | 34 | 48 | 19 | 15 | 37 | 51 | 21 |
| 적합 값 | 22.85 | 23.51 | 24.16 | 24.81 | 25.46 | 26.12 | 26.77 | 27.42 | 28.08 | 28.73 | 29.38 | 30.04 | 30.69 | 31.34 | 31.99 | 32.65 |
| Detrended Data | -12.853 | 7.494 | 18.841 | -8.812 | -14.465 | 6.882 | 18.229 | -10.424 | -15.077 | 5.271 | 18.618 | -11.035 | -15.688 | 5.659 | 19.006 | -11.647 |
| 중심 이동 평균 | * | * | 0.966 | 0.688 | 0.535 | 0.257 | -0.021 | -0.299 | -0.452 | -0.479 | -0.632 | -0.660 | -0.563 | -0.591 | * | * |
| 평활된 자료 (Raw Seasonals) | * | * | 17.875 | -9.500 | -15.000 | 6.625 | 18.250 | -10.125 | -14.625 | 5.750 | 19.250 | -10.375 | -15.125 | 6.250 | * | * |

※ 'Detrended Data'는 소수점 4째 자리에서 반올림함.
※ (계산 예) 첫 'Raw Seasonals' 값=18.8412-0.9662=17.8750

(**단계 4**) '계절 변동 지수(Index of Seasonal Variation)'를 계산한다. '승법 모형'과 동일하게 'Raw Seasonals'의 계절별 '중앙값(Median)'을 구한 후, 그

를 이용하여 '계절 변동 지수'를 계산한다. 이때 '승법 모형'과 다른 점은 첫 1년 차 4계절을 평균한 값이 '승법 모형'에서는 '1'이 되도록 조정했지만 '가법 모형'에서는 '0'이 되도록 조정한다는 점이다. 다음 [표 Ⅱ-43]은 계절별 '중앙값'과 계산된 '계절 변동 지수' 결과이며, 표 맨 아래 행에 산정 과정을 포함시켰으니 참고하기 바란다.

[표 Ⅱ-43] '계절 변동 지수(Index of Seasonal Variation)' 산정

| 계절주기 | 한 주기 | | | | 다른 한 주기 | | | | 다른 한 주기 | | | | 다른 한 주기 | | | |
|---|---|---|---|---|---|---|---|---|---|---|---|---|---|---|---|---|
| 계절 | 겨울 | 봄 | 여름 | 가을 | 겨울 | 봄 | 여름 | 가을 | 겨울 | 봄 | 여름 | 가을 | 겨울 | 봄 | 여름 | 가을 |
| 판매량 | 10 | 31 | 43 | 16 | 11 | 33 | 45 | 17 | 13 | 34 | 48 | 19 | 15 | 37 | 51 | 21 |
| … | … | … | … | … | … | … | … | … | … | … | … | … | … | … | … | … |
| 평활된 자료 (Raw Seasonals) | * | * | 17.875 | −9.500 | −15.000 | 6.625 | 18.250 | −10.125 | −14.625 | 5.750 | 19.250 | −10.375 | −15.125 | 6.250 | * | * |
| 계절별 중앙값 | −15.0 | 6.25 | 18.25 | −10.125 | −15.00 | 6.25 | 18.25 | −10.125 | −15.00 | 6.25 | 18.25 | −10.125 | −15.00 | 6.25 | 18.25 | −10.125 |
| 계절 변동 지수 | −14.844 | 6.406 | 18.406 | −9.969 | −14.844 | 6.406 | 18.406 | −9.969 | −14.844 | 6.406 | 18.406 | −9.969 | −14.844 | 6.406 | 18.406 | −9.969 |

※ '계절 변동 지수'는 소수점 4째 자리에서 반올림함.
※ (계산 예) 첫 주기 평균=(−15.00+6.25+18.25−10.125)/4=−0.15625. 다음 구해진 '평균=0'이 돼야 하므로, '겨울' 경우
'−15.00−(−0.15625)=−14.84386'을 얻음. 즉, 첫 주기 각 계절별 '계절 변동 지수'는 다음과 같음.
　−(겨울) −15.00−(−0.15625)≒−14.844
　−(봄　) 6.25−0.15625≒6.4063
　−(여름) 18.25−0.15625≒18.406
　−(가을) −10.125−0.15625≒−9.969

　　만일 '경제 통계' 등의 목적으로 '원 자료'로부터 '계절 변동'을 제거할 목적이라면 원 '관측치(판매량)−계절 변동 지수'를 통해 'Deseasoned Data'를 얻는다. 이 값의 용도에 대해서는 '승법 모형'에서 이미 언급한 바 있다.

　　'Deseasoned Data'는 '원 자료'인 '판매량'에서 '계절 변동 성분'을 제거한 값이므로 '추세 변동'과 맥락을 같이한다. 'Deseasoned Data' 산정 및 원 '관측치(판매량), 추세(Trend), Deseasoned Data의 시계열 그림'을 나타내면 다음 [표 Ⅱ-44] 및 [그림 Ⅱ-83]과 같다.

[표 Ⅱ-44] 'Deseasoned Data' 산정

| 계절주기 | 한 주기 | | | | 다른 한 주기 | | | | 다른 한 주기 | | | | 다른 한 주기 | | | |
|---|---|---|---|---|---|---|---|---|---|---|---|---|---|---|---|---|
| 계절 | 겨울 | 봄 | 여름 | 가을 | 겨울 | 봄 | 여름 | 가을 | 겨울 | 봄 | 여름 | 가을 | 겨울 | 봄 | 여름 | 가을 |
| 판매량 | 10 | 31 | 43 | 16 | 11 | 33 | 45 | 17 | 13 | 34 | 48 | 19 | 15 | 37 | 51 | 21 |
| ... | ... | ... | ... | ... | ... | ... | ... | ... | ... | ... | ... | ... | ... | ... | ... | ... |
| 계절 변동 지수 | -14,844 | 6,406 | 18,406 | -9,969 | -14,844 | 6,406 | 18,406 | -9,969 | -14,844 | 6,406 | 18,406 | -9,969 | -14,844 | 6,406 | 18,406 | -9,969 |
| Deseasoned Data | 24,844 | 24,594 | 24,594 | 25,969 | 25,844 | 26,594 | 26,594 | 26,969 | 27,844 | 27,594 | 29,594 | 28,969 | 29,844 | 30,594 | 32,594 | 30,969 |

※ '계절 변동 지수'는 소수점 4째 자리에서 반올림함.
※ (계산 예) 첫 '겨울' 값=10-(-14,8438)=24,8438

[그림 Ⅱ-83] '원 자료', '추세(Trend)' 및 'Deseasoned Data'

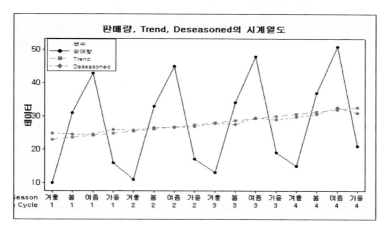

[그림 Ⅱ-83]에서 '승법 모형'과 동일하게 'Deseasoned Data(파란색)'는 '계절 변동 성분'을 제거했으므로 순수 '추세(Trend)'의 직선과 거의 일치한다. '승법 모형'과 '가법 모형' 중 어느 쪽이 본 자료를 해석할 때 유리한지는 직 감적으로 '계절 변동'의 진폭이 일정하므로 '가법 모형'이 적절한 것 같다. 이 에 대한 수치적 판단은 'MAPE', 'MAD', 'MSD'와 같은 '정확도' 측정을 통 해 이루어진다.

**(단계 5)** '다가올 여름'의 '예측 판매량'을 계산한다. '다가올 여름의 판매량'은 19번째 타점이므로 't=19'에 해당한다. 따라서 식 (Ⅱ.16)에 관련 항목들을 대입하면 다음과 같다.

$$\text{다가올 여름 판매량} = \text{추세 성분}(T_t) + \text{계절 성분}(S_t) + \text{불규칙 성분}(I_t) \qquad (Ⅱ.17)$$
$$\cong (22.2 + 0.652941 \times 19) + 18.4063 \cong 53.012$$

미니탭 '대화 상자' 입력과 예측 결과는 다음 [그림 Ⅱ-84]와 같다.

[그림 Ⅱ-84] '다가올 여름(19번째 타점)'의 판매량 예측(Forecast)

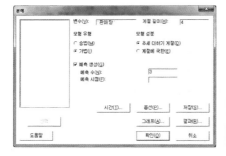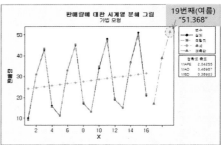

[그림 Ⅱ-84]에서 '다가올 여름의 판매량'은 '약 51.368'로 예측된다. 식 (Ⅱ.17)과의 차이는 반올림 오차에 기인한다.

본문에 포함시키지 않았지만 지금까지 설명된 '승법 모형(또는 승법 분해)'과 '가법 모형(또는 가법 분해)' 외에 '유사 가법 모형(또는, 유사 가법 분해 Pseudo-Additive Decomposition)'이 있다. '승법 모형' 경우 원 자료를 구성하는 값들이 매우 작거나 '0'일 경우 나눗셈을 할 수 없어 정상적인 진행이 어렵다. 이때 '승법'과 '가법'을 결합한 형태의 모형이 '유사 가법 모형'이며, 기본 가정으로 '계절 변동'과 '불규칙 변동'이 '추세 변동' 수준에 의존하고, 서로 간은 독립이 전제돼야 한다. 일반 모형 식은 다음과 같다.

$$시계열의 관측치(O_t) = 추세성분(T_t) \times \{계절 성분(S_t) + 불규칙 성분(I_t) - 1\} \quad (\text{II}.18)$$

또, 미니탭 경우 '분해법'의 '추세 변동' 설명 시 '선형 모형'만을 지원하고 있는데, 만약 수집된 자료가 '2차 모형' 등 선형 이외 모형으로 적합된다면 「통계 분석(S) > 시계열 분석(S) > 추세 분석(N)…」에서 ① 선형 이외 모형을 활용한 뒤, 이로부터 앞서 설명한 방법으로 '추세 보정 데이터(Detrended Data)'를 얻는다. 이어 ② 'Detrended Data'를 '원 자료'로 삼아 「통계 분석(S) > 시계열 분석(S) > 분해(E)…」의 '대화 상자'에서 '모형 성분'을 "계절에 국한(E)"으로 선택해 이후 분석을 진행한다.

이제 [그림 II-66]의 '미니탭 시계열 분석 메뉴'로 다시 돌아가 '이동 평균(MA)', '단일 지수 평활', '이중 지수 평활', 'Winters의 방법'들의 원리와 사용법에 대해 간단히 알아보자.


## 4.1.4. 이동 평균(Moving Average)

'이동 평균(Moving Average)'은 주변에서 너무도 잘 알려진 매우 익숙한 용어들 중 하나다. "어디지?" 하고 곰곰이 생각하고 있다면 아마 주식시장에서 금쪽같은 현금 잃어본 경험이 전혀 없는 독자임에 틀림없다. 참으로 다행이다. 힘들게 번 돈 서서히 또는 급작스럽게 깡통계좌 되어가는 현실에서 매일 꿈틀거리고 움직여대는 현재진행형 주식 차트를 시시각각 쳐다보고 있노라면 "다음은…?, 다음은 어떻게 될까?"를 연거푸 고민하게 되고 그제야 점들이 어떤 원리로 움직여대는지 관심을 가질 수밖에 없다는 논리!(혹 필자의 경험 담이라고 오해하지 않길 바람!^^) 이때 움직이는 타점들은 '5일 이동 평균선', '20일 이동 평균선' 등이며 줄여서 '5일 이평선', '20일 이평선'이라고 부른다. 이들을 통해 "다음은 어찌 될까?"를 한 번이라도 고민한 독자가 있었다면 이 미 '시계열 분석'에 입문하고 있는 셈이니 전혀 낯설어할 이유가 없다! 이미 실전 경험이 풍부할 터이니 말이다….

'이동 평균'이 왜 필요한지 설명하기 전에 가상의 '분기별 상품 판매량' 자 료를 이용해 아주 기초적인 내용을 섭렵해보자. 다음 [표 Ⅱ-45]와 같은 '일 변량 자료'가 수집(관측)되었다고 가정하자.[66]

[표 Ⅱ-45] '일변량 자료'

| No. | 1 | 2 | 3 | 4 | 5 | 6 | 7 | 8 | 9 | 10 | 11 | 12 | 13 | 14 | 15 | 16 |
|---|---|---|---|---|---|---|---|---|---|---|---|---|---|---|---|---|
| 판매량 | 12 | 9 | 13 | 7 | 10 | 11 | 16 | 8 | 18 | 15 | 5 | 10 | 21 | 17 | 13 | 17 |

만일 판매를 담당하는 관리자가 소속 대리점에서 향후 얼마만큼 판매할 것 인지 수집 자료를 근거로 '추정'할 목적이면 어떤 접근이 가능할까? 가장 일 반적이고 사용 빈도가 높은 '추정량'으로 '산술 평균'이 있으며, 이때 '추정 값'은 '12.63'이다. 그러나 통상 방금 얻은 '추정 값'이 얼마나 괜찮은지 알 수 없으므로 이를 뒷받침할 무엇인가가 추가돼야 한다. 왜냐하면 '추정량'으로 '산술 평균'만 있는 것이 아니라 '중앙값'이나 '절사 평균' 등 다양한 접근이 가능하고, 그렇다면 이들과의 비교 목적으로도 현재의 접근이 올바른지 또는 그렇지 않은지 확인할 필요가 있기 때문이다. 비교를 위해 쓰이는 적절한 '통 계량'에 'MSE(Mean of the Squared Errors)'가 있다. 기본 산식은 다음과 같다.

---

66) 이후부터 설명될 내용은 http://www.itl.nist.gov/div898/handbook/의 "Time Series Models" 내용을 상황에 맞게 재편집하였음.

$$MSE = \frac{\sum_{t=1}^{n}(y_t - \overline{y})^2}{n},\qquad\qquad (\text{II}.19)$$

여기서, $y_t$는 실제 값, $\overline{y}$는 '평균'

식 (II.19)는 그렇게 낯설지만은 않은데, '분산(Variance)'을 계산하는 식과 형태가 동일하기 때문이다. 다음 [표 II-46]의 계산 결과는 관리자가 '산술 평균=12.63'을 향후 상품 판매량의 적정 '추정 값'으로 결정했을 때 오류(또는 반대로 신뢰)의 정도를 나타낸다.

[표 II-46] '평균=12.63'에 대한 'MSE' 산정 결과

| No. | 1 | 2 | 3 | 4 | 5 | 6 | 7 | 8 | 9 | 10 | 11 | 12 | 13 | 14 | 15 | 16 |
|---|---|---|---|---|---|---|---|---|---|---|---|---|---|---|---|---|
| 판매량 | 12 | 9 | 13 | 7 | 10 | 11 | 16 | 8 | 18 | 15 | 5 | 10 | 21 | 17 | 13 | 17 |
| 평균 | \multicolumn{16}{c}{12.63} | | | | | | | | | | | | | | | |
| 편(잔)차 제곱 | 0.40 | 13.18 | 0.14 | 31.70 | 6.92 | 2.66 | 11.36 | 21.44 | 28.84 | 5.62 | 58.22 | 6.92 | 70.06 | 19.10 | 0.14 | 19.10 |
| 편차 제곱 합 | $\sum_{t=1}^{n}(y_t-\overline{y})^2 = 295.75$ | | | | | MSE | | | | $MSE = \frac{295.75}{16} = 18.48$ | | | | | | |

만일 '추정량'이 '평균'이 아닌 '중앙값'이나 '절사 평균' 또는 '12.63' 이외 값이 사용된다면 'MSE'는 어떻게 될까? 다음 [표 II-47]은 계산 결과이다.

[표 II-47] '평균' 이외의 '추정량'을 사용할 때 'MSE' 비교

| No. | 1 | 2 | 3 | 4 | 5 | 6 | 7 | 8 | 9 | 10 | 11 | 12 | 13 | 14 | 15 | 16 |
|---|---|---|---|---|---|---|---|---|---|---|---|---|---|---|---|---|
| 판매량 | 12 | 9 | 13 | 7 | 10 | 11 | 16 | 8 | 18 | 15 | 5 | 10 | 21 | 17 | 13 | 17 |
| 평균 | 평균 | 12.63 | 중앙값 | | 12.50 | | 절사평균 | | 12.57 | | 임의 값 | | 17.0 | | | |
| MSE | | 18.48 | | | 18.49 | | | | 18.50 | | | | 37.63 | | | |

표 맨 끝의 '임의 값'은 '중앙값'이나 '절사 평균'이 '평균'과 근접해 있어 좀 떨어진 값으로 설정하였다. 결과는 '추정량'으로서 '평균'의 'MSE'가 가장 작은데 이것은 다른 어떤 값으로 대체하더라도 동일한 양상을 보인다. 'MSE'가 작다는 의미는 "관측치를 대표하는 값으로 '산술 평균'을 선택하면 다른 '관측치'와의 편차가 가장 작으므로 자료를 설명하는 데 손색이 없다"의 해석이 가능하다. 따라서 향후 '판매량'이 평균적으로 '약 12.63'쯤 되리란 예측은 나름대로 설득력을 갖는다. 평상시 '산술 평균'을 자주 활용하는 이유가 여기에 있다. 그런데 의문이 생긴다. 만일에 '원 자료'에 '추세(Trend)'가 있다면 여전히 '평균'이 그들을 대표하는 값으로 의미가 있을까? 정답은 "글쎄"이다. 다음 [그림 Ⅱ-85]는 모 상품의 '매출액'에 대한 '시계열 그림'을 나타낸 것이다.

[그림 Ⅱ-85] 모 상품의 매출액에 대한 '시계열 그림'

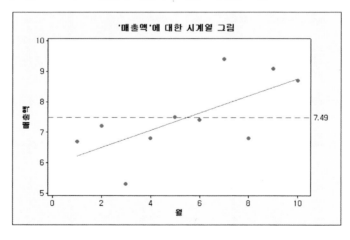

[그림 Ⅱ-85]에서 원 자료가 시간에 따라 상승 추세에 있으면 '산술 평균

=7.49(그림에서 가로 점선)'은 비록 'MSE'가 가장 작아 유리한 점은 있지만 '예측(Forecast)'을 위한 '추정 값'으론 매우 부적절하다. 왜냐하면 '관측치'는 시간에 따라 증가할 가능성이 높은데 '산술 평균'은 그와 같은 현실을 전혀 반영할 수 없기 때문이다. 따라서 설명된 간단한 사례로부터 다음과 같은 일 반적 결론을 유도할 수 있다.

1. '산술 평균'은 '일변량 자료'에 '추세'가 없다면 '예측'을 위한 추정 값으론 적합하나, 만일 '추세'가 있으면 다른 '추정량'이 필요하다.
2. '산술 평균'은 다음과 같이 소속된 모든 데이터에 '1/n'의 양만큼 동등하게 '가중(Weigh)'된 경우로 해석될 수 있다.

$$\bar{x} = \frac{1}{n}\sum_{i=1}^{n} x_i = (\frac{1}{n})x_1 + (\frac{1}{n})x_2 + (\frac{1}{n})x_3 + \ldots + (\frac{1}{n})x_n \qquad (\text{II}.20)$$

식 (II.20)에서 '1/n'만큼의 가중이 '추세'의 자료 설명에 부적합하다면 자료의 상승 또는 하락 추세를 좇아가면서 '평균'을 논하는 방식이 합리적인데 이것이 본 단락에서 설명할 '이동 평균(Moving Average)'의 개념이다. 예를 들기 위해 다음 [표 II – 48]과 같은 '매출액' 자료가 수집(관측)되었다고 가정하자.

[표 II – 48] 수집(관측)된 '매출액' 자료

| No. | 1 | 2 | 3 | 4 | 5 | 6 | 7 | 8 | 9 | 10 |
|-----|-----|-----|-----|-----|-----|-----|-----|-----|-----|-----|
| 매출액 | 6.7 | 7.2 | 5.3 | 6.8 | 7.5 | 7.4 | 9.4 | 6.8 | 9.1 | 8.7 |

[표 II – 48]을 '시계열 그림'으로 나타내면 [그림 II – 85]와 같다. 단순한

관측만으로 데이터가 시간에 따라 선형 증가 추세에 있는 것으로 판단되며, 따라서 '적합 값(Fitted Value)'을 얻기 위해 '이동 평균'을 사용하기로 하였다 (고 가정한다). '이동 평균'을 적용하려면 '평균' 계산에 필요한 '부분군 크기'가 결정돼야 하는데, 본 예 경우 '이동 평균 길이(MA Length)=2'로 설정하였다. 과정을 글로 설명하면 복잡하므로 결과를 다음 [표 Ⅱ-49]에 정리하였다.

[표 Ⅱ-49] 'MA 길이=2'인 '이동 평균' 산정 예

| No. | 1 | 2 | 3 | 4 | 5 | 6 | 7 | 8 | 9 | 10 |
|---|---|---|---|---|---|---|---|---|---|---|
| 매출액 | 6.7 | 7.2 | 5.3 | 6.8 | 7.5 | 7.4 | 9.4 | 6.8 | 9.1 | 8.7 |
| 이동 평균 (평활화) | * | 6.95 | 6.25 | 6.05 | 7.15 | 7.45 | 8.40 | 8.10 | 7.95 | 8.90 |
| 적합 값(예측) | * | * | 6.95 | 6.25 | 6.05 | 7.15 | 7.45 | 8.40 | 8.10 | 7.95 |
| 편차(잔차) | * | * | −1.65 | 0.55 | 1.45 | 0.25 | 1.95 | −1.60 | 1.00 | 0.75 |
| 편차 제곱 | * | * | 2.72 | 0.30 | 2.10 | 0.06 | 3.80 | 2.56 | 1.00 | 0.56 |
| 편차 제곱 합 | 13.115 | | | | | | | | | |
| MSD | 1.6394 | | | | | | | | | |

[표 Ⅱ-49]에서 '처음 두 개 데이터의 평균(6.95)'은 '이동 평균'을 나타내며, '두 번째 관측치(7.2)'에 대응시켜 기입한다. '평균'이란 타점 간 등락의 중간 값을 선택한다는 것이므로 잡음 등의 영향을 감소시키는 역할을 한다. 따라서 이를 '평활화(Smoothing)'라고 부른다.

얻어진 첫 '이동 평균(6.95)'은 '세 번째 관측치(5.3)'를 '예측'하는 데 이용되며(표 내 '적합 값(예측)' 행 참조), 이를 위해 '세 번째 관측치(5.3)'에 대응시켜 위치시킨다. 다시 '두 번째(7.2)와 세 번째 관측치(5.3)의 평균(6.25)'은 '네 번째 관측치(6.8)'의 '예측'에 쓰이며, 동일한 계산 과정이 반복된다. 본 예에서는 이전의 'MSE' 대신 'MSD(Mean Squared Deviation)'를 적용했는데 미니탭에서 '정확도'를 측정하기 위한 통계량으로 쓰고 있어 도입하였다. 이전의 'MSE'와 거의 동일한 개념이다. 다음은 산식이다.

$$MSD = \frac{\sum_{t=1}^{n} \left| y_t - \widehat{y_t} \right|^2}{n},$$

(Ⅱ.21)

여기서, $y_t$는 '실제 값', $\widehat{y_t}$는 '예측값', $n$은 예측된 값의 개수

만일 현재의 관측치를 기반으로 향후 2개 타점을 '예측'하려면 [표 Ⅱ-49]의 계산 과정을 연장한다. 예를 들어 '11번째' 데이터를 '예측'하려면 '9번째와 10번째 데이터를 평균' 내서 얻을 수 있다. 다음 [표 Ⅱ-50]은 '11번째'와 '12번째' 데이터를 '예측'한 결과이며, 확인 그래프인 [그림 Ⅱ-86]은 미니탭 「통계 분석(S) > 시계열 분석(S) > 이동 평균(MA)(M)…」에서 작성하였다.

[표 Ⅱ-50] 향후 2개 타점(매출액) 예측

| No. | 1 | 2 | 3 | 4 | 5 | 6 | 7 | 8 | 9 | 10 | 11 | 12 |
|---|---|---|---|---|---|---|---|---|---|---|---|---|
| 매출액 | 6.7 | 7.2 | 5.3 | 6.8 | 7.5 | 7.4 | 9.4 | 6.8 | 9.1 | 8.7 | * | * |
| 이동평균 (평활화) | * | 6.95 | 6.25 | 6.05 | 7.15 | 7.45 | 8.40 | 8.10 | 7.95 | 8.90 | * | * |
| 적합 값(예측) | * | * | 6.95 | 6.25 | 6.05 | 7.15 | 7.45 | 8.40 | 8.10 | 7.95 | 8.90 | 8.90 |
| 편차(잔차) | * | * | −1.65 | 0.55 | 1.45 | 0.25 | 1.95 | −1.60 | 1.00 | 0.75 | * | * |
| 편차 제곱 | * | * | 2.72 | 0.30 | 2.10 | 0.06 | 3.80 | 2.56 | 1.00 | 0.56 | * | * |
| 편차 제곱 합 | 13.115 | | | | | | | | | | | |
| MSD | 1.6394 | | | | | | | | | | | |

[그림 Ⅱ-86] 'MA 길이=2'에 대한 '대화 상자' 및 '적합 값' 결과

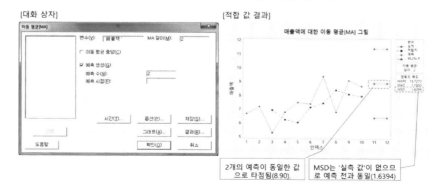

[대화 상자]

[적합 값 결과]

2개의 예측이 동일한 값으로 타점됨(8.90).

MSD는 '실측 값'이 없으므로 예측 전과 동일(1.6394)

안타깝게도 [그림 Ⅱ-86]에 보이는 바와 같이 예측된 2개 타점 모두 '8.90'으로 동일한 값을 갖는데, 이것은 몇 개 타점을 예측하든 상황은 동일하다. 한두 개의 매우 단기적인 예측이 아니면 실용성이 급격하게 떨어질 수 있음을 감안해야 한다. 또 '관측치(파란 선)'와 '적합 값(빨간 선)' 간 간극도 벌어져 있어 상황에 따라 예측력도 크게 변동될 개연성이 있다. 그러나 주택 가격과 같이 장기 변동에 관심 있는 경우 3년(156주)간 장기 이동 평균선 등은 매우 큰 의미를 갖는 것으로 알려져 있다. [표 Ⅱ-50]의 계산된 'MSD'와 [그림 Ⅱ-86]의 'MSD'가 '1.6394'로 일치한다.

'이동 평균'을 산정할 때 부분군을 형성하는 'MA Length(이동 평균 길이)'는 '계절 주기(Seasonal Cycle)'가 1주인지, 1년인지 등에 따라 결정된다. '부분군 크기'를 늘리면 타점들의 진폭이 '평균' 속에 묻히므로 '시계열 그림'은 전반적으로 부드러워진다. 즉, '평활 효과(Smoothing Effect)'가 커지며, 분석적으로는 최근의 변화를 잘 반영하지 못하게 된다. 만일 '부분군 크기'를 작게 잡으면 인접한 값들의 성향이 반영된 '평균'이므로 등락의 민감도는 상대적으로 증가하지만 과잉 반응으로 비쳐질 수 있다. 정해놓고 결과만 바라보기보다 산정 과정에도 여러 정황을 고려해 신중하게 접근할 필요가 있다.

참고로 '예측 값'을 업무에 활용하는 방안도 중요한데, 만일 '예측 값'이 차월의 '매출액(또는 원자재 단가, 환율 등)'이라면 [표 Ⅱ-50]의 '8.90'을 이용해 전략을 수립하는 것은 아무래도 부담스럽다. 예상보다 오르거나 떨어질 경우 긍정적 결과가 아닌 부정적 결과를 초래해 타격이 커질 수 있기 때문이다. 따라서 위기관리(Risk Management) 차원에서 '신뢰 구간'의 활용 방안을 초두에 제시한 바 있다. 예들 들어, '매출액' 예측에서 정황상 연건이 좋지 않다고 판단되면 '신뢰 구간' 아래쪽 값을 기준으로 전략을 수립하고(비관적 접근), 낙관적 상황이면 '신뢰 구간' 위쪽 값을 중심으로 계획을 수립하는 식이다(낙관적 접근). 또 상황 변화에 생산 계획이나 재고 물량의 조정이 용이하다면 비관적 차원에서 전략을 수립했더라도 중간중간 시황에 맞게 미세 조정해가는 정책도 유효하다. '예측 값'이 맞는지 여부(정확도)에 초점을 맞추는 것도 중요하지만 실 업무에 어떻게 하면 유용하고 효과적으로 활용할지 고민하는 것이 통계 활용 측면에서 더 큰 점수를 받을 수 있다. 통계적 절차는 '원 자료'가 동일하면 항상, 또 어느 누가 계산하더라도 재현성, 즉 똑같은 결과가 나오는 큰 이점이 있기 때문에 활용 가치는 무궁무진하다. '신뢰 구간'을 얻기 위해서는 '세션 창' 결과를 보거나, 다음 [그림 Ⅱ-87]의 '대화 상자' 내 '저장' 버튼을 눌러 '워크시트'에 저장하는 기능을 이용한다.

[그림 Ⅱ-87] '예측 값'의 '신뢰 구간' 확인하기

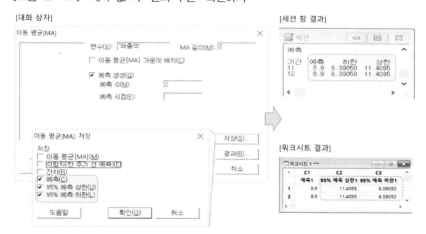

[그림 Ⅱ-87]은 '신뢰 구간'을 확인하는 방법으로 '세션 창' 결과를 보거나 '워크시트'에 저장하는 방법을 나타낸다.

[그림 Ⅱ-87]의 '대화 상자'를 보면 "이동 평균[MA] 가운데 배치(C)"라는

선택 항목이 있다. 일반적으로 '중심 이동 평균(Centered Moving Average)'으로 불리며, 이에 대해서는 이미 [그림 Ⅱ-78]의 'MA Length=4'의 경우로 '분해' 해석 중 소개한 바 있다.

'중심 이동 평균'에서 '중심(Centered)'의 의미는 '평균'을 구할 때 쓰인 관측 치들의 '가운데 값'에 '평균'을 대응시킨다는 뜻이다. [그림 Ⅱ-88]을 보자.

[그림 Ⅱ-88] '이동 평균'과 '중심 이동 평균'의 비교

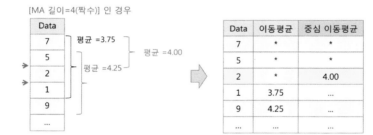

[그림 Ⅱ-88]에서 'MA 길이=3(홀수)'인 경우, 첫 부분군 '7, 5, 2'의 '평균=4.67'은 세 번째 값인 '2'에 대응시키며, 두 번째 '평균'인 '2.67[=(5+2+1)÷3]'은 다음 관측치인 '1'에 대응시킨다. 그러나 '중심 이동 평균'은 첫 '평균'을 만들어낸 '7, 5, 2'들 중 가운데(Center)인 '5'에 '평균'을 대응시킨다. 따라서 [그림 Ⅱ-88]의 위 오른쪽 표를 보면 '중심 이동 평균'은 '이동 평균'보다

한 칸씩 올라가 '원 자료'와 쌍을 이룬다. 그에 반해 만약 'MA 길이=4(짝수)'인 경우, 첫 부분군 '7, 5, 2, 1'의 '평균=3.75'는 '이동 평균' 관점에선 '원 자료'인 네 번째 '1'에 대응시키지만 '중심 이동 평균'은 대응시킬 '원 자료'의 위치 지정에 혼란이 생긴다. 이는 [그림 Ⅱ-88]의 아래 왼쪽 표에 나타낸 첫 빨간 화살표 위치에 해당하나 이 지점엔 '원 자료'가 존재하지 않기 때문이다. 이때 두 번째 '평균'인 '4.25[=(5+2+1+9)÷4]'를 구하면 중심은 두 번째 빨간 화살표 위치에 해당돼 만일 연속된 두 개 평균의 '재평균(4.00)'을 내면 이 값은 '원 자료'의 세 번째인 '2'에 대응시킬 수 있게 된다(2개 빨간 화살표 위치를 평균 내면 그 가운데는 원 자료 '2'의 위치가 됨. 결과는 [그림 Ⅱ-88]의 아래 오른쪽 표 참조).

'중심 이동 평균'은 '이동 평균'에 비해 시차를 한 단계 줄일 수 있는 효과가 있다. 그러나 둘의 방법으론 향후 타점을 '예측(Forecast)'할 때 [그림 Ⅱ-86]에서처럼 예측 횟수에 상관없이 동일한 '예측 값'이 나오는 등 분명 제약이 있으며, 이를 보강하기 위해 '선형 추세'에 한해 '이중 이동 평균(Double Moving Average)'을 이용하기도 한다. '이중 이동 평균'은 계산된 '이동 평균'을 동일한 'MA 길이'로 또 한 번 '이동 평균'을 구하는 방식이다. 이에 대한 별도의 설명은 생략한다.


### 4.1.5. 단일 지수 평활(Single Exponential Smoothing)


'이동 평균(Moving Average)'은 식 (Ⅱ.20)에서 설명한 바와 같이 부분군 내 각 데이터에 '1/n'만큼씩 동일하게 가중시켜 얻은 결과다. 이에 반해 '지수 평활(Exponential Smoothing)'은 최근 관측치일수록 더 많은 가중치를 주기 위해 오래된 관측치의 가중치를 지수 함수적으로 감소시킨 접근이다. 지수 함수적으로 가중치가 부여된 평활화를 '단일 지수 평활(Single Exponential Smoothing)'이라 하며, 주로 '추세 변동'과 '계절 변동'이 존재하지 않는 경우에 쓰인다. 또 '단일 지수 평활'을 두 번 적용한 '이중 지수 평활(Double Exponential Smoothing)'은 '선형 추세'가 존재할 경우에 유용하며, '지수 평활'을 세 번(즉, 지수 함수적으로 가중되는 파라미터가 3개 존재) 할 경우를 'HW Method(Holt – Winters Method)'라 부르고, '추세'뿐만 아니라 '계절 변동' 모두 포함된 경우에 적절하다. 미니탭 메뉴에는 'Winters의 방법'으로 표기돼 있다.

'지수 평활(Exponential Smoothing)'은 1957년 Charles C. Holt가 처음 제안하였다.[67] 제안 당시 '추세'와 '계절 성분'이 없는 시계열에 한정했으나 이후 '추세'까지 포함한 방식을 제안하였다(1958). 1965년엔 Winters에 의해 '계절 성분'까지 분석에 포함시킴으로써 명실상부 해석의 일반화를 꾀하였는데 이 결과로 지금까지 'Holt – Winters Method'로 불리는 배경이 되었다.

[표 Ⅱ – 51]은 바로 앞서 설명한 '지수 평활'의 유형과 공식 및 특징들을 요약한 것이다. 특히 '공식'은 다소 복잡해 보이지만 기본 틀은 '단일 지수 평활'에 있고, '단일', '이중' 또는, '삼중'인지의 구분은 가중치를 대변하는 파라미터가 1개인지 2개인지 또는 3개인지에 따라 결정된다. 파라미터가 증가할수록 공식의 복잡도도 증가한다. 표에서 각 유형별 '공식'에는 '예측'과 '평활'이 나눠 기입돼 있으며, '평활'의 공식이 '예측'에 그대로 활용되므로 '예측'을 위한 공식은 '평활'의 성분별 공식들을 합성해서 얻어진다.

---

67) Holt, Charles C.(1957), "Forecasting Trends and Seasonal by Exponentially Weighted Averages." Office of Naval Research Memorandum 52. reprinted in Holt, Charles C. (January - March 2004). "Forecasting Trends and Seasonal by Exponentially Weighted Averages." International Journal of Forecasting 20 (1): 5 - 10. DOI:10.1016/j.ijforecast.2003.09.015.

[표 Ⅱ-51] '지수 평활'의 유형과 특징

| 유형 | 설명 | | |
|---|---|---|---|
| | 공식 | 초기값 | 특징 |
| 단일 지수 평활 | (적합값, 예측값) $F_t = S_{t-1}$   $(t \geq 1)$<br>(전체 평활) $S_t = \alpha Y_t + (1-\alpha)S_{t-1}$ | $S_0$=6개 평균,<br>$(0 \leq \alpha < 2)$ | □ 추세 없음<br>□ 계절 없음 |
| 이중 지수 평활 | (적합값, 예측값) $F_t = S_{t-1} + T_{t-1}$<br>(전체 평활) $S_t = \alpha Y_t + (1-\alpha)(S_{t-1} + T_{t-1})$<br>— 추세 평활 $T_t = \beta(S_t - S_{t-1}) + (1-\beta)T_{t-1}$ | $S_0$=회귀 상수<br>$T_0$=회귀 계수<br>$(0 \leq \beta \leq 1)$ | □ 선형 추세<br>□ 계절 없음 |
| 삼중 지수 평활<br>(HW Method)—<br>승법 | (적합값, 예측값) $F_t = (S_{t-1} + T_{t-1})P_{t-L}$<br>(전체 평활) $S_t = \alpha \dfrac{Y_t}{P_{t-L}} + (1-\alpha)(S_{t-1} + T_{t-1})$<br>— 추세 평활 $T_t = \beta(S_t - S_{t-1}) + (1-\beta)T_{t-1}$<br>— 계절 평활 $P_t = \gamma \dfrac{Y_t}{S_t} + (1-\gamma)P_{t-L}$ | $S_0$, $T_0$, $P_0$ 들에 대해<br>서는 '주석 65)' 및<br>'주석 66)' 참조 | □ 추세 존재<br>□ 계절 존재 |

리더들에겐 기존 학습에서 별로 다루어지지 않던 다소 어렵게 느껴지는 내용이지만 현업 활용도가 매우 높으므로 이번 기회를 한 단계 업그레이드하는 점프의 장으로 삼았으면 한다. 이제 '단일 지수 평활'로 들어가 보자.

'단일 지수 평활(Single Exponential Smoothing)'의 공식은 다음과 같다.

$$S_t = \alpha Y_t + (1-\alpha)S_{t-1}, \quad (t \geq 1, \, 0 \leq \alpha < 2) \tag{Ⅱ.22}$$

식 (Ⅱ.22)를 '기본 평활화 방정식(Basic Equation of Exponential Smoothing)'이라 하고, 상수 'α'를 '평활 상수(Smoothing Constant)'라 부른다. 'α'의 범위는 미니탭에서 '0≤α<2'로 제시하나 일반적으로 '0≤α≤1'이 주로 쓰인다. '지수 평활'이 Holt에 의해 처음 제안되었지만 이 공식은 활용도를 높이는 데 기여한 'Brown, Robert Goodell'의 이름을 따 'Brown's Simple Exponential Smoothing'으로 더 잘 알려져 있다.[68] 또 '관리도(Control Chart)'에서는 'EWMA(Exponentially

68) Brown, Robert Goodell(1963). Smoothing Forecasting and Prediction of Discrete Time Series.

Weighted Moving Average)'의 기본 공식이며, 기술적으로는 미니탭에서 ARIMA(Autoregressive Integrated Moving Average)의 「상수가 포함되지 않은 (0,1,1) 모형」으로도 얻을 수 있다. 굳이 'ARIMA'를 언급한 이유는 미니탭에서 '단일 지수 평활'을 선택하면 '대화 상자'에 'ARIMA'와 연계된 옵션이 나타나기 때문이다. 점점 미궁 속~ 조금만 더 인내하자!(^^)

식을 이해하고 업무에 잘 활용하기 위해 미니탭 기본 파일인 '고용.mtw (Employ.mtw)' 내 '금속(Metal) 열'을 [그림 Ⅱ-89]에 옮겨놓았다.

[그림 Ⅱ-89] 미니탭 워크시트 '고용.mtw'

| ↓ | C1<br>무역 | C2<br>식품 | C3<br>금속 | C4 | C5 | C6 |
|---|---|---|---|---|---|---|
| 1 | 322 | 53.5 | 44.2 | | | |
| 2 | 317 | 53.0 | 44.3 | | | |
| 3 | 319 | 53.2 | 44.4 | | | |
| 4 | 323 | 52.5 | 43.4 | | | |
| 5 | 327 | 53.4 | 42.8 | | | |
| 6 | 328 | 56.5 | 44.3 | | | |
| 7 | 325 | 65.3 | 44.4 | | | |
| 8 | 326 | 70.7 | 44.8 | | | |
| 9 | 330 | 66.9 | 44.4 | | | |
| 10 | 334 | 58.2 | 43.1 | | | |
| 11 | 337 | 55.3 | 42.6 | | | |
| 12 | 341 | 53.4 | 42.4 | | | |
| 13 | 322 | 52.1 | 42.2 | | | |

'단일 지수 평활'은 미니탭에서 두 가지 접근을 제시하고 있는데, 다음 [그림 Ⅱ-90]의 '대화 상자'는 '평활에 사용할 가중치' 중 '사용(U):'을 '0.2'로 지정한 예이다.

---

Englewood Cliffs, NJ: Prentice-Hall.

[그림 Ⅱ-90] '단일 지수 평활'의 '대화 상자'

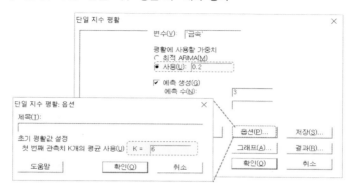

우선 식 (Ⅱ.22)를 보면 최초의 평활 값인 'S₁'은 항 '$(1-\alpha)S_{t-1}=(1-\alpha)S_{1-1}=(1-\alpha)S_0$', 즉 수집된 관측치들 중 'S₀'가 존재하지 않으므로 어떤 식으로든 최초의 'S₀'을 미리 정해줘야 식의 이용이 가능한데, 미니탭에서는 [그림 Ⅱ-90]처럼 버튼 '옵션(P)...'에 초기 평활 값 설정으로 "처음 6개 관측치의 평균 사용"을 디폴트로 정하고 있다. 물론 '일변량 자료'가 '6개 이하'면 그들 모두의 '평균'이, '6개'가 아닌 다른 '부분군 크기'가 필요하면 본 '단일 지수 평활: 옵션' 대화 상자에서 조정한다.

또 한 가지 식 (Ⅱ.22)에서 적절한 '평활 상수(Smoothing Constant), $\alpha$'를 지정해야 하는데 기본 가이드라인을 정리하면 다음과 같다.

> · **'평활 상수, $\alpha$' 결정** (미니탭 도움말) 가중치는 평활화 모수입니다. 미니탭에서 최적 가중치를 지정하도록 하거나 사용자가 가중치를 지정할 수 있습니다. 가중치가 크면 적합선의 변화가 커지고 가중치가 작으면 적합선의 변화가 작아집니다. 즉, 가중치가 클수록 평활 값이 데이터 패턴과 비슷해지고 가중치가 작을수록 평활 값 패턴의 들쭉날쭉한 정도가 작아집니다. 따라서 신호 또는 패턴의 잡음 수준이 높은 연속 데이터의 경우에는 일반적으로 가중치가 작은 것이 좋습니다.

'단일 지수 평활' 대화 상자의 "평활에 사용할 가중치"에서 "평활에 사용할 가중치 사용(U):"을 선택하고 0과 2 사이의 값을 입력합니다(일반적으로 선택하는 값은 0과 1 사이임). 가중치를 선택할 때는 다음과 같은 경험에 의한 방법을 사용할 수 있습니다.

- 가중치 $\alpha$는 '이동 평균 길이(MA Length)'로 환산 시 "$(2-\alpha)/\alpha$"과 거의 같은 평활을 제공합니다.
- 반대로 'MA 길이'가 'L'인 경우의 $\alpha$는 "$2/(L+1)$"로 지정합니다.

→ (NIST Engineering Statistics Handbook) '$\alpha$'를 '0.1'부터 증가시켜 가며 주어진 '$Y_t$'에 대한 '적합 값'을 얻은 뒤, 식(Ⅱ.19)의 'MSE'를 구함. 이때 'MSE'가 가장 작은 '$\alpha$'가 최적의 가중치임. 아래는 '$\alpha$=0.3'의 계산 예이며, 따라서 다양한 '$\alpha$'에 대한 'MSE'를 구해 비교해야 함($S_1=Y_1$ 설정).

| $Y_t$ | 6.40 | 5.60 | 7.80 | 8.80 | 11.0 | 11.6 | 16.7 | 15.3 |
|---|---|---|---|---|---|---|---|---|
| 평활화($S_t$) | 6.40 | 6.16 | 6.65 | 7.30 | 8.41 | 9.37 | 11.57 | 12.69 |
| 적합 값 | * | 6.40 | 6.16 | 6.65 | 7.30 | 8.41 | 9.37 | 11.57 |
| 편차(잔차) | * | −0.80 | 1.64 | 2.15 | 3.70 | 3.19 | 7.33 | 3.73 |
| 편차 제곱 합 | | 99.60 | | MSE | | | 14.23 | |

'모수(Parameter)'란 함수식이 있을 때 그의 활용을 위해 미리 정해줘야 하는 값으로 '일차 함수'에서는 '기울기'와 'Y 절편', '정규 분포 함수'에서는 분포의 중심인 '평균, $\mu$'와 흩어짐 정도인 '분산, $\sigma^2$' 등이 해당한다. 식 (Ⅱ.22) 경우 '평활 상수'인 '$\alpha$'가 이에 대응한다. '가중치($\alpha$)'의 크기에 따른 '적합선 (Fitted Line)'의 변화는 다음 [그림 Ⅱ-91]과 같다.

[그림 Ⅱ-91] '평활 상수($\alpha$)' 증감에 따른 '적합 값' 변화

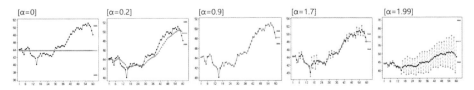

‘미니탭 도움말’에서의 표현대로 ‘α’가 최소인 ‘0’이면 변화가 없다가 조금씩 증가해 약 ‘0.9’가 되면 실제 데이터 패턴에 근접하게 움직이며, 더 증가해 ‘1.7’이 됐을 때 상하 진폭이 커지다 최대인 ‘2’에 근접하면(1.99) 상하 진폭이 최고조에 달하는 것을 볼 수 있다. 물론 이 경우 ‘정확도’의 지표인 ‘MAPE’, ‘MAD’, ‘MSD’ 등을 참조하는 것도 잊어서는 안 될 일이다. 다음은 식 (Ⅱ.22)를 이용해 ‘α=0.2’에 대한 첫 평활 값을 계산한 예이다. 이 값은 두 번째 ‘적합 값’이기도 하다(첫 번째 ‘적합 값’은 ‘원 자료’ 최초 6개의 ‘평균’이 쓰임).

$$\begin{aligned} S_1 &= 0.2 \times Y_1 + (1-0.2)S_{1-1} && (\text{Ⅱ.23}) \\ &= 0.2 \times Y_1 + 0.8 \times S_0 && \leftarrow \because S_0 = Average\,[\text{첫 6개 데이터}] \\ &= 0.2 \times 44.2 + 0.8 \times 43.9 \\ &= 43.96 \end{aligned}$$

동일한 계산을 ‘$S_2$’, ‘$S_3$’ 등으로 반복하면 [그림 Ⅱ-92]와 같은 ‘관측치 vs. 평활 값’ 및 ‘관측치 vs. 적합 값’을 얻을 수 있다.

[그림 Ⅱ-92] ‘관측치 vs. 평활 값’과 ‘관측치 vs. 적합 값’ 결과

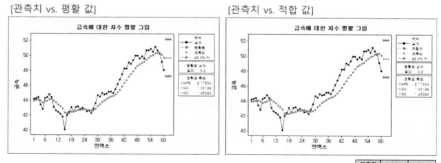

| | | | | | | | | | | 예측값 | UPPE | LOWE |
|---|---|---|---|---|---|---|---|---|---|---|---|---|
| 금속(Metal) | 44.2 | 44.3 | 44.4 | 43.4 | 42.8 | 44.3 | 44.4 | 44.8 | 44.4 | ... | 49.2 | 48.1 | 49.72 | 52.1762 | 47.2671 |
| 평활(Smoothing) 값 | 43.96 | 44.03 | 44.10 | 43.96 | 43.73 | 43.84 | 43.95 | 44.12 | 44.18 | ... | 50.13 | 49.72 | 49.72 | 52.1762 | 47.2671 |
| 적합(Fitted) 값 | 43.9 | 43.96 | 44.028 | 44.1024 | 43.9619 | 43.7295 | 43.8436 | 43.9549 | 44.1239 | ... | 50.3588 | 50.1271 | 49.72 | 52.1762 | 47.2671 |

[그림 Ⅱ-92]의 왼쪽은 '평활 값'을, 오른쪽은 '적합 값'을 나타낸다. 그림 아래에 '원 자료'와 계산된 '평활' 및 '적합 값'이 추가돼 있다. '적합 값'의 첫 번째 셀(노란색)은 '원 자료' 중 최초 6개를 '평균'해서 얻어졌고, '평활 값'을 하나씩 뒤로 밀면(시차 1) '적합 값'이 된다는 것도 알 수 있다.

또, [그림 Ⅱ-90]의 '대화 상자'에서 ' 저장(S)... ' 버튼을 눌러 [그림 Ⅱ-92]의 계산된 값들을 워크시트에 저장할 수 있다. '예측'은 현재 수집된 데이터 이후 '3개 시점'을 지정했으며, 결과 값으로 '49.72'와 95% 예측 상하한 '(52.1762, 47.2671)'을 얻었다. 향후 몇 개 타점을 예측하든 '예측 값'은 동일하게 나오므로 단기 예측을 위해 적합한 방법임을 알 수 있다. '예측 상한'과 '예측 하한'은 현재와 가까운 미래의 상황을 예상해 전략 수립 시 비관적, 중도적, 낙관적 판단에 따라 적절히 선택해 활용한다.

지금까지는 [그림 Ⅱ-90]의 '대화 상자' 중 "평활에 사용할 가중치"로 ' ● 사용(U): '을 선택한 예에 관한 것이었다. 그러나 또 다른 옵션으로 ' ○ 최적 ARIMA(M) ' 가 있다. 'ARIMA Model(Autoregressive Integrated Moving Average Model)' 은 미니탭에도 포함된 시계열 자료 분석 방법 중 하나이다. 본문에서는 분량도 그렇지만 '탐색적 자료 분석'에 충실하기 위해 'ARIMA Model'의 설명은 범위에 포함시키지 않았다. 다만 '단일 지수 평활'의 '대화 상자'에 선택 사항이 있어 목적과 활용법 정도만 언급하고자 한다.

이 옵션은 'ARIMA 모형'을 이용해 최적의 'α'를 자동으로 추정한 후 '예측 값(Forecast)'까지 내놓는 과정으로 이루어진다.

[그림 Ⅱ-93] '평활 값'과 '예측(적합) 값' 결과('최적 ARIMA(M)' 선택)

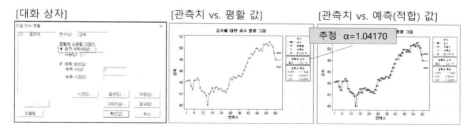

[대화 상자]   [관측치 vs. 평활 값]   [관측치 vs. 예측(적합) 값]

[그림 Ⅱ-93]은 '단일 지수 평활'의 '대화 상자'에서 '가중치' 결정 방법으로 ' ◉최적 ARIMA(M) '를 선택했다는 것과 그 결과('대화 상자'의 ' 그래프(A)…'에서 두 그래프 선택)를 보여준다. 결과 그래프에 최적으로 추정된 'α=1.04170'이 기록돼 있음도 알 수 있다.

[그림 Ⅱ-93]의 결과를 'ARIMA (0,1,1) 모형'으로 재수행하면 미니탭 「통계 분석(S) > 시계열 분석(S) > ARIMA(R)…」로 들어가 다음 [그림 Ⅱ-94]와 같이 입력 후 결과를 얻는다[' 예측(F)… '에서 '선행시차(L):'에 '3' 지정].

[그림 Ⅱ-94] 'ARIMA (0,1,1) 대화 상자' 및 '적합 값'과 '예측' 결과

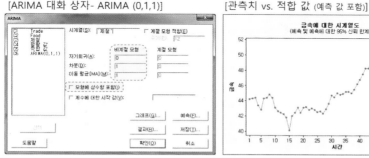

[ARIMA 대화 상자- ARIMA (0,1,1)]   [관측치 vs. 적합 값 (예측 값 포함)]

'ARIMA(0,1,1)'이란 [그림 Ⅱ－94]의 '대화 상자'처럼 '자기회귀(A):=0', '차분(D):=1', '이동 평균[MA](M):=1'의 설정을 의미한다. 즉, 'ARIMA (0,1,1) 모형'이 '단일 지수 평활'과 동일한 것으로 간주되며, 'ARIMA'를 설명하는 수식이 '단일 지수 평활' 수식을 포괄하는 의미로 해석한다. 주의할 사항은 '계절 모형 적합(E)'과 '모형에 상수 항 포함(I)'은 '체크'해서는 안 된다. 결과 그래프에서의 향후 3개 시점의 '예측 값'은 모두 '48.0560'으로 '단일 지수 평활'의 '◉ 최적 ARIMA(M)' 선택 결과와 일치한다. 또, 95% 예측 '상한/하한' 값은 일정하지 않고 타점에 따라 증가하는 경향을 보이며, 이것은 불확실성이 커지는 것으로 '단일 지수 평활'에 비해 보다 합리적인 정보를 제공한다. 다음 [그림 Ⅱ－95]는 '단일 지수 평활'과 'ARIMA (0,1,1) 모형'의 '적합 값'을 미니탭 '저장' 기능을 이용해 비교한 예이다.

[그림 Ⅱ－95] '단일 지수 평활'과 'ARIMA (0,1,1)'의 '적합 값' 비교

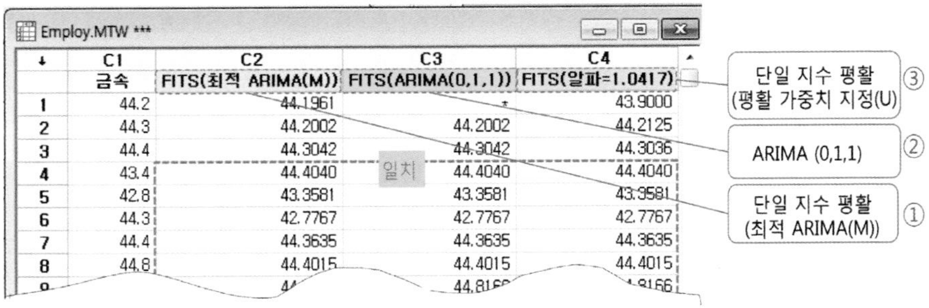
Employ.MTW ***

| ↓ | C1 | C2 | C3 | C4 |
|---|---|---|---|---|
| | 금속 | FITS(최적 ARIMA(M)) | FITS(ARIMA(0,1,1)) | FITS(알파=1.0417) |
| 1 | 44.2 | 44.1961 | * | 43.9000 |
| 2 | 44.3 | 44.2002 | 44.2002 | 44.2125 |
| 3 | 44.4 | 44.3042 | 44.3042 | 44.3036 |
| 4 | 43.4 | 44.4040 | 44.4040 | 44.4040 |
| 5 | 42.8 | 43.3581 | 43.3581 | 43.3581 |
| 6 | 44.3 | 42.7767 | 42.7767 | 42.7767 |
| 7 | 44.4 | 44.3635 | 44.3635 | 44.3635 |
| 8 | 44.8 | 44.4015 | 44.4015 | 44.4015 |



[그림 Ⅱ－95]에서 '단일 지수 평활'의 '◉ 최적 ARIMA(M)'로 얻은 '적합 값'과 'ARIMA (0,1,1)'로 얻은 '적합 값'이 정확히 일치함을 알 수 있다[단, 두 번째 시점부터 시작(Lagged One Time Unit)]. 'C4'는 '단일 지수 평활'의 '◉ 최적 ARIMA(M)' 선택 결과로부터 추정된 'α=1.0417'을 '평활에 사용할 가중치'

의 '◉ 사용(U): =1.0417'로 직접 입력해 얻은 결과다. 당연히 동일한 '적합 값'이 나오겠지만 일부 초기 값들에 약간의 차이를 보이는 경향이 있다.

### 4.1.6. 이중 지수 평활(Double Exponential Smoothing)

'단일 지수 평활'은 '일변량 자료'에 '추세'가 있을 경우는 사용할 수 없다. '추세'를 반영한 항 자체가 포함돼 있지 않기 때문이다. 이에 최근 데이터에 더 큰 가중치를 주면서 '추세'까지 고려한 '$(1-\alpha)\times T_{t-1}$'항이 추가로 도입되었다([표 Ⅱ-51] 참조). 다음은 '이중 지수 평활'의 산식을 나타낸다.

$$
\begin{aligned}
&\text{(적합값, 예측값) } F_t = S_{t-1} + T_{t-1} \\
&\text{(전체평활) } S_t = \alpha Y_t + (1-\alpha)(S_{t-1} + T_{t-1}), \ (t \geq 1, \ 0 \leq \alpha < 2)
\end{aligned} \qquad (\text{Ⅱ}.24)
$$

$$
\text{단, 추세평활 } T_t = \beta(S_t - S_{t-1}) + (1-\beta)T_{t-1}, \ (0 \leq \beta \leq 1)
$$

식 (Ⅱ.24)에서 '$\alpha$'와 '$\beta$'의 범위는 일반적으로 '$0 \leq (\alpha, \ \beta) \leq 1$'의 값이 주로 쓰인다. '추세'인 '$T$' 항이 '$\beta$'를 포함하고 있어 '$\alpha$'와 더불어 '이중'이란 용어가 생겼으며, 식으로부터 '선형 추세' 역시 최근 직전 데이터에 가중을 더 주는 구조로 되어 있다.

식 (Ⅱ.24)를 사용하기 위해서는 't=1'일 때, '$S_{t-1} = S_{1-1} = S_0$'과 '$T_{t-1} = T_{1-1} = T_0$'의 초기 값 설정이 요구된다. 미니탭 경우 만일 '단일 지수 평활'에서 사용했던 [그림 Ⅱ-89]의 '금속' 열을 '원 자료'로 가정할 때, '$S_0$'는 '단순 회귀 모형'의 '상수' 값을, '$T_0$'는 '단순 회귀 모형'의 '계수' 값을 그대로 적용한다. '단순 회귀 모형'은 미니탭「통계 분석(S) > 회귀 분석(R) > 회귀 분석(R) > 적합 회귀 모형(<u>F</u>)…」에서 얻어지며, 이때 'X'는 '금속' 열의 순번인 't=1, 2, 3, …
60'에 해당한다. 얻어진 '회귀 모형'은 다음과 같다.

$$금속 = 41.0 + 0.152t \qquad (\text{II}.25)$$

식 (II.25)의 '상수'와 '계수'는 소수점 자릿수가 조정돼 있으므로 '회귀 분
석' 시 '대화 상자' 내 ' 저장(S)… ' 버튼을 눌러 '계수'를 지정해 상세한 값을 확
보한다. 엑셀 계산 시 미니탭 결과와의 차이를 최소화하기 위해 소수점 이하
4자리 정도가 필요하다. [그림 II-96]은 미니탭 결과이다(α, β는 '0.2' 가정).

[그림 II-96] '평활 값'과 '적합 값' 결과 및 산식과의 관계(α, β=0.2 가정)

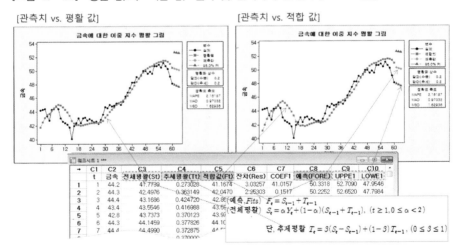

[그림 II-96]은 쉽게 설명하려다 오히려 복잡한 그림을 만들었다. 이하 설
명을 통해 잘 받아들였으면 한다. 우선 워크시트 'C1, C2'는 '원 자료'를,

'C3=전체 평활(SMOO)', 'C4=추세 평활(TREN)', 'C5=적합 값(FITS)'을 각각 나타낸다. 이들은 그림 아래에 표기된 '식 (Ⅱ.24)'와 파란색 화살표로 각각 연결돼 있다. 또 'C7=금속 데이터의 회귀 계수와 상수'를, 'C8=예측 값(Forecast), 즉 그래프에 표기된 향후 3개 타점 예측 값'을, 끝으로 'C9와 C10=예측 값의 95% 신뢰 구간'을 각각 나타낸다. 이들은 '이중 지수 평활'의 '대화 상자' 내 ' 저장(S)... ' 버튼을 눌러 얻은 결과이다. 다음 [그림 Ⅱ-97]은 엑셀을 통해 직접 계산한 예로 [그림 Ⅱ-96]과 동일한 결과임을 알 수 있다.

[그림 Ⅱ-97] '전체 평활', '추세 평활', 예측 값'들의 엑셀 계산(α와 β=0.2 가정)

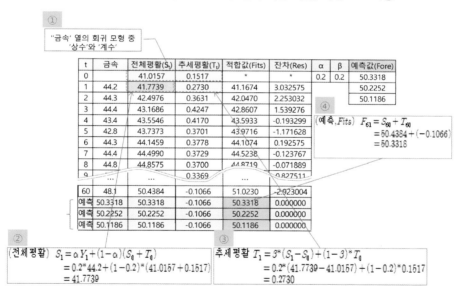

[그림 Ⅱ-97]은 엑셀로 [그림 Ⅱ-96]을 직접 계산한 예이다. 혼란을 줄이기 위해 원 번호(연두색)로 순번을 메겨두었다. 우선 '①'은 초기 값인 '$S_0$'와

‘$T_0$’로 ‘금속’ 열 데이터의 ‘단순 회귀 모형’을 통해 얻었다. ‘②’는 주어진 ‘전체 평활’ 산식을 통해, ‘③’은 ‘추세 평활’로 역시 주어진 산식을 통해 얻은 첫 계산 값에 해당한다. ‘④’는 ‘예측 값’이며 본 결과를 기반으로 추정한 향후 3개 타점을 포함한다(노란색 셀). 첫 번째 ‘예측 값(50.3318)’은 다시 ‘금속’ 열의 ‘61번째 측정치’로 쓰이며 이와 같은 과정을 반복함으로써 ‘예측 값’이 계속 얻어진다. [그림 Ⅱ-96]과의 차이점은 ‘초기 값($S_0$, $T_0$)’을 알리기 위해 ‘t=0’의 행이 삽입돼 있다.

  ‘이중 지수 평활’은 [그림 Ⅱ-92]의 ‘단일 지수 평활’로부터 예측된 값과 비교 시 극명한 차이점을 보이는데, 예를 들어 [그림 Ⅱ-96]의 ‘이중 지수 평활’에서는 3개 예측 값이 서로 다르지만 ‘단일 지수 평활’에서는 모두 동일하다는 점이다. ‘추세’를 반영했는지 여부에 따른 결과지만 아무래도 향후 ‘예측 값’이 모두 동일하다는 가정보다 시점마다 달라지는 접근이 다소 설득력 있어 보인다. 그러나 ‘이중 지수 평활’ 접근법 역시 단기적 예측에 적합한 방법임을 잊어선 안 된다. 참고로 ‘주 66)’의 출처는 식 (Ⅱ.24)의 ‘초기 값’을 다음과 같이 설정토록 안내한다.

$$
\begin{aligned}
&S_1 = Y_1 \\
&T_1 = Y_2 - Y_1, \text{ 또는} \\
&T_1 = \frac{(Y_2 - Y_1) + (Y_3 - Y_2) + (Y_4 - Y_3)}{3}, \text{ 또는} \\
&T_1 = \frac{Y_n - Y_1}{n-1}
\end{aligned}
\tag{Ⅱ.26}
$$

  ‘단일 지수 평활’과 마찬가지로 ‘이중 지수 평활’에서도 ‘ARIMA 모형’을 지원한다. ‘대화 상자’ 중 “평활에 사용할 가중치”로 ‘ⓞ 최적 ARIMA(M)’를 선택하면, 이 결과는 ‘ARIMA(0,2,2)’와 동일한 결과를 얻는다. 단, 후자의 경우 ‘시차’가 두 단계 늦는 차이점이 있다. 과정과 결과에 대한 설명은 생략한다.

## 4.1.7. Winters의 방법(Holt-Winters Method)

[그림 Ⅱ-66]의 "미니탭 '시계열 분석' 메뉴"로 돌아가면 이어 설명할 항목은 'Winters의 방법'이다. [표 Ⅱ-51]에 요약한 바와 같이 수집된 '일변량 자료'가 시계열적 특성이 있고, 또 그 속에 '추세(Trend) 성분'과 '계절 (Seasonality 또는 Periodicity) 성분'이 포함된 경우 '이중 지수 평활'로는 해석에 분명 한계가 있다. 산식 속에 '계절 성분'을 설명할 항이 포함돼 있지 않기 때문이다. 이에 '계절 성분'을 처리할 세 번째 모형이 도입되었는데 이를 '삼중 지수 평활' 또는 개발자의 이름을 따 'HW(Holt-Winters) Method' 라고 부른다. 미니탭 메뉴에는 'Winters의 방법'으로 번역돼 있다. 우선 [표 Ⅱ-51]에 들어 있는 '승법 모형' 산식을 옮겨오면 다음과 같다.

$$(적합값, 예측값) \ F_t = (S_{t-1} + T_{t-1})P_{t-L} \qquad (Ⅱ.27)$$

$$(전체평활) \ S_t = \alpha \frac{Y_t}{P_{t-L}} + (1-\alpha)(S_{t-1} + T_{t-1})$$

$$-추세평활 \ T_t = \beta(S_t - S_{t-1}) + (1-\beta)T_{t-1}$$

$$-계절평활 \ P_t = \gamma \frac{Y_t}{S_t} + (1-\gamma)P_{t-L}$$

단, $P_t$ 는 '계절성분($Periodicity$)'을,
$L$ 은 '계절 길이'를 각각 나타냄.

이에 반해 '가법 모형'은 다음 식 (Ⅱ.28)과 같다.

$$(적합값, 예측값) \ F_t = S_{t-1} + T_{t-1} + P_{t-L} \qquad (Ⅱ.28)$$

$$(전체평활) \ S_t = \alpha(Y_t - P_{t-L}) + (1-\alpha)(S_{t-1} + T_{t-1})$$

$$-추세평활 \ T_t = \beta(S_t - S_{t-1}) + (1-\beta)T_{t-1}$$

$$-계절평활 \ P_t = \gamma(Y_t - S_t) + (1-\gamma)P_{t-L}$$

'승법'인지 '가법'인지의 차이는 항목들 간 '곱(또는 나눗셈)'을 할 것인지

'덧셈(또는 뺄셈)'을 할 것인지에 달려 있다. 기본적으로 '계절 성분'이 포함돼야 함은 두말할 나위도 없다. 다음 [표 Ⅱ-52]는 미니탭 기본 파일인 '고용.mtw' 내 '식품' 열 데이터를 연도별로 정리한 예이다([그림 Ⅱ-89] 참조).

[표 Ⅱ-52] 미니탭 제공 파일 '고용.mtw' 내 '식품' 열 데이터

| 연도 | 1월 | 2월 | 3월 | 4월 | 5월 | 6월 | 7월 | 8월 | 9월 | 10월 | 11월 | 12월 |
|---|---|---|---|---|---|---|---|---|---|---|---|---|
| 2008 | 53.5 | 53.0 | 53.2 | 52.5 | 53.4 | 56.5 | 65.3 | 70.7 | 66.9 | 58.2 | 55.3 | 53.4 |
| 2009 | 52.1 | 51.5 | 51.5 | 52.4 | 53.3 | 55.5 | 64.2 | 69.6 | 69.3 | 58.5 | 55.3 | 53.6 |
| 2010 | 52.3 | 51.5 | 51.7 | 51.5 | 52.2 | 57.1 | 63.6 | 68.8 | 68.9 | 60.1 | 55.6 | 53.9 |
| 2011 | 53.3 | 53.1 | 53.5 | 53.5 | 53.9 | 57.1 | 64.7 | 69.4 | 70.3 | 62.6 | 57.9 | 55.8 |
| 2012 | 54.8 | 54.2 | 54.6 | 54.3 | 54.8 | 58.1 | 68.1 | 73.3 | 75.5 | 66.4 | 60.5 | 57.7 |

이해를 돕기 위해 가상의 '연도'와 '월'을 삽입하였다. 자료는 [표 Ⅱ-52] 와 같이 항상 '월별'로 수집될 필요는 없다. '분기별'이나 '연도별' 등도 가능 하지만 분석에 지장을 줄 만큼 너무 적어서는 곤란하다. 예를 들어 '연도별' 데이터가 1개씩 수집됨에도 5년 치를 모아보면 5개밖에 안 되므로 계절적 성 분의 존재 유무를 따지기엔 한계가 있다. 수집된 '일변량 자료'를 근거로 가 장 먼저 해야 할 일은 '시계열 그림'을 작성하는 것이다.

[그림 Ⅱ-98] '식품' 열 데이터에 대한 '시계열 그림'

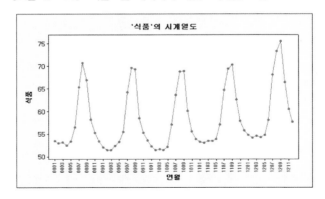

[그림 Ⅱ-98]을 보면 우상향의 선형적 '추세 성분'과 연도별 반복되는 '계절 성분'이 관찰된다. 또 진폭의 크기가 일정하지 않고 추세와 더불어 약간 증가하는 성향도 보인다. 이로부터 '시계열 분석' 방법으로 우선 'Winters의 방법'과 '승법 모형'을 선택한다(고 가정한다).

'승법 모형'을 적용하기 위해서는 식 (Ⅱ.27)이 적용되며, 이때 '초기 값'들이 가장 먼저 결정돼야 한다. 예를 들어, '$F_1$'은 '$S_0$', '$T_0$'와 '$P_{1-L}$'과 같은 초기 값을 알아야 계산이 가능하다. 이들은 'www.minitab.com'에서 제공하는 '기술 자료(Technical Report)'를 검색해 확인[69]하거나 시중 서적[70]을 이용할 수 있으나 계산 절차가 얽혀 있고 복잡해 설명을 늘어놓다가는 '탐색적 자료 분석'이 아닌 '시계열 서적'이 될까 염려스럽고, 또 분량도 고려치 않을 수 없다. 따라서 본문에서는 미니탭을 이용한 방법과 결과 설명에 주력하고자 한다. 다음 [그림 Ⅱ-99]는 미니탭 '대화 상자' 입력과 추가 설정 사항들을 나타낸 것이다. 참고로 식 (Ⅱ.27)에서 '$S_0$'와 '$T_0$'의 초기 값을 미니탭 산정 방식대로 직접 계산한 결과 '53.40152', '0.654895'를 각각 얻었다. 계산 방식은 이 외에도 'Winters(1960)',[71] 'Granger and Newbold(1986)',[72] 'Larraneta et al.(1988)',[73] 'Makridakis et al.(1998)'[74] 등이 알려져 있다.

69) www.minitab.com에서 기술자료 "Winter's Method-Multiplicative Model Initial Values for Level & Trend." 참고.

70) 정동빈·윤장섭 외(2007), 『Minitab을 이용한 수요예측 분석』, 이레테크, pp.130~146.

71) Winters, P. R.(1960), "Forecasting Sales by Exponentially Weighted Moving Averages", *Management Science*, Vol. 6, pp.324~342.

72) Granger, C. W. J., and P. Newbold(1986), *Forecasting Economic Times Series*, New York: Academic Press.

73) Larraneta, J. C. et al.(1988), *Méetodos modernos de gestióon de la produccióon, Alianza Universidad, Textos*.

74) Markridakis, S., S. C. Wheelwright, and R. J. Hyndman(1998), *Forecasting: Methods and Application 3rd Edition*, New York: John Wiley & Sons, Inc.

[그림 Ⅱ-99] 'Winters의 방법'의 '대화 상자' 및 '관측치 vs. 예측 값 그림'

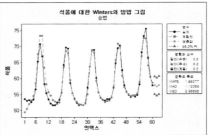

　　[그림 Ⅱ-99]의 '대화 상자'에서 '계절 길이(H):'는 [표 Ⅱ-52]가 '1년'을 기준으로 반복하고 있어 이 경우 '12'가 된다. 또 '방법 유형'은 [그림 Ⅱ-98]을 통해 확인된 바와 같이 "승법"이 설정돼 있다. 「평활에 사용할 가중치」는 'Winters의 방법'의 사용에 있어 가장 어려워하는 대목인데 식 (Ⅱ.27)에서의 '가중치', 'α', 'β', 'γ'에 각각 대응한다.

　　'가중치'의 최적 조건은 [그림 Ⅱ-99]의 오른쪽 '관측치 vs. 예측 값 그림'에 표시된 'MAPE', 'MAD', 'MSD' 같은 정확도들이 가장 작도록 설정돼야 한다. 그러나 세 가중치의 조합은 무한대에 가까우므로 통상 '0.1', '0.3', … '0.9'와 같은 값들을 반복적으로 입력해 '최적 조건'을 찾아주는 'Grid Search (격자 검색, 그리드 검색)' 방식이나 컴퓨터 프로그래밍을 이용한 '비선형 최적화 문제(Nonlinear Optimization Problem)'의 해를 구하는 방법 등이 쓰인다. 미니탭에서는 최적 해를 찾는 방법은 제공하고 있지 않지만 'Macro'를 이용한 방법 등은 열려 있다. 그러나 앞서 제시된 방법들은 리더들에게 접근성 측면에서 그리 유용치 않아 분석자의 약간의 노력과 감(?)이 요구된다.

[그림 Ⅱ-100] 'Winters의 방법'의 '예측 값' 결과

[그림 Ⅱ-100]은 [그림 Ⅱ-99]의 '관측치 vs. 예측 값 그림'에 찍힌 향후 3개월간 '고용 수준'을 예측한 것이다. '예측'에 기록된 값들 자체도 중요한 정보로 활용될 수 있지만 위험 관리 차원에서 '95% 예측 상/하한 구간'을 중심으로 단기 전략을 구사하도록 주문한 바 있다.

미니탭에서 '시계열 분석' 중 남아 있는 방법에 'ARIMA(Autoregressive Integrated Moving Average)'가 있다. ARIMA는 시계열 데이터에 'Box-Jenkins ARIMA 모형'을 적합시키며, '상관관계' 도구를 사용한다는 점에서 앞서 언급한 다른 시계열 방법과 차이가 있다. 시간에 따라 빠르게 변동하는 경우에 적합하며, 이전 접근법들을 포괄하나 '표본 자기 상관'이나 '편 자기 상관' 등 상당 분량을 추가해야 함에 따라 본문에서는 제외하였다. 추가 정보가 필요한 독자는 관련 자료를 참조하기 바란다.

4.1.8. '자기 상관(Autocorrelation)'이 있는 경우의 EDA

'자기 상관'에 대해서는 「2.2. 시차 그림(Lag Plot)」에서 자세히 설명한 바

있다. 또 얻어진 '자기 상관 유형(패턴)'에 따른 다양한 해석도 [표 Ⅱ - 14]에 포함시켜 놓았다. '자기 상관'을 설명했던 이유는 현재 '일변량 자료'를 수집했고, 또 자료를 해석하는 과정에 '임의성(Randomness)'을 확인할 필요가 있었으며, 이를 위해 '자기 상관도'와 '시차 그림'이라는 두 그래프 도구를 도입한 바 있다. 만일 '일변량 자료'가 아닌 '이변량 자료' 또는 '다변량 자료'였다면 변수 내 '자기 상관'이 아닌 변수들 간 '상관관계'가 더 중요했을 것이다. 참고로 '일변량 자료'에서 '시차 그림'은 '시차=1'에 한정된 특수한 경우이므로 보통 '무작위 여부'를 판단하기 위해 모든 '시차'를 조망할 수 있는 '자기 상관도(Autocorrelation Diagram)'가 일반적으로 쓰인다.

  '일변량 자료'의 '자기 상관' 존재 유무는 [표 Ⅱ - 14]에 표현된 '자기 상관도'를 통해 확인할 수 있다. 다음 [그림 Ⅱ - 101]은 [표 Ⅱ - 14]에서 '자기 상관'이 있는 경우만 옮겨놓은 것이다.

[그림 Ⅱ - 101] '자기 상관'이 있는 경우의 '자기 상관도' 예

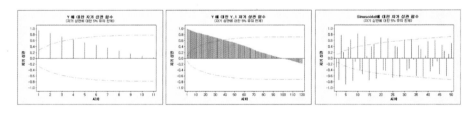

  현재 확보한 '일변량 자료'가 [그림 Ⅱ - 101]의 결과를 통해 '자기 상관'이 있다고 판단되면, 이것은 '$Y_t$'가 이전 값인 '$Y_{t-k}$'와 '상관관계'에 있음을 암시한다. 이때 'k'를 '시차(Lag)'라고 한다. 즉, 몇몇 '시차'끼리의 쌍에서 '상관관계'가 발견되면 "시간에 따른 특수한 경우의 상관관계(Time Dependent Non - randomness)"로 인식한다. 데이터가 순서대로 수집되기 때문이다. 만일 '자기

상관'이 현업 프로세스에 문제가 있어 생겨난 것이 아니라 원래 '일변량 자료'의 속성 때문에 존재하는 것이면 모델링을 통해 함수화하는 작업이 필요하다. 일반식은 다음과 같다.

$$Y_t = C + a_1 Y_{t-1} + a_2 Y_{t-2} + a_3 Y_{t-3} + \dots + a_p Y_{t-p} + E_t \qquad (\text{II}.29)$$

$$where, \ E_t = white\,noise, \ C = (1 - \sum_{i=1}^{p} \phi_i)\mu$$

식 (II.29) 속에 일반적으로 함수를 구성하는 독립 변수 '$X_{t-p}$' 표기 대신 종속변수 '$Y_{t-p}$'가 있음에 주목하라. 또 각 항들은 여러 '시차'가 '자기 상관'을 보일 때 모두가 포함돼 있음도 알 수 있다. '일변량 자료'에 존재하는 유의한 항들을 모아 '회귀 모형'을 이루기 때문이다. 이와 같은 모형을 '자기 회귀 모형(Autoregressive Models)' 또는 줄여서 'AR 모형'이라고 한다. 이해를 돕기 위해 이전에 활용했던 [표 II-13]의 '일변량 자료' 중 '가동 시간'에 대해 식 (II.29)를 간단히 응용해보자. 다음 [그림 II-102]는 '원 자료'와 그로부터 얻어진 '시차 그림(시차=1)' 및 'AR 모형' 결과를 종합한 결과이다.

[그림 II-102] '시차 그림'과 'AR 모형' 예

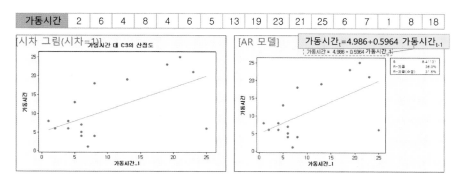

[그림 Ⅱ-102]는 '시차=1'의 '자기 상관'이 있는 것으로 가정했을 때 'AR 모형'이 존재하며, 결과는 "가동 시간ₜ=4.986+0.5964×가동 시간ₜ₋₁"임을 알 수 있다. 이를 통해 다음 시점의 값이 얼마인지 '예측'이 가능하다. 물론 '이상점'들의 존재를 '사실 분석'함으로써 모형의 '적합도'를 높이는 활동이 필요할 수 있다. '시차 그림'은 '시차=1'인 데이터를 미니탭의 「통계 분석(S) > 시계열 분석(S) > 시차(L)…」에서 얻은 후, 「그래프(G) > 산점도(S)…」에서 작성했으며, 'AR 모형'은 「통계 분석(S) > 회귀 분석(R) > 적합선 그림(F)…」에서 얻었다.

이 외에 모델링하는 접근으로 '분해(Decomposition)', 'Moving Average Model' 또는 'MA 모형'이 있으며, 더 나아가 'AR 모형'과 'MA 모형'을 결합한 'ARIMA 모형(또는 Box-Jenkins Models)'이 있다. '분해'와 'MA 모형'에 대해서는 함수 형태는 아니지만 '분석' 차원에서 설명한 바 있으며 'ARIMA'는 '탐색적 자료 분석'의 범위를 너무 벗어나 이후 별도의 기회를 마련키로 하고 내용엔 포함시키지 않았다. 'ARIMA'에 대해 좀 더 관심 있는 독자는 관련 서적을 참고하기 바란다.

본 책이 '탐색적 자료 분석'의 내용을 표방하고 있으므로 무엇보다 중점을 두고 강조해야 할 사항이 있다. '일변량 자료'가 '자기 상관'으로 '비임의성 (Non-Randomness)'을 보일 경우, 그 원인이 인접 데이터 간 '상관관계'로 생겨날 수 있지만 아직 발견되지 않은 '이상점(Outlier)'들의 영향일 가능성도 있다. 따라서 이 시점이 바로 'EDA'를 시작해야 할 때이며, 자료로부터 실제 프로세스 내 '근본 원인'으로 찾아 들어가는 '사실 분석'을 고려할 때이기도 하다. 만일 현업에서 데이터 수집 절차나 시스템의 데이터 생성 과정에 문제가 있으면 수집 자료에 '자기 상관'이 존재할 수 있다. 이에 대한 좋은 예로 "NIST"에서 제공한 'Engineering Statistics Handbook'의 두 사례(Case Study)를 다음에 요약해 옮겨놓았다.75)

**(사례 1)** 제공된 데이터는 NIST 소속 화학자 **Radu Mavrodineaunu**가 1970 년대에 자동 측정 장비로 수집한 '투과율'에 대한 '일변량 자료'이며, 이를 분석해 얻은 자기 상관 구조가 어떻게 계측 시스템의 문제를 해결하는 데 도움을 주었는지 알리려는 데 목적을 두고 있다('원 자료'는 '주석 75' 참조). 다음 [그림 Ⅱ-103]은 본 사례에서 제공한 데이터로 「2. EDA 방법」에서 논했던 '일변량 4-Plot'을 얻은 결과이다.

[그림 Ⅱ-103] '일변량 4-Plot' 결과

[런 차트]　　　　　　　　　　　　[시차 그림]

[그래픽 요약]　　　　　　　　　　[정규 확률 그림]

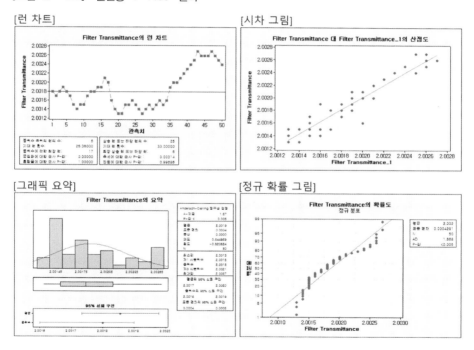

---

우선 '런 차트'로부터 '군집화'와 '추세'가 유의하게 나왔으며, 특히 약 35번째 타점부터 상승 추세를 보여 '대푯값(위치 모수)'과 '변동' 모두 일정하지 않음을, '시차 그림'에서는 '시차=1'에서의 '자기 상관'이 관찰돼 '비임의성'으로 보이며, '그래픽 요약'은 '최소/최댓값' 차이가 소수점 3째 자리에서 차이날 정도로 값들 간격이 작다는 점, 그리고 '정규 확률 그림'에서는 약한 '우변 기운 분포'와 '중도적 이봉 분포'의 가능성([그림 II-39] 참조)을 보여주고 있다. 이로부터 자료는 '일정한 분포'가 아님을 확인할 수 있다. '이봉 분포'의 가능성은 아마도 '군집화'의 영향이 아닌가 생각된다.

당시 연구자에 따르면 자료의 특성상 '비임의성'은 예측할 수 없었던 상황이며, 이에 치밀한 '사실 분석' 활동을 벌인 결과 자동 계측 시스템의 'Sampling Rate'가 너무 빨라 다음 데이터가 추출되기 전에 필요한 재설정이 충분히 이루어지지 않았음을 밝혀냈다. 즉, 현재 측정이 이전 측정 상태에 영향을 받았던 것이었다. 결국 표집 사이의 시간 간격을 넓혀줌으로써 문제의 근본 원인을 제거해 측정 체계를 원 상태로 복구하였다.

(사례 2) 사용된 데이터는 1980년부터 5년간 NIST의 Ron Dziuba에 의해 수집된 '저항 값'에 대한 '일변량 자료'이다. [그림 II-104]는 본 사례에 대한 '일변량 4-Plot'의 결과이다.

'런 차트'는 이전 사례와 동일하게 '군집화'와 '추세'가 유의하게 나왔으며, 특히 '대푯값(위치 모수)의 이동'과 '타점 약 1~300' 및 '타점 약 600~900' 사이의 '변동'이 중간 영역보다 크게 관찰된다. '시차 그림'에서는 '시차=1'에서의 강한 '자기 상관'이 관찰돼 '비임의성'으로 보이며, 만일 모델링이 이루어진다면 '$Y_t$'와 '$Y_{t-1}$' 간 관계식이 잘 성립될 수 있을 것으로 보인다. '그래픽 요약'은 '좌변 기운 분포'를, '정규 확률 그림'에서는 약한 '저첨'과 '중도적 이봉 분포'의 가능성을 보여주고 있다. 이로부터 자료는 '관리 상태에 있지 않다'는 것을 쉽게 확인할 수 있다.

[그림 Ⅱ-104] '일변량 4-Plot' 결과

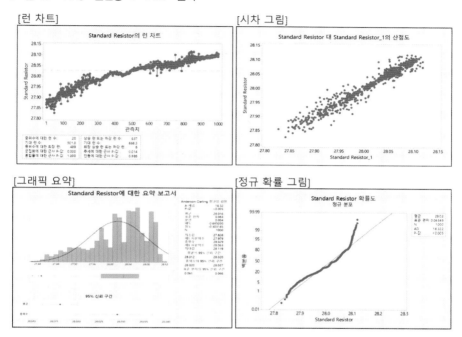

본 결과를 접한 담당 연구원은 예상치 못한 상황이 존재하리란 가정하에 심도 깊은 '사실 분석'을 수행한 결과 '런 차트'에서의 데이터 변동은 계절적 영향에서 비롯됐음을 밝혀냈다. 즉, 첫 1/3 구간과 끝 3/3 구간은 겨울에, 중간 구간은 여름에 얻은 데이터이며, 계절적 영향은 '습기'에 기인한 것으로 최종 확인되었다. 이로부터 올바른 관측치를 얻는 방법을 강구하였다.

지금까지 '시계열 분석'에 대해 EDA 접근을 두 가지 유형으로 구분해 설명하였다. 하나는 '예측'의 경우이며 이는 다양한 분야에서 '예측 값'의 '신뢰구간'을 통해 단기 미래 전략을 수립하는 데 유용함을 역설하였고, 다른 하나는 프로세스 또는 시스템 내 존재하는 왜곡된 문제점을 찾아내 해결하는 측면에서의 활용을 강조하였다. 물론 EDA 관점에서 관심을 더 가져야 할 내용은 후자에 해당될 것이다. 보다 더 발전된 현업에의 응용은 본문을 바탕으로 각자의 분야에서 연구해 나가기 바란다. 이어서 '이변량 자료'에 대해 알아보도록 하자.

# 이변량 자료(Bivariate Data)의
# 탐색적 자료 분석(EDA)

'이변량 자료의 EDA'는 변수가 두 개인 상태에서 한 묶음의 데이터가 확보된 경우 그로부터 정보를 얻는 방법이다. 본 단원에서는 정보를 얻기 위한 절차와 도구 및 해석 등을 상세히 소개한다.

## 1. 개요

‘이변량 자료(Bivariate Data)’는 엑셀의 ‘워크시트’에 데이터가 수집됐다고 가정할 때 두 개의 열로 구성된 자료를 의미한다. 별도의 사전적 정의는 없지만 WIKIPEDIA에 다음과 같이 언급돼 있다. 추가로 ‘이변량 자료 분석’도 정의돼 있어 함께 번역해 옮겨놓았다.

> · **이변량 자료**(Bivariate Data) (WIKIPEDIA) 통계학에서 이변량 자료란 두 변량으로 이루어진 데이터를 일컫는다. 두 변량을 구성하는 수치들은 ‘산점도(Scatter Plot)’를 통해 표현되며, 두 변량 간 관계를 파악하는 데 용이하다. 이변량 자료는 기본적으로 한 변량이 다른 변량에 영향을 주거나 다른 변량에 의해 결정되는 구조로 이루어져 있으며, 이때 한쪽을 ‘독립 변수’, 다른 한쪽을 ‘종속 변수’로 구분한다. 두 변량 사이의 관계의 정도를 규정하는데 ‘상관 분석’이 중요하고 ‘0’과 ‘±1’ 사이의 값이 쓰이며, ‘0’은 ‘관계없음’을, ‘±1’은 ‘양 또는 음의 강한 관계’를 나타낸다.
>
> · **이변량 자료 분석**(Analysis of Bivariate Data) (WIKIPEDIA) “이변량 자료를 분석한다”는 의미는 각각의 변량에 대해 ‘요약 통계(기술 통계)’를 얻어 서로 비교하거나, 두 자료 간 명확한 관계를 파악하기 위해 회귀 분석을 수행하는 활동이다.

상기한 WIKIPEDIA의 정의는 사실 품질 교육을 한 번이라도 받아본 리더라면 그리 낯선 문구는 아니다. 교육 과정에 다음과 같은 학습을 이미 경험해보았기 때문이다([그림 Ⅰ-9]를 옮겨옴]).

[그림 Ⅲ-1]을 보면 WIKIPEDIA에 기술된 정의는 주로 ‘블록 ①’인 ‘X’와 ‘Y’ 모두 ‘연속 자료’에 관한 것이다. 그러나 ‘변량(Variate)’의 국어사전적 정의에 따르면 “통계에서, 조사 내용의 특성을 수량으로 나타낸 것. 신장이나

체중 따위처럼 구간 내 값을 연속적으로 취할 수 있는 연속 변량과, 득점처럼 분리된 값만 취하는 이산 변량이 있다"로 해석하고 있어 사실 [그림 Ⅲ-1]의 각 블록 내 어떤 유형이라도 '두 변량'으로 맞닥트린 상황이면 모두 '이변량 자료'로 간주할 수 있다.

[그림 Ⅲ-1] 분석 4-블록

Y

| | 연속 자료 | 이산 자료 |
|---|---|---|
| 연속 자료 | ✓ 그래프: 산점도<br>✓ 통 계: 상관 분석<br>　　　　 회귀 분석 ① | ✓ 그래프: 파레토 차트, 기타<br>✓ 통 계: 로지스틱 회귀 분석 ② |
| 이산 자료<br>(범주 자료) | ✓ 그래프: 상자 그림, 히스토그램, 다변량 차트<br>✓ 통 계: 등 분산 검정, t-검정, 분산 분석, 비 모수 검정 ③ | ✓ 그래프: 막대 그래프, 대응 분석, 기타<br>✓ 통 계: 1-표본 비율 검정, 2-표본 비율 검정, 카이 제곱 검정 ④ |

X

'이변량 자료'에 대한 EDA 관점은 '일변량 자료'와 마찬가지로 통찰력을 발휘해 프로세스에 존재하고 있을 여러 '숨겨진 정보'를 추출해내는 데 있다. 그러나 수집된 자료를 그냥 바라만 보고 있다 해서 통찰력이 저절로 생겨나거나 정보가 "짠!" 하고 추출되는 일은 결코 없다. 따라서 미리 정해놓은 '가정'을 만족하는지 확인하기 위한 사전 준비가 요구된다.

우선 앞 단원에서 진행된 '일변량 자료'의 EDA를 잠시 상기해보자. 당시 수집된 '일변량 자료'는 기본 모형 "$Y$ = 중심값(상수) ± 오차"를 설정한 뒤, 이를 만족시킬 '기본 가정'으로 '일정한 대푯값', '일정한 변동', '임의성' 및 '일정한 분포'를 제시하였다. 이어 4가지 '기본 가정'을 확인하는 과정 중 전제 조건을 벗어나면 그 원인 탐구를 위해 '사실 분석'이 진행되었고, 분석 결과 프로세스의 왜곡이나 기존에 알지 못했던 새로운 문제점을 찾는 기회로 삼을 수 있었다. 한편 4가지 '기본 가정'을 모두 만족하면 '기본 모형'으로 설명되는 프로세스이며 안정되고, 또 관리도 잘되는 것으로 판단하였다. 즉, **EDA는 정해진 규칙에서 벗어난 경우를 탐지해냄으로써 몰랐던 '정보'를 추출하는 과정이 핵심**이다. 이 같은 개념은 '이변량 자료'에도 그대로 적용된다.

'이변량 자료'의 '동질적 성향'은 다음과 같은 '기본 모형'으로 설명된다.

$$Y_i = (\alpha X_i + \beta) \pm \text{오차}_i \qquad (\text{III}.1)$$

식 (III.1)은 전형적인 '단순 회귀 모형(Simple Regression Model)'이며, 주로 [그림 III−1] 중 '블록 ①'의 해석에 용이하다. '$X_i$'는 모든 수의 입력이 허용된다고 해서 '독립 변수(Independent Variable)', '$Y_i$'는 '$X_i$'에 따라 값이 결정되므로 '종속 변수(Dependent Variable)'로 불린다. 잘 알고 있다시피 '$\alpha$'와 '$\beta$'는 '기울어진 정도'와 'Y−축을 가르는 점'인 '모수(Parameter)'들로 '기울기(Slope)'와 'y 절편(Intercept)'이다. '±오차'는 현재 수집된 '이변량 자료'의 'X'와 'Y'가 식 (III.1)로 표현될 때 이것은 '원 자료'를 가장 잘 설명할 이론식일 뿐 계산 값 'Y'와 실제 '관측치' 간 차이가 불가피하며, 따라서 이를 감안해 '보정된 항' 또는 '설명이 어려운 양'의 표현이다.

현재 분석하고자 하는 '블록 ①'의 데이터 속성이 모두 선형 관계로 존재하진 않는다. 또 그럴 필요도 물론 없다. EDA 관점은 '기본 모형'을 만족하는지 확인 과정 중에 프로세스의 문제가 드러나는 효과를 기대한다. 문제가 찾아지지 않고 '선형 회귀 모형'에 이르렀다면 당연히 현 프로세스는 직선 관계로 받아들인다. 따라서 본 과정이 '단순 회귀 모형'을 얻으려는 목적이 아님을 분명히 해둘 필요가 있다. 앞으로의 본문은 '회귀 분석' 자체보다 '산점도 → 상관분석 → 회귀 분석'으로 전개되는 과정에서의 EDA와, '회귀 분석'에서의 '이상점' 감지에 초점을 맞출 것이다. 특히 '회귀 분석'에서는 EDA에서 중요하게 생각하는 '잔차 분석(정규성, 등분산성, 독립성)'의 내용이 포함된다.

만일 [그림 Ⅲ – 1]의 '블록 ②'와 같이 'X'가 '연속 자료', 'Y'가 '이산 자료'일 경우 식 (Ⅲ.1)은 '로지스틱 회귀 모형'으로 해석할 수 있으며, 이때 'Y'는 'ln[P/(1 – P)]'으로 대체된다. '로지스틱 회귀'는 보통 기업 품질 교육 과정에 포함돼 있지 않아 낯선 도구 중 하나로 분류된다. 그래서 그런지 멘토링 중에 이 도구를 써야 할 상황임에도 다른 방식으로 우회 처리하곤 한다. 본문에서는 현업에서 활용 빈도가 높은 '이항 로지스틱 회귀 모형'을 설명할 것이다. EDA 설명에 군이 통계적 도구를 포함시키는 이유는 수집된 자료를 함수로 통합하는 과정에 문제를 진단할 수 있는 기회를 가질 수 있기 때문이다. 그 외에 '순서형 로지스틱 회귀 분석'과 '명목형 로지스틱 회귀 분석' 등은 '이항 로지스틱 회귀 분석'의 연장선상에서 이해되는 것으로 간주한다.

[그림 Ⅲ – 1]의 '블록 ③'과 '블록 ④'는 익히 잘 알려진 '가설 검정' 영역으로 '블록 ③'의 경우는 '그래프 분석'에 있어 '상자 그림'이나 '다변량 차트'가, '정량적 분석'은 't – 검정'이나 '등 분산 검정'이 쓰인다. '블록 ④'는 '비율 검정', 특히 '카이 제곱 검정'이 주를 이룬다. '카이 제곱 검정'의 통계적 절차를 시각화시켜 주는 도구는 아니지만 '워크시트'에 기입되는 '원 자료'의 형태가 '표(Table)'로 이루어진 점을 감안할 때 '단순 대응 분석(Simple Correspondence Analysis)'을 '카이 제곱 검정'과 함께 소개할 것이다. 이런 이유로 [그림 Ⅲ – 1]의 '블록 ④'에 '대응 분석'을 포함시켰다. 물론 'X'가 '범주형'임을 감안하더라도 식 (Ⅲ.1)과 같은 '회귀 모형'의 기본 전제는 여전히 유효하다. 다음 [표 Ⅲ – 1]은 앞서 기술한 '이변량 자료'의 4가지 블록 유형에 대한 '기본 모형'을 요약한 것이다.

[표 Ⅲ - 1] '이변량 자료(Bivariate Data)'의 기본 모형

| 기본 모형 | 내용 | |
|---|---|---|
| $Y_i = (\alpha X_i + \beta) \pm$ 오차$_i$ | 공통 | 'X'와 'Y'의 '선형성' |
| | 블록-① | 잔차의 '정규성', '등분산성', '독립성' 가정 |
| | 블록-② | 'Y'는 '$\ln\left(\dfrac{p}{1-p}\right)$'로 대체 |
| | 블록-③ | 범주형 'X'를 '-1, 0, 1'이나 '가 변수(Dummy Variable)'화해 |
| | 블록-④ | 서 '기본 모형' 접근 반드시 필요한 절차는 아님. |

결국 '이변량 자료'의 'EDA'는 현재 자료가 [그림 Ⅲ - 1]의 어느 블록에 속하는지 파악한 후 '회귀 모형('선형성' 가정)'화하는 과정에 주요 정보를 획득한다. 이제부터 이들 각각에 대한 EDA에 대해 알아보자.

## 2. EDA 방법

　　　　　　　　본 단원에서는 '이변량 자료'에 대한 EDA에 대해 알아본다. 기본 설명은 [그림 III-1]의 각 블록을 '원 번호' 순으로 전개한다. 또 각 블록의 설명에 앞서 실제 '원 자료(또는 관측치)'가 어떤 모습을 보이는지 표로써 예를 든 뒤 본문으로 들어갈 것이다.

### 2.1. X 연속, Y 이산(산점도, 회귀 분석)

'블록 ①'에 속하는 자료의 형태는 다음 [표 III-2]와 같다.

[표 III-2] '이변량 자료(Bivariate Data)'의 예

| 월 | 1 | 2 | 3 | 4 | 5 | 6 | 7 | 8 | 9 | 10 | 11 | 12 |
|---|---|---|---|---|---|---|---|---|---|---|---|---|
| 종합 만족도(Y) | 75 | 64 | 82 | 79 | 68 | 63 | 89 | 77 | 70 | 61 | 93 | 85 |
| 불평불만 건수(X) | 16 | 18 | 9 | 11 | 38 | 42 | 57 | 13 | 38 | 59 | 9 | 19 |

　　[표 III-2]는 「Be the Solver_프로세스 개선 방법론」편의 Analyze Phase에서 '가설 검정' 설명용으로 수록된 데이터이다. 상황은 노래방 방문 고객을 대상으로 매달 업주가 설문을 통해 노래방 시설과 서비스에 대한 '종합 만족도(Y)'를 평가하고, 더불어 해당 기간 동안 수집된 '불만 건수(X)'를 월별로 대응시켜 자료화한 것이다(라고 가정한다). 업주의 생각은 '불평불만 건수(X)'와 '종합 만족도(Y)'는 서로 '음의 상관관계'로 '선형적'일 것이라 가정하고 있다. 즉, 해당 월 '불만'이 감소하면 그 달 '종합 만족도'는 증가하리라 기대한다. 물론 자료가 제조나 연구 활동 또는 영업이나 총무 등 그 출처에 관계없이 [표 III-2]의 형태를 띠면 모두 '블록 ①'의 '데이터 유형'으로 간주한다.

혹자는 '불평불만 건수'가 '건수'이므로 '이산 자료'가 아닌가 하고 반문할지 모른다. 그러나 '16건'은 '16.0'과 같이 '연속 자료'로 간주할 수 있고, 또 '16건' 그 자체보다 '종합 만족도'처럼 타 변수와의 선형 관계를 따지고 있어 이 경우 '이산 자료'로 해석하는 것은 별 의미가 없다.

일반적으로 '이산 자료' 여부는 오로지 '비율'의 형태로 만들 수 있는지에 달려 있다. 현업에서 쓰이는 관리 항목들 중 '~율(률)'의 형태는 일단 100% '이산 자료'로 간주한다. 그 이유는 '건수'의 의미는 "전체 몇 개 중에 발생된 건수"인지, 즉 '전체가 몇 개인데 그중에서 현재 구분된 불량품(또는 양품) 개수가 몇 개인지'의 의미다. '전체'를 모르고는 단순히 '개수'를 세는 것만으론 의미가 없다. 왜냐하면 똑같은 '5개'라도 '전체가 100'인 경우와 '전체가 10'인 경우에서의 빈도는 큰 차이를 보이기 때문이다. 따라서 '이산 자료'는 '전체 속에서 관심 있는 사건의 건수'인 "분자에 들어갈 개수를 **계수**한다"의 의미로 해석하고 그 결과는 '비율'로 나타난다. 그러나 [표 Ⅲ-2]의 'X'는 'Y'와의 관계를 따져 증감을 관찰해야 하므로 '연속 자료'로 간주한다. 참고로 [표 Ⅲ-2]를 '이산 자료'로 전환하면 '불평불만 건수'가 월 기준 '15개' 이상이면 심각한 수준이라고 가정할 때 '12달' 중 '8달'이 '15'를 넘어섰으므로 '8/12(약 66.7%)'로 표기되고 이때 '8'은 '이산 자료'가 된다.


## 2.1.1. '산점도'를 이용한 EDA

'연속-연속 자료'의 해석은 항상 '산점도 → 상관 분석 → 회귀 분석'의 과정을 거치되 특히 '회귀 분석'은 '예측'의 필요성이 있을 때만 활용한다. 그렇지 않으면 굳이 '회귀 분석'을 통해 '가설 검정'하는 일은 '망치' 사용이면 될 일에 무거운 '해머'로 내리치는 격에 비유된다. 도구를 너무 과도하게 쓰는 것도 오용 사례다. 다음 [그림 Ⅲ-2]는 [표 Ⅲ-2]의 '산점도(Scatter Plot)' 결과를 보여준다(미니탭 「그래프(G) > 산점도(S)··· '회귀선 표시」 선택).

[그림 Ⅲ-2] '산점도' 결과

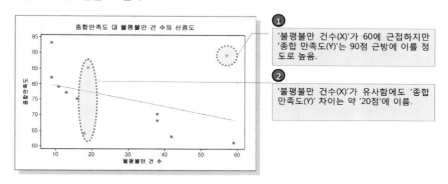

교육을 하다 보면 가끔 질문 중에 [그림 Ⅲ-2]의 '만족도' 등과 같은 요인이 서비스 분야에 적합한 예이므로 본인이 속한 제조 사례를 들어줄 수 없느냐고 요청받곤 한다. 어쩌면 사례가 적합하지 않다고 하소연하거나 심하면 불만 섞인 어조가 묻어나는 경우도 있다. 그럴 때면 모두의 동의를 얻어 '불평불만 건수 → 온도'로, '종합 만족도 → 점도'로 바꿔놓는다. 그러고는 계속해도 좋을지를 되묻는데 모두들 싱겁게 웃어넘기기 일쑤다. 분야에 갇혀 있는 것보다 상황에 맞는 유연성이 필요한 대목이 아닌가 싶다. 분문은 「Be the Solver_프로세스 개선 방법론」편과의 상호보완 관계를 고려해 해당 예를 그대로 옮겨놓았다. '가설 검정(확증적 자료 분석)'과 통찰력을 요구하는 '탐색적 자료 분석'은 '사실 분석'이라는 활동으로 모여지기 때문에 '분석'에 있어 둘 모두가 중요하다는 점을 명심하자.

[그림 Ⅲ-2]를 보자. 많은 리더들이 '산점도' 작성과 동시에 '상관 분석'을 실시한다. 예를 들어, [그림 Ⅲ-2]의 '상관 분석' 결과는 "상관 계수=-

0.404"이고 "p－값=0.192"로 "유의 수준 0.05 기준에서 유의하지 않음, 즉 두 요인은 상관성이 없다"가 결론이다. 그러나 이 같은 '확증적 자료 분석'은 자료로부터 '정보'를 얻어내는 데는 철저히 실패한 모양새다. [그림 Ⅲ－2]의 '산점도'는 프로세스를 드러내는 '매개체'다. 리더에겐 이 '매개체'를 꿰뚫어 운영 중인 프로세스를 파악하는 능력이 필요하다. 이것이 '통찰력'이다. '통찰력'을 발휘할 때에야 비로소 프로세스에 무슨 문제가 있는지 진단할 수 있는 '정보'를 얻어낼 수 있다. 그렇게 되기 위해 제일 먼저 해야 할 일은 '매개체'를 찬찬히 그리고 깊이 있게 또는 뚫어지게 관찰하는 일이다. 만일 아무것도 얻어낼 것이 없다면 다행히 프로세스에 문제가 없거나 아니면 통찰력을 더 키워야 할 때, 즉 학습이 필요한 때임을 상기하자.

[그림 Ⅲ－2]를 관찰할 때 제일 먼저 눈에 띄는 것이 '이상점(Outlier)'이다. 모든 '탐색적 자료 분석'에 있어 첫 번째 관심 대상이다. 프로세스의 잘못된 또는 기발한 운영 노하우를 발견할 수 있는 가장 쉬우면서 영향력을 극대화할 수 있는 보고(寶庫)다. '산점도'에서 '불평불만 건수(X)'가 '약 60'처럼 매우 높음에도 '종합 만족도(Y)'는 오히려 높은 수준(약 90점)을 가리키고 있다 ('①' 참조). 노래방 업주가 예상하는 기본 가정인 '음의 선형 관계'를 깨트리는 특이한 현상이 프로세스에 발생했음을 통찰할 수 있다. 파란색 '회귀선'이 '이상점' 영향으로 마치 중력의 작용처럼 오른쪽이 위로 끌려 올라간 모습이다. 「Be the Solver_프로세스 개선 방법론」 본문에서는 이에 대한 '사실 분석' 결과 "점수를 입력하는 절차에서 '종합 만족도=68점'을 '89점'으로 잘못 기입하는 오류가 발생함"으로 확인시키고 있다. 만일 "1) 원인이 규명되고, 2) 개선이 이루어졌으며, 3) 재발 방지책이 마련"된 상황이면 앞으로 이 같은 왜곡이 재발하지 않으리라 확신할 수 있으므로 통상 '이상점'을 제거하고 '산점도'를 다시 그린다. 여기선 '89 → 68'로의 정정이 요구된다.

'이상점'의 해결만으로 '매개체(산점도)'로부터 프로세스의 모든 '정보'를 획득했다고 단정 지을 순 없다. 다음 '통찰력'을 발휘해야 할 영역이 바로 '산포'다. "고객은 평균보다 산포에 더 화를 낸다"란 표현이 있다. 놀이동산에 놀러 가인기 있는 시설을 이용하려면 상당한 기다림은 불가피하다. 기다리다 보면 서 있는 위치에서 탑승까지 앞으로 얼마나 남았는지 표기돼 있는데 이전엔 30분 기다리던 것이 이번엔 60분을 기다린다면, 또 다음엔 15분을 기다린다면 당장 직원에게 짜증을 낼 수밖에 없다. 시간 표시를 떼버리든지 아니면 앞에서 도대체 무슨일이 벌어지고 있는지 확인해달라는 투의 요구 말이다. '산포'는 경영 혁신의 주타깃이기도 하다. 프로세스를 관리함에도 특성치의 왔다 갔다 함은 담당자들이원치 않는 상황일뿐더러 잘못하면 회사에 큰 불이익을 주는 잠재 위험이 될 수있다. 그렇다면 [그림 Ⅲ-2]의 '산점도'에서 '산포'의 문제는 어디일까?

원 번호 '②'를 보면 "'불평불만 건수(X)'는 '19점' 정도로 유사한데 '종합만족도(Y)'는 '약 20여 점' 차이를 보임"을 알 수 있다. '종합 만족도' 차이가허용할 수 있을 정도로 크지 않으면 통상 알려진 '우연 원인'에 의한 '그룹 내변동'쯤으로 해석할 수 있으나 '20여 점'의 차이는 설문의 경우 매우 큰 차이임에 틀림없다. '산포'에 대한 통찰력을 발휘해 프로세스 내 문제의 여지를 감지했다면, '사실 분석'을 수행한다. 「Be the Solver_프로세스 개선 방법론」 본문에서는 '②'의 아래쪽 타점은 '2월'의 기록이며, 케이블 공사만 이뤄진 상태에서 영업을 하는 바람에 기계적 결함이 발생한 경우다. 이때 이미 예상된 문제이므로 '불평불만 건수'를 반영하지 않고 '종합 만족도'만 그대로 사용했다(고 가정한다). 또 위쪽 타점은 '12월'의 기록이며, 시설의 노후가 감지됐으나연말 특수로 '불평불만 건수'는 줄고 '종합 만족도'가 높았던 상황임을 확인하였다. 이에 의도적 조정이 있었던 '2월 데이터(아래 타점)'를 제외시키기로 결정하였다(고 가정한다). 물론 케이블 공사만 진행되고 노후시설 공사가 이루어지지 않았던 사유에 대해 이후 재발하지 않도록 방지책을 마련하는 일은 빠트려서는 안 될 중요 활동이다. 다음 [그림 Ⅲ-3]은 '①'의 '이상점'은 '종합 만족도 89점 → 68점'으로 수정하고, '②'의 '의도적 누락' 타점은 제외한 후 다시 얻은 '산점도'이다.

[그림 Ⅲ - 3] 원인 규명된 타점을 보완하고 다시 얻은 '산점도'

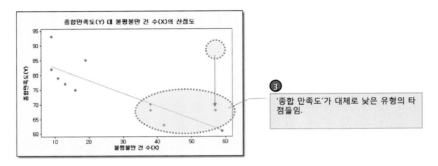

[그림 Ⅲ - 3]은 노래방 사장이 생각했던 '음의 상관관계'를 뚜렷하게 보인다. '상관 분석' 결과 "상관 계수= - 0.849", "p - 값=0.001"로 "유의 수준 0.05 기준에서 유의, 즉 강한 음의 '상관관계'에 있음"을 알 수 있다. 사실 현업에서 여기까지 '탐색적 자료 분석'이 이루어졌어도 성공 사례에 속한다. 그러나 적어도 뼈를 깎아야 겨우 이룰 수 있다는 '혁신'의 입장에 선 우리에게 예상했던 결과가 나왔다고 해서 종착점으로 단정 짓기는 너무 이르다. 지금까지의 통찰력을 바탕으로 이루어진 프로세스의 변경은 '개량' 내지는 '개선' 수준의 것들이다. '혁신'을 이루기 위해서는 한층 더 격 있는 통찰력을 발휘해야 한다. 어떤 접근이 가능할까?

'혁신'을 위한 변화는 바로 [그림 Ⅲ - 3]의 예에서 '③'을 관찰하는 일부터 시작한다. '산점도' 자체가 예상한 '강한 음의 관계'로 규명됐다 해서 '망대 특성'인 '종합 만족도'가 프로세스에서 최대로 높은 지점에 이르렀다고 결론짓긴 이르다. '이상점'과 '산포'에 이어 '평균' 관점의 변혁이 요구되는 시점이다. 즉 '③'의 타점들이 높은 '불평불만 건수'에 낮은 '종합 만족도'라는 정상 지점에 위치해 있더라도 이들을 '사실 분석'하여 빈도를 줄이거나 제거하는 접근이 이뤄진다면 'Y'인 '종합 만족도'는 기대 이상으로 높아질 수 있다. '③'의 타점들을 유발하는 프로세스 활동(또는 운영)은 모두 정상이므로 이들을 상향평준화하는 접근은 분명 '혁신'의 사전적 정의인 "기존의 틀을 완전히 바꾸어서 새롭게 함"의 영역에 속한다. 단순히 '산점도'를 '점들의 모임'으로 보기보다 다양한 해석을 통해 현재 상태를 바람직한 모습으로 변모시키려는 활동은 기업의 경영 혁신 주체들에게 꼭 필요한 역량임을 다시 한번 상기하자.

### 2.1.2. '회귀 분석'을 이용한 EDA

[그림 Ⅲ-1]의 '블록 ①'을 보면 '산점도'와 '상관 분석'에 이어 '회귀 분석(Regression Analysis)'이 있다. '회귀 분석'은 왜 필요할까? 이론과 역사적 배경 등에 대해서는 「Be the Solver_확증적 자료 분석(CDA)」편을 참고하고 본문에선 'EDA' 관점에서 내용을 살펴보자. 다음 [그림 Ⅲ-4]는 [그림 Ⅲ-3]을 옮겨놓은 것이다.

[그림 Ⅲ-4] '예측'을 위한 '회귀 분석' 예

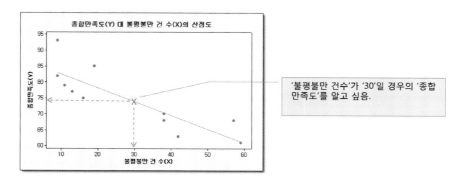

[그림 Ⅲ-4]는 앞서 진행된 '불평불만 건수(X)'와 '종합 만족도(Y)'의 관계로부터 만일 'X=30'인 경우 'Y 값'이 얼마인지 '예측(Forecast)'하고 싶을 때의 개요도이다. 그림과 같이 이미 확보된 자료 내에서 '예측'하는 것을 '보간(또는 내삽, Interpolation)'이라 하고, 직선을 연장해서 '예측'하는 것을 '외삽(Extrapolation)'이라고 한다. '회귀 분석'의 1차 목적은 '내삽'이며, '외삽'은 확보된 자료를 너무 벗어난 '예측' 경우 신뢰도가 떨어지므로 주의해야 한다. [그림 Ⅲ-4]에서 'X=30'에 대한 'Y'를 알기 위해 '단순 회귀 모형(Simple Regression Model)'이 필요함을 알 수 있다. 다음은 미니탭의 「통계 분석(S) > 회귀 분석(R) > 회귀 분석(R) > 적합 회귀 모형(F)…」을 통해 얻은 '세션 창' 결과와 '잔차 그림(Residual Plot)'이다.

[그림 Ⅲ-5] '단순 회귀 모형'과 '잔차 그림'

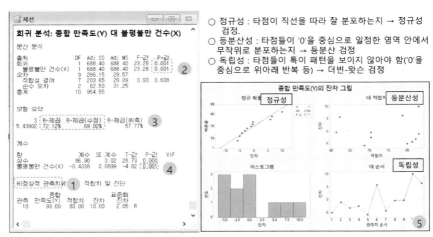

[그림 Ⅲ-5]는 '회귀 분석'을 할 때 일반적으로 접하는 결과들이다. 해석은 '원 번호' 순으로 하며, 통상 '회귀 모형'인 "종합 만족도(Y)=86.9－0.434×

불평불만 건수(X)"가 적합한지 확인하기 위해 다음의 다섯 가지를 점검한다([그림 Ⅲ-5] 내 '원 번호'는 다음 [표 Ⅲ-3] 내 '원 번호'에 각각 대응).

[표 Ⅲ-3] '세션 창' 결과에서 '회귀 모형'의 '적합성' 평가

| 원 번호 | 항목 | 내용 | 적합성 판단 기준 |
|---|---|---|---|
| ① | 비정상적 관측치 | 이상점 지렛대점 영향점 확인 | 없어야 함 |
| ② | 분산분석 '출처' 중 '회귀'의 'p-값' | '회귀' 항에 대한 유의성 검정 | 5% 이하 |
| ③ | R-제곱[또는 R-제곱(수정)] | '회귀 방정식'이 '원 자료'를 설명하는 정도 | 100%에 근접할수록 유리 |
| ④ | '예측 변수'의 'p-값' | 각 '계수'들의 유의성 검정 단, '단순 회귀 모형'은 '②'와 'p-값'이 동일 | 5% 이하 |
| ⑤ | '잔차 그림' 분석 | 정규성 등분산성 독립성의 가정 확인 | 모두 성립 |

'회귀 모형'은 이론식이다. 이 식이 '원 자료'를 잘 설명하려면, 즉 쓰임새가 있으려면 [표 Ⅲ-3]의 다섯 가지 모두가 신뢰할 수 있어야 한다. '이변량 자료'로부터 얻은 '회귀 모형'이 [표 Ⅲ-3] 모두를 만족해 적합하다는 판단이 서면 현업에서 '예측'이 필요한 시점에 '모형'을 이용하면 그만이다. 그러나 EDA 관점 경우, 통찰력을 발휘해 운영 프로세스에 대한 '정보'를 획득한 후 필요 시 개선에 이르는 것이 목적이므로 적합성을 평가하는 과정에 별도의 '정보'를 취할 단서가 필요하다. 이 단서 역할을 하는 영역이 [표 Ⅲ-3] 내 '① 비정상적 관측치'와 '⑤ 잔차 그림 분석'이다.

'① 비정상적 관측치(Unusual Observations 또는 Unusual Data)'는 [그림 Ⅲ-5] 내 '①'과 같이 '세션 창' 맨 아래쪽 결과를 통해 확인할 수 있다. 물론 '비정상적 관측치'가 존재하지 않으면 이 영역은 출력되지 않는다. 프로세스로부터 표본 추출한 '이변량 자료'는 정확한 'X'와 'Y'의 함수 관계로 존재

하기보다 장기간 내·외부 요인들로부터 공격(?)을 받아 변경되거나 왜곡되는 일이 다반사다. 이때 데이터 역시 값들의 변화를 겪는다. '변동'하는 것이다. 만일 'X'와 'Y'가 선형 관계로 알려져 있고, '예측'의 목적으로 '회귀 분석'이 수행된다면 숫자가 변동한 것들 중 일부는 '비정상적 관측치'로 나타난다. 따라서 통찰력을 발휘해 이들로부터 '정보'를 구하면 '프로세스(공정) 능력' 향상은 물론 비용 절감이나 효율 등을 올리는 데 크게 기여할 수 있다. 미니탭에서 확인 가능한 '비정상적 관측치'는 '이상점(Outlier)', '지렛대점(Leverage Point)', '영향점(Influential Point)'이 있다.[76] 출처에 따라서는 '비정상적 관측치' 전체를 '이상점(Outlier)'으로 분류하기도 하나 정확한 사전적 정의가 없는 상황에서 합리적이고 독자가 이해하기 쉬운 쪽을 선택해 정리하였다. 다음 [표 Ⅲ-4]는 '비정상적 관측치'의 유형과 내용 및 확인 방법을 요약한 것이다.

[표 Ⅲ-4] '비정상적 관측치'의 유형 및 내용, 확인 방법

| 유형 | 내용 | 유형 판단 기준 |
|---|---|---|
| 이상점<br>(Outlier) | 다른 타점들과 비교해 두드러지게 벗어난 점. 단일 축 고려 시 'Univariate Outlier', 양 축 고려 시 'Bivariate Outlier'라고 함. '잔차'를 통한 판단이므로 'Y-값'의 '이상점' 여부를 구별하며, '세션 창'에 'R'로 표기됨. | '표준화 잔차(Standardized Residuals)'가 '±2'를 벗어난 타점임. |
| 지렛대점<br>(Leverage Point) | 'X-값'의 영향력을 평가하여 비정상적 여부를 판단. '잔차'가 같더라도 극단에 위치한 'X-값'이 모형에 미치는 영향이 커짐. '세션 창'에 'X'로 표기됨. | 'Hat Values' 내 Hat Matrix 대각선 원소인 'hi'가 '3×(모형 항의 수)/n' 또는 '0.99' 중 작은 값보다 큰 경우임. |
| 영향점<br>(Influential Point) | '레버리지 값'과 '표준화 잔차'로부터 'D 값'이 구해지므로 관측치가 'X-값', 'Y-값' 모두에 비정상적인지를 판단. 'D'를 통한 결과는 아니지만 '세션 창'에 'RX'로 표기됨. | 'Cook's Distance'를 구해 50번째 백분위수에서 D가 F-값보다 큰 경우임. |

[표 Ⅲ-4]를 보고 사실 어떻게 '비정상적 관측치'를 구별하라는 것인지 한

---

76) '한국통계학회' 통계 용어집의 해석을 따랐음.

번에 '팍!' 하고 와 닿지는 않는다. 그 이유는 '확인 방법'에 기술된 '표준화 잔차'나 'Hat Matrix', 'Cook's Distance'와 같이 매우 난해한(?) 산식들 때문인데 사실 문제 해결에 투입된 리더들에게는 산식보다 '유형별 내용'에 더 초점을 두는 것이 바람직하다. '비정상적 관측치'를 확인하면 산식 원리보다 프로세스에 무슨 일이 생긴 것인지 '사실 분석'에 무게를 두는 게 더 중요하기 때문이다. [표 Ⅲ-4]의 '유형'들을 간단한 개념도로 이해시키기 위해 '양의 상관'이 있는 '산점도'를 다음 [그림 Ⅲ-6]에 작성했다.

[그림 Ⅲ-6] '이상점(Outlier)'을 이해하기 위한 개요도

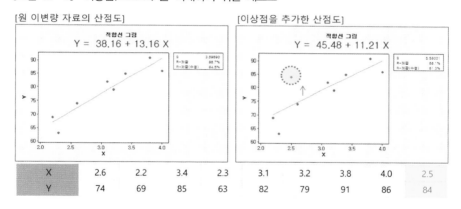

| | | | | | | | | | |
|---|---|---|---|---|---|---|---|---|---|
| X | 2.6 | 2.2 | 3.4 | 2.3 | 3.1 | 3.2 | 3.8 | 4.0 | 2.5 |
| Y | 74 | 69 | 85 | 63 | 82 | 79 | 91 | 86 | 84 |

[그림 Ⅲ-6]은 '산점도'와 '회귀 분석 결과'를 동시에 관찰하기 위해 미니탭의 「통계 분석(S) > 회귀 분석(R) > 적합선 그림(F)…」에서 얻었다. 왼쪽은 수집된 '이변량 자료' 그대로를 적용해 얻은 그래프이며, 오른쪽은 점 (2.5, 84)를 추가해 얻은 결과이다(작은 원으로 표시된 타점). 한 점이 추가됨으로써 '회귀 모형'의 'y 절편'은 '38.16 → 45.48'로 올라갔고, '기울기'는 '13.16 → 11.21'로 다소 낮아지는 변화가 생겼다. 이것은 파란색의 '회귀선'이 추가점

때문에 영향을 받았기 때문이다(오른쪽 그래프 내 작은 '분홍색 화살표' 참조). 이와 같이 현존하는 데이터에 '이상점'이 포함되면 'Y－축'을 중심으로 상하 방향으로의 변화가 생긴다. [그림 Ⅲ－6]의 오른쪽 그래프는 '약 2.6'의 유사한 'X 값'에 대해 'Y 값'이 '74'와 '84'로 약 '10'이 차이 나고 있으며, 이것은 '세션 창'에 다음과 같이 표시됨으로써 '사실 분석'의 필요성을 알려준다.

[그림 Ⅲ－7] '이상점(Outlier)' 표기

세션

**회귀 분석: Y 대 X**

분산 분석

| 출처 | DF | Adj SS | Adj MS | F-값 | P-값 |
|---|---|---|---|---|---|
| 회귀 | 1 | 425.6 | 425.60 | 13.67 | 0.008 |
| X | 1 | 425.6 | 425.60 | 13.67 | 0.008 |
| 오차 | 7 | 218.0 | 31.14 | | |
| 총계 | 8 | 643.6 | | | |

모형 요약

| S | R-제곱 | R-제곱(수정) | R-제곱(예측) |
|---|---|---|---|
| 5.58001 | 66.13% | 61.29% | 41.28% |

계수

| 항 | 계수 | SE 계수 | T-값 | P-값 | VIF |
|---|---|---|---|---|---|
| 상수 | 45.48 | 9.31 | 4.88 | 0.002 | |
| X | 11.21 | 3.03 | 3.70 | 0.008 | 1.00 |

비정상적 관측치에 대한 적합치 및 진단

| 관측 | Y | 적합치 | 잔차 | 표준화 잔차 | |
|---|---|---|---|---|---|
| 9 | 84.00 | 73.49 | 10.51 | 2.09 | R |

R 큰 잔차

[그림 Ⅲ－7]은 9번째 관측치 경우 '표준화 잔차=2.09R'로 '기준 값'인 '±2'를 넘어섰음을, 또 숫자 뒤의 'R' 표시로 'Y 값'이 회귀선상 주변의 다른 타점과 떨어져 있음을 알려준다. '표준화 잔차'의 계산은 미니탭 도움말 등에 잘 나와 있으므로 얻는 과정은 생략한다.

'이상점' 여부가 '표준화 잔차'의 계산을 통해 'Y 값' 변화를 구별해준다면 '지렛대점'은 'X 값'의 변화를 'Hat Matrix 대각선 원소', 즉 "관측치의 X 값과 모든 관측치에 대한 X 값 평균 사이의 거리 측도"를 통해 구별해준다(좀 어렵다!). 다음 [그림 Ⅲ-8]을 보자.

[그림 Ⅲ-8] '지렛대점(Leverage Point)'을 이해하기 위한 개요도

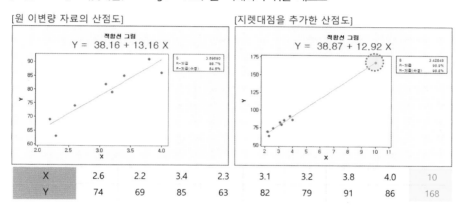

| X | 2.6 | 2.2 | 3.4 | 2.3 | 3.1 | 3.2 | 3.8 | 4.0 | 10 |
|---|-----|-----|-----|-----|-----|-----|-----|-----|-----|
| Y | 74 | 69 | 85 | 63 | 82 | 79 | 91 | 86 | 168 |

[그림 Ⅲ-8]의 오른쪽 그래프는 설명이 쉽도록 좀 과장되게 그렸다. 새롭게 추가된 타점은 'X 값'이 대부분의 데이터와 큰 차이를 보이는 것이 특징이다. 물론 'Y 값'도 그에 따라 큰 값을 설정했지만 모형에 영향을 주는 주된 요인은 'X 값'의 변화에 기인한다. 이 경우 '회귀 방정식'의 '기울기'엔 큰 변화가 없으나 극단 값의 영향에 따라 모형의 변동은 불가피하다. 실제 프로세스상에서 이와 같은 극단 값의 출현은 원인 규명이 용이하나 많은 데이터 속에 존재할 경우 그 구별이 쉽지 않으므로 미니탭 '세션 창'의 세심한 관찰이 요구된다. 다음 [그림 Ⅲ-9]는 '세션 창'의 결과를 옮겨놓은 것이다.

[그림 Ⅲ-9] '지렛대점(Leverage Point)' 표기

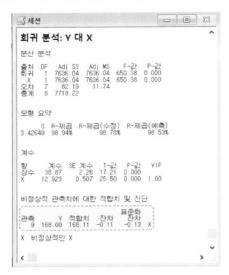

[그림 Ⅲ-9]의 '표준화 잔차=−0.13'으로 판단 기준인 '±2'를 넘지 않으나 이전과 달리 'X'로 표기돼 있어 "X 값의 큰 변화로 야기된 타점"임을 확인할 수 있다.

만일 'X 값'과 'Y 값'이 동시에 변동하면 어떤 모습과 결과로 나타날까? [그림 Ⅲ-10]을 보자.

[그림 Ⅲ-10]의 오른쪽 그래프는 'X 값' 경우 대부분의 데이터와 큰 차이를 보이는 반면 'Y 값'은 기존 데이터 수준과 유사한 양상을 보인다. 그러나 왼쪽 정상 회귀선과 비교할 때 'Y 값' 역시 큰 '잔차'를 보일 것이므로(회귀선에서 떨어져 있음) 'X 값'과 'Y 값' 모두가 변동해서 나타난 유형의 결과이다. 이때 '회귀 계수'들도 왼쪽 정상 '회귀 계수'와 비교해 크게 왜곡돼 보이며, 'R−제곱' 역시 매우 낮아 정상적인 해석이 어려운 상황이다. 물론 현업에서 이와 같은 '산점도'가 얻어지면 '영향점'의 유무를 바로 알아볼 수 있으나 다량의 타점이 포함된 경우 눈으로 선별해내기에는 분명 한계가 있다.

[그림 Ⅲ-10] '영향점(Influential Point)'을 이해하기 위한 개요도

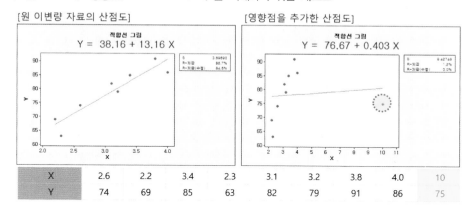

[원 이변량 자료의 산점도]          [영향점을 추가한 산점도]

| X | 2.6 | 2.2 | 3.4 | 2.3 | 3.1 | 3.2 | 3.8 | 4.0 | 10 |
|---|---|---|---|---|---|---|---|---|---|
| Y | 74 | 69 | 85 | 63 | 82 | 79 | 91 | 86 | 75 |

다음 [그림 Ⅲ-11]은 미니탭 '세션 창' 결과를 보여준다.

[그림 Ⅲ-11] '영향점(Influential Point)' 표기

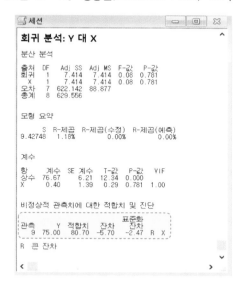

[그림 Ⅲ-11]의 '표준화 잔차=-2.47'로 기준보다 크지만 숫자 뒤에 기존과 달리 'RX'로 표기돼 있음을 발견할 수 있다. 'Y 값'의 변화뿐만 아니라 'X 값'의 변화도 복합적으로 모형에 영향을 준다는 정보가 실린 결과다.

지금까지 설명된 '이상점', '지렛대점', '영향점' 등은 "반드시 프로세스상에 문제가 있는 활동의 결과"로 보기보다 "문제 가능성이 매우 높으므로 사실 분석으로 파악해보자"는 접근이 필요하다. 또 부정적 결과의 산물도 될 수 있지만 프로세스를 운영하면서 놓쳤던 최적의 상황도 포함될 수 있음을 상기하자. 다음 [그림 Ⅲ-12]는 앞서 판단에 사용했던 '표준화 잔차', '지렛대값', '쿡의 거리'를 '회귀 분석' 과정에 얻는 방법을 보여준다. 수치를 통한 의사 결정이 필요하면 활용하기 바란다.

[그림 Ⅲ-12] '잔차', '표준화 잔차', '지렛대점', '쿡의 거리' 얻는 위치

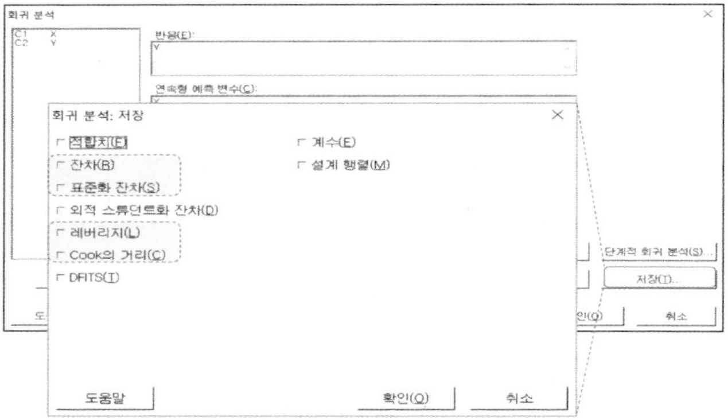

미니탭의 「통계분석(S) > 회귀 분석(R) > 회귀 분석(R) > 적합 회귀 모형(F)…」 내 '　저장(T)…　'을 통해 각 좌표 점별 '비정상적 관측치'를 얻을 수 있다. 결과 값들은 '워크시트'에 저장된다.

'② **잔차 그림(Residual Plot) 분석**'은 [그림 Ⅲ-5]에 예시한 '회귀 모형'의 적합성 평가를 위한 다섯 번째 항목인 '잔차 그림'을 통해 이루어진다. '잔차 (Residual)'란 '$Y-\hat{Y}$'로부터 얻어진다. [그림 Ⅲ-6]에서 쓰인 '이변량 자료'를 이용하여 '잔차'를 구하면 다음 [표 Ⅲ-5]와 같다.

[표 Ⅲ-5] '잔차' 산정 예

| X | 2.6 | 2.2 | 3.4 | 2.3 | 3.1 | 3.2 | 3.8 | 4.0 | 2.5 |
|---|---|---|---|---|---|---|---|---|---|
| Y | 74 | 69 | 85 | 63 | 82 | 79 | 91 | 86 | 84 |
| $\hat{Y}$ | 74.62 | 70.13 | 83.58 | 71.25 | 80.22 | 81.34 | 88.06 | 90.30 | 73.49 |
| 잔차 | −0.62 | −1.13 | 1.42 | −8.25 | 1.78 | −2.34 | 2.94 | −4.30 | 10.51 |

'잔차 분석'은 '잔차'의 '정규성(Normality)', '등분산성(Homoscedasticity)', '독립성(Independence)'을 확인하기 위한 접근이다. 이들이 가정돼야 '회귀 모형'이 적합하단 최종 판단을 내릴 수 있다. 다음 [그림 Ⅲ-13]은 미니탭에서 '회귀 분석'을 수행한 후 얻은 '잔차 그림' 예이다(잔차 해석은 '[그림 Ⅲ-5]' 에도 잘 설명돼 있음).

[그림 Ⅲ-13] '회귀 분석' 결과와 '잔차 그림'

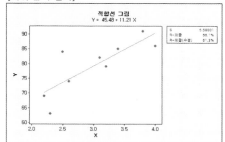

[회귀 분석 결과]

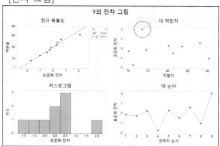

[잔차 그림]

만일 [표 Ⅲ-5]의 '이변량 자료'로부터 얻은 '회귀 모형'이 100% 완벽하게 실제 데이터를 설명한다면 '잔차'는 이론적으로 모두 '0'이다. 그러나 '적합 값(Fitted Value)'인 '$\hat{Y}$'가 설명력이 높다고 해도 현실은 '관측치'보다 조금 크거나 조금 작은 분포를 보일 것이고, 따라서 '잔차'는 '0'을 중심으로 좌우대칭 종 모양의 '정규 분포'를 띠게 된다. [그림 Ⅲ-13] 내 '잔차 그림'에서 왼쪽 **정규 확률도**와 **히스토그램**이 '잔차의 정규성 여부'를 판단할 그래프이다. 통상 관측치 수가 많지 않으면 '히스토그램'은 이빨이 빠져 판단에 어려움이 있기 때문에 '정규 확률 그림'을 이용하는 편이 좋다. 특히 미니탭 「도구(T) > 옵션(O)…」으로 들어가 '개별 그래프 > 시계열에 대한 잔차 그림(Ver. 17 기준)'에서 "정규 확률도에 Anderson-Darling 검정 포함(A)"을 선택하면 '잔차 그림'에 항상 'p-값'이 포함돼 의사결정이 용이하다. [그림 Ⅲ-13] 경우 'p-값=0.675'로 '정규 분포하고 있음'을 알 수 있다. '정규 분포'가 아니면 '비정규 분포'의 원인 점을 찾아내 '사실 분석'을 수행한다('일변량 자료'의 'EDA' 참조).

[그림 Ⅲ-13]의 '잔차 그림'에서 **대 적합치** 그래프는 '잔차'의 '등분산성'을 판독하는 용도로 쓰되, 'Y-축'이 '표준화 잔차'로 설정돼 있어('회귀 분석' 시 '대화 상자'에서 설정) '±2'를 넘는 타점 경우 '이상점(Outlier) 여부'의 판단도 가능하다. 그림 예에서 작은 원으로 강조된 타점이 '이상점', 즉 'Y'와 '$\hat{Y}$'가 상대적으로 크게 차이 나는 '사실 분석' 대상이다. 본 예 경우 '잔차'들이 '임의성'을 띠고, 산포도 일정 영역에서 등락하므로 '등 분산 가정'을 만족한다. 만일 다음 [그림 Ⅲ-14]와 같이 관찰되면 '등분산성'에 의심을 갖고 분산이 등락하는 원인에 대해 '사실 분석'을 수행한다.

[그림 Ⅲ-14] '등분산성'을 만족하지 못하는 패턴 예(단, (a)는 정상 예)

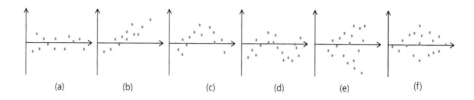

[그림 Ⅲ-14] 중 '(a)'는 정상적인 흐름을, '(b)'는 '적합 값($\hat{Y}$)'이 증가할수록 '잔차'도 함께 증가하는 경우이며, 기본적으로 '관측치'와 '적합 값'의 차이가 점점 더 벌어지는 특이한 경우이다. '(c)'와 '(d)'는 '등분산성'의 문제라기보다 '2차 방정식'이나 '3차 방정식'으로 적합을 시켜야 하는 데이터임에도 '1차 방정식'으로 적합해서 나타나는 현상이다. 미니탭은 「통계 분석(S) > 회귀 분석(R) > 적합선 그림(F)…」에서 '2차'와 '3차'로의 적합을 제공한다. '비정상적 관측치'의 존재 또는 모형을 잘못 적합시킨 경우가 아니면 일반적으로 '(e)'와 '(f)'의 유형이 '등분산성'이 결여된 예에 해당한다. 만일 프로세스에 문제가 생겨 나타난 현상이 아니라 순수 데이터 간 관계 때문에 등분산성이 결여된 상태면 변수 변환 등을 통해 '선형 모형'으로 전환할 수도 있다.

[그림 Ⅲ-13]의 '잔차 그림'에서 '대 순서' 그래프는 '독립성'을 관찰하는 데 유용하다. '독립성'이란 '잔차'의 앞뒤 데이터 간 '상관성'이 없는 경우이다. '종속 변수(Y)'가 시간이나 위치에 영향을 받는 시계열 데이터일 경우 순서대로 나열했을 때 앞뒤 간 '상관관계'가 존재하며, 이때 '잔차' 역시 '상관성'을 보인다. 특히 '잔차'가 독립적이지 않은 경우를 '자기 상관(Autocorrelation)'이라고 하며, 이에 대해서는 '일변량 자료'의 'EDA'인 '2.2.3. 시차 그림의 작성'에서 자세히 다룬 바 있다. '회귀 분석'에서 '잔차'가 '자기 상관'이 있을 경우 "예로써 오차 항 사이에 양의 상관관계가 있으면 실제 오차의 분산보다

최소 제곱법으로 구한 오차 분산이 작게 나오게 돼 계수에 대한 t - 값이 팽창되어 예측 변수가 유의하지 않은데도 유의한 것으로 나타나기 쉽다('p - 값'이 작아짐)." 다음 [그림 III - 15]는 '대 순서' 그래프를 통해 관찰되는 '자기 상관'의 시각적 특징을 보여준다.

[그림 III - 15] '잔차'의 '자기 상관' 진단 및 'DW 통계량' 예

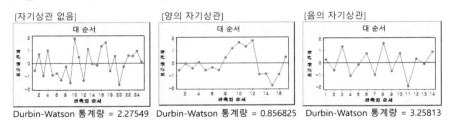

[그림 III - 15]의 맨 왼쪽 그래프는 정상이며 '잔차의 독립성 가정'을 나타낸다. 수치적으론 'DW 통계량=2.27549'로 통상 '2'에 근접하면 '자기 상관이 없는 경우'이다. 가운데 그래프는 최초 7개 타점은 '음의 값'을, 다음 5개 타점은 '양의 값', 나머지 4개 타점은 다시 '음의 값'과 같이 동일 부호의 타점들이 '음·양'을 등락하면 '양의 상관관계'를 의심한다. 'DW 통계량=0.856825'를 통해서도 '0'에 근접하면 '양의 상관관계'임을 예견할 수 있다. 끝으로 세 번째 그래프는 연속된 '잔차'의 부호 사이에 변화가 급하게 관찰되며, 이 같은 추이는 '음의 상관관계'를 의심하고, 'DW 통계량=3.25813'과 같이 '4'에 근접한다.

EDA 관점에서 '독립성'에 대한 사례를 보자.[77] 사례는 'Minitab.com' 홈페이지에 공개된 내용이며 상황에 맞게 편집해서 옮겨놓았다.

---

77) 'www.minitab.com'에서 "The Statistics Game"으로 검색 후 "Snakes, Alcohol, and Checking the Residuals vs. Order Plot in Regression" 참조.

(상황) 성인 40명을 임의로 선정한 뒤 '정상 조건에서의 100m 달리기 소요 시간'과 '임의의 양으로 음주한 채 달린 소요 시간'을 비교하는 실험을 진행한다. 이때 '독립 변수(X)'는 '혈액 내 음주량(BAC, Blood Alcohol Content)'을, '종속 변수(Y)'는 '음주 전후의 시간 차(Time Difference)'로 두고 그들 간 관계를 회귀 분석한다. 다음 [그림 Ⅲ-16]은 수집된 데이터이다. 단, 본문에 옮기기에 데이터양이 너무 많아 분석이 필요한 독자는 출처[78]를 방문해 이용하기 바란다.

[그림 Ⅲ-16] '알코올양(X)'과 '시간 차(Y)' 데이터 예

| 알콜량(X) | 0 | 0 | 0 | 0 | 0 | 0.01 | 0.02 | 0.01 | 0.015 | 0.02 | ... |
|---|---|---|---|---|---|---|---|---|---|---|---|
| 시간 차(Y) | -0.731 | 0.0596 | -0.351 | -0.155 | 0.5639 | 0.583 | 0.2419 | 0.4556 | 1.0231 | 1.375 | ... |

주어진 데이터를 이용해 얻은 '회귀 분석' 결과와 '잔차 그림'은 다음 [그림 Ⅲ-17]과 같다.

[그림 Ⅲ-17] '회귀 분석'과 '잔차 그림' 결과

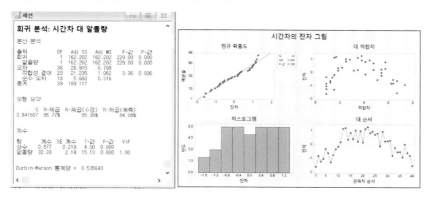

---

78) 주석 '77)'에서 본문 중 "purely illustrative data here" 클릭해서 활용.

[그림 Ⅲ-17]에서 '분산 분석 표'의 '회귀 항'의 'p-값=0.000'으로 유의하고, 'R-제곱=85.77%'로 설명력이 있으며, '알코올양'의 계수도 'p-값=0.000'으로 유의한 결과를 얻었다. 그러나 '잔차 그림'의 '대 적합치' 또는 '대 순서'가 곡률로 관찰되고 있다. 특히 '대 순서' 그래프 경우, 첫 '음의 데이터 군'과 이어 '양의 데이터 군' 다시 '음의 데이터 군'과 같이 '양의 자기 상관' 가능성을 시사하고 있으며, 세션 창의 'DW 통계량=0.535643'도 이 가정을 확인시켜 주고 있다. 만약 '대 적합치' 그래프로부터 순수 '2차 모형'으로 적합해야 하는 결론에 이르렀다면 접근은 간단하다. 즉, 미니탭 「통계 분석(S) > 회귀 분석(R) > 적합선 그림(F)…」으로 들어가 '2차'를 선택한 후 '2차 모형'을 얻으면 현재의 문제가 해소된다. 다음은 그 결과이다.

[그림 Ⅲ-18] '2차 방정식'으로 적합한 결과

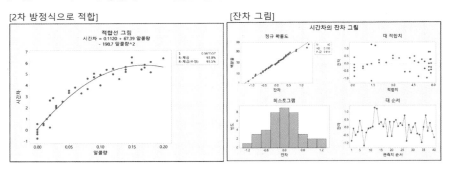

[그림 Ⅲ-18]을 보면 "R-제곱=93.8%"로 매우 향상되었으며, '잔차 그림'도 모두 안정돼 보인다. 그러나 상황은 다르겠지만 만일 프로세스에서 이와 같은 자료를 접하게 되면 '독립성' 관점에서 재해석 여부를 검토해야 한다.

본 예 경우 실험이 한여름에 진행되었고, 40여 명의 인원이 테스트에 참여해 오전부터 저녁까지 계속되었으며, 이때 기온은 오전의 낮은 수준에서 점점 뜨거워져 가다 다시 저녁에 이르러 낮아지는 순환을 이루었다. 따라서 달리기 주자는 오전 경우 선형 회귀 모형으로 예측되는 것보다 빨리 뛰는 결과를([그림 Ⅲ－17] "대 순서"에서 첫 음수 데이터 군), 오후 경우 예측되는 결과보다 느린 결과를("대 순서"에서 가운데 양수 데이터 군) 보였다. 이후는 다시 저녁에 뛴 군이므로 예측보다 빠른 결과로 나타난 것으로 볼 수 있다. 이에 '온도'를 '$X_2$'로 추가하여 '다중 회귀 분석'을 수행한 결과가 다음 [그림 Ⅲ－19]이다.

[그림 Ⅲ－19] 두 번째 독립 변수($x_2$=온도) 도입 후 '회귀 분석' 결과

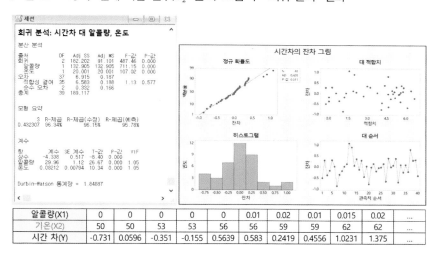

[그림 Ⅲ－19]의 모든 지표와 '잔차 그림' 등 '회귀 모형'의 쓰임이 적합하다는 결론을 얻었다(고 가정한다). 즉, '잔차 그림'의 EDA로부터 최적의 회귀 모형을 얻었다. '독립성 결여' 또는 '자기 상관의 존재'는 '2차 모형'이 필요했다기보다 주요 '변수($x_2$ = 온도)'가 누락된 결과였음을 알 수 있다.

프로세스에서 수집한 자료는 다양한 외부 변수들에 노출돼 형성된 결과이다. 따라서 그들을 제대로 해석하고 그로부터 프로세스의 문제점을 드러내기 위해서는 판단에 앞서 다양한 통찰력을 발휘해야 한다. 이제 [그림 Ⅲ-1]의 '블록 ②'인 'X 연속, Y 이산(로지스틱 회귀 분석)'에 대해 알아보자.

## 2.2. X 연속, Y 이산(이항 로지스틱 회귀 분석)

'이변량 자료'가 [그림 Ⅲ-1]의 '블록 ②'에 속할 경우, '로지스틱 회귀 분석'이 주요 해석 도구이며, 이때 'Y'는 다음 [표 Ⅲ-6]과 같다.

[표 Ⅲ-6] 'Y'의 데이터 유형

| 유형 | | 속성 | | | | 예 |
|---|---|---|---|---|---|---|
| | | 절대 영점 | 등 간격 (+, −) | 크기 (<, >) | 분류 (=, ≒) | |
| 이산 자료 | 이진수 자료 (Binary Data) | X | X | X | O | −불량품/양품<br>−Pass/Fail<br>−On/Off 등 |
| 범주 자료 | 순서 척도 (Ordinal Scale) | X | X | O | O | −수/우/미/양/가<br>−1위/2위/3위 등 |
| | 명목 척도 (Nominal Scale) | X | X | X | O | −한식/양식/중식<br>−아시아/유럽/북미 등 |

[표 Ⅲ-6]은 'X=연속', 'Y=이산(또는 범주)'인 '이변량 자료'의 경우이며, 이들을 해석할 '로지스틱 회귀 분석'의 유형들은 다음 [그림 Ⅲ-20]과 같다 (이해를 돕기 위해 [그림 Ⅲ-1]의 '분석 4-블록'을 다시 옮겨놓음).

[그림 Ⅲ-20] '분석 4-블록'과 '로지스틱 회귀 분석' 유형들

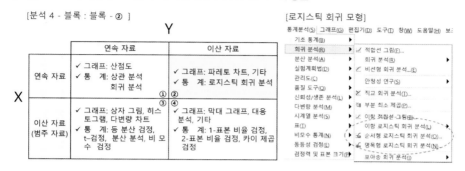

수집된 자료에 대해 통계적 해석도 중요하지만 'EDA 관점'은 그래프를 통해 전체를 조망한 뒤 집중할 분석 영역을 찾아가는 접근이 더 중요하다. 현재 [그림 Ⅲ-20]의 '블록 ②'에 소개된 '그래프 분석'은 '파레토 차트'와 '기타'가 있으며, 만일 'X'를 일정 영역으로 나눈 뒤 각 계급에 속하는 '불량품의 점유 수' 또는 '수/우/미/양/가 중 '수'를 받은 학생의 점유 수' 등으로 '파레토 차트'를 작성할 수 있다. 또 '기타' 관점에서도 다양한 시각화 도구들이 가능한데, 다음 [그림 Ⅲ-21]은 '상자 그림(Box Plot)'을 적용한 예이다(미니탭 제공 기본 파일 '회로.mtw'이며, '주(週)' 열을 'X'로, '고장' 열을 'Y'로 가정. 통상은 '연속 자료'인 '주(週)' 열을 'Y', '고장' 열을 'X'로 두는 것이 일반적임).

[그림 Ⅲ-21] '블록 ②' '그래프/기타'의 '상자 그림' 작성 예

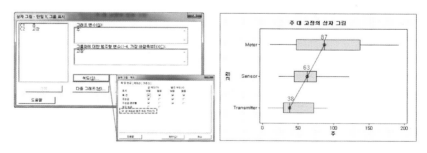

[그림 Ⅲ-21]은 「그래프(G) > 상자 그림(B)… '그룹 표시'」의 '대화 상자'에서 변수를 각각 입력한 뒤 '  척도(S)...  '로 들어가 "값 척도와 범주 척도 전치(T)"를 '√'하여 얻었다. '전치'란 'X-축'과 'Y-축'을 바꾼다는 의미이므로 '상자 그림'에서 'X-축'은 '주(週)'가, 'Y-축'은 '고장'이 자리한다. EDA로 볼 때, '압력 감지 장치'의 수명은 "미터(Meter) > 센서(Sensor) > 송신기(Transmitter)" 순이며, 중앙값은 각각 "87주 > 63주 > 38주"임을 알 수 있다. 또 '미터(Meter)'의 산포가 매우 커 보여 '압력 감지 장치'의 고장 개선에 '송신기'의 수명 연장뿐 아니라 '미터'의 신뢰도 높은 대체품의 고려도 요구된다.

[그림 Ⅲ-21]의 예는 'Y'가 '송신기, 센서, 미터'와 같이 순서가 필요 없는 '명목 척도'의 경우이다. 또 비록 'X=연속 자료', 'Y=이산 자료(또는 명목)'의 설정이지만 '전치'를 통해 그 반대인 'X=이산 자료(또는 명목)', 'Y=연속 자료'처럼 기존에 익숙한 구조로의 변환도 가능하므로 필요 정보를 시각화하는 과정은 [그림 Ⅲ-20]의 '블록 ③'과 별반 차이가 없다. 따라서 좀 더 다양하고 상세한 해석은 '블록 ③'으로 넘기고 여기서는 통계 분석으로 상황을 해석할 '이항 로지스틱 회귀 분석'에 대해 알아보자. 실제 '이진수 자료'는 주변에서 가장 빈도가 높게 발생하는 데이터 유형 중 하나이며, '이진수 자료'의 이해를 통해 '순서형'이나 '명목형'으로까지의 개념 확장이 가능하다.

'로지스틱 회귀 분석'을 EDA 측면에서 다루는 것은 다소 낯선 접근이다. 정보를 이끌어내려는 시도보다 통계 해석인 '확증적 자료 분석'에 가깝기 때문이다. 이에 '로지스틱 회귀 분석'을 내용에 포함시키는 것에 대해 사실 고민스럽긴 하다. 그러나 '로지스틱 회귀 분석'은 기업 업무에서 활용 빈도가 매우 높고 유용한 도구임에도 대부분의 교육 과정엔 거의 포함돼 있지 않아 리더들에게까지 매우 낯선 도구로 통하곤 한다. 멘토링을 하다 보면 'Y'가 어느 조건을 만족하면 'O', 그렇지 않으면 'X'와 같이 평소에 자료를 다량 수집해놓고 그 전체를 어떻게 해석하고 정보를 확인해야 할지 난감해하는 상황을 자주 접한다. 이럴 때면 최소한 '이항 로지스틱 회귀 분석' 정도는 알아야 할 텐데 하는 생각이 들곤 한다. 이에 '로지스틱 회귀 분석'도 본문에 포함시키기로 하였다. 그러나 이후 내용에서 알게 되겠지만 '이항 로지스틱 회귀 분석'의 최종 결과를 '사실 분석'과 연계시킴으로써 독자는 '시계열 분석'과 마찬가지로 '로지스틱 회귀 분석' 역시 프로세스의 진단 정보를 얻는 데 유용한 도구임을 확인하게 될 것이다.

'로지스틱 회귀 분석'의 핵심인 '로지스틱(Logistic)'은 영어 사전에 "병참학의, 기호(記號) 논리학(의)"의 뜻으로 정의돼 있다. 발생 어원은 다음과 같다.

> • 로지스틱(Logistic) (네이버 블로그 'kddisarang') 그리스어 'logistikos(계산 기술)'과 라틴어 'logists(행정과)'에서 유래되었다. 실질적 사용은 프랑스의 나폴레옹이 군수품 보급부대 이름을 'Logistique(병참)'으로 명명한 데서 시작되었다. 제2차 세계대전 때 미국 육군에 필요한 병참활동은 물자, 무기조달, 수송, 보관, 야영 숙소 할당, 창고출납, 식료품과 무기, 피복, 배급, 보급 등 물류활동과 조정기능의 두 가지로 대별되면서 발전하였다. 1948년 미국 A.M.A.(American Marketing Association)에서 'Logistic'은 '물류'란 의미로 "생산시점에서 소비자까지 상품이동 및 취급을 관리하는 것"으로 정의하며, 1950년경부터 비즈니스에 응용되면서 '비즈니스 로지스틱스로' 발전하였다.

그러나 '병참'의 의미와 별도로 수학 분야에서의 '로지스틱'은 1845년 인구 증가를 연구하던 벨기에 수학자 Pierre François Verhulst(1804~1849)에 의해 처음 붙여진 'Logistic Function' 또는 'Logistic Curve'라고 불리는 'S자 곡선'의 명칭에서 유래하였다.[79] Verhulst가 왜 'Logistic'이란 단어를 선택했는

---

79) 1845, Pierre-François Verhulst, "Recherches mathématiques sur la loi d'accroissement de la population [Mathematical Researches into the Law of Population Growth Increase]", Nouveaux Mémoires de l'Académie royale des sciences, des lettres et des beaux-arts de Belgique,

지는 당시에 별도 설명이 없었던 것으로 알려져 있다. 이름 붙이기 이전부터 'S 곡선'을 설명하는 함수가 존재했고 이 함수를 '인구 증가'와 연계시켜 연구하던 중에 그리 명명한 것으로 보인다. 위키피디아에 따르면 통계학 분야에서 이 곡선은 로지스틱 계열 분포 함수의 '누적 분포 함수'를 설명하거나 '사건의 발생 확률(P)'이 '연속 자료 – 독립 변수(X)'들에 의해 어떻게 영향 받는지를 모델링하는 용도로 응용되었다. 이어질 본문의 '로지스틱 회귀(Logistic Regression)'는 후자의 용도로 1958년 D. R. Cox에 의해 체계화됐다.[80]

설명에 앞서 '백문이 불여일견(百聞不如一見)'이므로 먼저 데이터 구조를 보자. 많은 양의 데이터를 포함시키기 어려워 앞서와 같이 미니탭 기본 파일인 '예제_회귀.mtw'를 이용한다. 이 파일은 미니탭 도움말에서 '이항 로지스틱 회귀 분석'을 설명하는 용도로도 쓰이고 있어 독자를 위해서는 안성맞춤이란 생각이 든다. 단, 'X', 'Y'가 하나씩인 '이변량 자료'가 아니라 '독립 변수'가 둘이며, 그들 중 하나는 '연속 자료'가 아닌 '범주 자료'이다. 그러나 해석에 큰 무리가 없고 향후 '로지스틱 회귀 분석'을 확장하는 데 도움이 될 것 같아 본문에 그대로 포함시켰다. 다음 [표 Ⅲ-7]은 데이터 일부를 옮겨놓은 것이다.

[표 Ⅲ-7] 미니탭 기본 파일인 '예제_회귀.mtw' 예

| (몸)무게($X_1$) | 140 | 145 | 160 | 190 | 155 | 165 | 150 | 190 | ... |
|---|---|---|---|---|---|---|---|---|---|
| 흡연($X_2$) | 아니요 | 아니요 | 예 | 예 | 아니요 | 아니요 | 아니요 | 아니요 | ... |
| 휴식기 맥박(Y) | 낮음 | 낮음 | 낮음 | 낮음 | 낮음 | 낮음 | 높음 | 낮음 | ... |

'휴식기 맥박(Y)'이 '낮음(Low)'과 '높음(High)'으로 양분돼 있고, '독립 변수'에 '연속 자료'인 '무게($X_1$)'가 포함돼 있다. '$X_1$'과 'Y'만을 고려할 때 둘

volume 18, pp.1~38.
80) Cox, DR(1958), "The regression analysis of binary sequences (with discussion)." *J Roy Stat Soc B* 20: 215 - 242.

로부터 모형을 만드는 일은 매우 어려워 보인다. 왜냐하면 '무게=141 및 142'를 가정할 때, 두 값 사이에만 무수히 많은 숫자들이 존재하고 그들 하나하나가 'Y'인 '낮음' 또는 '높음' 중 하나에 꼭 연결돼야 하는데 현실적으로 가능한 대응은 존재할 수 없다. 결국 꼼수(?)가 필요한데 '무게($X_1$)'가 특정 값으로 결정되면 '휴식기 맥박(Y)'을 '연속 자료'가 되도록 조정하는 것이다. 그리고 나서 '연속 자료 X'와 '범주 자료 Y' 간 무언가 의미 있는 해석만 멋지게 달아주면 복잡한 문제가 해결된다. 물론 이렇게 모든 일을 선각자들이 쉽고 또 일사천리로 깔끔하게 처리한 것은 아닐 테지만 그렇다고 바쁜 우리들마저 그 고생을 또 할 수 없으니 생각만큼은 쉽게 가져가자. 참고로 잘 알려진 '표준 로지스틱 함수(Standard Logistic Function)'와 '로지스틱 곡선'은 다음 [그림 Ⅲ-22]와 같다.

[그림 Ⅲ-22] '표준 로지스틱 함수'와 '로지스틱 곡선'

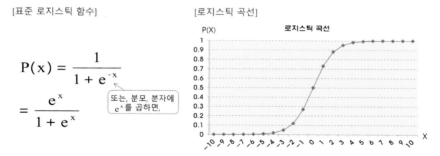

[그림 Ⅲ-22]의 '로지스틱 곡선'은 '표준 로지스틱 함수'를 이용하여 엑셀로 그린 것이다. 보이는 바와 같이 'x=±5' 정도에서 'P(X)'는 '0'과 '1'로 각각 수렴한다. 예상되는 'P(X)'가 '0∼1'에서 얻어지므로 '표준 로지스틱 함수'는 '확률 밀도 함수'임에 틀림없다. [표 Ⅲ-7]의 분석 결과를 얻기에 앞서

'로지스틱 함수'와 '로지스틱 회귀'와의 관련성에 대해 좀 더 알아보자.[81]

'성공(1)'과 '실패(0)' 두 선택만이 존재하는 'Y'에 대해 '연속 자료'인 'X'와 연결 지을 수 있는 가장 단순한 모형 중 하나가 다음의 선형 관계이다. 즉, 'Y'를 '성공 확률' 또는 '실패 확률'처럼 '확률($p_i$)'로 대응시킴으로써 양변의 '연속 자료' 관계를 맞춰주는 것이다.

$$\Pr(Y_i = y_i) = \alpha x_i + \beta \qquad (\text{III}.2)$$

이때, 식 (III.2)의 좌변은 '확률'이므로 그 범위가 '0～1'의 값만 가능한 대신 우변은 'X'의 범위가 '—∞～+∞'에 이르러 어떤 제약이 가해지지 않는 한 둘을 수학적으로 연결 짓기는 여전히 어렵다. 이를 극복할 좋은 대안이 좌변의 '확률'을 상황에 맞게 다음과 같이 적절히 변환해보는 것이다.

$$p_i \Rightarrow \frac{p_i}{1 - p_i} \ , \ \text{'승산(Odds)'으로 명명} \qquad (\text{III}.3)$$

식 (III.3)을 'Odds'라 하고, 사전적 의미는 '가능성'으로 해석하나 통계학 용어로 **'오즈' 또는 '승산'**이라고 부른다. 미니탭이 후자를 쓰고 있어 앞으로는 '승산'을 사용하겠다. 식에 따르면 사건이 발생할 확률이 '0.5'면 '승산=1'이고, 확률이 '1/3'이면 '승산=$\frac{1/3}{1 - 1/3} = 1/2$', 확률이 '0'에 근접하면 '승산'도 '0'에 가까워진다. 만일 확률이 '1'에 가까워지면 '+∞'로 발산한다. 그러나 식 (III.2)와 관계 지을 때 식 (III.3)은 음수가 나오지 않아 여전히 둘을 연결 짓기엔 한계가 있다('$X_i$'가 실수이므로 상황에 따라 '$p_i$'는 음수도 나와야 함).

---

81) 웹사이트 "data.princeton.edu/wws509/notes/c3.pdf, G. Rodrguez. Revised September 2007" 참조

이에 다음과 같이 '승산'에 '로그($\log_e$)'를 취한 수정된 값을 적용해보았다.

$$p_i \Rightarrow \frac{p_i}{1 - p_i} \Rightarrow \log_e\left(\frac{p_i}{1 - p_i}\right) \tag{III.4}$$

식 (III.4)는 'It(그것, 즉 승산)'에 '$\log_e$'를 붙였다 해서 **'Logit(로짓)'**이라고 부른다(본 해석은 확인된 것이 아니므로 철석같이 믿을 필요는 없다!^^). 이 식은 1944년 Joseph Berkson에 의해 탄생하였다.[82] 시중 서적의 표현대로 다듬으면 다음 식 (III.5)와 같다('$\pi_i$'는 임의의 수).

$$\pi_i = logit(p_i) = \log_e\left(\frac{p_i}{1 - p_i}\right) = \log_e(p_i) - \log_e(1 - p_i) \tag{III.5}$$

식 (III.5)의 특징은 '사건이 발생할 확률($p_i$)'이 '0'에 이르면 '$\log_e(0)=-\infty$'가 되고, '확률($p_i$)'이 '1'에 근접하면 '$\log_e(1/0)=+\infty$'가 되어 '확률($p_i$)'의 한계인 '0~1'을 넘어 실수 전체로 영역이 확대되는 효과가 생긴다. 이때 식 (III.2)의 좌변을 식 (III.5)로 대치할 경우 좌우변이 모두 '실수 대 실수' 영역을 갖게 돼 비로소 합리적인 항등식이 성립한다. 또 만일 '확률($p_i$)'이 '1/2'일 때, '$Logit(1/2)=\log_e(1)=0$'이 되고, 이 확률 값을 중심으로 '로짓(Logit)'은 왼쪽의 '음수' 영역과, 오른쪽의 '양수' 영역으로 나뉜다.

사안을 좀 더 진전시켜 식 (III.5)의 '역변환(Inverse Transformation)'을 정의할 수 있다. 역변환은 때로 'Antilogit'이라 불리며, 식 (III.5)에 '자연 상수, e'를 취한 후 '$p_i$'에 대해 풀어놓은 것으로 정의한다(양변에 'e'를 취함).

---

82) 1944, Joseph Berkson, "Application of the Logistic Function to Bio-Assay", Journal of the American Statistical Association, volume 39, number 227 (September), pp.357~365.

$$e^{\pi_i} = \log it^{-1}(\pi_i) = \frac{p_i}{1-p_i} \quad (\text{가운데 항 빼고 정리}) \tag{Ⅲ.6}$$

$$e^{\pi_i}(1-p_i) = p_i$$

$$e^{\pi_i} = p_i + e^{\pi_i}p_i = p_i(1 + e^{\pi_i}) \qquad \therefore p_i = \frac{e^{\pi_i}}{1 + e^{\pi_i}}$$

식 (Ⅲ.6)은 [그림 Ⅲ-22]에서 설명했던 '표준 로지스틱 함수' 또는 '로지스틱 곡선'과 정확히 일치한다. 식 (Ⅲ.4)의 '로짓(Logit)'을 우리가 활용코자 하는 '로지스틱 회귀 방정식'인 식 (Ⅲ.2)와 연결시키면 다음과 같다.

$$\log_e\left(\frac{p_i}{1-p_i}\right) = \alpha x_i + \beta \tag{Ⅲ.7}$$

이때 '확률, $p_i$'와 '1차 함수'를 연결한다는 의미로 좌변인 '로짓(Logit)'을 '**연결 함수(Link Function)**'라고 부른다. 식 (Ⅲ.7)의 의미는 첫째, 식 (Ⅲ.3)과 식 (Ⅲ.4)의 설정으로 양변이 실수 영역에서 항등식이 성립하는 것이고, 둘째는 식 (Ⅲ.6)을 통해 임의 상황에서 확률 '$p_i$'를 얻을 수 있다는 것이다. 이제 이항(Binomial)의 'Y'와 연속형의 'X'가 '='의 관계로 엮였으므로 '회귀 분석'이 가능한 상태가 되었다.

'연결 함수'는 이 외에도 '노밋 또는 프로빗 함수(Normit or Probit Function)', '곰핏 또는 보 로그―로그 함수(Gompit or Complementary log― log Function)'가 있다. 이들은 분석 시 미니탭 '대화 상자'에서 선택할 수 있다. [그림 Ⅲ-23]은 미니탭의 '대화 상자'에서 ' 옵션(N)... '을 눌렀을 때 나타난 하위 '대화 상자'이다. 앞서 설명한 '연결 함수'가 포함돼 있다(참고로 '명목형 로지스틱 회귀 분석' 경우 '대화 상자'에서 '연결 함수'는 제공되지 않음).

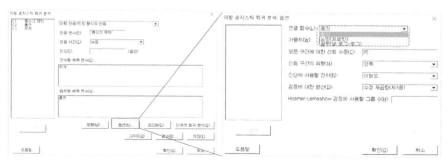

미니탭에서는 '로짓 함수'가 기본 '연결 함수'로 정해져 있다(Default). 다음 [표 Ⅲ-8]은 [그림 Ⅲ-23]에 표기된 '연결 함수'의 실체이다.

[표 Ⅲ-8] '연결 함수(Link Function)'의 실체

| 명칭 | 연결 함수(Link Function) | 얻어진 과정 |
|---|---|---|
| Logit | $g(p)=\log_e(p/(1-p))$ | 표준 누적 로지스틱 분포 함수의 역(Inverse) |
| Probit(or Normit) | $g(p)=\varphi^{-1}(p)$ | 표준 누적 정규 분포 함수의 역(Inverse) |
| Gompit(or Complementary log-log) | $g(p)=\log_e(-\log_e(1-p))$ | Gompertz 분포 함수의 역(Inverse) |
| 1) p=성공 확률, 2) 'g(p)'는 '성공 확률(p)'과 '1차 함수'를 연결하는 연결 함수 | | |

[표 Ⅲ-8]은 'Yes, No'와 같은 '이진수 자료'를 설명할 '확률'과 '1차 함수'를 바로 연결할 수 없기 때문에 고안된 함수들이다. 'Logit' 이외의 나머지들도 미니탭에서 '연결 함수'로 사용할 수 있으며, 어느 것이 데이터에 유리한지는 세션 결과 중 '적합도 검정'을 통해 확인할 수 있다. 그러나 '로짓 연결 함수' 경우 '승산 비(Odds Ratio)'를 추정할 수 있어 일반적으로 선호된다. '회귀 모형'으로서의 식 (Ⅲ.7)을 해석하기 위해 '$x_i$'가 변화할 때 '확률'의 변화를 파악할 수 있도록 양변에 'e'를 취해 '승산(Odds)'의 식으로 정리한다.

$$\frac{p_i}{1-p_i} = e^{\alpha x_i + \beta} = (e^{\alpha x_i})e^{\beta} = (e^{\alpha})^{x_i}e^{\beta} \tag{III.8}$$

식 (III.8)은 '$x_i$'가 한 단위 증가할 때 '승산(Odds)'이 '$e^{\alpha}$배'만큼 증가함을 뜻한다. 이 비율을 '**승산 비(Odds Ratio)**'라고 하며, '세션 창' 결과 해석 시 유용한 정보로 이용된다. '승산 비'에 대해 바로 이해가 안 될 독자를 위해 간단한 예를 들어보자. 식 (III.8)이 현 상태이고, 이때를 기준으로 '무게(Weight)'가 '1'만큼 증가한 상황을 고려해 전후 변화를 관찰하면 다음과 같다.

1) $\ln(\frac{p_1}{1-p_1}) = \alpha x_1 + \beta$, 독립변수 $= x_1$ 일 때, 확률 $p_1$의 승산$(Odds) = \frac{p_1}{1-p_1}$ $\qquad$ (III.9)

2) $\ln(\frac{p_2}{1-p_2}) = \alpha(x_1 + 1) + \beta$, 독립변수 $= x_1 + 1$일 때, 확률 $p_2$의 승산$(Odds) = \frac{p_2}{1-p_2}$

변화 관찰을 위해 '2) $-$ 1)'을 하면

$$\ln(\frac{p_2}{1-p_2}) - \ln(\frac{p_1}{1-p_1}) = \alpha$$

$$\ln\left[\frac{(\frac{p_2}{1-p_2})}{(\frac{p_1}{1-p_1})}\right] = \alpha, \text{ 양변에 '}e\text{'를 취하면,} \quad \therefore \frac{(\frac{p_2}{1-p_2})}{(\frac{p_1}{1-p_1})} = e^{\alpha}$$

식 (III.9)의 맨 끝 줄의 항등식($\therefore$)에서 좌변은 '$x_1$'일 때와 '$x_1 + 1$'일 때의 각 '승산(Odds)' 간 비율, 즉 '승산 비(Odds Ratio)'이고, 그 결과는 우변의 '$e^{\alpha}$', 즉 '회귀 계수($\alpha$)가 자연 상수(e)의 지수'가 된다. 식 (III.9)의 분모를 이항해 정리하면 '승산 비(Odds Ratio)'의 이해에 좀 더 도움이 된다.

$$(\frac{p_i}{1-p_i})_{x_i + 1} = e^{\alpha}(\frac{p_i}{1-p_i})_{x_i} \tag{III.10}$$

식 (Ⅲ.10)을 보면 '무게($x_i$)'를 '한 단위(1)' 증가시킨 '승산(Odds)'은 증가시키기 직전 '승산'의 '$e^\alpha$배'임을 알 수 있다. 만일 '$e^\alpha$=2.4'라면 "$x_i$를 한 단위 증가시킨 후의 승산이 그 전에 비해 2.4배(140%) 증가"한다는 뜻이다. 즉, '회귀 계수'를 얻으면 '승산 비'를 계산할 수 있고, 이를 통해 '$x$'의 '단위 증가'에 따른 '승산의 변화율'을 추정할 수 있다. 기본 개념이 섰으면 [표 Ⅲ-7]의 자료를 이용해 분석을 수행해보자.

다음 [그림 Ⅲ-24]는 미니탭 「통계 분석(S) > 회귀 분석(R) > 이항 로지스틱 회귀 분석(L) > 적합 이항 로지스틱 모형(F)…」에 들어가 '대화 상자'에 각 필요 정보를 입력한 예이다.

[그림 Ⅲ-24] '이항 로지스틱 회귀 분석'의 '대화 상자' 입력 예

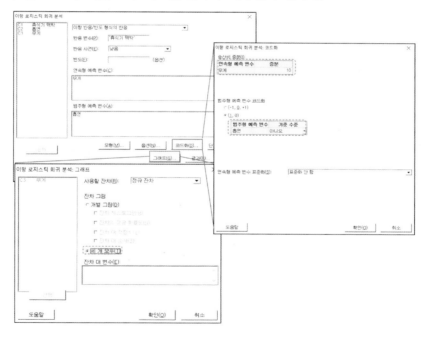

[그림 Ⅲ-24]의 '대화 상자' 내 '반응 변수(P):'엔 [표 Ⅲ-7]의 'Y'인 '휴식기 맥박'을, '연속형 예측 변수(C):'엔 '무게', 그리고 '범주형 예측 변수(A):'엔 '흡연'을 입력한다.

또 '코드화(D)...'로 들어가 '무게 증분=10'을 입력하고, 이어 '그래프(G)...'에서는 '잔차' 그래프 '세 개'를 모두 선택한다. '무게 증분=10'은 "무게가 10만큼 증가할 때 승산비를 계산"하기 위함이다. 일반적으로 '1만큼 증가'할 때의 '승산 비'를 계산하나 '무게=1'의 변화는 영향이 미미해 '10배'로 키운 것이다. 끝으로 '결과(R)...'로 들어가 'Hosmer-Lemeshow 검정의 빈도(H)'와 '연관성 측도(N)'를 추가한다. '로지스틱 회귀 분석'은 결과를 얻는 과정도 중요하지만 리더들이 어려워하는 부분이 '세션 창'의 해석이다. 이제부터 결과 해석에 대해 자세히 알아보자. 다음 [그림 Ⅲ-25]는 '이항 로지스틱 회귀 분석'의 '세션 창' 결과이다. 참고로 해석이 필요한 주요 부분만 추출해 옮겼다.

[그림 Ⅲ-25] '이항 로지스틱 회귀 분석' 미니탭 결과

[그림 Ⅲ-25]의 미니탭 결과 해석에 설명이 용이토록 '원 번호'를 붙여놓았다. '그래프'에 대해서는 본 설명이 끝난 후 별도의 해석이 이어진다.

### ① '방법', '반응 정보'

'발생 확률($p$)'과 '1차 함수'를 연결 짓기 위한 '연결 함수'로 '로짓 함수'를 사용했다는 것과, '성공 확률'인 '$p_i$'에 쓰일 '반응(Y)'이 '휴식기 맥박'이며, 맥박이 낮은 '낮음=70건', 맥박이 높은 '높음=22건'임을 알 수 있다. 특히 '낮음 70' 바로 옆에 표시된 '(사건)'은 식 (Ⅲ.7)의 '확률($p_i$)'이 '낮음'을 지적하고 있음도 알 수 있다. 영문 표현은 'Event Probability(또는 Predicted Probability)'이다. 만일 '확률($p_i$)'을 '낮음'이 아닌 '높음'으로 정하려면 다음 [그림 Ⅲ-26]과 같이 변경한다.

[그림 Ⅲ-26] '반응(Y) 정보'의 '사건(Event)' 변경하기

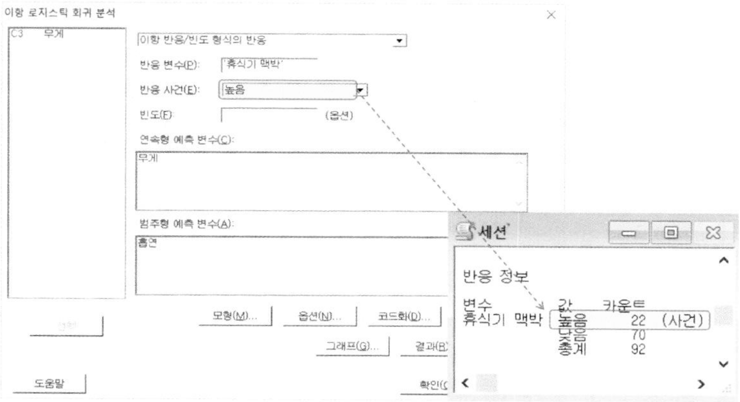

'대화 상자'의 '반응 사건(E):'에 "낮음"을 선택한다. [그림 Ⅲ-26]은 '대화 상자' 입력 상태와 그 결과를 보여주며, '세션 창'에 [그림 Ⅲ-25]의 '낮음 70

(사건)'이 '높음 22(사건)'으로 바뀌어 있다.

### ② 이탈도 표(Deviance Table)

'이탈도'는 낯선 단어다. 미니탭 이전 버전(Ver.14) 경우 '이탈도 표(Deviance Table)'는 출력되지 않았기 때문이다. 영어로는 'Deviance'로 '이탈도' 외에 '편차'로도 불린다. 쉽게 표현하면 '분산 분석 표(ANOVA Table)'에 대응하며, 각 '독립 변수(X)'의 '기여'나 '유의성 검정'에 쓰인다. '분산 분석(Analysis of Variance)'에 대한 자세한 내용은 「Be the Solver_확증적 자료 분석(CDA)」편을 참고하기 바란다. 이해를 돕기 위해 '이탈도 표'만 떼어내어 다음 [그림 Ⅲ-27]에 다시 옮겨놓았다. 이후 전개는 리더들에게 다소 생소한 내용을 담고 있고 또 누가 학습할까 의구심도 생긴다. 그러나 현업에서의 활용 빈도가 높고, 따라서 소수의 누군가를 위해서라도 원리를 기록해놔야 하지 않을까 하는 작은 소명감(?)으로 전개하였다. 대부분의 리더는 원리보다 결과 해석 쪽에 비중을 두기 바란다.

[그림 Ⅲ-27] 이탈도 표(Deviance Table)

이탈도 표

| 출처 | DF | 수정 분산 | 수정 평균 | 카이-제곱 | P-값 |
|------|-----|-----------|-----------|-----------|-------|
| 회귀 | 2 | 7.574 | 3.787 | 7.57 | 0.023 |
| 무게 | 1 | 4.629 | 4.629 | 4.63 | 0.031 |
| 흡연 | 1 | 4.737 | 4.737 | 4.74 | 0.030 |
| 오차 | 89 | 93.640 | 1.052 | | |
| 총계 | 91 | 101.214 | | | |

[그림 Ⅲ-27]의 구조를 큰 시야에서 해석하면 'DF(Degree of Freedom)'는 '자유도'이고 잘 알려진 대로 '데이터 수'에 비유된다. [표 Ⅲ-7]의 '원 자료'는 '총 92개'이며 '자유도'는 하나 줄어든 '91'이다. '회귀'의 '자유도'는 '무게'와 '흡연'의 자유도를 합한 결과이다. '수정 분산(Adjusted Deviance)'은 '분

산 분석'에서의 '변동(SS, Sum of Square)에 대응한다. '회귀'의 '수정 분산 (7.574)'은 '독립 변수(미니탭은 '예측 변수')'들인 '무게'와 '흡연'의 '수정 분산(이탈도)' 값들을 합쳐놓은 형태다(단순한 덧셈 관계는 아님). 또 '수정 평균 (Adjusted Mean)'은 '분산 분석 표'에서 '분산(MS, Mean Square)'에 대응하며 '수정 분산÷DF(자유도)'로 얻는다. 다음 '카이 제곱'은 '수정 분산'과 같다. '수정 분산'과 '카이 제곱 통계량'이 통계적으로 근사하다는 원리를 이용한 것이다. 끝으로 'p-값'은 '카이 제곱 통계량'을 이용해 '카이 제곱 분포'로부터 얻은 '확률'이며, '유의 수준(주로 0.05)'과 비교해 '독립 변수'들의 모형 포함 여부를 결정한다. 정확히 '분산 분석 표'와 일대일 대응 관계에 있다.

[그림 Ⅲ-27]을 수치 해석하려면 시작점인 '수정 분산'을 얻어야 한다. 특히 항목들 중 '회귀의 수정 분산'을 알아야 '이항 로지스틱 회귀 모형'이 쓸모 있는지 전체 평가가 가능하다. 따라서 '회귀의 수정 분산'부터 살펴보자. 이를 위해 '우도'에 대한 이해가 필요하다.

'우도(尤度, Likelihood)'의 표현은 '한국통계학회 용어집'에 '우도' 외에 '가능도'로도 쓰이나 미니탭에서 '우도'로 해석하고 있어 이에 따랐다. 사실 우리 말로도 또 한자어로도 무슨 뜻인지 감이 잡히지 않을 정도의 매우 낯선 단어임에 틀림없다. '위키피디아'조차 '우도=우도 함수'로 정의하고 있어 '우도' 자체의 개념을 이해하는 데 어려움을 겪는다. 그도 그럴 것이 이 개념을 정립한 영국의 통계학자 Ronald Fisher(1890~1962)도 그의 논문[83] 여럿에 걸쳐 오랜 기간 체계화가 이루어진 흔적이 있다. 그나마 우리 주변에서 쉽게 접근할 수 있는 자료들 중, 그 정의와 개념을 잘 설명해놓은 출처와 내용은 다음과 같다.[84]

---

83) "On the 'Probable Error' of a Coefficient of Correlation Deduced from a Small Sample", Metron, Vol. 1, No. 4, 1921, pp.3~32.
"On the Mathematical Foundations of Theoretical Statistics(1922)", in W. A. Shewhart(ed.), Contributions to Mathematical Statistics, New York: John Wiley & Sons, 1950, No.10, pp.308~368.
"Statistical Methods and Scientific inference", New York: Hafner, 1956.

- **우도**(Likelihood) (전영삼, 고려대학교 강사, '주 84)' 참조) Fisher에 따르면, "임의의 가설 H가 참이라는 가정하에서, 실제로 주어진 표본의 결과 E가 나타날 정도, 즉, 결과 E가 나온 경우 그러한 결과가 나올 수 있는 여러 가능한 가설들을 평가할 수 있는 측도"

- **우도의 개념** (블로그, '주 84)' 참조) "우도의 개념을 최대한 단순하게(물론 문제가 있겠지만) 정의하면 확률과 정확하게 대칭되는 개념이다. 확률은 모비율이 특정되어 있고 불변인 상태에서 관찰된 값이 나오는 반면(동전을 던질 때 앞면이 나올 확률은 일반적으로 1/2이며 그것을 바탕으로 특정 관찰이 나올 확률을 계산한다), 우도의 개념은 역으로 관찰치는 고정되어 있고, 그것이 가장 잘 나오는 모수 값을 찾아 나간다. 이를 2차원 그래프로 나타내면 확률분포곡선에서 특정한 포인트를 찍어 확률을 계산하는 확률과는 정반대로, 우도의 개념은 특정한 관찰 값이 이미 주어져 있는 상태에서 확률분포곡선 자체를 움직이며 그 관찰 값이 가장 잘 나오는 위치를 찾는다.

상기 첫 번째 예는 전문 용어를 써 바로 이해하기 어렵지만, '주 84)' 자료를 직접 찾으면 본문에 사례를 통한 깊이 있는 설명이 포함돼 있어 필요한 독자는 그를 참조하기 바란다. 두 번째 설명은 쉬운 말로 표현하고 있어 상대적으로 이해하기 편하다. 이를 좀 더 풀어보자. '기초 통계' 학습에 늘 접하던 다음의 '이항 분포'를 떠올리자.

$$P(X=x) = \frac{n!}{x!(n-x)!} p^x (1-p)^{n-x} \tag{Ⅲ.11}$$

통상 '확률 개념'은 식 (Ⅲ.11)의 '모수(Parameter)'인 '$p$'가 알려진 상태에서 해당 "모집단으로부터 '$n$개'를 표본 추출할 때 정해진 사건의 'x개'가 나올 확률"을 구한다. 예를 들어 주머니 속에 빨간 공과 파란 공이 들어 있을

---

84) <자료> http://www.aistudy.com/paper/pdf/fisher_jeon.pdf, 전영삼(고려대학교 강사), "피셔의 우도와 카르납의 확증도."
(Blog) http://stats4you-textcube.blogspot.kr/. "우도의 개념과 최대 우도 추정법."

때 과거의 무수한 경험으로부터 빨간 공이 나올 확률이 '0.4'였다면 이때 식 (Ⅲ.11)의 'p=0.4'로 고정된다. 이 상태에서 현재 '25개($n$)'의 공을 추출했을 때 그 속에서 빨간 공이 '7개($x$)' 나올 확률을 구하려면 식 (Ⅲ.11)에 각각의 수들을 대입해 확률을 얻는다. 그러나 '우도 개념'은 거꾸로 이미 프로세스로부터 표본들을 얻어놓은 상태에서 그 상태가 가장 잘 나오게 할 수 있는 '모수($p$)'가 무엇인지 찾아주는 접근이다. 이 시점에서 '우도'의 정의를 상기하면 (주 84) "결과 E가 나온 경우 그러한 결과가 나올 수 있는 여러 가능한 가설들을 평가할 수 있는 측도"라고 한 바 있다. "여러 가능한 가설들을 평가할 측도"가 되려면 '베르누이 분포' 경우 다음 식 (Ⅲ.12)와 같은 '우도 함수'의 표현이 가장 적합하다. 예를 들어, '이항 분포'는 '$n$개 중 $x$개가 나올 확률'에 쓰인다. 반면, 분석 중인 [표 Ⅲ-7]의 '원 자료'는 '$x$' 하나에 '$y$'가 '1 또는 0'의 형태로 반복되는 자료이므로 '베르누이 시행'에 해당하고, 이때 '우도 함수'는 '베르누이 분포'에 다음과 같이 'Σ'가 추가된다.

$$L(p) = \sum p_i^{y_i}(1-p_i)^{n-y_i} \tag{Ⅲ.12}$$

'합(Σ)'의 표기는 "발생 가능한 사건 모두를 고려"한 처치이다(합쳤다는 의미의 '결합 확률 함수'와 유사). 앞서 설명을 빌리면 개념적으로 이 함수를 적절히 움직여 특정한 '확률'을 설명할 '모수'들을 찾을 수 있다. '합(Σ)'을 제외하면 식 (Ⅲ.11)과 유사하다. 물론 '베르누이 분포'가 아닌 다른 분포가 쓰여야 할 상황이면 그에 맞는 분포들이 "여러 가능한 가설들을 평가할 측도"로 이용된다. 이 때문에 위키피디아 등에서 '우도'를 '우도 함수'와 혼용하는 것으로 보인다. 다음 [표 Ⅲ-9]는 주변에서 쉽게 접하는 '분포 함수'와 그들의 '우도 함수'를 대응시켜 정리한 예이다. '우도 함수'엔 공통으로 '분포 함수'에 'Σ'가 추가돼 있다.

[표 Ⅲ-9] '분포 함수'와 그에 대응하는 '우도 함수/로그 우도 함수' 예

| 분포 함수 | | 우도 함수/로그 우도 함수 | |
|---|---|---|---|
| 지수분포 | $f(y) = \lambda\exp(-\lambda y),\ y \geq 0$ | 우도 | $L(\lambda) = \lambda^n\exp(-\lambda\sum_{i=1}^{n}y_i)$ |
| | | 로그우도 | $\ln L(\lambda) = n \times \ln\lambda - \lambda\sum_{i=1}^{n}y_i$ |
| 정규 분포 | $f(y) = \dfrac{1}{\sqrt{2\pi}\sigma}\exp(-\dfrac{(y_i-\mu)^2}{2\sigma^2})$ | 우도 | $L(\mu,\sigma^2) = \dfrac{1}{\sqrt{2\pi\sigma^2}}\exp(-\sum_{i=1}^{n}\dfrac{(y_i-\mu)^2}{2\sigma^2})$ |
| | | 로그우도 | $\ln L(\mu,\sigma^2) = -\dfrac{n}{2}(\ln(2\pi)+\ln\sigma^2) - \dfrac{1}{2\sigma^2}\sum_{i=1}^{n}(y_i-\mu)^2$ |
| 균등분포 | $f(y) = \dfrac{1}{b-a},\ a \leq y \leq b,$ <br> $\quad\quad 0,\quad\quad$ 그 외 | 우도 | $L(\theta) = (\dfrac{1}{\theta})^n,\ 0 < y_i < \theta$ |
| | | 로그우도 | $\ln L(\theta) = -n \times \ln\theta$ |
| 베르누이 분포 | $f(y) = p^y(1-p)^{1-y}$ | 우도 | $L(p) = \sum p_i^{y_i}(1-p_i)^{(1-y_i)}$ |
| | | 로그우도 | $\ln L(p) = \sum_{i=1}^{n}[y_i\ln p_i + (1-y_i)\ln(1-p_i)]$ |
| 로지스틱회 귀모형 | $\ln\dfrac{p}{1-p} = \alpha x + \beta$ | 로그우도 | 베르누이 분포의 '로그 우도' 내 '$p_i$'에 식 (Ⅲ.6)인 다음을 대입($p_i$는 $x_i$와 $\alpha$, $\beta$에 의존). 즉, '$p_i = \dfrac{e^{\alpha x_i + \beta}}{1+e^{\alpha x_i + \beta}}$ 또는 $\dfrac{1}{1+e^{-(\alpha x_i + \beta)}}$'를 대입 |

[표 Ⅲ-9]에서 '분포 함수'는 '$f(y)$'지만 '우도 함수'는 'L(파라미터)', 즉 'y'가 아닌 '파라미터'로 표기됨에 주의한다. '우도'의 개념에 따라 '우도 함수'는 주어진 데이터를 가장 잘 설명하는 '모수(Parameter)'를 포함한 함수이기 때문에 '모수' 위주로 방정식이 꾸며진다. 통상 '우도 함수'는 곱의 형태로 구성돼 있어 향후 전개될 편미분 작업에 취약하다. 이에 '우도 함수'에 '로그(ln)'를 취해 덧셈으로 변경함으로써 계산 과정을 쉽게 하고 있다. 이를 '로그 우도 함수(Log Likelihood Function)'라 하며, 수학적 처리 후 나타난 결과는 '로그'를 붙이기 전과 동일하다는 것이 알려져 있다(둘 다 '단조 함수'이다).

현재 주어진 데이터가 있고, 적용할 분포 함수가 '이항 분포'라면 [표 Ⅲ-9]의 '베르누이 분포'의 '우도 함수'를 이용해 **현 데이터를 가장 잘 설명할 '모수(Parameter)'를 찾아야 하며, 이 작업은 편미분을 통해 이루어진다.** 이것은 「Be the Solver_확증적 자료 분석(CDA)」편의 '회귀 분석'에서 자세하게 다룬 '최소 제곱법(Method of Least Squares)'과 유사하다. '로그 우도 함수'를 편미분해서 주어진 데이터를 가장 잘 설명할 '모수'를 찾는 방법을 '최대 우도법(Maximum Likelihood Method)'이라고 하며, 이 과정을 통해 얻어진 '모수'를 '최대 우도 추정량(Maximum Likelihood Estimator)'이라고 한다. 보통 '최대 우도법'은 한 번의 계산으로 얻어지는 것이 아니라 'Iterative Re-Weighted Least Squares (IRWLS)'라고 불리는 알고리즘을 이용한 반복 과정을 통해 근사 해를 찾는다. 기본 개념은 미분에 기초하나 수작업으로 하기엔 제약이 따른다. 두 번 미분한 '이차 도함수'인 '$\frac{\partial^2 \ln L(\hat{\theta})}{\partial \theta^2}$'가 '최대 우도 추정량'에서 음수임을 보이면 그 시점이 극대 값(↗ ↘)으로 간주되는 원리를 이용한다(어렵다!).

  [표 Ⅲ-9]의 맨 끝 행에 '로지스틱 회귀 모형'과 그의 '로그 우도 함수'를 기입해놓았다. '로지스틱 회귀'는 'Y'가 'O, X (또는 1, 0)'을 근간으로 한 '베르누이 분포'를 따르고, 이때 분포 내 '$p_i$'가 '선형 모형'인 '$\alpha x_i + \beta$'와 연결돼야 하므로 앞서 소개한 식 (Ⅲ.6)을 대입해야 한다. 이 과정에서 식 (Ⅲ.6)의 '$\pi_i$'는 '$\alpha x_i + \beta$'로 대치된다. 기억을 되살리기 위해 조금 부연하면 '$\ln \frac{p_i}{1-p_i} = \alpha x_i + \beta$'에서 양변에 '$e$'를 취한 후 '$p_i$'에 대해 풀면 '$p_i = \frac{e^{\alpha x_i + \beta}}{1 + e^{\alpha x_i + \beta}}$'를 얻는다. 이 결과로부터 식 (Ⅲ.6)의 '$\pi_i$'는 '$\alpha x_i + \beta$'임을 알 수 있다. '베르누이 분포의 로그 우도'에 '$p_i = \frac{e^{\alpha x_i + \beta}}{1 + e^{\alpha x_i + \beta}}$'를 대입한 후 '$\alpha$'와 '$\beta$'에 대해 각각 편미분하고 '0'으로 놓으면 두 개의 방정식이 생긴다. 다음 이들로 '연립 방정

식'을 풀면 '최대 우도 추정량'인 각 '계수'들을 얻는다. 참고로 편미분 결과
는 다음 식 (III.13)과 같으며, 편미분 과정은 책 맨 뒤의 '부록'에 포함시켰으
니 관심 있는 독자는 참조하기 바란다.

$$\alpha\text{에 대해, } \sum_{i}^{n} x_i(y_i - p_i) = 0 \qquad\qquad (\text{III}.13)$$

$$\beta\text{에 대해, } \sum_{i}^{n}(y_i - p_i) = 0,$$

그러나 '계수'를 얻는 방법에 대해 미니탭 도움말을 보면 다음과 같은 내용
이 적혀 있어 원문 그대로 옮겨보았다(Ver. 14).

[그림 III – 28] 미니탭 '도움말'에 쓰인 '계수'를 얻기 위한 '최대 우도법'

**Coefficients**  With a binary response, the estimated coefficient for each predictor represents the change in the log of P(success)/P(failure) for every unit changed in the corresponding predictor while the other predictors are held constant.

To find the value of $\beta$ that maximizes $L(\beta)$, $L(\beta)$ is differentiated with respect to $\beta_0$ and $\beta_i$ and the resulting expressions are set to zero:

$$\sum_j(y_j - m_j\pi_j) = 0 \text{ and } \sum_j x_{ji}(y_j - m_j\pi_j) = 0$$

These expressions are nonlinear in $\beta_0$, $\beta_1$,...,$\beta_p$ and Minitab uses an iterative reweighted least squares method to obtain the estimates of the coefficients, which is equivalent to maximum likelihood estimation.

See [2] and [25] for more information on how weights are calculated for the logit link function.

[그림 III – 28]에 따르면 미니탭 결과인 [그림 III – 25]의 '③ 계수'에서 각
항의 계수(모수)들은 '최대 우도법'으로 얻어진 '최대 우도 추정량'에 해당한
다. '도움말'엔 편미분 후의 식 (III.13)과 동일한 방정식도 보인다. 하지만 '비
선형 관계(책 뒤의 '부록' 참조)'의 존재 등으로 '연립 방정식'을 해석할 수 없
어 올바른 계산을 위해서는 '최대 우도법'과 동일한 방식인 'IRWLS(Iterative
Re-Weighted Least Squares)' 법이 요구된다. 정확한 수학적 처리는 'Newton –
Raphson 알고리즘'이나 이 과정은 좀 복잡한 계산 과정이 반복적으로 이루어
지므로 통계 패키지에 의존하도록 하고 본문에서의 전개는 생략한다.

먼 거리를 돌아서 왔다. '로지스틱 회귀 모형'과 '우도 및 로그 우도 함수'에 대한 이해와 이를 이용한 '최대 우도법'을 통해 [그림 Ⅲ－25] 내 '③'의 '계수'를 얻었다. 이제 '[그림 Ⅲ－27]'에 있는 '회귀의 수정 분산=7.574'를 구해보자. 다음 [그림 Ⅲ－29]는 계산 과정을 엑셀로 표기한 개요도이다.

[그림 Ⅲ－29] '최대 우도법'을 통한 최종 '로그 우도' 구하기 개요도

로그 우도 '개별 기여' = $y_i \ln(p_i) + (1 - y_i)\ln(1 - y_i)$= H4 x LN(L4)+(1 - H4) x LN(1 - L4)

$$기대\ 확률(p_i) = \frac{1}{1+e^{-(-1.98717-1.19297흡연_i+0.02502무게_i)}}$$

=1/(1+EXP(-($I$4+$I$5×F4+$I$6×G4)))

=SUM(M4:M95)

'최대 우도법'으로 얻음/ 미니탭 결과 옮겨옴.

| | B | C | D | F | G | H | I | J | L | M | N |
|---|---|---|---|---|---|---|---|---|---|---|---|
| 2 | 원 자료 | | | 계산을 위한 코드화 | | | 계수 | | 기대(예측) 확률(p) | 개별 기여 | 로그 우도 |
| 3 | 흡연($X_1$) | 무게($X_2$) | 휴식기 맥박(Y) | 흡연 | 무게($X_2$) | 휴식기 맥박 | | | | | |
| 4 | 아니오 | 140 | 낮음 | 0 | 140 | 1 | -1.98717 | 상수 | 0.8198941 | -0.1985801 | -46.8198209 |
| 5 | 아니오 | 145 | 낮음 | 0 | 145 | 1 | -1.19297 | 흡연 | 0.8376342 | -0.1771737 | |
| 6 | 예 | 160 | 낮음 | 1 | 160 | 1 | 0.02502 | 무게 | 0.6948855 | -0.3640082 | |
| 7 | 예 | 190 | 낮음 | 1 | 190 | 1 | | | 0.8283047 | -0.1883741 | |
| 8 | 아니오 | 155 | 낮음 | 0 | 155 | 1 | | | 0.8688615 | -0.1405715 | |
| 9 | 아니오 | 165 | 낮음 | 0 | 165 | 1 | | | 0.8948370 | -0.1111137 | |
| 10 | 아니오 | 150 | 높음 | 0 | 150 | 0 | | | 0.8539383 | -1.9237263 | |
| 11 | 아니오 | 190 | 낮음 | 0 | 190 | 1 | | | 0.9408457 | -0.0609761 | |
| 12 | 아니오 | 195 | 낮음 | 0 | 195 | 1 | | | 0.9474361 | -0.0539958 | |
| 13 | 아니오 | 138 | 낮음 | 0 | 138 | 1 | | | 0.8123862 | -0.2077795 | |
| 14 | 예 | 160 | 높음 | 1 | 160 | 0 | | | 0.6948855 | -1.1870682 | |
| 15 | 아니오 | 155 | 낮음 | 0 | 155 | 1 | | | 0.8688615 | -0.1405715 | |
| 16 | 예 | 153 | 높음 | 1 | 153 | 0 | | | 0.6565416 | -1.0686892 | |
| 17 | [illegible] | 145 | 낮음 | 0 | 145 | [illegible] | | | 0.8376342 | -0.1771737 | |

복잡해 보인다. 그러나 정확한 내용 전달을 위해 마련한 개요도이니 다음 이어지는 설명을 찬찬히 정독해주기 바란다. [그림 Ⅲ－29]는 '로그 우도≅-46.81982'을 얻는 계산 과정이다. 먼저 'B, C, D' 열은 '원 자료'이고, 'F, H' 열은 수치 계산을 위해 '이진수 자료'를 '0, 1'로 전환한 예이다. 이때 '흡연'의 '기준 수준(Reference Level of the Factor)'은 '아니요(No)=0'이며, 'Y'의 '사건(Event Probability)'은 '낮음=1'로 설정돼 있으므로 계산 시 이를 따르도록 한다.

'I' 열의 '계수'는 '원 자료'를 미니탭으로 돌려 '최대 우도법'을 통해 얻은 결과이다. 위부터 각각 '상수', '흡연', '무게'의 계수이며, 이를 통해 '로지스틱 회귀 모형'인 다음 식 (Ⅲ.14)를 얻는다(자세한 내용은 '③ 계수' 참조).

$$\ln(\frac{p_i}{1-p_i}) = -1.987 - 1.193 \times 흡연_i + 0.025 \times 무게_i \qquad\qquad (Ⅲ.14)$$

'L' 열의 '기대(예측) 확률$(p_i)$'은 식 (Ⅲ.14)에 포함된 '$p_i$'를 추정한 값이며, 양변에 '$e$'를 취한 후 '$p_i$'에 대해 풀면 식 (Ⅲ.6)의 형태를 얻는다[즉, 다음 식 (Ⅲ.15)]. 본 과정에 맞게 식 (Ⅲ.14)를 '$p_i$'에 대해 고쳐 쓰면 다음 식 (Ⅲ.15)와 같다.

$$기대\,확률(p_i) = \frac{1}{1 + e^{-(-1.98717 - 1.19297흡연_i + 0.02502무게_i)}} \qquad\qquad (Ⅲ.15)$$

식 (Ⅲ.15)는 [표 Ⅲ-9]에 있는 '베르누이 분포'의 '로그 우도 함수' 중 '$p_i$'에 해당한다. '$p_i$'는 출처에 따라 '적합 값', '사건 확률', '기대 확률', '예측 확률' 등으로 불린다. 이 식을 이용해 [그림 Ⅲ-29]의 최종 '로그 우도' 중 첫 번째 값(엑셀 시트 'M4 셀')의 계산 예를 들면 다음과 같다.

$$
\begin{aligned}
(개별\,기여)로그우도 &= y_1\ln(p_1) + (1-y_1)\ln(1-p_1) \qquad\qquad (Ⅲ.16)\\
&= y_1\ln(\frac{1}{1+e^{-(-1.98717-1.1929흡연_i+0.02502무게_i)}}) + (1-y_1)\ln(1-\frac{1}{1+e^{-(-1.98717-1.1929흡연_i+0.02502무게_i)}})\\
&= 1\times\ln(\frac{1}{1+e^{-(-1.98717-1.1929\times0+0.02502\times140)}}) + (1-1)\ln(1-\frac{1}{1+e^{-(-1.98717-1.1929\times0+0.02502\times140)}})\\
&= -0.19858 + 0\\
&= -0.19858
\end{aligned}
$$

식 (Ⅲ.16)과 같이 '로그 우도'의 '개별 기여(Individual Contribution)'를 모

두 구한 뒤 합하면 [그림 Ⅲ-29]의 엑셀 시트 'N4 셀' 값이 되며, 이 값을 '로그 우도'라고 한다. 정리하면 **본 '로그 우도≅-46.81982'를 이용해 [그림 Ⅲ-27]인 '이탈도 표' 내 '수정 분산'들을 얻는다.** 이를 위해 '우도 비 검정 통계량'에 대한 이해가 필요하다. 다음을 보자.

"모든 계수들의 기울기가 0인지의 검정"은 '우도 비(Likelihood Ratio)'[85]를 통해 이루어진다. 이해를 돕기 위해 'X'와 'Y'가 모두 '연속 자료'인 '단순 회귀 모형'을 떠올리자. 두 변수를 가장 잘 설명하는 직선을 찾기 위해 '최소 제곱법(Method of Least Squares)'을 사용하며, 이것은 '잔차(Residual) 제곱'이 최소가 되도록 '계수'를 편미분해 얻는다(「Be the Solver_확증적 자료 분석(CDA)」편 참조). 이와 유사하게 '로지스틱 회귀 모형'에서는 '최소 제곱법 → 최대 우도법', '잔차 최소화 → 편차 최소화'의 대응 관계가 성립한다. '최대 우도법'은 '관측 값'과 '예측 값'들 간 '편차(Deviance)'의 최솟값을 찾을 때까지 알고리즘을 반복 계산하며, 미분 과정의 종료는 '편차'가 가장 작은 값에 도달했다는 뜻으로 해석한다. 이때 '편차'를 나타내는 '-2Log Likelihood(로그 우도)' 값을 최종으로 제시한다. 이 값을 Cohen et al.(2003[86])과 Pedazur[87]은 '-2LL'로, Hosmer and Lemeshow(1989)[88]는 'D' 등으로 불렀다. '가설 검정'에서의 '카이 제곱 값(Chi-square Value)'과 같다고 보면 틀림없다. '-2LL'은 주로 두 가지 용도로 쓰이는데, 하나는 ⅰ) '로지스틱 회귀 모형' 내 '각 계수

---

85) '우도 비'는 모형 구축 과정에서 현 모형의 '로그 우도'와 전 단계 모형의 '로그 우도' 간 차이를 구하는 검정, 개별 계수의 유의성 여부를 확인하는 검정 및 모든 계수가 '0'인지 여부를 확인하는 검정 등에 이용된다.

86) Cohen J, Cohen P, Aiken L, & West S.(2003), Applied Multiple Regression/Correlation Analysis for the Behavioral Sciences. 3rd ed. Hillsdale NJ: Lawrence Erlbaum.

87) Pedazur, E. J.(1977), Multiple Regression in behavioral research: Explanation and prediction, third edition. U.S.A.: Thomson Learning.

88) Applied logistic regression. D. W. Hosmer and S. Lemeshow, Wiley, New York, 1989.

들의 유의성 검정', 다른 하나는 ii) '모든 계수들이 0인지 여부'를 판단하는 검정이다. 'i )'은 '독립 변수(Predictors)'가 모두 포함된 모형(완전 모형, Full Model)과 모두 포함되지 않은 모형(축소 모형, Reduced Model)을 비교할 때 쓰이며, 이때 다음의 '우도 비 검정 통계량(LRS, Likelihood Ratio Test Statistics)'을 산정한다.

$$LRS = -2\ln\left(\frac{L_{축소모형}}{L_{완전모형}}\right) = -2\left[\ln(L_{축소모형}) - \ln(L_{완전모형})\right], \text{ 또는} \qquad (\text{III}.17)$$
$$= -2(LL_{축소모형} - LL_{완전모형})$$

식 (III.17)에서 '자연 로그'를 취한 값은 '음수'이기 때문에 '−2'를 곱함으로써 근사적으로 '카이 제곱 분포'를 따르게 만든다. '회귀 모형'에 모든 '항'들을 모함시킨 모형을 '완전 모형(Full Model)'이라 하고, 이와 달리 영향력이 있는 '계수'인지 여부를 판단하기 위해 그 '계수'가 포함된 '항'을 제외하고 '로그 우도'를 구한 것을 '축소 모형(Reduced Model)'이라고 한다. '완전 모형'과 '축소 모형'의 결과인 '편차(Deviance, −2LL)나 우도(L) 또는 로그 우도(LL)'를 비교함으로써 관심 있는 '계수'의 존재 의미, 즉 '유의성 여부'를 판독한다. 자세한 개념과 산식들에 대해서는 미니탭 '도움말'[89]에 잘 설명돼 있으니 그를 참조하기 바란다.

또 하나의 용도 'ii )'는 식 (III.17)의 확장이며, 'i )'이 개별 '항'에 대한 유의성 검정인 반면 이 접근은 모형 전체의 '적합도(Goodness−of−fit)'를 판단하는 데 쓰인다. 이를 위해 전체 '계수'를 빼버린 '상수만이 존재하는 모형(Null Model)'과 '완전 모형(Full Model)'을 비교함으로써 '계수 전체가 0인지 여부', 다른 말로 '모형의 적합성 여부'를 검정한다. 이 접근은 '단순 선형 모

---

89) 미니탭 「통계 분석(S) > 회귀 분석(R) > 이항 로지스틱 회귀 분석(L) > 적합 이항 로지스틱 모형(F)…」의 '대화 상자' 내 「도움말 > 참고 항목」 참조

형'에서 함수에 '독립 변수'를 추가할 때 'R²'의 변화를 관찰하는 것과 유사하다.[90] '독립 변수'가 모두 포함된 '−2LL완전모형'과 '상수'만 포함된 '−2LLNull'과의 차를 'G'로 표기하며, 여러 자료에서 쓰이는 일반적인 표현을 모두 모으면 다음과 같다.

$$\text{수정 분산} = G(\text{or } G^2) = \chi^2 = D_{Null} - D_{완전모형} = -2LL_{Null} - (-2LL_{완전모형}) \\ = -2[\ln(L_{Null}) - \ln(L_{완전모형})] \\ = -2\ln(\frac{L_{Null}}{L_{완전모형}})$$

(Ⅲ.18)

예를 들어, [그림 Ⅲ−29]에서 얻은 '로그 우도≅−46.81982'는 관련된 모든 '계수'를 포함시켜 얻은 결과(완전 모형)이며, 이때 만일 "모든 기울기가 0인지 검정"의 경우라면 식 (Ⅲ.18)과 같이 '완전 모형'과 '상수'만 포함된 'Null 모형(즉, 모든 계수들을 제외시킴)'의 '편차(D, −2LL)' 또는 '로그 우도(LL)' 값을 비교한다. 식 (Ⅲ.18)은 만일 '완전 모형'에서 얻은 최종의 'L완전모형' 대비 '상수'만 포함된 'LNull'의 비가 '1'에 근접, 즉 'ln(1)=0'에 가까워지면, "모든 기울기가 0"이라는 결론에 이른다.

이제 처음으로 돌아와 [그림 Ⅲ−27]의 '이탈도 표'에서 '회귀의 수정 분산'을 구해보자. 목적은 '회귀 모형'에 포함된 계수들이 "유의한지 검정"하는 것이다. 이를 위해 '회귀의 수정 분산=7.574'와 'p−값=0.023'을 구해야 한다. 우선 '로그 우도완전모형(or L완전모형)'은 [그림 Ⅲ−29]를 통해 '약 −46.81982'임을 알고 있다. '수정 분산'을 얻기 위해서는 '로그 우도Null(L_{Null})'을 얻어야 하며 이것은 모든 '계수'가 미반영 상태(또는 상수만 존재할 때)의 값이다. '미니탭

---

90) http://www.upa.pdx.edu/IOA/newsom/da2/ho_logistic.pdf

Ver 14'까지는 계산 값을 제공했는데 최신 버전들에선 찾아볼 수 없어 불편하지만 직접 계산이 필요하다. 다음 식 (Ⅲ.19)와 같다([그림 Ⅲ-29]와 과정이 유사하나 '계수'가 없으므로 다음의 식을 사용함).

$$L_{Null} = \sum_{i=1}^{n}(y_i)\ln\left(\frac{\sum_{i=1}^{n}(y_i)}{92}\right) + \sum_{i=1}^{n}(1-y_i)\ln\left(\frac{\sum_{i=1}^{n}(1-y_i)}{92}\right) \tag{Ⅲ.19}$$
$$= 70 \times \ln\left(\frac{70}{92}\right) + 22 \times \ln\left(\frac{22}{92}\right)$$
$$= -50.6069$$

식 (Ⅲ.19)의 '$L_{Null}$'은 '상수'만 포함됐을 때의 '로그 우도'로, '수정 분산(또는 G 통계량)'을 얻기 위해 식 (Ⅲ.18)에 대입한다. 산정 과정 및 결과는 다음과 같다.

$$회귀의\ 수정\ 분산_{회귀} = -2\ln\left(\frac{L_{Null}}{L_{완전모형}}\right) \tag{Ⅲ.20}$$
$$= -2 \times (\ln L_{Null} - \ln L_{완전모형})$$
$$= -2 \times \{-50.6069 - (-46.81982)\}$$
$$\cong 7.574$$

식 (Ⅲ.20)의 '자유도' 산정은 '완전 모형'의 '계수들 수 총 2개'에서 'Null 모형'의 '계수들 수 총 0개'를 뺀, 즉 '자유도=2-0=2'이다. 'p-값'을 계산하기 위해 미니탭 「계산(C) > 확률 분포(D) > 카이 제곱 분포(C)…」로 들어가 다음 [그림 Ⅲ-30]과 같이 입력한다.

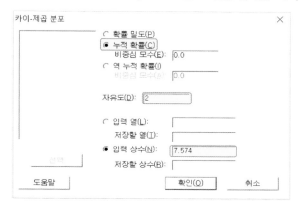

[그림 Ⅲ-30]에서 '수정 분산(또는 G 통계량)=7.574'에 대한 확률 값(카이 제곱 분포의 왼쪽 넓이)은 '0.977337'이고, 이때 'p-값'은 오른쪽 확률(넓이) 이므로 '1'에서 뺀 결과인 '약 0.023'을 얻었다. 이 값은 [그림 Ⅲ-27]의 '세션 창' 결과와 정확히 일치한다. 본 검정에 대한 '가설'은

- 귀무가설: 예측 계수와 연관된 모든 계수는 0이다.
- 대립가설: 예측 계수와 연관된 모든 계수는 0이 아니다.

이며, 따라서 "유의 수준 5%에서 p-값이 0.023이므로 대립가설 채택, 즉 계수들 중 적어도 하나 이상은 '0'이 아니다"라고 판단한다. 다음 [그림 Ⅲ-31]은 지금까지의 본문 정리와 추가 고려 사항을 보여준다.

[그림 Ⅲ-31] '수정 분산'을 이용한 '유의성 검정' 및 추가 검정 사항

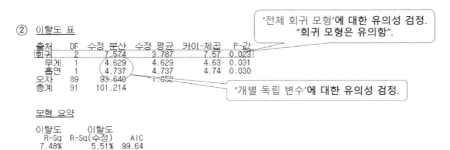

② 이탈도 표

'전체 회귀 모형'에 대한 유의성 검정.
"회귀 모형은 유의함".

| 출처 | DF | 수정 분산 | 수정 평균 | 카이-제곱 | P-값 |
|------|-----|----------|----------|----------|------|
| 회귀 | 2 | 7.574 | 3.787 | 7.57 | 0.023 |
| 무게 | 1 | 4.629 | 4.629 | 4.63 | 0.031 |
| 흡연 | 1 | 4.737 | 4.737 | 4.74 | 0.030 |
| 오차 | 89 | 93.640 | 1.052 | | |
| 총계 | 91 | 101.214 | | | |

'개별 독립 변수'에 대한 유의성 검정.

모형 요약

| 이탈도 R-Sq | 이탈도 R-Sq(수정) | AIC |
|------------|----------------|-----|
| 7.48% | 5.51% | 99.64 |

[그림 Ⅲ-31]에서 '전체 회귀 모형'에 대한 '유의성 검정'은 [그림 Ⅲ-30]을 통해 "유의함"으로 판명되었다. 남은 항목은 '무게'와 '흡연'의 계수들 역시 모형에 포함시킬 정도의 '의미가 있는지'를 판단해야 한다. 이 과정은 지금까지 과정의 정확한 반복이다. 다음의 순서로 진행된다.

1) 예로써 '무게'에 대해, [그림 Ⅲ-24]의 미니탭 '대화 상자'에서 '흡연'을 빼고 모형을 얻는다.
2) 모형에 포함된 '계수'들을 이용해 [그림 Ⅲ-29]의 '로그 우드'를 구한다. '흡연'이 빠졌으므로 '축소 모형'에 해당한다.
3) 식 (Ⅲ.20)을 이용해 '수정분산_무게'를 얻는다. 이 값은 [그림 Ⅲ-31]에서 '무게'의 '수정 분산'에 해당한다.
4) '수정 분산'과 '카이 제곱 통계량'은 같으며, 따라서 '카이 제곱 분포'를 이용해 'p-값'을 구한다.
5) '무게'의 계수에 대한 '유의성 검정'을 수행한다. [그림 Ⅲ-31]에서 'p-값=0.031'이므로 '유의 수준=0.05' 기준에서 "유의함"으로 판정한다.
6) '무게' 변수를 빼고 동일한 과정으로 수행한 뒤 '흡연'에 대해 검정을 수행한다.

끝으로 [그림 Ⅲ-31]에 포함된 '모형 요약'을 보자. '무게'와 '흡연'이 '이항 로지스틱 회귀 모형'에서 'Y(휴식기 맥박)'에 영향력을 행사하므로 의미는 있지만 '설명력'이 어느 정도 되는지에 대해선 아직 모른다. '설명력'이란 "무게와 흡연 값이 정해졌을 때 모형 식에 의해 출력되는 Y값(적합 값)이 실제 관측치를 얼마나 잘 설명하는지의 정도"이다. 다음은 산정식이다.

$$\bigcirc \text{이탈도}\ R^2 = \big[1 - (\text{수정분산}_{오차}/\text{수정분산}_{총계})\big] \times 100 \qquad (\text{Ⅲ.21})$$
$$= \big[1 - (93.64/101.214)\big] \times 100$$
$$\cong 7.48\%$$

$$\bigcirc \text{이탈도}\ R^2(\text{수정}) = \big[\text{이탈도}\ R^2 - (\text{회귀 자유도}/\text{수정분산}_{총계})\big] \times 100$$
$$= \big[0.0748 - (2/101.214)\big] \times 100$$
$$\cong 5.504\%$$

$$\bigcirc AIC = 2 \times \big[(\text{회귀 자유도} + 1) - \text{현재 모형의 로그우도}\big]$$
$$= 2 \times \big[(2+1) - (-46.81982)\big]$$
$$\cong 99.64$$

식 (Ⅲ.21)은 '분산 분석(ANOVA)'을 먼저 학습한 독자는 쉽게 이해할 수 있는 값들이다. '이탈도 $R^2$'은 '수정 분산'의 의미를 우리에게 익숙한 '분산(Variance)'의 개념에 대응시킬 수 있다. 즉, '독립(또는 예측) 변수'의 '수준'이 변할 때 'Y값'을 얼마나 흔들어대느냐의 개념이다. 많이 흔들수록 영향력이 큰 변수다. 따라서 'Y'에 적은 영향을 주는 '독립(또는 예측) 변수'라도 모형에 추가하면 '이탈도 $R^2$'은 항상 증가한다. '이 모형을 통해 전체 흔들린 양 대비 변수에 의해 흔들린 양의 비'는 곧 모형이 실제 관측치를 얼마나 잘 설명하느냐의 척도가 된다('이탈도 $R^2$' 계산 과정 참조). '이탈도 $R^2$=100%'면 "모형이 실제 관측치를 정확하게 예측한다"이다. 또 '이탈도 $R^2$(수정)'은 '이탈도 $R^2$'이 변수를 추가할 때마다 항상 증가하므로 변수 추가 전·후의 모형 설명 정도를 직접 비교하기 어렵다. 이때 식 (Ⅲ.21)에서 '이탈도 $R^2$(수정)' 식을 보면, 변수 수가 가감될 때 함께 변동하는 '회귀 자유도' 분량을 빼줌으로써 변수 수에 민감한 '이탈도 $R^2$'을 안정화시키는 기능을 갖는다. 따라서 '독립(또는 예측) 변수 수'가 서로 다른 모형들 간 설명력을 비교하는 용도에 적합하다. '이탈도 $R^2$'과 '이탈도 $R^2$(수정)' 둘 모두 '100%'에 근접할수록 모형은 긍정적이라고 평가한다.

끝으로 'AIC(Akaike Information Criterion)'는 식 (Ⅲ.21)의 'AIC' 산식에 '로그 우도'가 포함돼 있다. '로그 우도'는 식 (Ⅲ.16)에 설명된 바와 같이 한 모형 전체를 나타내는 척도이므로 만일 '원 자료'를 해석할 수 있는 여러 가능한 모형들이 있다면 그들 중 가장 적합한 모형을 선택할 때 유용하다. 여러 모형들 중 'AIC'가 가장 작은 값의 모형이 적합도가 가장 높다고 판단한다. 앞서 '이탈도 $R^2$'과 '이탈도 $R^2$(수정)'들을 포함한 이들 세 개 값들은 독립적으로 활용되기보다 앞으로 설명할 '적합도 검정' 및 '잔차 그림'과 함께 종합적으로 해석한 뒤 최종 결론을 내리는 데 이용한다.

식 (Ⅲ.21)을 통해 마련한 현재의 '이항 로지스틱 회귀 모형'은 설명력이 상당히 떨어지는 것으로 보인다. 그러나 현업에서 수집한 '이진수 자료'의 모형 정립 시 자주 접하는 상황이므로 모형 시도 자체는 유용한 접근으로 보되, 활용에 있어서는 별도의 고민과 판단이 필요하다.


### ③ 계수

'계수'들에 대해서는 이미 식 (Ⅲ.14)에서 언급한 바 있다. 원활한 진행을 위해 [그림 Ⅲ-25]의 '세션 창' 내용들 중 '③ 계수'들로 이루어진 모형 식을 다음에 다시 기술하였다.

$$\ln(\frac{p_{낮음}}{1-p_{낮음}}) = -1.987 - 1.193 \times 흡연_{예=1} + 0.025 \times 무게 \qquad (Ⅲ.22)$$

식 (Ⅲ.22)에 '$p_{낮음}$'은 '①'에서 설명한 바와 같이 '$p$'가, '사건'으로 지정된 맥박이 '낮음(Low)의 발생 확률'임을 나타낸다. 또 '흡연$_{예=1}$'은 현 '독립 변수'의 '계수'가 '흡연자'로부터 유래된 것임을 알리기 위해 밑 첨자 '예'를 붙였다. 만일 '예'를 '기준 수준'으로 정하는 것이 해석에 유리하다고 판단되면(즉, '흡연$_{아니요=1}$'에 대한 '계수'를 얻고 싶으면) 다음 [그림 Ⅲ - 32]와 같이 입력함으로써 '기준 수준'을 변경한다.

[그림 Ⅲ - 32] '흡연'의 '기준 수준' 변경하기

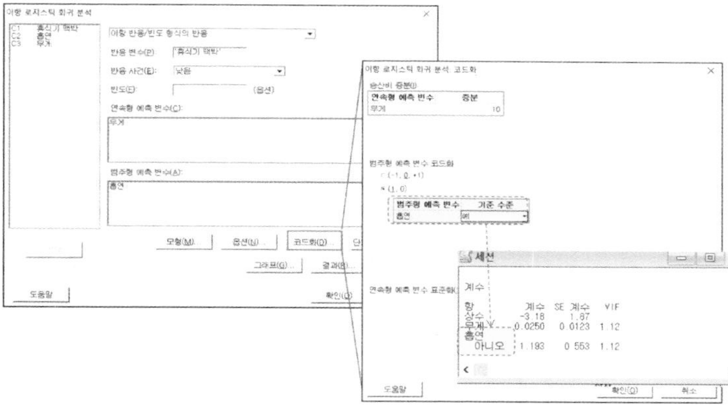

[그림 Ⅲ - 32]와 같이 '코드화(D)...'로 들어가 '대화 상자' 항목들 중 '기준 수준'을 '흡연 "예"'로 선택한다. '세션 창' 결과는 이전의 '흡연 예'가 '흡연 아니요'로 출력된다. '이진수 자료' 경우 그 대상이 'Y'든 'X'든 해석 시 공통적으로 '기준'이 필요하며, 본 '이항 로지스틱 회귀 분석' 경우 'Y'는 '사건(Event Probability)', 'X'는 '기준 수준(Reference Level of the Factor)'으로 분류돼 필요에 따라 선택한다. 식 (Ⅲ.22)에서 '흡연'의 범주(예, 아니요)에 따라 회귀 모형을 마련하면 다음과 같다.

$$\text{흡연} - \text{예}(1) : \ln\left(\frac{p_\text{낮음}}{1 - p_\text{낮음}}\right) = -1.987 - 1.193 \times 1 + 0.025 \times \text{무게} \qquad (\text{III}.23)$$
$$= -3.180 + 0.025 \times \text{무게}$$

$$\text{흡연} - \text{아니요}(0) : \ln\left(\frac{p_\text{낮음}}{1 - p_\text{낮음}}\right) = -1.987 - 1.193 \times 0 + 0.025 \times \text{무게}$$
$$= -1.987 + 0.025 \times \text{무게}$$

'회귀 모형' 자체에 대한 통계 해석은 [그림 Ⅲ−31]에서 '무게'와 '흡연'의 'p−값'이 각각 '0.031'과 '0.030'으로 두 '계수' 모두 '유의 수준=5%'에서 '0'이 아니라고 판단했다. '계수'가 '0'이 아니므로 식 (Ⅲ.22)는 그 자체로 의미를 갖는다. 만일 '계수'들 중 하나라도 유의하지 않으면 그 항은 오차에 '병합(Pooling)', 즉 모형에서 제외한다.

'계수'에 대한 해석도 중요하다. '다중 회귀 분석' 때와 마찬가지로 특정한 '독립 변수'의 '계수'에 대한 해석은 다른 모든 '독립 변수'들을 '상수'로 가정한다. 현재 '흡연'의 '계수'는 '−1.193'이다. '계수'란 '독립 변수'가 한 단위 증가할 때 '종속 변수'의 변화량을 나타낸다. '흡연' 변수의 경우 '예'와 '아니요' 두 수준만 존재하므로 '독립 변수'의 '한 단위 증가'는 결국 '아니요 → 예(현 '기준 수준'이 '아니요'로 설정돼 있음)'로의 변화 시 '종속 변수'의 변화를 야기한다. 식 (Ⅲ.22)를 참조할 때, 변수 '흡연'이 '아니요'에서 '예'로 바뀌면 '종속 변수'인 '$\ln\left(\frac{p_\text{낮음}}{1 - p_\text{낮음}}\right)$'은 '1.193'만큼 감소한다('음수'이므로). 이때 '로그 값'이 감소하려면 분자인 '$p_\text{낮음}$'이 감소하거나 분모인 '$1 - p_\text{낮음} = p_\text{높음}$'이 증가해야 한다. 즉, '휴식기 맥박이 높은 확률'인 '$p_\text{높음}$'의 증가를 야기한다. 혹 위의 설명을 아무리 읽어도 머릿속 상황이 복잡하게 얽인 실타래처럼 납득하기 어려운 독자가 있다면 바로 이런 확률 해석 때문에 '로지스틱 분석'을 꺼리는 이유가 생기는 것이다. 그렇다면 이 기회에 실타래 완전 풀어보자고 끈기 있게 달려들어 보는 것은 어떤가! 쉬운 예로 풀어보자. 현재 피실험자들 중 한 명을 뽑았다고 가정하자. 만일 이 사람이 비흡연자(아니요)이고 '휴식기 맥박'이 '분당 100회'라면, 계수 '−1.193' 중 '음수'의 의미는 이 선택된 사람이 '흡연자(예)'가 되면 '휴식기 맥박'이 현재의 '분당 100회'보다 빨라진다(고혈압으로 갈 확률이 높아진다)고 해석한다. 이래도 와 닿지 않으면 책 덮고 다음에 다시 보자.(^^!) 글이 길어지면 오히려 부작용도 커질 수 있으므로 요 정도에서 줄인다.

'독립 변수'인 '무게'도 유사한 해석이 가능한데 변수 '흡연'이 고정됐다고 가정할 때, 현재의 '계수=0.025'는 '무게'가 '1단위' 증가할 경우 '$\ln(\frac{p_{낮음}}{1-p_{낮음}})$'은 '0.025'만큼의 매우 작은 증가를 보인다. 과연 이만큼의 증가가 의미 있는지의 판단은 다음 '승산 비'의 설명에서 보충하도록 하겠다.

가끔 제조업에 속한 피교육자로부터 제조 사례를 들어줄 수 없겠느냐는 질문을 받곤 한다. 물론 서비스 부문의 교육 중에는 반대로 본인들 업에 맞는 사례를 요구한다. 그러나 굳이 분야의 사례를 일일이 들춰내 장황한 설명을 늘어놓을 필요가 없다. 간단히 '용어의 치환 법칙'만으로도 대부분의 요구를 충족시켜 줄 수 있기 때문이다. 예를 들어 휴식기 맥박이 낮을 '확률($p_{낮음}$)'은 '불량이 발생할 확률($p_{불량}$)'이나 '오류가 발생할 확률($p_{오류}$)'로, 휴식기 맥박이 높을 '확률($p_{높음}$)'은 '양품이 발생할 확률($p_{양품}$)'이나 '정상이 발생할 확률($p_{정상}$)'로 대체한다. 만일 맥박 사례와 모든 수치가 동일하고 단지 확률 '$p_{낮음}$'이 '불량이 발생할 확률($p_{불량}$)'로 대체된 설정에서 독립 변수 '$x_1$의 계수'가 '−1.193'인 경우, '$x_1$'이 한 단위 증가할 때 '$\ln(\frac{p_{불량}}{1-p_{불량}})$'은 줄어든다는 의미이며, 다시 이것은 역으로 '양품이 발생할 확률($p_{양품}$)'의 증가로 해석할 수 있다.

이어서 [그림 Ⅲ−25]의 '로지스틱 회귀 분석 표'에 기록된 **승산 비(Odds Ratio)**'에 대해 알아보자. '승산 비'는 이미 '식 (Ⅲ.7)~식 (Ⅲ.10)'에서 자세히 다룬 바 있다. 대형 서점에서 관련 서적을 찾아보면 '승산 비'에 대한 통계학적 배경과 그 쓰임에 대해 다양한 해석을 달아놓았으나 통계론적 전개를 너무 따른 나머지 본업이 다른 기업인에겐 접근성이 떨어지는 단점이 있다. 따라서 본문은 이론적 해석보다 사용될 수밖에 없는 당위적 입장에서 '승산비'를 논해보고자 한다.

우선 첫째로, 앞서 설명했던 식 (III.2)~(III.7)은 '독립 변수'가 '$-\infty \sim +\infty$'의 범위를 갖는 상황에서 '종속 변수'가 '$0 \sim 1$'의 한계를 갖는 '확률'과 연결 (Link)시키기 위해 적절한 조작과 일련의 과정이 필요했음을 역설하였다. 이 과정에 '승산(Odds)'이라 명명된 '$\frac{p}{1-p}$'의 탄생은 불가피하였다. 둘째로, 식 (III.7) 또는 식 (III.22)에서 '종속 변수'가 이미 '승산'의 형태로 존재하고 있어 '로지스틱 회귀 모형'은 1차적으로 '승산'을 먼저 해석하고 이어 필요에 따라 개별 '확률'을 얻는 수순을 밟을 수밖에 없다. 예를 들어 '특정 사건의 발생 확률(p)'이 '0.75'일 경우 '승산$(Odds) = \frac{p}{1-p} = \frac{0.75}{1-0.75} = 3$'이 되며, 이것은 만일 '확률(p)'이 '불량 발생 확률'이면 양품이 '1개' 나올 때마다 불량은 '3개' 나오는 상황이다(분모인 '$1-p$'는 '양품 확률'임). 이때 '승산'과 '확률'엔 다음의 관계가 성립한다.

$$확률(p) = \frac{승산(Odds)}{1+승산(Odds)} \tag{III.24}$$

셋째, 앞의 '첫째'와 '둘째' 내용을 기반으로 '식 (III.7)~식 (III.10)'과 같이 '로지스틱 회귀 모형'으로부터 유도된 '$e^{\alpha}$'는 두 '승산의 비율'을 나타내고 있어 '승산 비(Odds Ratio)'의 탄생을 예고한다[식 (III.9), (III.10) 참조]. 즉 '독립 변수$(x)$'의 '1단위' 증가 시 그 전과 후의 '승산 비'를 알게 됨으로써 '종속 변수$(y)$'의 변화 정도를 파악할 정보로 이용된다. 다음은 이해를 돕기 위해 식 (III.9)와 (III.10)을 요약해 옮겨놓은 것이다.

$$\frac{(\frac{p_i}{1-p_i})_{x_i+1}}{(\frac{p_i}{1-p_i})_{x_i}} = \frac{(e^{\alpha(x_i+1)})e^\beta}{(e^{\alpha x_i})e^\beta} = \frac{e^{\alpha x_i}e^\alpha}{e^{\alpha x_i}} = e^\alpha \tag{III.25}$$

만일 '승산 비=1'이면 'x'의 '1단위' 증가 여부와 관계없이 전과 후의 '승산 (Odds)'이 동일하다는 것이고 이는 곧 둘 간의 '독립성(즉, 서로 간 관련이 없다는 뜻)'을 의미하며, 두 집단 비교 시 '기준점'으로 작용한다. 만일 '승산 비 =1보다 큰 양의 값'으로 증가하면 '$x$'의 '1단위' 증가 시 식 (III.25)의 분자인 '승산$_{x+1}$'도 커진다는 뜻이고, 이것은 곧 확률 '$p_i$의 증가'가 기대된다. 또 거꾸로 '승산 비=1보다 작은 양의 값'으로 감소하면 '$x$'의 '1단위' 증가 시 식 (III.25)의 분자인 '승산$_{x+1}$'이 감소한다는 뜻이고, 이것은 곧 확률 '$p_i$의 감소' 가 기대된다. 미니탭 결과에서 만일 '승산 비=2.11'로 나왔다면 "'$x$'가 '1단위' 증가할 때마다 주어진 확률의 승산은 111% 증가된다"고 해석한다.

[그림 III-25]의 미니탭 결과에서 변수 '흡연'과 '무게'의 '승산 비'는 각각 '0.3033'과 '1.2843'이다. '승산 비=0.3033'은 "피실험자의 체중이 같을 경우 표본에 있는 '흡연자의 저맥박 확률($p_{낮음}$) 승산(Odds)'이 '비흡연자의 저맥박 확률($p_{낮음}$) 승산(Odds)'의 30% 수준"으로 해석한다. 즉, 변수 '흡연_아니요 → 예'로 '1단위' 증가할 시 '승산'은 '30%' 수준, 즉 70% 감소하므로 이것은 "'$p_{낮음}$'의 감소를 기대할 수 있게 돼 흡연자가 비흡연자보다 휴식기 맥박이 더 높은 경향이 있다"고 해석한다. '무게'의 경우 '승산 비'는 '무게 1단위' 증가 시 '1.03'으로 '1'에 가까워 식 (III.9)에 따라 몸무게 '1단위' 증가 전후의 차이가 거의 없다. 그러나 몸무게는 '1단위(lb 또는 kg)'보다 '5단위'나 '10단위'로 계상하면 맥박 변화의 파악이 쉬워진다. 만일 '10단위 증가' 시 '승산비 $= e^{0.0250 \times 10} \cong 1.284$'로, 식 (III.10)에 따라 몸무게 증가 전보다 후의

'승산(Odds)'이 '약 1.28배(28%)' 커진다. '승산'의 증가는 "몸무게가 10단위 증가할 때 증가 전보다 저 맥박 가능성($p_{낮음}$)은 커지는 경향이 있다"고 해석한다.

끝으로 [그림 Ⅲ－25]의 '95% CI'는 '승산 비'에 대한 '신뢰 구간'이다. '신뢰 구간' 정보를 통해 해당 '독립(또는 예측) 변수'가 '종속 변수'와 관련이 있는지 여부를 파악할 수 있는데, 예를 들어 '신뢰 구간' 내에 '1'이 포함돼 있으면 "해당 '독립 변수'는 '종속 변수'와 관련이 없거나 독립"이라고 판단한다. 모형에서 '무게 1단위'로 분석 시 '신뢰 구간 하한'이 거의 '1.00'이다. 이것은 계수가 '0.025'와 같이 매우 작은 것과 관계하며, 이에 '무게' 변화 폭을 '1단위'에서 '10단위'로 변경해서 해석을 현실화한 바 있다.

#### ④ 적합도 검정(Goodness−of−fit)

앞서 구한 식 (Ⅲ.20)의 '수정 분산(G 통계량)'은 모든 계수가 '0'인지 여부를 판단하는 데 쓰였다. 만일 모든 계수가 '0'이라는 결론이 났다면 '회귀 모형'으로서의 존재 이유는 사라진다. 즉, 모형의 존재 유무를 검정하는 일은 분포가 적합한지를 판단하는 '적합도 검정(Goodness−of−fit)'에 해당한다. 미니탭에서 제공('세션 창' 결과에 출력)되는 '적합도 검정'은 다음 [그림 Ⅲ－33]의 것들이 있다([그림 Ⅲ－25]의 결과를 옮겨놓음).

[그림 Ⅲ－33] '적합도 검정' 결과

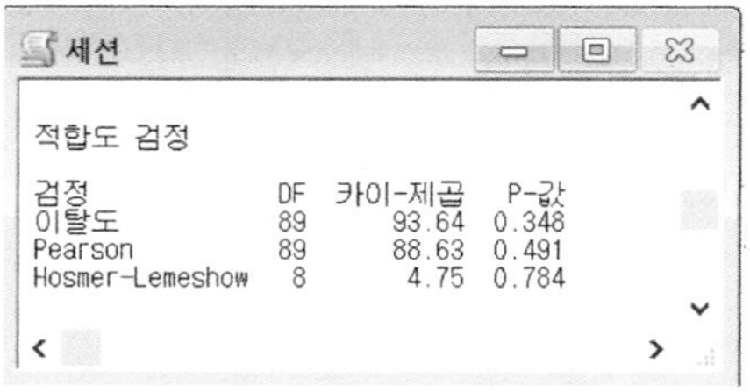


| 검정 | DF | 카이-제곱 | P-값 |
|---|---|---|---|
| 이탈도 | 89 | 93.64 | 0.348 |
| Pearson | 89 | 88.63 | 0.491 |
| Hosmer-Lemeshow | 8 | 4.75 | 0.784 |

[그림 Ⅲ-33]의 '검정 통계량'을 요약하면 다음 [표 Ⅲ-10]과 같다.

[표 Ⅲ-10] '적합도 검정 통계량' 요약

| | 적합도<br>검정 통계량 | | 내용 |
|---|---|---|---|
| 방법 | 이탈도<br>(Deviance) | | Deviance $\chi^2$ Test. 'Deviance Residuals'의 합을 'Deviance'라 함. '적합 모형(Fitted Model)'과 '포화 모형(Saturated Model)' 간 '우도 비 검정(Likelihood Ratio Test)'임. 자유도와 검정 통계량은 'Pearson'과 동일. |
| | Pearson | | Pearson $\chi^2$ Test. 각 '공변량 패턴'에서 계산된 'Pearson Residuals'의 합을 'Pearson $\chi^2$ Statistic'이라고 함. 이 잔차는 선형 회귀에서 '표준화 잔차(Standardized Residuals)'에 대응하며, 자유도[공변량 패턴 수-(파라미터 수+1)]의 '$\chi^2$ 분포'를 따름. |
| | Hosmer-Lemeshow | | 'Deciles of Risk'라고 불리는 10개 그룹으로 분류된 확률을 이용해 '기대 확률'을 구한 뒤 '$\chi^2$ Test' 수행. 이때 '관측 빈도'가 '기대 빈도'와 차이 나는 유일한 이유가 무작위 변동의 결과이면 '자유도=8(그룹 수-2)'을 갖는 '$\chi^2$' 분포를 따름. 상세 설명은 '⑤' 참조. |
| | Brown | 일반적 대안 | Brown's Score Test.[91] Score Test를 사용해 로지스틱 회귀 모형의 적합성을 평가. |
| | | 대칭적 대안 | 'General Alternative'와 'Symmetric Alternative'가 있음. 귀무가설은 상기와 동일. |

(참고)
ⅰ) 공변량 패턴(Pattern of Covariance): '독립(또는 예측) 변수(X)'들의 수준들 간 조합. '연속 자료' 변수가 포함될 경우 최대 데이터 수만큼 존재할 수도 있음.
ⅱ) 포화 모형(Saturated Model): 각 데이터별로 모수(파라미터)가 한 개씩 할당된 모형. 이 경우 이론상 '회귀 모형'은 관측된 Y를 완전하게 설명함.

[표 Ⅲ-10]의 'Deviance $\chi^2$ Test'와 'Pearson $\chi^2$ Test'의 '귀무가설'은 "데이터가 모형에 적합한다"이다. 따라서 [그림 Ⅲ-33]의 'p-값'인 '0.348', '0.491'을 통해 "유의 수준 5%에서 p-값이 '0.348(또는 0.491)'이므로 귀무가설을 기각하지 못함. 즉, 현 모형이 데이터를 잘 설명한다"로 해석한다. 그러나 검정 시 '공변량 패턴의 수'가 '데이터 수(n)'에 근사하면 '$\chi^2$ Test'를 잘 따르지 않는 것으로 알려져 있다. 본 예 경우 '총 데이터 수(n)=92'이며 '공변량 패턴 수=50('흡연'과 '무게'의 총 92조합 중 동일한 조합을 뺀 나머지 조합 수)'으로 중간 정도 수준에 이른다. [그림 Ⅲ-25] 및 [그림 Ⅲ-33]을 통해 'p-값'이 모두 '유의 수준=5%'를 상회하므로 "모형은 데이터를 잘 적합

91) Brown, C. C., 'On a goodness-of-fit test for the logistic model based on score statistics', Communications in Statistics, 11, 1087~1105(1982).

한다"고 판단한다. [표 Ⅲ-10]의 각 통계량 수식은 미니탭 '도움말'에 있으니 필요한 독자는 참고하기 바란다.

⑤ Hosmer-Lemeshow 검정의 관측 및 기대 빈도

기억을 되살리기 위해 [그림 Ⅲ-25]의 '세션 창' 결과 중 본 내용을 다시 옮겨놓았다.

[그림 Ⅲ-34] '관측 빈도 및 기대 빈도' 결과

이 표는 '④'에서 언급한 'Hosmer-Lemeshow 검정' 결과가 "귀무가설을 선택, 즉 모형이 데이터를 잘 설명한다"고 결론짓는 이유를 풀어서 설명한다. [그림 Ⅲ-34]는 '카이 제곱 검정'을 학습할 때 자주 접했던 '분할 표(Contingency Table)'이다. 단, [표 Ⅲ-7]의 미니탭 제공 파일인 '예제_회귀.mtw'의 '원 자료'로부터 [그림 Ⅲ-34]와 같은 '분할 표'를 만들어야 하는데 이 과정은 다음의 순서를 따른다([그림 Ⅲ-34] 참조).

ⅰ) [그림 Ⅲ-29]의 'H열_휴식기 맥박'과 'L열_기대(예측) 확률(p)'을 준비
→ ⅱ) 'L열_기대(예측) 확률(p)'을 '오름차순'으로 정렬 → ⅲ) 전체가 10개 그룹이 되도록 분할 → ⅳ) '기대 빈도'를 계산.

대부분의 경우 기본 '그룹 수=10'이 대세이며, 따라서 '자유도' 역시 '8(=그룹 수−2)'이 주를 이룬다. 그러나 구별되는 '요인/공변량 패턴'의 수가 작거나 큰 경우에는 '그룹 수'를 조정할 수 있다. Hosmer와 Lemeshow는 '최소 6개'의 '그룹 수'를 권장했는데, 이에 대해 좀 더 탐구욕(?)이 생기는 독자는 그들의 논문[92]을 참조하기 바란다. 대응하는 그룹들을 "Deciles of Risk"라고 한 바 있다.

[그림 Ⅲ−35] '분할 표' 구성을 위한 Grouping

'기대(예측) 확률(P)'의 오름 차순 정렬 후
1 ~ 92의 순서가 뒤섞임.

| No | 휴식기 맥박 | 기대(예측) 확률(p) |
|----|----|----|
| 86 | 1 | 0.382729232 |
| 34 | 1 | 0.406633491 |
| 29 | 0 | 0.461894035 |
| 88 | 0 | 0.486843038 |
| 27 | 1 | 0.518107078 |
| 52 | 1 | 0.518107078 |
| 72 | 0 | 0.524350721 |
| 76 | 0 | 0.549229984 |
| 58 | 0 | 0.579972377 |
| 87 | 0 | 0.596217701 |
| 42 | 1 | 0.610106522 |
| 81 | 1 | 0.637578614 |
| 33 | 0 | 0.639422843 |
| 41 | 1 | 0.639422843 |
| 54 | 1 | 0.639422843 |
| 62 | 0 | 0.639422843 |
| 13 | 0 | 0.656541586 |
| 46 | 1 | 0.667735323 |
| 53 | 1 | 0.667735323 |

- Group 1
- 관측 빈도_낮음(1) = 4건
- 관측 빈도_높음(0) = 5건

- Group 2
- 관측 빈도_낮음(1) = 6건
- 관측 빈도_높음(0) = 4건

[그림 Ⅲ−35]는 'Group 1'과 'Group 2'만 보이고 나머지 'Group 3~10'은 가려져 있으며, 각 그룹별 '낮음(1)'과 '높음(0)'의 '관측 빈도'가 기록돼 있다. 이것을 정리한 표가 [그림 Ⅲ−34]이다. 이와 별도로 '기대 빈도'는 다음 [그림 Ⅲ−36]과 같이 계산한다.

---

92) D. W. Hosmer and S. Lemeshow(2000), Applied Logistic Regression. 2nd ed. John Wiley & Sons, Inc.

[그림 Ⅲ-36] '기대 빈도' 구하기 및 Hosmer-Lemeshow 검정

기대 빈도= (해당 Group 내 기대 확률 평균) x (Group 별 총 관측 빈도)
= 0.492 * 9 ≒ 4.43

$$\frac{(관측\ 빈도 - 기대\ 빈도)^2}{기대\ 빈도}$$

$$= \frac{(4 - 4.43)^2}{4.43} ≒ 0.041$$

| No | 휴식기 맥박 | 기대(예측) 확률(p) |
|----|--------|--------------|
| 86 | 1 | 0.382729232 |
| 34 | 1 | 0.406633491 |
| 29 | 0 | 0.461894035 |
| 88 | 0 | 0.486843038 |
| 27 | 1 | 0.518107078 |
| 52 | 1 | 0.518107078 |
| 72 | 0 | 0.524350721 |
| 76 | 0 | 0.549229984 |
| 58 | 0 | 0.579972377 |
| 87 | 0 | 0.596217701 |
| 42 | 1 | 0.610106522 |
| 81 | 1 | 0.637578614 |
| 33 | 0 | 0.639422843 |
| 41 | 1 | 0.639422843 |
| 54 | 1 | 0.639422843 |
| 62 | 0 | 0.639422843 |
| 13 | 0 | 0.656541586 |
| 46 | 1 | 0.667735323 |
| 53 | 1 | 0.667735323 |
| | | 0.671 |

| Group | Group별 총 관측 빈도 | 낮음 | | | 높음 | | |
|-------|---------------|------|------|------|------|------|------|
| | | 관측 빈도 | 기대 빈도 | 카이제곱 | 관측 빈도 | 기대 빈도 | 카이제곱 |
| 1 | 9 | 4 | 4.43 | 0.041 | 5 | 4.57 | 0.040 |
| 2 | 10 | 6 | 6.39 | 0.024 | 4 | 3.61 | 0.043 |
| 3 | 9 | 6 | 6.27 | 0.012 | 3 | 2.73 | 0.027 |
| 4 | 9 | 8 | 6.60 | 0.297 | 1 | 2.40 | 0.816 |
| 5 | 9 | 8 | 6.89 | 0.180 | 1 | 2.11 | 0.586 |
| 6 | 9 | 6 | 7.21 | 0.204 | 3 | 1.79 | 0.823 |
| 7 | 10 | 8 | 8.29 | 0.010 | 2 | 1.71 | 0.051 |
| 8 | 15 | 12 | 12.92 | 0.066 | 3 | 2.08 | 0.409 |
| 9 | 10 | 10 | 9.07 | 0.095 | 0 | 0.93 | 0.931 |
| 10 | 2 | 2 | 1.91 | 0.004 | 0 | 0.09 | 0.085 |
| 합 | 92 | 70 | $X^2_{낮음}$ | 0.933 | 22 | $X^2_{높음}$ | 3.811 |
| 카이제곱 통계량($X^2$) | | | | | | 4.7439 | |
| p-값(=1-0.215435) | | | | | | 0.7846 | |

[그림 Ⅲ-36]은 보기에 무척 어지럽다. 그러나 독자들에게 원리를 확실하게 보여주고픈 충정의 표출이니 그 진정성만큼은 이해해주었으면 한다.(^^!) 우선 왼쪽 표는 [그림 Ⅲ-35]의 그룹핑이고, 오른쪽 표는 그를 이용해 얻고자 했던 '기대 빈도'는 물론 내친김에 [그림 Ⅲ-33]의 'Hosmer-Lemeshow 검정'까지 수행해보았다. 예를 들면, 오른쪽 표의 첫 행은 왼쪽 그룹들 중 'Group 1'에 해당한다. '관측 빈도'는 '총 9건'이며, '휴식기 맥박'의 '관측 빈도_낮음=4건', '관측 빈도_높음=5건'임을 알 수 있다. 이때 '기대 빈도_낮음'은 다음의 식으로 얻는다('Group 1'에 대한 계산 예).

$$기대\ 빈도_{Group1,낮음} = ('Group1'의\ '기대\ 확률'\ 평균) \times ('Group1'의\ '총\ 관측\ 빈도')$$ (Ⅲ.26)
$$= Average(0.382729232 : 0.579972377) \times 9$$
$$≃ 0.492 \times 9$$
$$≃ 4.43$$

식 (Ⅲ.26)의 결과는 [그림 Ⅲ-34]에서 'Group 1, 낮음'의 '기대 빈도=4.4'와 일치한다. 또, 'Group 1, 높음'의 '기대 빈도'는 다음의 식으로 구할 수 있다.

$$\text{기대 빈도}_{Group 1, \text{높음}} = ('Group\ 1'\text{의'총 관측 빈도'} - '\text{낮음'의'기대 빈도'}) \tag{Ⅲ.27}$$
$$= 9 - 4.43$$
$$\simeq 4.57$$

식 (Ⅲ.27)의 결과 역시 [그림 Ⅲ-34]에서 'Group 1, 높음'의 '기대 빈도=4.6(소수점 둘째 자리서 반올림)'과 정확히 일치한다. 다음은 [그림 Ⅲ-36]의 오른쪽 표 맨 아래에 기록된 '카이 제곱($\chi^2$) 통계량'과 'p-값'을 구해보자. '카이 제곱 검정 통계량'은 다음과 같다.

$$\chi^2 = \sum_{i}^{n} \frac{(\text{관측 빈도}_i - \text{기대 빈도}_i)^2}{\text{기대 빈도}_i} \tag{Ⅲ.28}$$

'$\Sigma$'를 제외한 분수 식은 [그림 Ⅲ-36]의 오른쪽 표에서 '낮음'과 '높음' 열 각각에 포함된 '카이 제곱' 열의 값들이다. 예를 들어보자. 'Group 1'에 대한 '낮음'과 '높음' 각 열의 '카이 제곱' 산정은 다음과 같다.

$$\chi^2_{Group 1, \text{낮음}} = \frac{(\text{관측 빈도} - \text{기대 빈도})^2}{\text{기대 빈도}} = \frac{(4 - 4.43)^2}{4.43} \simeq 0.041 \tag{Ⅲ.29}$$
$$\chi^2_{Group 1, \text{높음}} = \frac{(\text{관측 빈도} - \text{기대 빈도})^2}{\text{기대 빈도}} = \frac{(5 - 4.57)^2}{4.57} \simeq 0.040$$

이들 개별 '카이 제곱 값'들을 모두 더하면 '낮음'과 '높음' 열 맨 아래의 '$\chi^2_{\text{낮음}} \simeq 0.93$'과 '$\chi^2_{\text{높음}} \simeq 3.81$'이 되며, 다시 이 둘을 합하면 전체 '카이 제곱 통계량($\chi^2$)≒4.7439'가 된다. 이 통계량은 '자유도=8'의 카이 제곱 분포를 따르므로 미니탭 「계산(C) > 확률 분포(D) > 카이 제곱 분포(C)…」에서 분포의 왼쪽 확률(넓이)을 구하면 '약 0.215435'이며, 다시 'p-값'을 위해 '1'에서 빼주면 최종 '약 0.7846'을 얻는다. 이 결과는 다음 [그림 Ⅲ-37]과 같다.

[그림 Ⅲ-37] '기대 빈도' 구하기 및 'Hosmer-Lemeshow 검정'

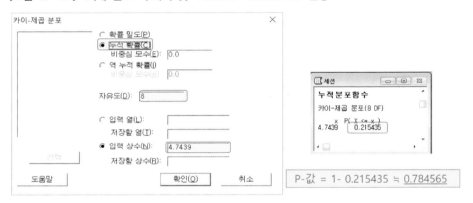

[그림 Ⅲ-37]의 '카이 제곱 통계량'과 'p-값'은 [그림 Ⅲ-33]의 'Hosmer-Lemeshow 검정 통계량' 및 'p-값'과 각각 일치한다. 이제 [그림 Ⅲ-34]의 '관측 빈도 및 기대 빈도' 표의 의미를 주의 깊게 살펴볼 때가 된 것 같다.

'적합도 검정'이 "만들어진 '회귀 모형'에 대해 통계적으로 '관측 데이터'를 얼마나 잘 설명하고 있는지에 대한 확인 절차"라면, '관측 빈도 및 기대 빈도' 표는 "만일 '관측 데이터'를 잘 설명하지 못할 시 어떤 데이터가 얼마만큼 문제를 야기하는지 수치적으로 확인하는 절차"에 쓰인다. 'Hosmer-Lemeshow 검정' 결과 'p-값'이 '유의 수준=5%'보다 작게 나오면 '회귀 모형'이 '관측 데이터'를 잘 설명하지 못하는 것이므로 그 원인을 찾는 용도로 '관측 빈도 및 기대 빈도' 표를 이용할 수 있다. 문제 해결 리더는 [그림 Ⅲ-35]와 [그림 Ⅲ-36]의 이해를 통해 유의한 결과에 영향을 주는 정확한 지점을 찾아낼 수 있다. 찾아낸 원인 데이터는 왜 '기대 빈도'와 차이를 보이는지 실제 프로세스 내의 문제로 파고드는 '사실 분석'과 연결된다. 본문의 예인 [그림 Ⅲ-34]의 '관측 빈도 및 기대 빈도' 표는 '관측 빈도'와 '기대 빈도' 간 큰 차이를 보이는 영역이 관찰되지 않아 현재로선 '사실 분석'과 연계시킬 근거는 없다고 판단된다(고 가정한다).

⑥ 연관성 측도(Measure of Association)

다시 '세션 창' 결과인 [그림 Ⅲ-25]로 돌아가 '연관성 측도(Measure of Association)'에 대해 알아보자. 기억을 되살리기 위해 다음 [그림 Ⅲ-38]에 결과를 다시 옮겨놓았다.

[그림 Ⅲ-38] '연관성 측도' 결과

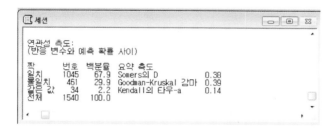

'연관성 측도(Measure of Association)'란 "관측 값이 '1'인 경우와 '0'인 경우의 각 쌍을 마련한 후 '기대 확률(미니탭에선 '예측 확률')'을 비교함으로써, '회귀 모형'이 실 관측치를 얼마나 잘 예측하는지 알아보는 측도"이다. '측도'에는 [그림 Ⅲ-38]과 같이 'Somers's D Statistic', 'Goodman-Kruskal's Gamma Statistic', 'Kendall's Tau-a Statistic'가 제시돼 있다. 이들 통계량은 [그림 Ⅲ-38]에 보인 '일치 쌍(Concordant Pair)',[93] '비일치 쌍(Discordant

Pair)', '같은 값(Tied Pair)'[94]의 빈도를 이용해 얻는다.

우선 어떤 과정을 거쳐 '일치 쌍', '비일치(미니탭은 '불일치'로 표기) 쌍', '같은 값' 들의 빈도가 얻어지는지 알아보자. 이를 위해 다음의 순서를 따른다.

　ⅰ) [그림 Ⅲ-29]의 'H열_휴식기 맥박'과 'L열_기대 확률(p)'을 준비 → ⅱ) 'H 열_휴식기 맥박' 내 '1'과 '0'을 기준 삼아 2개의 열로 분리 → ⅲ) '1'의 첫 '기대 확률'과 '0'의 첫 '기대 확률' 비교 → ⅳ) 분류는 다음을 따름.
'1의 기대 확률'>'0의 기대 확률'이면 '일치 쌍',
'1의 기대 확률'='0의 기대 확률'이면 '같은 쌍',
'1의 기대 확률'<'0의 기대 확률'이면 '비일치 쌍'으로 분류 → ⅴ) 각 빈도를 합함.

글로는 어떤 상황인지 감이 바로 오지 않을 것 같아 다음의 개요도를 작성 해보았다.

[그림 Ⅲ-39]의 왼쪽 표는 '휴식기 맥박=1', 즉 '맥박_낮음'으로 관측된 자료 수는 '총 70건'이고, 오른쪽 표는 '휴식기 맥박=0', 즉 '맥박_높음'으로 관측된 자료 수는 '총 22건'을 나타낸다. 이때 '기대 확률(예측 확률)' 비교를 위해, 그림과 같이 '휴식기 맥박=1'의 '기대 확률' 첫 값을 '휴식기 맥박=0'의 각 '기대 확률'과 쌍을 이루면 일단 총 '22개'의 쌍이 형성되고, 이때 각 '기 대 확률'을 비교해 'ⅳ'의 판단을 따른다. 이 과정은 이어지는 '휴식기 맥박 =1'의 '기대 확률' 모두에 적용되므로 본 작업이 완료되면 '총 1,540개의 쌍 (=70×22)'이 생긴다.

---

93) 한국통계학회 통계 용어집에 'Concordant'는 '일치하는'이 있을 뿐 'Concordant Pair'는 없으나 'Discordant Pair'는 '비일치 쌍'이 있어 이를 따라 표기함.
94) 통계 용어집에 'Tied Pair'는 없으나 'Tied Rank'가 있고, '주 93)'의 유사성을 따름.

| 휴식기 맥박 | 기대(예측) 확률(p) | 휴식기 맥박 | 기대(예측) 확률(p) |
|---|---|---|---|
| 1 | 0.382729232 | 0 | 0.461894035 |
| 1 | 0.406633491 | 0 | 0.486843038 |
| 1 | 0.518107078 | 0 | 0.524350721 |
| 1 | 0.518107078 | 0 | 0.549229984 |
| 1 | 0.610106522 | 0 | 0.579972377 |
| 1 | 0.637578614 | 0 | 0.596217701 |
| 1 | 0.639422843 | 0 | 0.639422843 |
| 1 | 0.639422843 | 0 | 0.639422843 |
| 1 | 0.667735323 | 0 | 0.656541586 |
| 1 | 0.667735323 | 0 | 0.694885507 |
| 1 | 0.671502828 | 0 | 0.714052855 |
| 1 | 0.682444804 | 0 | 0.714052855 |
| 1 | 0.682444804 | 0 | 0.724159725 |
| 1 | 0.694885507 | 0 | 0.779959436 |
| 1 | 0.708916999 | 0 | 0.789756784 |
| 1 | 0.708916999 | 0 | 0.804639849 |
| 1 | 0.715681470 | 0 | 0.812386162 |
| 1 | 0.724159725 | 0 | 0.819894074 |
| 1 | 0.734042420 | 0 | 0.837634244 |
| 1 | 0.734042420 | 0 | 0.853938324 |
| 1 | 0.734042420 | 0 | 0.853938324 |
| 1 | 0.743696360 | 0 | 0.868861532 |
| 1 | 0.745216383 | | |
| 1 | 0.745216383 | | |
| 1 | 0.748436327 | | |
| 1 | 0.757746233 | | |

　무지한(?) 노력을 투입해 엑셀로 이 과정을 모두 수행하면 미니탭 결과인 [그림 Ⅲ-38]의 개수에 약간 차이가 난다. 예를 들어 '일치 쌍'과 '비일치 쌍'은 각각 2개가 더 많은 '1,047쌍'과 '463쌍'이고, 대신 '같은 쌍'은 4개가 적은 '30쌍'을 보인다. 미니탭 경우 '(1의 기대 확률)-(0의 기대 확률)'이 '0.001…'과 같이 소수점 3째 자리가 '1'이 되는 4개 데이터를 '0'으로 간주한 것(둘은 같은 것)으로 보인다. [그림 Ⅲ-38]의 검정 통계량은 미니탭 '도움 말'에 산식이 잘 나와 있으니 본문에서의 설명은 생략한다. 관심 있는 독자는 미니탭 '도움말'을 참고하기 바란다.

　'연관성 측도'의 해석은 "일치 쌍이 많으면 많을수록 모형의 예측력은 뛰어나다"로 판단한다. '일치 쌍'의 구조를 자세히 이해하기 위해 [그림 Ⅲ-39]의 첫 행 한 쌍을 예로 들어보자. 우선 '휴식기 맥박=1'은 '맥박_낮음' 소유자이고, 이때 '회귀 모형'으로부터 얻은 '기대 확률'은 '약 0.38273'이다. 현재 '로지스틱 회귀 분석'의 '사건(Event Probability)' 지정은 '낮음=1('맥박_낮음')'이며, 따라서 이 사람의 상태는 측정 결과 확실히 '맥박_낮음'임에도 확률적으로는 '약 0.38273'의 '가능성'을 보여준다. 이제 쌍을 이루는 '휴식기 맥박=0'의 소유자를 보자. 이 경우 확실히 '맥박_높음'임에도 '맥박_낮음'일 '기대 확률'이 '약 0.4619'이다. 이때 만일 현재의 '회귀 모형'이 진정으로 이들 '원 자료'를 잘 설명한다면 '휴식기 맥박=1'인 사람의 '기대 확률'이 '휴식기 맥박=0'인 사람의 '기대 확률'보다 커야 한다('휴식기 맥박=0'인 사람은 '맥박_높음'이므로 '기대 확률'은 '0'에 근접해야 옳다). 즉, 두 값을 빼면 '양의 값'이 나와야 식이 올바로 작동하는 것이다. 만일 '음의 값'이 나오면 '맥박_높음'인 사람보고 '맥박_낮음'일 가능성이 높다고 결론짓는 것이므로 이 쌍은 뭔가 연관성이 결여된 것으로 판정한다. 결국 두 '기대 확률'의 차이가 '양의 값'으로 나오는 빈도가 높으면 높을수록 본 '회귀 모형'의 신뢰도는 증대된다.

[그림 Ⅲ-38]을 보면 '일치 쌍'은 전체의 '약 67.9%'를 점유한다. 세 개의 통계량은 각 값들이 '0.14~0.39'를 보이고 있으며, 통계량 값들의 한계 범위가 통상 '0~1'임을 감안할 때, '1'에 근접할수록 '일치성이 높다'고 판단한다. 현재의 값으론 '일치성이 다소 떨어지는 것'으로 보인다. 그 이유에 대해서는 이어지는 그래프 분석 등을 통해 원인 규명이 있어야 할 것 같다.

⑦ 그래프 분석(Graphical Analysis)

일반적으로 '회귀 모형'을 얻은 후 수행되는 '그래프 진단'은 '회귀 모형'에 문제점은 없는지 재확인하는 절차이며, 따라서 '진단(Diagnostic)'의 용어를 사용한다. 이때 적합한 '진단'을 위해 다양한 통계량들이 필요한데 이들을 포괄해 '진단 측도(Diagnostic Measure)'라고 한다. 출처에 따라서는 '진단 통계량(Diagnostic Statistic)'이란 용어도 쓰인다. 이들 '측도'로부터 각 데이터별 계산 값이 얻어지며, 다시 이들을 한 변으로 하는 그래프를 그려 이상 유동을 보이는 타점을 찾으면 '회귀 모형'에 대한 '진단'이 이루어진다. 본문에서는 그래프를 통해 상황을 판단하므로 '그래프 진단(Graphical Diagnostics)'으로 명명하였다. '로지스틱 회귀 모형'에서 쓰이는 '진단 측도'에는 다음의 것들이 있다(미니탭 '도움말').

[그림 Ⅲ-40] 미니탭 '도움말'에 제시된 '진단 측도'

**Generalized linear models**
Binary logistic regression and Poisson regression

| Methods | Analysis of Deviance | Diagnostic measures | Goodness-of-fit statistics |
|---|---|---|---|
| Link functions | Deviance | Pearson residuals | Deviance |
| Factor/covariate pattern | Degrees of freedom | Standardized and deleted Pearson residuals | Pearson Hosmer-Lemeshow |
| **Characteristics of estimated equation** | Log-likelihood functions | Deviance residuals | **Measures of association** |
| Coefficients | p-value (P) | Standardized deviance residuals | Concordant and discordant pairs |
| Standard error of the coefficient | **Model Summary** | Deleted deviance residuals | Somers' D |
| Z | Deviance R$^2$ | Delta chi-square | Goodman-Kruskal Gamma |
| p-value (P) | Adjusted deviance R$^2$ | Delta deviance | Kendall's Tau-a |
| Odds ratios for binary logistic regression | AIC | Delta beta standardized | **Event predictions** |
| Confidence interval | | Delta beta | Calculating predictions |
| Variance–covariance matrix | | Leverages | Standard error of predictions |
| | | Cook's D | Confidence limits for predictions |
| | | DFITS | |
| | | VIF | |

[그림 Ⅲ-40] 중 진단에 주로 쓰이는 '측도'는 '델타 카이 제곱(Delta Chi-square)'과 '레버리지(Leverages)', '기대(예측) 확률'이며, 진단을 위한 그래프는 이 값들로 이루어진 '델타 카이 제곱 vs. 확률'과 '델타 카이 제곱 vs. 레버리지'이다. 그러나 이전의 「6시그마 바이블 시리즈_분석」편에서는 이 모든 값들의 유도 과정과 그래프 작성 및 해석을 포함시켰으나 '미니탭 Ver. 17'부터 '그래프 해석'의 양상이 달라져 개정판 본문도 그에 따라 큰 변화를 주었다. 이에 그동안의 '그래프 진단'용 그래프를 포함해 포괄적 용어로 **그래프 분석**의 명칭을 도입하였다. 본문 중 '그래프 분석'에 쓰이는 도구들에 **잔차 그림**, **요인 그림**, **반응 최적화 도구**들이 있다.

먼저 다음 [그림 Ⅲ-41]은 '**잔차 그림**' 지정을 위한 '대화 상자'를 보여준다(「통계 분석(<u>S</u>) > 회귀 분석(<u>R</u>) > 이항 로지스틱 회귀 분석(<u>L</u>) > 적합 이항 로지스틱 모형(<u>F</u>)…」).

[그림 Ⅲ-41] '잔차 그림'과 '잔차 진단'을 위한 '대화 상자' 입력 예

[그림 Ⅲ-41]에서 '옵션(N)...'은 진단을 위해 사용할 '잔차(Residual)'를 지정한다. '잔차'에는 'Pearson'과 '이탈도(Deviance)'가 있으며 해석에 유리한 것을 선택한다. ' 그래프(G)...'는 '잔차 그림'을 출력하며, '잔차의 정규성 검정', '잔차의 히스토그램', 그리고 '잔차의 대 순서(순서대로 타점)'를 포함한다. 다음 [그림 Ⅲ-42]는 '세션 창'의 '진단 정보'와 '잔차 그림'의 출력 결과이다.

[그림 Ⅲ-42] '진단 정보'와 '잔차 그림' 결과

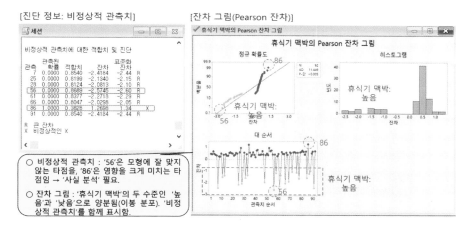

[그림 Ⅲ-42]는 'Pearson 잔차'가 '이탈도 잔차'의 진단 정보를 포함('비정상적 관측치'를 더 많이 출력)하고 있어 'Pearson 잔차'로 얻은 결과이다. '잔차 그림'을 보면 '휴식기 맥박'이 '낮음'과 '높음' 두 수준별로 명확히 나눠져 있고, 각각에 대해 '비정상적 관측치' 중 절댓값이 가장 큰 '56('높음'에 속함)'과 '86('낮음'에 속함)'이 표시돼 있다. 나머지 정도가 낮은 '비정상적 관측치(주로 '휴식기 맥박: 높음'에서 아래로 돌출된 타점들)'와 함께 왜 '이상점'으로 나타났는지 '사실 분석'이 필요하다. '사실 분석'을 통해 프로세스에서 관리가 미흡한 영역을 발견한다면 훌륭한 개선 기회를 얻는다. 다음 [그림

Ⅲ－43]과 [표 Ⅲ－11]은 'Pearson 잔차'의 계산 과정을 나타낸다.

[그림 Ⅲ－43] 'Pearson 잔차' 산정 과정(직접 계산)

| | A | B | C | D | F | H |
|---|---|---|---|---|---|---|
| 1 | 흡연($X_1$) | 무게($X_2$) | 휴식기 맥박(Y) | | 기대(예측) 확률(p) | Pearson 잔차 |
| 2 | 아니오 | 140 | 낮음 | 1 | 0.8199 | 0.4687 |
| 3 | 아니오 | 145 | 낮음 | 1 | 0.8376 | 0.4403 |
| 4 | 예 | 160 | 낮음 | 1 | 0.6949 | 0.6626 |
| 5 | 예 | 190 | 낮음 | 1 | 0.8283 | 0.4553 |
| 6 | 아니오 | 155 | 낮음 | 1 | 0.8689 | 0.3885 |
| 7 | 아니오 | 165 | 낮음 | 1 | 0.8948 | 0.3428 |
| 8 | 아니오 | 150 | 높음 | 0 | 0.8539 | -2.4179 |
| 9 | 아니오 | 190 | 낮음 | 1 | 0.9408 | 0.2507 |
| 10 | 아니오 | 195 | 낮음 | 1 | 0.9474 | 0.2355 |
| 11 | 아니오 | 138 | 낮음 | 1 | 0.8124 | 0.4806 |

$$Pearson\ \text{잔차} = \frac{\text{휴식기 맥박} - \text{기대(예측)확률}}{\sqrt{\text{기대(예측)확률} \times (1 - \text{기대(예측)확률})}}$$

[첫 자료 계산 예]

$$Pearson\ \text{잔차}_1 = \frac{1 - 0.8199}{\sqrt{0.8199 \times (1 - 0.8199)}} \cong 0.4687$$

[그림 Ⅲ－43]은 'Pearson 잔차'를 미니탭 '저장' 기능을 통해 얻는 대신 엑셀로 직접 계산한 예이다(셀 D2, F2, H2). 첫 행의 계산 과정을 엑셀 열 이름으로 요약하면 다음 [표 Ⅲ－11]과 같다.

[표 Ⅲ－11] 'Pearson 잔차' 산정 과정(첫 행 직접 계산)

| 구분 \ 셀 | 셀 O2 | 셀 F2 | 셀 H2 |
|---|---|---|---|
| 명칭 | 휴식기 맥박($y_i$) | 기대(예측) 확률(또는 적합 값) | Pearson 잔차 |
| 산식 | 낮음=1<br>높음=0 | [그림 Ⅲ－29] 및 식 (Ⅲ.15) | =(D2−F2)/SQRT(F2×(1−F2) |
| 계산 결과 | 1 | 0.8199 | 0.4687 |

('Pearson 잔차' 식) $r_{p,i} = \dfrac{y_i - \hat{\mu}_i}{\sqrt{V(\hat{\mu}_i)}}$, 또는 [그림 Ⅲ－43] 참조

단, $y_i$ : 반응값, $\hat{\mu}_i$ : 적합값, $V(\hat{\mu}_i)$ : 분산

[표 Ⅲ－11]의 계산 과정을 통해 'Pearson 잔차'를 모두 구한 뒤 [그림 Ⅲ－42]를 동일하게 얻을 수 있다. 다음은 '요인 그림'에 대해 알아보자.

'**요인 그림**'은 '실험 계획(Design of Experiment)'에 늘 등장하는 익숙한 그래프이다. 변수의 수준이 바뀔 때 'Y'가 얼마나 등락하는지 시각적으로 알려

준다. 다음 [그림 Ⅲ-44]는 미니탭 위치와 수행 결과이다.

[그림 Ⅲ-44] '이항 로지스틱 회귀 분석' 중 '요인 그림' 결과

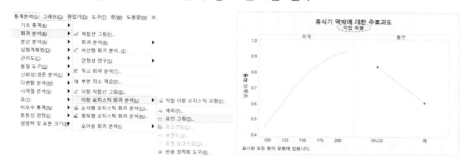

　　[그림 Ⅲ-44]의 '요인 그림'에서 'Y'는 '적합 확률(기대 확률, 예측 확률)'을 적용한다(타원 참조). 일반적으로 '실험 계획' 등에선 '원 자료(또는 원 관측치)'를 사용한다. 실험 등에서 각 변수들의 수준이 누락됨 없이 규칙적으로 조합을 이루면 '균형(Balance)'이라고 한다. 예를 들어 '2수준 2인자'는 총 '4개의 조합'이 하나씩 존재할 경우 '균형을 이룬다'고 한다. 그러나 특정 조합이 두 개 이상 존재하면 '균형을 이루지 못한 자료'이며 본문의 예가 이 경우에 해당한다. 수준들 간 균형을 이루지 못한 조합 경우 '관측치'가 아닌 '적합값(본문에선 '기대 확률')'의 활용이 한 변수 내 수준들의 변화량을 파악하는 데 유리한 것으로 알려져 있다. [그림 Ⅲ-44]의 '요인 그림'에서 '무게'가 증가할수록 '맥박이 낮아질 가능성은 선형으로 증가하다 완만해지는 성향'을, '흡연'은 '흡연'에서 '비흡연'으로 갈 경우 '맥박이 낮아질 가능성이 증가하는 성향'을 보인다(즉, 맥박이 낮아짐).

　　'**반응 최적화 도구**'는 모형을 통해 '최적의 Y'를 얻기 위한 변수들의 '최적 조건'을 찾는 데 이용한다. 의도적으로 실험을 하는 '실험 계획', 또는 본문과

같이 수집한 자료를 이용한 '회귀 모형'들은 그 목적이 원하는 'Y값'을 확보하고 지속적으로 관리하는 데 있으며, 따라서 'Y'를 제어할 'X'들의 정확한 '설정 값'을 찾는 일이 중요하다. 따라서 '반응 최적화 도구'는 '실험 계획'이나 '회귀 분석'에서 매우 유용한 도구이다. 다음 [그림 Ⅲ-45]는 미니탭 위치와 본문의 결과를 보여준다.

[그림 Ⅲ-45] '이항 로지스틱 회귀 모형'에서의 '최적 조건' 확인

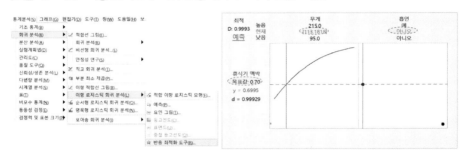

[그림 Ⅲ-45]에서 원하는 '목표(y=0.70)'를 얻기 위한 '독립(예측) 변수'들의 '최적 조건'은 '무게≅113.182', '흡연=아니요'임을 알 수 있다. 물론 가정된 예지만 현업에서 필요한 조건을 알기 위해 '모형'을 이용한다는 점, 그리고 확인된 '최적 조건'을 프로세스에 적용한 후 효과 여부를 판단할 수 있다는 점 등은 지금까지의 과정에 큰 가치를 부여한다. 따라서 이 시점까지 무리 없이 도달했으면 최종적으로 '재현 실험'이 수행되며, 본문에서의 설명은 생략한다.

다음은 [그림 Ⅲ-1]의 '분석 4-블록' 중 '블록 ③'에 대해 알아보자.

## 2.3. X 범주, Y 연속('상자 그림' 해석)

'이변량 자료'에 대한 '블록 ③'의 내용을 상기하기 위해 [그림 Ⅲ-1]을 다시 옮겨놓았다.

[그림 Ⅲ-46] 분석 4-블록

| | | Y 연속 자료 | Y 이산 자료 |
|---|---|---|---|
| X | 연속 자료 | ✓ 그래프: 산점도<br>✓ 통 계: 상관 분석 회귀 분석 ① | ② ✓ 그래프: 파레토 차트, 기타<br>✓ 통 계: 로지스틱 회귀 분석 |
| X | 이산 자료 (범주 자료) | ③ ✓ 그래프: 상자 그림, 히스토그램, 다변량 차트<br>✓ 통 계: 등 분산 검정, t-검정, 분산 분석, 비 모수 검정 | ④ ✓ 그래프: 막대 그래프, 대응 분석, 기타<br>✓ 통 계: 1-표본 비율 검정, 2-표본 비율 검정, 카이 제곱 검정 |

프로세스로부터 수집되는 대부분의 데이터 형태가 '블록 ③'의 형식을 따를 정도로 일상과 가깝다. 통상 '가설 검정'이라고 하면 이 영역에 속하는 통계 도구들을 지칭한다. 예를 들어, 두 개 이상의 그룹 간 산포의 차이가 있는지 확인하려면 '등 분산 검정'을, 한 개 그룹 또는 두 개 이상 그룹 간 평균의 차를 확인하기 위해선 't-검정' 또는 '분산 분석(ANOVA)' 등을 수행한다. 특히 원인을 찾아가는 효용성 측면에선 '다변량 차트(Multi-vari Chart)'도 매우 유용하다. 그러나 "기존과 달라졌는지 여부"를 확인하는 '확증적 자료 분석(CDA)'과 달리 현재 필요한 내용은 '탐색적 자료 분석(EDA)'임을 상기하자.

'이변량 자료'로부터 통찰력을 발휘해 '정보'를 추출하는 입장에선 뭐니 뭐니 해도 '그래프 분석' 중 활용 빈도가 가장 높은 '상자 그림(Box Plot)'이 대세다. 따라서 '상자 그림'을 이용한 정보 추출에 초점을 맞출 것이다. '이변량 자료'의 기본 구조는 다음 [표 Ⅲ-12]와 같다.

[표 Ⅲ-12] '이변량 자료'의 구조

| X | B | C | D | D | C | A | A | C | B | D | A | C | D | B | ··· |
|---|---|---|---|---|---|---|---|---|---|---|---|---|---|---|-----|
| Y | 157.5 | 165.6 | 172.2 | 180.3 | 189.4 | 192.5 | 192.5 | 192.5 | 192.5 | 192.5 | 192.5 | 192.5 | 171.2 | 191.1 | ··· |

　만일 [표 Ⅲ-12]의 'Y 행'이 월 매출액(또는 판매량), 월 생산량, 월 불량률 등 한 달 간격으로 수집된 자료라면 매월이 '범주'가 되므로 'X 행'은 '1월, 2월, 3월 …'이 올 수 있다. 또 'A, B, C, D'가 조직, 모델, 형태, 설비 등 필요에 따라 다양한 범주로 대체될 수 있음은 물론이다. 특히 '분산 분석(ANOVA)'이나 '실험 계획(Design of Experiment)' 등에서는 'X'를 '인자(요인, Factor)'로, 'A, B, C, D'는 '수준(Level)'으로 불린다. 이때 'X-범주 자료', 'Y-연속 자료'의 형식을 시각화해 전체를 조망하는 방법으로 '상자 그림(Box Plot)'이 가장 유용하다. 다음 [그림 Ⅲ-47]은 [표 Ⅲ-12]에 대한 '상자 그림' 예이다.

[그림 Ⅲ-47] '이변량 자료'의 '상자 그림' 예

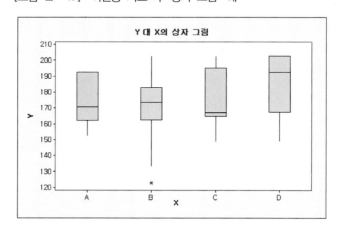

본론으로 들어가기에 앞서 [그림 Ⅲ – 47]의 '상자 그림'에 대한 각자의 '통찰력 수준'을 잠시 시험해보자. 만일 본인이 몸담고 있는 프로세스로부터 직접 수집된 자료를 토대로 [그림 Ⅲ – 47]을 작성했다고 가정할 때 과연 어떤 정보를 얻어낼 수 있을까? 이어지는 설명을 잠시 뒤로 미루고 각자의 관찰을 통해 '상자 그림'이 설명하는 프로세스가 어떤 상태인지 3분 동안만이라도 꿰뚫어 보기 바란다. 자! 그럼 시작~(똑딱 똑딱… 3분!).

다음은 본인의 '통찰력 수준'을 가늠할 평가표이다. 바로 직전 수행된 스스로의 시험에 대해 각자가 평가해보기 바란다(10점 만점).

[표 Ⅲ – 13] '통찰력 수준' 자가 진단

| | 0점 | 3점 | 7점 | 10점 |
|---|---|---|---|---|
| 평가 기준 | 프로세스에 대한 사전 정보가 없어 평가를 포기하거나, 또는 정보 1개를 제시하는 수준 | 정보 2~3개를 제시하는 수준 | 정보 6~7개를 제시하는 수준 | 10개 이상을 제시하는 수준 |

[그림 Ⅲ – 47]에 대해 어떤 정보를 얼마만큼 얻을 수 있는지 이제부터 하나하나 뜯어(?)보자. 정답이 존재하는 것은 아니므로 각자가 생각나는 것이 있다면 그것 역시 추가가 가능하다는 점 미리 알려둔다.

① 중앙값 관점

'중앙값(Median)'은 "통계 자료에서 변량을 크기 순서대로 늘어놓았을 때 그들의 한가운데 있는 값"이다. [그림 Ⅲ – 47]에서 '상자' 내 가로선이 '중앙값(Median)'이므로 그들의 높낮이를 비교할 수 있다. 다음 [그림 Ⅲ – 48]은 비교 결과이다.

[그림 Ⅲ-48] '상자 그림'의 '중앙값' 비교

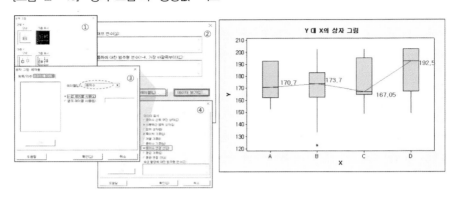

　　[그림 Ⅲ-48]은 '중앙값' 비교가 수월하도록「그래프(G) > 상자 그림(X)…」
의 ' 레이블(L)… '에서 '데이터 레이블: 중위수'를, ' 데이터 보기(D)… '에서 '□ 중위수
연결 선(D)'을 '√'한 결과이다. 자세한 입력 과정은 [그림 Ⅲ-48]의 왼쪽 '원
번호'를 참고하기 바란다. '상자 그림'으로부터 '중앙값'의 크기에 대한 정보
로 'D > B > A > C'를 얻었다. 왜 'D'가 크고 'C'가 낮은지에 대한 '사실
분석'의 필요성을 판단할 시점이다. 'Y'가 '망대', '망목', '망소'의 선택에 따
라 프로세스의 수준별 평가가 달라진다. 본문에서는 특정한 프로세스를 지정
하고 있지 않으므로 더 이상의 해석은 생략한다.

　② 산포 관점

　　앞서「2.3.2. ② 상자 그림(Box Plot)」에서 사분위수 'Q_1', 'Q_2', 'Q_3'에 대
해 자세히 설명한 바 있다. 따라서 복습이 필요한 독자는 해당 주제를 참조하
기 바란다. [그림 Ⅲ-47]에서 '산포' 크기에 대한 정보로 'D > A > C > B'
를 얻었다. 특히 'A'와 'C'는 시각적으로 비교가 어려워「통계 분석(S) > 기
초 통계(B) > 기술 통계량 표시(D)…」로부터 '사분위(간) 범위(Interquartile
Range)'를 추가로 얻어 활용하였다. 다음과 같다.

[그림 Ⅲ-49] '상자 그림'의 '산포' 비교('사분위(간) 범위' 추가)

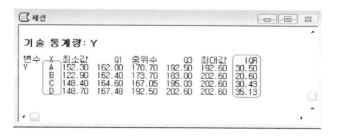

'산포'는 어느 프로세스든 줄여야 할 대상이므로 'D'의 상태에 주목할 필요가 있다. 또 수준 'B' 경우 타 수준에 비해 '약 1.5배' 이상 'IQR'이 적은 것에 대해서도 확인이 필요하다. 모두 유사해야 함에도 유독 'B'의 '산포'가 작다면 '내부 프로세스 벤치마킹'의 기회가 될 수 있다. 어찌 되었든 함께 분석을 수행한 상황에서 'D'와 'B'의 큰 '산포' 차이에 대해 '사실 분석'이 필요한 대목임엔 틀림없다.

③ 이상점(Outlier) 관점

'이상점' 역시 「2.3.2. ② 상자 그림(Box Plot)」에서 자세히 언급하였으므로 여기서의 추가 설명은 생략한다. [그림 Ⅲ-47] 경우 'B'의 아래쪽에 '이상점' 정보 1개가 관찰된다. '이상점'은 프로세스에서 평상시 몰랐던 매우 안 좋았던 활동, 혹은 너무 잘했던 활동의 결과로 볼 수 있다. 어떤 상황이든 '사실 분석'의 1순위 정보를 제공하므로 '상자 그림'에서 제일 먼저 주목할 대상이다. 만일 'Y'가 '망대 특성'이면 '이상점' 발생원을 규명하고, 개선 후 재발 방지책을 마련할 시 '프로세스, (공정) 능력' 향상 등의 큰 수혜를 맛볼 수 있다. 물론 '망소 특성'이면 기막힌(?) 개선 기회를 얻는 아이디어 보고(寶庫)가 될 수 있다.

'상자 그림'으로부터 현 프로세스에 대한 '중앙값 관점', '산포 관점', '이상점 관점'의 나름 정보를 취득했다면 [표 Ⅲ-13]의 '통찰력 수준=3점'을 얻은 셈이다. 충분한 품질 교육을 받았거나, 1개 이상의 과제를 수행해본 리더라면 이 정도의 능력(?)은 보여줘야 한다. 설사 깔끔하게 요약하진 못했더라도 본문에서 나열된 설명을 죽 읽는 것만으로도 충분히 이해했으면 동급으로 간주할 수 있다. 국내 기업에서 요구하는 '보통 수준'인 셈이다. 그러나 이에 미치지 못하는 수준이면 좀 더 관심을 갖고 학습하기 바란다. 완전히 낯설고 동떨어진 이론이 깊게 자리하고 있는 것도 아니므로 단지 작은 관심만으로 충분히 내 것으로 만들 수 있다. 이제 지금껏 설명보다 더 높은 수준의 역량을 발휘하려면 [그림 Ⅲ-47]에 다음의 활동이 추가돼야 한다.

ⅰ) 덧붙이거나(보조 이미지 추가),
ⅱ) 보이지 않는 것을 보이게끔 만드는 노력(그래프 편집)

이 필요하다. 다음 [그림 Ⅲ-50]을 보자.

[그림 Ⅲ-50] '상자 그림'에 '덧붙여 보기' 예

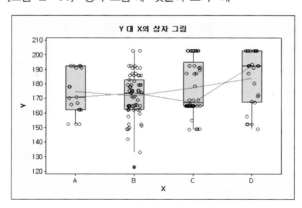

'ⅰ) 덧붙이거나' 경우 [그림 Ⅲ-50]은 [그림 Ⅲ-48]의 '대화 상자' 내 '데이터 보기(D)...'에서 '□ 개별 기호(I)', '□ 평균 연결 선(A)'을 추가로 '√'한 결과이다. 자료는 동일하지만 '추가 정보'를 획득하기 위해 이미지를 덧붙인 것이다. 똑같은 자료라도 그를 표현할 그래프가 달라지면 새로운 정보를 얻을 수 있다. 개념을 확장하면 현재 수집된 자료에 가능한 모든 수단의 그래프들을 겹칠 수 있으면 프로세스의 객관적 정보를 얻을 가능성은 그만큼 비례해서 증가한다. 'ⅱ) 보이지 않는 것을 보이게끔 만드는 노력'은 [그림 Ⅲ-47]을 이리저리 편집해보는 접근이다. 이에 대해서는 '⑥ 그래프 편집'에서 설명이 있을 것이다. [그림 Ⅲ-50]으로부터 다음의 새로운 '정보'를 획득할 수 있다(고 가정한다).[95] 참고로 앞서 '① 중앙값 관점', '② 산포 관점', '③ 이상점 관점'과 연결되고 있음을 알리기 위해 이어지는 설명을 '④'로 표기한다.

④ 대푯값 관점

'대푯값(Representative Value)'은 "자료의 특징이나 경향을 가리키는 수의 값. 평균값, 중앙값, 최빈값 따위가 있다"이다. 즉, '(산술) 평균 선'을 추가함으로써 '상자 그림'의 특징인 '중앙값'만의 해석을 넘어 '대푯값 관점'의 종합적 평가를 시도할 수 있다. [그림 Ⅲ-50]으로부터 '수준 C와 D'의 경우가 데이터의 '빈도 중심(중앙값)'과 '무게중심(평균)' 간 간극이 벌어져 있음을 알 수 있다. 프로세스 내 여러 원인이 있겠지만 데이터 빈도가 한쪽으로 몰려진 상태에서 그 반대편에 값 차이가 크게 나는 보다 적은 수의 데이터가 존재하는 상황으로 인식된다. 두 집단의 성격이 다른 데이터가 '혼합(Mixture)'된 상황도 배제할 수 없다. 특히 '수준 B' 경우는 '중앙값'과 '평균'이 거의 일치하는 것으로 보아 '정규성'을 보일가능성이 높다. 실제 '정규성 검정' 결과 'p-

---

95) 그래프로부터 '정보'를 추출하는데, '정답'은 없으므로 '가정'으로 표현하였다. 독자에 따라 동일한 그래프로부터 다른 의미 있는 '정보'를 취할 수 있음을 열어둔다는 뜻이다.

값=0.175'로 나타났다. '정보 취득' 측면에서 "왜 '중앙값'과 '평균'이 일치하지 않는지"에 대한 해석이 필요하고 이를 토대로 '사실 분석'이 수행될 수 있다. 일치하는 것이 정상이든 그 반대가 정상이든 함께 관찰해야 할 수준들이 서로 차이가 나는 것은 프로세스 내 정황을 객관적으로 파악할 '정보'가 될 수 있음은 명백하다. 이 외에 '중앙값'과 '평균'이 함께 상자 한쪽으로 치우쳐 겹쳐 있거나 양쪽으로 분리돼 있는 등 특이 경향들에 대해서도 프로세스 내 그 의미를 파악하기 위한 '사실 분석'적 접근이 심도 있게 추진돼야 한다.

⑤ 분포 관점

'분포(Distribution)'는 "일정한 범위에 흩어져 퍼져 있음"이다. 사실 '상자 그림' 자체만으로도 분포의 개요를 파악할 수 있지만 여기에 각 '데이터 점'을 추가함으로써 '분포의 윤곽'을 좀 더 객관적이고 명확하게 해석할 수 있다. 우선 '수준 C'는 '중앙값'과 '평균'의 간극이 존재한다는 이전 정보에 덧붙여 데이터가 양분된 양상을 보인다. 이를 통해 '혼합(Mixture)'의 가능성에 훨씬 무게를 둘 수 있다. '혼합'이 아니라면 중간 영역의 데이터가 상당 누락됐을 가능성도 있으므로 표집 과정을 되짚는 것도 의미 있어 보인다. 이런 측면에선 '수준 B'의 분포가 매우 이상적이며, 타 수준들이 왜 다른 양상을 보이는지 '사실 분석'의 필요성이 더욱 증폭된다. 또 '수준 A' 경우 '중앙값'과 '평균'이 아래쪽으로 치우쳐 있는 대신 전체 19개 중 7개('브러시'로 확인한 결과)가 위쪽에 분포한다. 이는 일부 성격이 다른 데이터가 유입된 '군집(Cluster)'의 가능성도 의심해봄 직하거나, '표본 크기'가 적은 것으로부터(19건) 타 수준들에 비해 프로세스에서 주요 아이템이 아니었을 가능성도 있다.

또 중요한 관찰 항목으로 '한계 값들의 분포'도 있다. 예를 들어 '수준 A'와 '수준 C'의 양쪽 맨 끝 및 '수준 D'의 맨 위쪽을 보면 동일 값들이 여럿 모여 있는 것이 보인다. 프로세스에서 관리 한계일 수도 있지만 더 크거나

작은 값이 있어야 함에도 모르는 작동에 의해 멈춰지거나 담당자들에 의해
의도적으로 조정된 결과로도 볼 수 있다. 관리상 어쩔 수 없이 있어야 할 정
상적 상황일지라도 동일한 값들이 양쪽에 떨어져 존재하는 것은 변동이 적어
야 할 프로세스 관리 입장에선 분명 양극화된 비이상적 결과로밖에 해석이
안 된다.

⑥ 그래프 편집 관점

'그래프 편집'은 "보이지 않는 것을 보이게끔 만드는 노력"의 일환이다. 프
로세스로부터 수집된 '원 자료'는 수준들 간 크기 순으로 존재할 수도 있고,
시간 순으로 존재할 수도 있다. '순서'에 의한 재해석은 프로세스의 변동을
'대소 관계' 또는 '시계열 관계'로 관찰함으로써 새로운 정보를 얻는 데 그게
기여한다. 그러나 통상적으로 수집된 현재 자료는 이들의 순서가 뒤섞여 있을
가능성이 높다. 순서에 대한 고민 없이 수집 그 자체에 집중하는 경우가 많기
때문이다. 만일 '인자(요인)'가 '온도'이고, [그림 Ⅲ – 50]의 각 수준들이
'A=20℃', 'B=30℃', 'C=40℃', 'D=50℃'의 결과라면 '중앙값' 또는 '평균'
모두 '온도'가 상승함에 따라 'Y'는 낮아졌다 높아지는 '곡률(Curvature)'의
가능성을 보인다. 기술적으로 어느 정도 확신이 간다면 최적화를 위한 접근에
선 '반응 표면 설계(Response Surface Design)'가 유력하다.

그러나 만일 'A=20℃', 'B=30℃', 'C=40℃', 'D=50℃'가 아니라 'A=5
0℃', 'B=30℃', 'C=20℃', 'D=40℃' 순이거나 시계열적 순서로 존재한다면,
'수준'들을 '크기 순' 또는 '시간 순'으로 재배열해 그래프를 다시 그릴 수 있
다. 만일 다음 [그림 Ⅲ – 51]과 같은 경향이 관찰되면 자료 해석에 새로운 국
면을 맞게 된다.

[그림 Ⅲ-51] 수준의 '크기 또는 시간' 순으로 재배열한 예

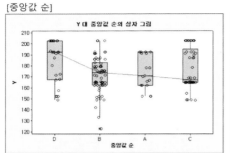

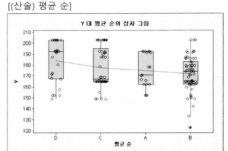

'중앙값' 또는 '평균'이 큰 값에서 작은 값으로 순서화해 보인다면(증가나 감소 경향) 수준 크기, 또는 시간의 흐름에 따라 'Y'가 낮아지는 경향이 있는 것이며, 프로세스의 문제나 관심 대상의 특성 등을 이해하는 데 큰 정보로 활용된다. 만일 프로세스를 개선하려는 목적을 두고 있다면 '최적 대안'을 찾는 데 있어서도 매우 중요한 근거가 될 수 있다.

지금까지 '이변량 자료'에 대한 '정보 취득 방법'에 있어 가정된 자료를 이용 '상자 그림'만으로 여섯 가지의 접근을 시도하였다. 물론 본문에서 설명이 부족한 또는 몰라서 누락된 다양한 접근도 존재할 수 있다. 그러나 '상자 그림' 하나를 얻더라도 보이는 그대로를 판단하기보다 여러 관점에서 의문을 갖고 고민과 탐구를 거듭함으로써 프로세스의 왜곡이나 이상 발생 여부를 파악하는 습관과 역량을 키우는 게 중요하다. 지금까지의 설명은 한마디로 "의심하고 관찰하라!"란 말로 압축하고 싶다.

## 2.4. X 범주, Y 이산(단순 대응 분석)

'이변량 자료'에 대한 '블록 ④'의 내용을 상기하기 위해 [그림 Ⅲ-1]을 다시 옮겨놓았다.

[그림 Ⅲ-52] 분석 4-블록

| | | Y | |
|---|---|---|---|
| | | 연속 자료 | 이산 자료 |
| X | 연속 자료 | ✓ 그래프: 산점도<br>✓ 통 계: 상관 분석<br>회귀 분석<br>① | ✓ 그래프: 파레토 차트, 기타<br>✓ 통 계: 로지스틱 회귀 분석<br>② |
| | 이산 자료<br>(범주 자료) | ③<br>✓ 그래프: 상자 그림, 히스토그램, 다변량 차트<br>✓ 통 계: 등 분산 검정, t-검정, 분산 분석, 비 모수 검정 | ④<br>✓ 그래프: 막대 그래프, 대응 분석, 기타<br>✓ 통 계: 1-표본 비율 검정, 2-표본 비율 검정, 카이 제곱 검정 |

'확증적 자료 분석(가설 검정)'의 접근을 제외하면 '블록 ④'에서 논할 사항은 매우 제한적이다. 이에 [그림 Ⅲ-52] 경우 시각화 도구로 '대응 분석'을 추가했다. 일반적으로 '대응 분석'은 이 블록에 포함되는 경우는 없지만 '카이 제곱 검정'과 함께 데이터 배열이 '표(Table)'로 구성된다는 점과 빈도 자료의 활용도 가능하다는 점, 그리고 무엇보다 '시계열 분석', '이항 로지스틱 회귀 분석' 등과 함께 현업에서의 활용 빈도가 높음에도 기업 교육에 항상 빠져 있어 접할 기회가 상대적으로 적다는 점을 고려하였다. 다음 [그림 Ⅲ-53]은 '단순 대응 분석(Simple Correspondence Analysis)'의 미니탭 내 위치를 보여준다. 참고로 '다중 대응 분석'은 책의 목적과 분량 등을 고려해 본문에는 포함하지 않았다.

[그림 Ⅲ-53] 미니탭 '대응 분석' 위치

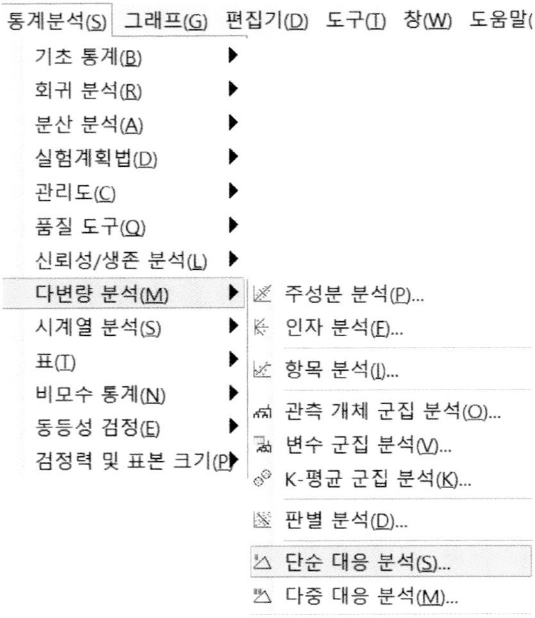

'대응 분석'은 주로 간접·서비스 부문에 그 활용 빈도가 높은 편이다. 그러나 면모를 가만히 따져보면 근간에 '카이 제곱 검정(Chi-square Test)'이 자리하고 있어 분야를 불문하고 어디서든 응용 폭을 넓힐 수 있는 도구이다. 다음은 영문 '위키피디아'에 포함된 '대응 분석'의 정의를 옮긴 것이다.

- **대응 분석**(Correspondence Analysis) (위키피디아) '35년 Hirschfeld에 의해 제안된 다변량 통계 도구이며, 1973년 Jean-Paul Benzecri에 의해 발전되었다. 개념적으로 '주성분 분석(Principal Component Analysis)'과 유사하나 '연속형 자료'가 아닌 '범주형 자료'에 적용된다는 점과 2차원 그래프인 '행렬도(Biplot)'에 시각적으로 요약 정보를 주는 점이 다르다. 쓰이는 데이터는 음수가 아니면서 동일 척도여야 하며 '분할 표(Contingency Table)'에 정리된다. '대응 분석'은 '카이 제곱 통계량'을 축성분으로 분해하며, 범주가 여럿인 경우를 '다중 대응 분석(Multiple Correspondence Analysis)'이라고 한다(중략)···.

  → (Gabriel, 1971) 행렬도(Biplot) 방법은 데이터의 행(개체)과 열(변수)을 공간상의 점으로 표현하여 개체 간, 변수 간의 관계를 파악하게 되며, 또한 행과 열을 중첩하여 개체와 변수 간의 관계를 탐색하고 '원 자료' 값을 재생성할 수 있는 다변량 도구이다.

  **(최초 제안 문헌)** Hirschfeld, H. O.(1935), "A connection between correlation and contingency", Proc. Cambridge Philosophical Society, 31, 520 - 524.
  **(발전시킨 문헌)** Benzécri, J.-P.(1973), L'Analyse des Données. Volume II. L'Analyse des Correspondances. Paris, France: Dunod.
  **(Biplot 도입 문헌)** Gabriel, K. R.(1971), "The biplot graphic display of matrices with application to principal component analysis." Biometrika 58 (3): 453 - 467.

사실 '대응 분석'의 미니탭 수행 과정과 결과 해석은 매우 단순하다. 그러나 그 안에 돌아가는 수학적 또는 통계적 원리를 파악하는 일은 완전히 다른 차원이다. 우선 '관성(Inertia)', '질량(Mass)' 같은 물리량의 용어가 쓰이는가 하면 썩 내키지 않는 수많은 '행렬(Matrix)'의 포화 속을 뚫고 나가야 한다. 그 외에 '유클리드 거리(Euclidean distance)'니 '카이 제곱 거리'니 하는 기하학은 물론 차원의 압축 절차인 '주성분 분석(Principal Component Analysis)'의 이해도 필수적이다. 가히 물리학, 수학, 통계학, 기하학을 종합한 선물 세트이며, 이로 인해 그 활용성과 유용성이 매우 높음에도 선량한 기업인의 접근을 철저하게 차단한 도구로 유명하다. 시중 서적에 포함된 설명 또한 기업인들이 아닌 통계 전공자들을 위한 복잡한 표현이 대부분이라 그 실체를 파악하기에 역부족이다. 본문에 '대응 분석'을 포함시킬지 여부를 두고 장고에 들어간 이유도 여기에 있다. 일단 써 내려간다고 결정한 후로는 너무 많은 이론적 배경이 사전에 설명돼야 하는 점, 이에 분량 또한 고려치 않을 수 없는 현실도 문제였고, 그렇다고 시중 서적 수준으로 내용 전개를 큰 무 자르듯 듬성듬성 썰고 나갈 수도 없어 적정 타협점을 찾는 일이 중요했다. 따라서 이 글을 읽고 있을 독자가 이후 전개 중 다소 설명이 부족한 부분이 있다면 별도의 참고 자료를 이용해주기 바란다. 다만 참고 자료의 출처 등은 가능한 밝혀둘 것이다.

우선 '이항 로지스틱 회귀 분석' 경우와 같이 상황에 맞는 '분할 표' 예를 정하고, 이로부터 미니탭 결과를 얻은 후 '세션 창' 내용을 하나씩 해석해 나가는 절차를 밟도록 하겠다. 다음 [표 Ⅲ-14]는 가정된 '분할 표' 예이다.

[표 Ⅲ-14] '대응 분석'을 위한 '분할 표' 예(관측치)

|  | A | B | C | 합 |
|---|---|---|---|---|
| 1 | 91 | 68 | 72 | 231 |
| 2 | 26 | 22 | 45 | 93 |
| 3 | 35 | 19 | 22 | 76 |
| 합 | 152 | 109 | 139 | 400 |

[표 Ⅲ-14]에 보여준 '분할 표'는 다양한 상황에 빗댈 수 있다. 예를 들어 'A, B, C'를 특정 제품의 '모델'이라 칭하고, '1, 2, 3'을 '연령대'로 정한 뒤 '선호도(표 내 숫자, 즉 빈도)를 설문하거나, 또는 'A, B, C'를 '설비', '1, 2, 3'을 '불량 유형'으로 정해 '불량 발생 빈도'를 조사할 수도 있다. 그 외에 '급여 수준 vs. 학력 수준', '지역 vs. 사고 유형' 등 처한 분야나 상황에 따라

다양한 범주형 인자(Factors, Variables)를 설정해 대응시킬 수 있다.

　본론으로 들어가기에 앞서 두 변수 간 유의성 검정을 통해 '대응 분석'의 필요성 여부를 알아보자. 이해를 돕기 위해 [표 Ⅲ-14]의 한 변수($X_1$)를 '스마트폰 모델(수준은 A, B, C)'이라 하고, 다른 변수($X_2$)를 '연령대(수준 1=10대, 2=20대, 3=30대)'로 설정한 뒤, '선호도(Y)'를 알아보기 위해 '총 응답자 =400명'에게 설문한 결과로 가정하자. 이때 첫 행은 총 응답자 중 10대가 231명이라는 것과 그들 중 91명이 'A 모델'을, 68명이 'B 모델', 그리고 나머지 72명이 'C 모델'을 선호하고 있음을 알 수 있다. 이 같은 상황에서 과연 "연령대별 스마트폰 모델 간 선호도에 차이가 있는가?"에 대한 유의성 검정은 'A 모델' 경우 10대 '91/231', 20대 '26/93', 30대 '35/76' 비율이 있고, 'B 모델' 역시 동일하게 3개 비율이 존재하므로 다수 비율들의 차이 여부를 동시에 비교할 때 적합한 '카이 제곱 검정'을 수행한다. 다음 [그림 Ⅲ-54]는 '분할 표'인 [표 Ⅲ-14]에 대한 검정 결과이다.

[그림 Ⅲ-54] '카이 제곱 검정' 결과 및 설명

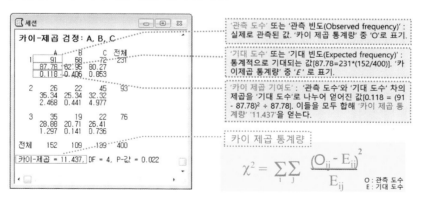

[그림 Ⅲ-54]는 첫 '관측 도수(빈도)'인 '91'에 대한 '기대 도수(빈도)' 및 '카이 제곱 기여도' 산정 예를 보여준다. '기대 도수(빈도)'의 의미는 'A 모델'의 '평균 비율'이 '152/400'이므로, 각 '연령대'별 'A 모델'의 기대되는 빈도 역시 동일 비율만큼 기대돼야 한다는 의미를 내포한다. 따라서 A 모델에 대한 10대, 20대, 30대의 기대되는 빈도는 다음과 같다.

$$A모델_{10대} \text{ 기대빈도} = 231 \times \frac{152}{400} = 87.78 \qquad (\text{Ⅲ.30})$$

$$A모델_{20대} \text{ 기대빈도} = 93 \ \times \frac{152}{400} = 35.34$$

$$A모델_{30대} \text{ 기대빈도} = 76 \ \times \frac{152}{400} = 28.88$$

'A 모델'을 선호하는 '10대' 경우 통계적으로 '기대 도수(빈도)'는 '87.78건'이 얻어져야 하지만 실제 '관측 도수(빈도)=91건'으로 '약 3.22건'[96]이 더 나왔으며, 이들 갭이 커질수록 두 변수 간 유의한 차이가 있을 것이란 '대립 가설'을 지지한다. [그림 Ⅲ-54]에서 'p-값=0.022'로 "연령대별 스마트폰 모델 간 선호도에 차이가 있음"을 알 수 있다. 특히 '20대'의 'C 모델' 경우 '기대 도수=32.32'임에도 실제 '관측 도수=45'로 높게 나와 '카이 제곱 통계량'에 크게 기여(4.977)'하고 있음도 알 수 있다.

결론적으로 기업의 품질 교육 중에 배운 '카이 제곱 검정'을 다시 복습하는 계기가 되었지만 사실 어느 연령층이 어느 스마트폰 모델을 더 선호하는지(또는 관계하는지)에 대한 정보는 검정 결과만으론 부족해 보인다. 마치 퉁 쳐진 '카이 제곱 통계량'으로부터 'p-값'을 구해 그 차이 여부만 확인하기 때문이다. 물론 '카이 제곱 기여도'로 수준들 간 관련성을 대충 유추할 순 있는데,

---

96) 이 차이를 '잔차(Residual)'라고 한다.

예를 들어 '10대'의 '카이 제곱 기여도'가 가장 높은 모델은 'B(0.406)'[97]이며, '20대'는 'C(4.977)', '30대'는 'A(1.297)'로부터 연령대별 선호하는 모델의 윤곽을 파악하는 것이 그것이다. 그러나 이들의 관계를 좀 더 과학적이고 정량적 절차를 통해 시각적으로 확인할 수 있는 도구가 있다면 통계 분석과 더불어 시너지를 낼 수 있지 않을까? 여기에 바로 '대응 분석'이 있다.

'대응 분석'은 분할표로 나타내는 자료의 행과 열 범주를 2차원 공간에 좌표로 표현함으로써 개체 간 관계를 탐구하는 '탐색적 자료 분석(Exploratory Data Analysis)' 도구이다. 통상 '주성분 분석(Principal Component Analysis)', '인자 분석(Factor Analysis)', '군집 분석(Cluster Analysis)', '판별 분석(Discriminant Analysis)' 등과 함께 묶여져 '다변량 분석(Multivariate Analysis)'으로 불리며 미니탭 역시 [그림 Ⅲ-53]에 보인 것처럼 이들을 한데 모아 제시하고 있다. [표 Ⅲ-14]를 2차원 좌표 공간에 점으로 나타내기 위해서는 약간의 개념 전환이 필요하다. '분할 표' 셀 안에 속해 있는 개개 빈도들을 어떤 방식으로 좌표 공간의 각 점에 대응시킬 것인가는 직관이나 기존에 알고 있는 단순한 논리로는 한계가 있다. 고민하면 방법이야 찾을 수 있겠지만 오랜 기간 동일한 고민을 해왔던 선각자들의 해법을 그대로 차용(?)하는 것이 시간적으로나 노력 측면에서 훨씬 유리하다. [그림 Ⅲ-55]의 개념도를 보자.

[그림 Ⅲ-55]는 [표 Ⅲ-14]의 '분할 표'를 행과 열로 각각 쪼개(?) 구분한 예이다. 예를 들어 '연령대'인 '행'별로 나누면 '10대(91, 68, 72)', 20대(26, 22, 45), '30대(35, 19, 22)'로 구분되며, 이는 마치 3차원 공간의 각 축점(P, Q, R, …)을 표시한 모양새다. '대응 분석'의 주된 역할은 이들을 2차원 좌표 공간에 표시하는 것이며, 따라서 '3차원 이상 → 2차원'으로의 '차원 축

---

97) 10대 경우 '카이 제곱 기여도'가 가장 높은 모델은 'C(0.853)'이나 '기대 도수=80.27'보다 '관측 도수 =72'로 더 적게 나와 선호하는 모델로 보기 어렵다는 판단에 따라 그 차 순위인 'B'를 언급함. '모델 B'는 '기대 빈도(62.95)'보다 '관측 빈도(68)'가 더 높아 선호도가 높다고 볼 수 있음. 이런 논리적 해석 역시 '대응 분석'이 처리해야 할 영역임.

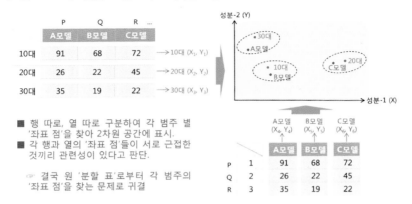

[그림 Ⅲ-55] '분할 표'를 '좌표'화하는 개념도

■ 행 따로, 열 따로 구분하여 각 범주 별 '좌표 점'을 찾아 2차원 공간에 표시.
■ 각 행과 열의 '좌표 점'들이 서로 근접한 것끼리 관련성이 있다고 판단.

☞ 결국 원 '분할 표'로부터 각 범주의 '좌표 점'을 찾는 문제로 귀결

소'와 함께 2차원 공간에서의 새로운 '좌표 점' 설정이 요구된다. 마찬가지로 '스마트폰 모델'인 열 'A모델(91, 26, 35)'과 'B모델(68, 22, 19)', 'C모델(72, 45, 22)' 들에 대한 각 '차원 축소'와 '좌표 점' 설정이 또한 필요하다. 만일 행과 열의 범주 수가 증가하더라도 2차원 공간에 표시하기 위한 절차는 여전히 유효해야 한다. 일단 2차원 공간에 각 범주가 점으로 표기되면 행들 간, 또는 열들 간 타점들의 근접 정도에 따라 서로의 유사성을 시각적으로 확인할 수 있다. 이 과정을 설명하기 위해서는 '분할 표'에 '거리' 개념이 도입된다.

우선 [그림 Ⅲ-55]의 '행'들 간 유사성을 확인하기 위해 '10대(91, 68, 72)'와 '20대(26, 22, 45)' 또는 열 'A모델(91, 26, 35)'과 'B모델(68, 22, 19)' 간 근접 정도를 측정하려면 각 행(또는 열)을 공간상 '점'으로 가정하고 중학교(?) 때 배운 '유클리드 거리(Euclidean Distance)'를 계산한다. 이 예는 '분할 표'상의 '빈도' 집합을 기하학적 관점에서 재해석한 개념 확장의 한 단면이다.

[그림 Ⅲ-56] '분할 표' 행들 간 또는 열들 간 '거리 측정' 예

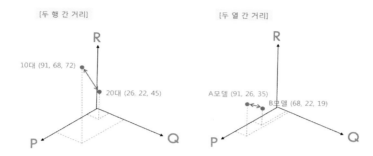

[그림 Ⅲ-56]의 행들 간 또는 열들 간 거리는 '유클리드 거리'에 따르면 다음과 같이 계산된다.

$$d_{(10대,\ 20대)} = \sqrt{(91-26)^2+(68-22)^2+(72-45)^2} = 84.08 \qquad (Ⅲ.31)$$
$$d_{(A모델,B모델)} = \sqrt{(91-68)^2+(26-22)^2+(35-19)^2} = 28.30$$

식 (Ⅲ.31)은 '분할 표'상 두 행(또는 열)들 간 '빈도' 집합을 공간에 표시할 때 참 괜찮은 접근이나 그 전에 몇 가지 해결해야 할 숙제를 안고 있다. 해결해야 할 숙제와 각각의 해법을 설명하기 위해 [표 Ⅲ-14]의 '분할 표'를 다시 옮겨놓았는데, 이 최초의 데이터를 '원 자료(분할 표)' 또는 '원 행렬(Primitive Matrix)'로 명명하고, 영문 표기는 'P'를 주로 사용한다.

[표 Ⅲ-15] '대응 분석' 시 해결해야 할 사항('원 행렬', P)

|  | 모델 A | 모델 B | 모델 C | 합 |
|---|---|---|---|---|
| 10대 | 91 | 68 | 72 | 231 |
| 20대 | 26 | 22 | 45 | 93 |
| 30대 | 35 | 19 | 22 | 76 |
| 합 | 152 | 109 | 139 | 400 |

내용과 해법을 '대응 분석'에서 쓰이는 용어와 함께 정리하면 다음과 같다.

## 1) '대응 행렬(Correspondence Matrix)'과 '질량(Mass)'

[표 Ⅲ－15]의 '원 행렬' 내 각 셀은 절댓값이라기보다 전체 합에 따라 그 비중이 달라진다. 예를 들어 '20대, 모델 B'를 대변하는 '22' 경우, 현재의 총 응답자 '400'이 아닌 '500'일 경우 '22/400'에서 '22/500'으로 그 비중이 저감 된다. 즉, '빈도 자료'는 그 자체 값보다 전체 합의 크기에 따라 해석에 차이 가 생기며, 따라서 전체 중 차지하는 상대적 비율만이 서로 간 비교에 유리하 다. '원 행렬' 내 각 셀 빈도를 전체 합으로 나눈 '분할 표'를 특히 '대응 행 렬(Correspondence Matrix)'이라고 한다. 다음 [표 Ⅲ－16]은 [표 Ⅲ－15]를 '대응 행렬'로 전환한 예이다.

[표 Ⅲ－16] '대응 행렬(Correspondence Matrix)'과 '질량(Mass)'

|  | 모델 A | 모델 B | 모델 C | 행 질량(Row Mass) |
|---|---|---|---|---|
| 10대 | 0.2275 | 0.1700 | 0.1800 | 0.5775 |
| 20대 | 0.0650 | 0.0550 | 0.1125 | 0.2325 |
| 30대 | 0.0875 | 0.0475 | 0.0550 | 0.1900 |
| 열 질량(Column Mass) | 0.3800 | 0.2725 | 0.3475 | 1.0000 |

[표 Ⅲ－16]에서 각 '행의 합'과 '열의 합'을 '전체 합(400)'으로 나눈 값을 '질량(Mass)'이라고 한다. 이것은 전체 합인 '400'이 세 개의 '행의 합'과 '열 의 합'으로 다시 세분화되는 척도로 활용된다. '질량'이란 표현은 다소 낯선데 일반적으로 '비중'이나 '점유율' 대신 물리량을 도입한 이유는 이후에 설명될 '관성(Inertia)'의 개념을 적용하기 위함이다.

## 2) 프로파일(Profile)

[표 Ⅲ-15]의 둘째 행 '20대(26, 22, 45)'에서 셀 빈도 '22'만 볼 때, 이 값은 순수 '22'란 독립된 숫자로 볼 수 없음을 앞서 피력한 바 있다. 이때 [그림 Ⅲ-56] 및 식 (Ⅲ.31)과 같이 행(또는 열)들 간 유사성 평가를 위해 '거리'를 측정하는 상황의 경우, '20대(26, 22, 45)'의 '22'는 전체 '400'이란 응답자 중 '20대'의 합인 부분 집합 '93명'의 일원이고, 다시 그들 중 'B 모델'을 선호하는 응답자 '22명'에 해당한다. 이것은 '30대(35, 19, 22)'의 '22'도 동일한 빈도지만 '20대'에서의 '22'가 '93명' 중 '22명'인 반면, '30대'에서의 '22'는 '76명' 중 '22명'이란 차이가 있다. 따라서 '분할 표'상 두 행(또는 열)들 간 유사성을 확인할 때 식 (Ⅲ.31)에 쓰인 '빈도'는 행(또는 열)의 합으로 나눈 '비율'의 표현이 좀 더 객관적 정보를 제공한다. 각 행의 합으로 빈도를 나눈 '분할 표'를 '행 프로파일(Row Profile)'이라고 하며, 각 열의 합으로 빈도를 나눈 '분할 표'를 '열 프로파일(Column Profile)'이라고 부른다. '행 프로파일(Row Profile)'과 '열 프로파일(Column Profile)'은 [표 Ⅲ-16]의 '대응 행렬'에서 '행 질량' 또는 '열 질량'으로 각 셀을 나누어도 동일한 결과를 얻는다. 다음 [표 Ⅲ-17]은 '행 프로파일'과 '열 프로파일'의 예를 보여준다.

[표 Ⅲ-17] '행 프로파일(Row Profile)'과 '열 프로파일(Column Profile)'

| 행 Profile | A 모델 | B 모델 | C 모델 | 합 |
|---|---|---|---|---|
| 10대 | 0.3939 | 0.2944 | 0.3117 | 1 |
| 20대 | 0.2796 | 0.2366 | 0.4839 | 1 |
| 30대 | 0.4605 | 0.2500 | 0.2895 | 1 |
| 열 질량 | 0.3800 | 0.2725 | 0.3475 | 1 |

| 열 Profile | A 모델 | B 모델 | C 모델 | 행 질량 |
|---|---|---|---|---|
| 10대 | 0.5987 | 0.6239 | 0.5180 | 0.5775 |
| 20대 | 0.1711 | 0.2018 | 0.3237 | 0.2325 |
| 30대 | 0.2303 | 0.1743 | 0.1583 | 0.1900 |
| 합 | 1 | 1 | 1 | 1 |

## 3) '유클리드 거리' 재평가

앞서 식 (Ⅲ.31)에서 얻어진 '10대(91, 68, 72)'와 '20대(26, 22, 45)' 또는

열 'A모델(91, 26, 35)'과 'B모델(68, 22, 19)'의 '유클리드 거리'는 '행(또는 열) 프로파일'을 통해 수정돼야 한다. 예를 들어 [표 Ⅲ-17]에서 '점 (10대, A모델)=0.3939'는 구조적으로 '행의 합=1'과 '열 질량=0.3800'의 영향하에 형성된 값이다. 행 따로, 열 따로 구분해서 독립적으로 존재할 수 없는 구조며 다른 셀 값들도 상황은 마찬가지다. 이 같은 제약은 '유클리드 거리'를 계산할 때 그대로 반영되는데, 예를 들어 '10대(91, 68, 72)'와 '20대(26, 22, 45)' 또는 열 'A모델(91, 26, 35)'과 'B모델(68, 22, 19)' 경우 각 행(또는 열)은 그 '합'이 '1'로 통일돼 두 점들 간 상대적 비교가 가능해지고 식 (Ⅲ.31)은 다음과 같이 수정된다.

$$d_{(10대, 20대)} = \sqrt{(0.3939-0.2796)^2 + (0.2944-0.2366)^2 + (0.3117-0.4839)^2} \cong 0.2146 \qquad (Ⅲ.32)$$
$$d_{(A모델, B모델)} = \sqrt{(0.5987-0.6239)^2 + (0.1711-0.2018)^2 + (0.2303-0.1743)^2} \cong 0.0687$$

추가로 식 (Ⅲ.32)의 각 항 '$(0.3939-0.2796)^2$', '$(0.2944-0.2366)^2$', '$(0.3117-0.4839)^2$' 들('$d_{(A모델, B모델)}$'도 동일)은 해당 '열(또는 행) 질량'과 교차 관계에 있으므로 각 항을 해당 '열(또는 행) 질량'으로 나눔으로써 점유 비중을 얻는다. 나누어준 '열(또는 행) 질량'을 통상 '가중치(Weight)'라고 부른다. 교차 관계의 제약을 반영한 다음 식 (Ⅲ.32)는 '분할 표'상에서 두 행 간 또는 두 열 간 '거리'를 산정하는 일반적 방법이며, 기존 '유클리드 거리'에 '가중치'가 반영된 점을 감안해 '**카이 제곱 거리(Chi-square Distance)**'로 불린다.

$$d_{(10대, 20대)} = \sqrt{\frac{(0.3939-0.2796)^2}{0.3800} + \frac{(0.2944-0.2366)^2}{0.2725} + \frac{(0.3117-0.4839)^2}{0.3475}} \cong 0.3633 \quad (Ⅲ.33)$$
$$d_{(A모델, B모델)} = \sqrt{\frac{(0.5987-0.6239)^2}{0.5775} + \frac{(0.1711-0.2018)^2}{0.2325} + \frac{(0.2303-0.1743)^2}{0.1900}} \cong 0.1472$$

'대응 분석'에서 '카이 제곱 거리'를 산정할 때 주어진 '분할 표' 전체를 평가하기 위해서는 식 (Ⅲ.33)과 같이 개별 점들 간 거리를 계산하는 대신 '기준 점'을 중심으로 모든 행 또는 열의 거리를 얻어야 한다. [표 Ⅲ－17]의 '행 프로파일' 중 맨 아랫줄(또는 '열 프로파일' 경우 맨 오른쪽 열)은 각 열(또는 행)의 '질량(Mass)'이면서 '평균 발생률'이기도 하다. 이것은 각 행(또는 열)의 합을 총 응답자인 '400'으로 나누었기 때문인데, 'A 모델'을 선호하는 응답자는 전체 '400명' 중에서 평균 '0.38(38%)'을 점유할 것으로 예측되는 '첨 추정치'에 해당한다. '평균'은 그를 산정하는 데 관여된 수치들의 '중심' 역할을 하므로 각 프로파일의 '평균 행' 또는 '평균 열'은 유사성 평가, 즉 '거리 산정' 시 '기준점' 역할을 한다. 이것을 개념도로 표현하면 다음 [그림 Ⅲ－57]과 같다.

[그림 Ⅲ－57] '평균점'을 기준으로 한 '카이 제곱 거리' 재평가

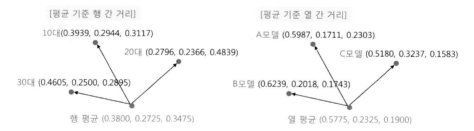

[그림 Ⅲ－57]은 '행 평균점(기준점)'으로부터 '점 10대', '점 20대', '점 30대'까지의 행간 '카이 제곱 거리 및 '열 평균점(기준점)'으로부터 '점 A 모델', '점 B 모델', '점 C 모델'까지의 '카이 제곱 거리'를 각각 나타낸다. [그림 Ⅲ－57]의 '카이 제곱 거리'를 '행(또는 열) 프로파일'상에 시각화시키면 다음 [그림 Ⅲ－58]과 같다.

[그림 III-58] '행(또는 열) 프로파일'상의 평균점을 기준으로 한 '카이 제곱 거리' 개요

| 행 Profile | A 모델 | B 모델 | C 모델 | 합 | | 열 Profile | A 모델 | B 모델 | C 모델 | 행 질량 (열 평균) |
|---|---|---|---|---|---|---|---|---|---|---|
| 10대 | 0.3939 | 0.2944 | 0.3117 | 1 | | 10대 | 0.5987 | 0.6239 | 0.5180 | 0.5775 |
| 20대 | 0.2796 | 0.2366 | 0.4839 | 1 | | 20대 | 0.1711 | 0.2018 | 0.3237 | 0.2325 |
| 30대 | 0.4605 | 0.2500 | 0.2895 | 1 | | 30대 | 0.2303 | 0.1743 | 0.1583 | 0.1900 |
| 열 질량 (행·평균) | 0.3800 | 0.2725 | 0.3475 | 1 | | 합 | 1 | 1 | 1 | 1 |

$d_{A, 열 평균}$  $d_{B, 열 평균}$  $d_{C, 열 평균}$

$d_{10, 행 평균}$  $d_{20, 행 평균}$  $d_{30, 행 평균}$

'행 프로파일'상의 '10대(0.3939, 0.2944, 0.3117)'와 '열 프로파일'상의 'A 모델(0.5987, 0.1711, 0.2303)'에 대해 실제 '카이 제곱 거리' 산정 예를 두 개 만 들면 다음 식 (III.34), (III.35)와 같다. 참고로 시중의 관련 서적 등에서 쓰이는 일반 표현법($n_{i+}$, $n_{+j}$ 등)을 포함시켰으며, 이에 익숙하지 않은 독자라면 수치 표현만을 참조하기 바란다.

$$d_{(10대, 행평균)} = \sqrt{\sum_j \frac{\left[\frac{n_{1j}}{n_{1+}} - \frac{n_{+j}}{n}\right]^2}{\frac{n_{+j}}{n}}} = \sqrt{\frac{\left[\frac{91}{231} - \frac{152}{400}\right]^2}{\frac{152}{400}} + \frac{\left[\frac{68}{231} - \frac{109}{400}\right]^2}{\frac{109}{400}} + \frac{\left[\frac{72}{231} - \frac{139}{400}\right]^2}{\frac{139}{400}}} \qquad (\text{III.34})$$

$$= \sqrt{\frac{(0.3939 - 0.3800)^2}{0.3800} + \frac{(0.2944 - 0.2725)^2}{0.2725} + \frac{(0.3117 - 0.3475)^2}{0.3475}} \cong 0.0772$$

$$d_{(A모델, 열평균)} = \sqrt{\sum_i \frac{\left[\frac{n_{i1}}{n_{+1}} - \frac{n_{i+}}{n}\right]^2}{\frac{n_{i+}}{n}}} = \sqrt{\frac{\left[\frac{91}{152} - \frac{231}{400}\right]^2}{\frac{231}{400}} + \frac{\left[\frac{26}{152} - \frac{93}{400}\right]^2}{\frac{93}{400}} + \frac{\left[\frac{35}{152} - \frac{76}{400}\right]^2}{\frac{76}{400}}} \qquad (\text{III.35})$$

$$= \sqrt{\frac{(0.5987 - 0.5775)^2}{0.5775} + \frac{(0.1711 - 0.2325)^2}{0.2325} + \frac{(0.2303 - 0.1900)^2}{0.1900}} \cong 0.1598$$

'카이 제곱 거리(Chi-square Distance)'를 일반적인 수식으로 표현하면 다음 과 같다.

$$두개 행(Row)\ i와\ i'에 대해,\qquad\qquad 두개 열(Column)\ j와\ j'에 대해,\qquad\qquad (\text{III}.36)$$

$$d^2(i, i') = \sum_{j=1}^{J} \frac{\left[\dfrac{n_{ij}}{n_{i+}} - \dfrac{n_{i'j}}{n_{i'+}}\right]^2}{\dfrac{n_{+j}}{n}} \qquad\qquad d^2(j, j') = \sum_{i=1}^{I} \frac{\left[\dfrac{n_{ij}}{n_{+j}} - \dfrac{n_{ij'}}{n_{+j'}}\right]^2}{\dfrac{n_{i+}}{n}}$$

'$n_{i+}$'와 '$n_{+j}$'는 행과 열의 '빈도 합'을, '$n_{i'+}$'와 '$n_{+j'}$'는 거리 산정 시 상대되는 행 또는 열의 '빈도 합'을 나타낸다. 이 일반식을 특정 '행(또는 열)'과 '평균점'과의 거리 식으로 확장하면 분자 내 '$\dfrac{n_{i'j}}{n_{i'+}} \rightarrow \dfrac{n_{+j}}{n}$'와 '$\dfrac{n_{ij'}}{n_{+j'}} \rightarrow \dfrac{n_{i+}}{n}$'로 변경된다. 정리된 결과는 다음과 같다.

$$두개 행(Row)\ i와\ '행평균'에 대해,\qquad\qquad 두개 열(Column)\ j와\ '열평균'에 대해,\qquad\qquad (\text{III}.37)$$

$$d^2(i, 행평균) = \sum_{j=1}^{J} \frac{\left[\dfrac{n_{ij}}{n_{i+}} - \dfrac{n_{+j}}{n}\right]^2}{n_{+j}/n} \qquad\qquad d^2(j, 열평균) = \sum_{i=1}^{I} \frac{\left[\dfrac{n_{ij}}{n_{+j}} - \dfrac{n_{i+}}{n}\right]^2}{n_{i+}/n}$$

식 (III.36) 또는 (III.37)이 눈에 바로 들어오지 않으면 [표 III-15]와 [그림 III-58] 및 식 (III.34), (III.35)를 참고하면서 학습하기 바란다.

### 4) '카이 제곱 기여도'와 '카이 제곱 거리' 간 관계

'카이 제곱 기여도'에 대해서는 [그림 III-54]와 식 (III.30)에서 간략히 소개한 바 있다. '카이 제곱 기여도'를 모두 합하면 '카이 제곱 통계량($\chi^2$)'이 된다. 다음은 [그림 III-54]에 포함된 '카이 제곱 통계량'을 얻는 산식을 다시 옮겨놓은 것이다.

$$\chi^2 = \sum_i \sum_j \frac{(O_{ij} - E_{ij})^2}{E_{ij}} = \sum_i \sum_j \frac{\left(n_{ij} - \dfrac{n_{+j}}{n} \times n_{i+}\right)^2}{\dfrac{n_{+j}}{n} \times n_{i+}} \qquad\qquad (\text{III}.38)$$

식 (Ⅲ.38)에 '관측 도수($O_{ij}$)'와 '기대 도수($E_{ij}$)' 산정 시 실제 관여되는 항들의 표기 식을 추가하였다. 이제 추가된 식 중 분자에 위치한 '$n_{i+}$'를 묶어 '$n_{i+}^2$'로 뽑아낸 뒤 분모에 똑같이 들어 있는 '$n_{i+}$'와 약분해보자. 최종적으로 정리된 식은 다음과 같다.

$$\chi^2 = \sum_i \sum_j \frac{(n_{ij} - \frac{n_{+j}}{n} * n_{i+})^2}{\frac{n_{+j}}{n} * n_{i+}} = \sum_i \sum_j \frac{\left[n_{i+}(\frac{n_{ij}}{n_{i+}} - \frac{n_{+j}}{n})\right]^2}{\frac{n_{+j}}{n} * n_{i+}} = \sum_i \sum_j \frac{n^{2}_{i+}(\frac{n_{ij}}{n_{i+}} - \frac{n_{+j}}{n})^2}{\frac{n_{+j}}{n} * n_{i+}} \qquad (\text{Ⅲ.39})$$

$$= \sum_i \sum_j \frac{n_{i+}(\frac{n_{ij}}{n_{i+}} - \frac{n_{+j}}{n})^2}{n_{+j}/n}, \qquad \langle n_{+j} \text{로 묶어낼 시} \rangle \rightarrow \sum_i \sum_j \frac{n_{+j}(\frac{n_{ij}}{n_{+j}} - \frac{n_{i+}}{n})^2}{n_{i+}/n}$$

식 (Ⅲ.39)의 끝에는 '$n_{+j}$'로 묶어냈을 때의 결과도 포함시켰다(기호로 보니 너무 복잡해 졌다.^^! 와 닿지 않는 독자는 쉬운 이해를 위해 [그림 Ⅲ-54]의 '관측치'들을 대입해 한 번만 직접 전개해볼 것을 권한다).

식 (Ⅲ.39)에 포함된 두 결과 식들은 분자에 각각 위치한 '$n_{i+}$'와 '$n_{+j}$'를 제외하면 특정 행(또는 열)이 결정된 상태 경우 식 (Ⅲ.37)과 정확히 일치한다. 따라서 '$\chi^2$ 통계량'과 '$\chi^2$ 거리' 간에는 다음의 관계가 성립한다.

$$\langle n_{i+} \text{ 로 묶어낼 시} \rangle \; \chi^2 = \sum_i \sum_j \left[ n_{i+} \times (\chi^2 \text{거리})_{ij} \right] \quad \text{또는,} \qquad (\text{Ⅲ.40})$$

$$\langle n_{+j} \text{ 로묶어낼 시} \rangle \; \chi^2 = \sum_i \sum_j \left[ n_{+j} \times (\chi^2 \text{거리})_{ij} \right]$$

또, 만일 식 (Ⅲ.40)을 빈도 전체 합인 '$n$'으로 나누면 다음의 식을 얻는다.

$$\langle n_{i+} \text{ 로 묶어낼 시} \rangle \; \frac{\chi^2}{n} = \sum_i \sum_j \left[ \frac{n_{i+}}{n} \times (\chi^2 \text{거리})_{ij} \right] \quad \text{또는,} \qquad (\text{Ⅲ.41})$$

$$\langle n_{+j} \text{ 로묶어낼 시} \rangle \; \frac{\chi^2}{n} = \sum_i \sum_j \left[ \frac{n_{+j}}{n} \times (\chi^2 \text{거리})_{ij} \right]$$

식 (Ⅲ.41)에 들어 있는 항 '$n_{i+}/n$' 또는 '$n_{+j}/n$'는 [표 Ⅲ-16]에서 정의한 '질량(Mass)'이며, 식의 구조를 가만히 따져볼 때 「질량×거리²」의 형식을 띠고 있다. 이것은 사실 '대응 분석'을 해석하는 데 새로운 개념의 도입을 시사한다. 즉, '관성(Inertia)'이 그것이다.

### 5) '관성'의 개념과 '관성의 제곱근'을 통한 '분할 표'

'관성(?)!' 물리를 전공한 필자로서도 왜 '대응 분석'을 논하는 자리에 물리학 용어가 출몰하는지 참 난감하다. 지금까지 거슬러온 여정도 순탄치 않는데 거기다 통계학에서 물리학으로의 이(異) 학문 간 점프라니! 바쁜 기업인으로선 짧은 기간 동안 '대응 분석' 같은 미지의 분석법을 이해하고 응용하는 데 분명 걸림돌이 아닐 수 없다.

물체는 외부에서 힘을 받으면 그 방향으로 전진하거나(병진 운동), 앞으로 나아가지 못하면 회전한다(회전 운동). 물론 두 운동이 동시에 병행될 수도 있다. 이때 가해진 힘 또는 힘의 합이 '0'일 때 "물체가 현재의 운동 상태를 유지하려는 성질"을 '관성(慣性, Inertia)'이라고 한다. 이것이 하나의 법칙으로 승화된 경우가 바로 뉴턴의 운동 제1법칙, 즉 '관성의 법칙'이다(어렵다!). 특히 "물체가 자신의 '회전 운동'을 유지하려는 정도"를 계수화한 물리량으로 '관성 모멘트(Moment of Inertia)'[98]가 있으며, 일반식은 다음과 같이 표현한다.

$$I = mr^2 \qquad where, \; 'm'은 \; 질량,$$
$$'r'은 \; 회전축으로부터 \; 점 \; 질량까지의 \; 거리 \qquad (Ⅲ.42)$$

센스 있는 독자라면 '관성 모멘트' 식 (Ⅲ.42)는 식 (Ⅲ.41)의 「질량×거리²」의 형식과 매우 흡사하다는 것을 간파했을 줄 안다. 즉, '분할 표' 내의 각 행(또는

---

98) 최초 도입한 논문, L. Euler, Theoria motus corporum solidorum seu rigidorum: ex primis nostrae cognitionis principiis stabilita et ad omnes motus, qui in huiusmodi corpora cadere possunt, accommodata, 1730.

열)들은 '전체 빈도' 대비 '비중(점유율)' 형태로 표현되며 이것은 '질량'과의 대응 관계를 형성한다. 또 '카이 제곱 거리'처럼 '각 행(또는 열) ↔ 행 평균 (또는 열 평균)과의 거리, 즉 카이 제곱 거리'는 '관성 모멘트'의 '$r$'에 대응시킬 수 있다. 예를 들어, '분할 표'를 하나의 강체(Rigid Body, 剛體)로 본다면 각 행별 또는 열별 평균점(기준점)과의 관계는 마치 물리학의 '관성 모멘트'로 계량화가 가능하다는 결론에 이른다. 그럼 왜 이 개념의 도입이 필요한 것일까?

우선 '대응 분석'의 의미와 목적을 따져볼 때 현재의 '원 분할 표(원 행렬)' 가 '대응 분석'에 부합하는 구조를 갖고 있는지 점검해볼 필요가 있다. '대응 분석'은 표로 이루어진 두 집단의 범주 간 관련성을 시각적으로 나타내는 '탐색적 자료 분석' 도구이다. 이를 위해서는 [그림 Ⅲ-58]에 보인 바와 같이 '각 행'과 '행 평균 간' 또는 '각 열'과 '열 평균 간' 거리를 따지는 합리적 절차가 필요한데, 이때 두 접근 방법의 차이로 셀 내 값들은 서로 다른 값을 가져야 한다([그림 Ⅲ-58] 내 두 '분할 표'의 셀 내 값들이 서로 다름). 그러나 식 (Ⅲ.41)과 같이 '관성 모멘트'를 적용하면 '거리'의 개념을 그대로 존속시키면서 행들 간 또는 열들 간 관련성을 따질 때 이런 불편은 모두 사라진다. 즉, '원 분할 표'에 '관성' 개념을 적용해 '관성 모멘트'로 변형하면 '카이 제곱 거리'뿐만 아니라 하나의 통일된 표를 구성할 수 있다. 그 이유는 행이든 열이든 어떤 접근을 하든지 식 (Ⅲ.41)에 보인 것처럼 '총 관성(Total Inertia, $\chi^2/n$)'은 동일하기 때문이다. 다음 [표 Ⅲ-18]을 보자.

[표 Ⅲ-18] '원 분할 표(원 행렬)'와 '관성 모멘트'로 전환된 분할 표

| | A 모델 | B 모델 | C 모델 | 합 | | A 모델 | B 모델 | C 모델 | 합 |
|---|---|---|---|---|---|---|---|---|---|
| 10대 | 91 | 68 | 72 | 231 | 10대 | 0.0003 | 0.0010 | 0.0021 | 0.0034 |
| 20대 | 26 | 22 | 45 | 93 | 20대 | 0.0062 | 0.0011 | 0.0124 | 0.0197 |
| 30대 | 35 | 19 | 22 | 76 | 30대 | 0.0032 | 0.0004 | 0.0018 | 0.0054 |
| 합 | 152 | 109 | 139 | 400 | 합 | 0.0097 | 0.0025 | 0.0164 | 0.0286 |

'총 관성'을 얻기 위해 식 (Ⅲ.41)의 두 항등식들 중 어떤 것을 전개해도 [표 Ⅲ-18]의 각 셀 값은 동일하게 얻어진다. 이를 '**분포 항등의 원리(the Principle of Distributional Equivalence)**'라고 한다. 예를 들어, 두 점인 행 '10대'와 행 '합' 간 '관성 모멘트'[99]를 계산하면 다음과 같다.

$$\frac{\chi^2}{n}_{(10대, \text{ 행평균})} = \sum_1 \sum_j \left[ \frac{n_{1+}}{n} \times \frac{(\frac{n_{1j}}{n_{1+}} - \frac{n_{+j}}{n})^2}{n_{+j}/n} \right] \tag{Ⅲ.43}$$

$$= \frac{231}{400} \times \left[ \frac{(91/231 - 152/400)^2}{152/400} + \frac{(68/231 - 109/400)^2}{109/400} + \frac{(72/231 - 139/400)^2}{139/400} \right]$$

$$\cong 0.5775 \times (0.0005 + 0.0018 + 0.0037)$$
$$\cong 0.0003 + 0.0010 + 0.0021$$

식 (Ⅲ.43)의 맨 끝 결과의 각 항을 보면 [표 Ⅲ-18]의 오른쪽 표 내 첫 행 값들과 정확히 일치한다. 직접 구해보진 않겠지만 만일 두 점인 열 'A모델'과 열 '합' 간 '관성 모멘트'를 구할 때 그 속엔 셀(10대, A모델)의 값 '0.003'이 동일하게 포함될 것이다. 물론 모든 행, 열들 간 평균점과의 '관성'

[그림 Ⅲ-59] '관성'의 방향성

---

99) '대응 분석'에서는 단순히 '관성'이라 칭함. 이후부터는 '관성'으로 통일할 것임.

을 구하면 [표 Ⅲ－18]과 동일한 '관성 모멘트' 분할 표를 얻는다. 참고로 [그림 Ⅲ－54]의 '카이 제곱 검정' 결과 중 각 '카이 제곱 기여도'를 '$n$'으로 나누어도 동일한 '관성 분할 표'를 얻는다.

'관성'을 중심으로 한 '분할 표'를 얻었으면 추가로 고려해야 할 사항이 '방향'이다. [그림 Ⅲ－59]는 [그림 Ⅲ－54]의 '카이 제곱 검정' 결과를 다시 옮겨놓은 것이다.

[그림 Ⅲ－59]에 표시된 두 영역은 방향이 서로 반대인데 첫 영역의 '잔차'는 '(91-87.78)=3.32'로 '양의 값'이나 두 번째 영역은 '(72-80.27)=-8.27'로 '음의 값'을 갖는다. 이것은 '분할 표'의 변수들 간 관계를 '행렬도(Biplot)'상 '좌표 점'으로 전환할 때 매우 중요한 역할을 하며, '카이 제곱 거리'나 '관성'의 계산 경우 '제곱' 영향으로 부호가 드러나지 않게 되므로 이 단계에서 별도의 고려가 필요하다. 이에 [표 Ⅲ－18]의 '관성 표'의 값들을 제곱근 하되, 각 부호의 방향을 고려한 새로운 '표'를 작성한다. 앞으로 '원 행렬'인 [표 Ⅲ－15]를 '원 관측치(또는 분할 표)'로, '대응 분석'의 시작점인 다음 [표 Ⅲ－19]를 '본 데이터($T$)'로 명명할 것이다. 참고로 '$T$'는 미니탭 '기술 리포트'에 표현된 표기이다.

[표 Ⅲ－19] '관성의 제곱근'과 '방향'을 고려한 표('본 데이터', $T$)

|  | A 모델 | B 모델 | C 모델 |
|---|---|---|---|
| 10대 | 0.0172 | 0.0318 | −0.0462 |
| 20대 | −0.0786 | −0.0332 | 0.1115 |
| 30대 | 0.0569 | −0.0188 | −0.0429 |

[표 Ⅲ－19]는 '원 분할 표(원 행렬)'를 '행렬도(Biplot)'상에 좌표 점으로 시각화시키기 위한 통계 처리의 시작점이라 할 수 있다. 왜냐하면 이 표로부터 유사 '주성분 분석'이라고 하는 통계적 절차를 거치게 되는데, 이는 각 행

또는 열의 좌표점이 [그림 Ⅲ-57]과 [그림 Ⅲ-58]에 보이듯 3개씩이며(범주가 늘어나면 좌표점 수도 증가), 이들을 2개 좌표축상에 표현하기 위해 축 수를 줄이기 위한 '차원의 축소' 절차가 요구되기 때문이다.

## 6) 차원의 축소(Dimensional Reduction)

'차원의 축소'는 그냥 듣기에도 속된말로 '나이스'하지 않다. 왠지 무겁고 들춰볼수록 기괴한 숫자와 이론 등으로 범벅돼 있을 법한 뭐 그런 느낌이다. 그런데 방금 전의 선입감이 그다지 틀린 것도 아니다. 전적으로 수학적 절차에 따라 원하는 수준에 이르러야 하므로 많은 낯선 용어들과 다소 거리감 있는(?) 논리들이 부비트랩처럼 존재한다. 즉, '대응 분석'을 논하는 데 있어 '관성'만큼이나 낯선 경험을 해야 하는 부담이 있다. '차원의 축소'는 '다변량 분석 도구'들 중 '주성분 분석(Principal Component Analysis, 主成分 分析)'과 맥을 같이한다.

'주성분 분석'에서 '성분'이란 우리가 잘 알고 있는 '축(Axis)'을 의미하며 [그림 Ⅲ-55]에서 개념도를 통해 설명한 바 있다. '주성분 분석'의 사전적 정의는 다음과 같다.

---

· **주성분 분석**(Principal Component Analysis) (네이버 지식백과) 서로 연관이 있는 변수들($x_1$, $x_2$, $x_3$, ⋯ $x_p$)이 관측되었을 때, 이 변수들이 가지고 있는 정보들을 최대한 확보하는 적은 수의 새로운 변수들을 생성하는 방법이다. (중략)⋯.

→ (네이버 지식백과) ⋯(중략) 일반적으로 분산이 큰 변량을 지표로 사용하면, 대상을 좀 더 명확히 분류할 수 있다. ⋯(중략) 대상을 다차원공간에 산재한 점으로 간주하면, 주성분 분석은 분산이 큰 축을 순차적으로 구하는 것에 상당한다. 예컨대, $x_1$과 $x_2$ 2종류의 변량에 의거하여, $x_1$축과 $x_2$축으로 이루어지는 2차원 공간에 플롯한 대상의 분포가 기운 타원상이 되었다면, 주성분 분석은 타원의 장축과 단축을 구하는 것을 의미한다. (중략)⋯.

---

우리의 예인 [표 Ⅲ-19]를 정의에 따라 도시하면 다음 [그림 Ⅲ-60]과 같다.

[그림 Ⅲ-60] '주성분 분석'을 통한 '차원 축소' 개념도

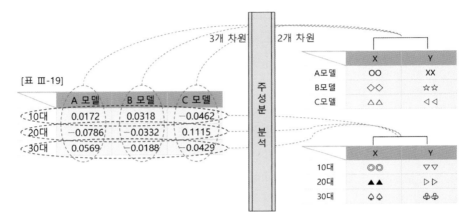

[그림 Ⅲ-60]은 '분할 표'의 행과 열 각 3개 축이 '주성분 분석'을 통해 2개 축 좌표 점으로 전환된 예를 보여준다.

'주성분 분석'은 '연속 자료'를 통해 이루어지나 본문의 예에서는 [표 Ⅲ-19]와 같은 '표 형식'을 대상으로 한다. 표 자체가 '행렬'의 형식을 띠고 있어 앞으로 설명될 모든 해석은 '행렬'과 관련된 몇 가지 법칙을 이용해야 한다 (갈수록 태산이다!). 먼저 확인해야 할 사항으로 '주성분 분석'을 통한 '차원 축소'에서 자주 마주치게 될 '고유 값(Eigenvalue)'과 '고유 벡터(Eigenvector)'에 대해 알아보자. 각각의 사전적 정의는 다음과 같다.

- **고유 값**(Eigenvalue) (두산백과) A를 하나의 정사각행렬(正四角行列), x를 A와 같은 차수의 '단위 행렬'이라 할 때, 방정식 │A − λx│=0의 근이다. 정사각행렬 외의 선형작용소(線形作用素)에 대해서도 그 고유 값을 생각할 수 있다.
- **고유 벡터**(Eigenvector) (두산백과) 정사각 행렬 A가 주어졌을 경우, 적당한 수 λ에 대하여 Ax = λx를 만족하는 영벡터(zero vector) 이외의 벡터 x이다. '특유 벡터(characteristic vector)'라고도 한다.
  ※(참고); (위키백과) '고유 값(Eigenvalue)'과 '고유 벡터(Eigenvector)'의 'eigen'은 독일어로서 수학자 힐베르트(David Hilbert)가 처음 사용하였다. 수학 이외의 분야에서는 헬름홀츠가 유사한 의미로 쓴 적이 있다. 독일어 "Eigen"은 "고유한", "특징적인" 등의 의미로 번역된다.
  ('Eigen' 사용 최초 문헌) "Grundzüge einer allgemeinen Theorie der linearen Integralgleichungen", Nachrichten von d. Königl. Ges. d. Wissensch. zu Göttingen (Math.−physik. Kl.) (1904), pp.49∼91.

'대응 분석'에서 '차원의 축소'는 '고유 값' 및 '고유 벡터'와 직접적 관계에 있다. '차원의 축소'를 위한 통계 도구가 '주성분 분석'이라 했으므로 이 과정 속에 '고유 값'과 '고유 벡터'가 자연스레 등장한다. 이제부터 '차원의 축소' 개념을 이해하기 위해 '주성분 분석'을 간단히 알아볼 것이다. 이 도구는 '분할 표'가 아닌 '연속 자료'를 근간으로 하고 있어 우선 다음과 같은 [표 Ⅲ−20]의 데이터를 도입하였다. 개념이 파악되면 '분할 표'의 예로 다시 돌아올 것이다.

[표 Ⅲ−20] '주성분 분석'을 위한 '연속 자료' 예

| X | 71 | 68 | 66 | 67 | 70 | 71 | 70 | 73 | 72 | 65 | 66 |
|---|----|----|----|----|----|----|----|----|----|----|----|
| Y | 69 | 64 | 65 | 63 | 65 | 62 | 65 | 64 | 66 | 59 | 62 |

[표 Ⅲ−20]은 'x−축'과 'y−축'의 '2차원 공간'에 시각화가 가능한데 미니탭의 '산점도'를 이용하면 다음 [그림 Ⅲ−61]과 같다.

'차원의 축소', 즉 '주성분 분석'이란 [그림 Ⅲ-61]의 '2차원'을 '1차원'으로 만드는 과정이다. '2차원'에 흩어진 점들에 대해 정보 손실을 최소화하면서 '1차원' 공간으로 옮겨놓는 것이 요지이다. 물론 [표 Ⅲ-20]이 2개 변수가 아닌 그 이상일지라도 '차원의 축소'는 여전히 유효하다.

[그림 Ⅲ-61] 자료의 '산점도(2차원 공간)' 예

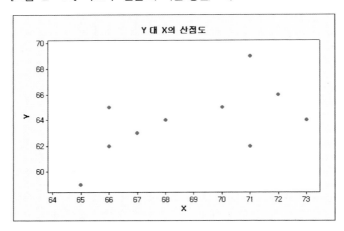

 '주성분 분석'의 '정의'를 보면 '분산'의 이용을 언급하고 있다. '분산'이란 [표 Ⅲ-20]의 데이터가 서로 간 얼마나 흩어져 있는가를 나타내는 척도이므로 만일 '2차원 → 1차원'으로의 변환 시 '분산', 즉 '흩어짐의 정도'를 얼마나 잘 전달받았는가가 중요한 평가 척도로 작용한다. 이때 쓰이는 표현이 '공분산 행렬'이다. '공분산 행렬'은 행렬의 대각선 방향엔 [표 Ⅲ-20] 각 변수의 '분산'이, 나머지 영역엔 공통의 분산(?)인 '공분산'이 자리한다. '분산'과 '공분산'을 각각 산정해 행렬로 표기하면 다음과 같다.

$$s_x^2 = \sum_{i=1}^{11} \frac{(x_i - \overline{x})^2}{n-1} = 7.4, \qquad s_y^2 = \sum_{i=1}^{11} \frac{(y_i - \overline{y})^2}{n-1} = 6.6, \qquad (\text{III}.44)$$

$$s_{xy}^2 = \sum_{i=1}^{11} \frac{(x_i - \overline{x})(y_i - \overline{y})}{n-1} = 3.9 \qquad\qquad\qquad \Rightarrow \begin{bmatrix} 7.4 & 3.9 \\ 3.9 & 6.6 \end{bmatrix}$$

참고로 식 (III.44)의 '공분산 행렬'은 미니탭 「통계 분석(S) > 기초 통계(B) > 공분산 분석(V)…」에서 얻을 수 있다.

식 (III.44)에서 얻어진 '공분산 행렬'은 [표 III−20]의 '원 자료' 정보(흩어짐의 정도인 '분산')를 그대로 보유하고 있다. 즉, 첫 열은 'x 데이터'를, 두 번째 열은 'y 데이터'를 대변하는 식이다. 변수가 많아지면 그 수에 대응해서 '열'의 수도 증가하고 동일하게 대각선 영역 이외의 자리엔 '공분산'들로 채워진다. 이때 차원 축소를 위해서 '고유 값'과 '고유 벡터'가 도입된다. 우선 정의에 따른 표기는 다음과 같다[Eigenvalue Equation(or Problem)].

$$A\vec{x} = \lambda\vec{x}, \quad 즉 \begin{bmatrix} 7.4 & 3.9 \\ 3.9 & 6.6 \end{bmatrix} \vec{x} = \lambda\vec{x}, \quad 또는 \begin{bmatrix} 7.4 & 3.9 \\ 3.9 & 6.6 \end{bmatrix} \begin{bmatrix} x \\ y \end{bmatrix} = \lambda \begin{bmatrix} x \\ y \end{bmatrix} \qquad (\text{III}.45)$$

식 (III.45) 중 세 번째 표기가 보기에도 좋아 자주 인용된다. 우선 모양새만 놓고 보면 행렬 'A'가 상수 '$\lambda$'로 변환된 것으로 관찰되나, 물리적 해석은 "행렬 'A'가 작용해서 벡터를 상수 배만큼 변환"한 것으로 해석한다. 우리의 상황에 조금 더 맞추면 변환의 결과로 '$\lambda$'가 여럿 나오며, 각 '$\lambda$'별로 벡터 (x, y)가 별도 존재한다. 이때 '$\lambda$'의 크기순으로 원 '공분산 행렬'의 '분산 크기'를 대변하게 되는데, 만일 가장 큰 '$\lambda$' 1개가 점유율이 매우 높으면(약 80% 이상) 이 '$\lambda$'와 해당 '벡터'를 이용하여 차원 축소를 이룰 수 있다. 물론 80% 이상의 점유율에 2개 이상의 '$\lambda$'가 포함되면 차원은 그 수만큼으로 결정된다. 여기서 '$\lambda$'를 '고유 값', 벡터를 '고유 벡터'라고 한다. 글로 보면 매우 어려울 것이므로 하나씩 풀어보도록 하자. 식 (Ⅲ.45)의 한쪽을 이항해 정리하면 다음과 같다(세 경우 모두 표기).

$$(A - \lambda I)\vec{x} = 0, \text{ or } \left[ \begin{bmatrix} 7.4 & 3.9 \\ 3.9 & 6.6 \end{bmatrix} - \lambda \begin{bmatrix} 1 & 0 \\ 0 & 1 \end{bmatrix} \right] \begin{bmatrix} x \\ y \end{bmatrix} = 0, \text{ or } \begin{bmatrix} 7.4 - \lambda & 3.9 \\ 3.9 & 6.6 - \lambda \end{bmatrix} \begin{bmatrix} x \\ y \end{bmatrix} = 0 \quad (Ⅲ.46)$$

식 (Ⅲ.46)에서 '$(A - \lambda I)\vec{x} = 0$'을 '특성 방정식(Characteristic Equation)'이라 하고, '$|A - \lambda I|$'를 별도로 '특성 다항식(Characteristic Polynomial)'이라고 부른다. 행렬을 계산하는 과정과 결과는 다음과 같다.[100]

$$\det \begin{bmatrix} 7.4 - \lambda & 3.9 \\ 3.9 & 6.6 - \lambda \end{bmatrix} = (7.4 - \lambda)(6.6 - \lambda) - 3.9^2 = 0 \quad (Ⅲ.47)$$

근의 공식을 통해, $\lambda = 10.9205, 3.0795$

식 (Ⅲ.47)의 2차 방정식을 '근의 공식'[101]으로 풀면 '고유 값'인 '$\lambda$'는 각각 '10.9205'와 '3.0795'를 얻는다. 또 이들 각각에 대응하는 '고유 벡터'를 얻으면 다음과 같다.

$$\lambda = 10.9205 \text{ 일 때, } \begin{bmatrix} 7.4 - 10.9205 & 3.9 \\ 3.9 & 6.6 - 10.9205 \end{bmatrix} \begin{bmatrix} x \\ y \end{bmatrix} = 0 \quad (Ⅲ.48)$$

행렬을 풀면 $-3.5205x + 3.9000y = 0 \Rightarrow y = \dfrac{3.5205}{3.9}x \quad \therefore \ y = 0.9027x$

$3.9000x - 4.3205y = 0$

고유벡터$_{\lambda = 10.9205}$ $\begin{bmatrix} x \\ y \end{bmatrix} = \begin{bmatrix} x \\ 0.9027x \end{bmatrix} = x \begin{bmatrix} 1 \\ 0.9027 \end{bmatrix} \qquad \therefore \ \begin{bmatrix} 1 \\ 0.9027 \end{bmatrix}$

---

100) '$n \times n$' 정방 행렬을 계산하는 방법은 별도의 자료를 참고하기 바람.
101) 관련 자료를 참조하기 바람.

$$\lambda = 3.0795 \text{ 일 때, } \begin{bmatrix} 7.4 - 3.0795 & 3.9 \\ 3.9 & 6.6 - 3.0795 \end{bmatrix} \begin{bmatrix} x \\ y \end{bmatrix} = 0 \tag{III.49}$$

행렬을 풀면 $4.3205x + 3.9000y = 0 \Rightarrow y = \dfrac{-4.3205}{3.9}x \quad \therefore y = -1.1078x$

$$3.9000x + 3.5205y = 0$$

고유벡터$_{\lambda = 3.0795}$ $\begin{bmatrix} x \\ y \end{bmatrix} = \begin{bmatrix} x \\ -1.1078x \end{bmatrix} = x \begin{bmatrix} 1 \\ -1.1078 \end{bmatrix} \quad \therefore \begin{bmatrix} 1 \\ -1.1078 \end{bmatrix}$

식 (III.48)과 식 (III.49)를 요약하면 다음과 같다.

$$\{ \text{고유값, 고유벡터} \} = \left\{ \begin{bmatrix} 10.9205 & 0 \\ 0 & 3.0795 \end{bmatrix}, \begin{bmatrix} 1 & 1 \\ 0.9027 & -1.1078 \end{bmatrix} \right\} \tag{III.50}$$

'고유 값'은 [표 III-20]에 나열된 '원 자료' 변수들의 '분산의 크기'를 반영한다. 따라서 식 (III.50)의 '고유 값=10.9205'는 전체 변동의 '약 78%[=10.9205÷(10.9205+3.0795)]'를 설명한다.[102] 가장 큰 '고유 값'과 관련된 '고유 벡터'가 '(1, 0.9027)'이므로 이 '주성분(새롭게 정립된 축)' 한 개만으로 기존 데이터를 '약 78%' 설명할 수 있다. 내용이 바로 와 닿지 않을 것 같아 [그림 III-62]를 작성해보았다.

[그림 III-62]에는 '주성분 분석'을 이용한 '차원의 축소' 과정과 결과의 모든 내용이 담겨 있다. 그림의 왼쪽은 '원 자료'와 '산점도'이고, 오른쪽은 차원이 축소된 결과이다. 그림의 중간에 위치한 '화살표' 바로 아래쪽에 '원 자료'의 '공분산 행렬'로부터 얻어진 가장 큰 '고유 값(10.9205)'과 해당 '고유 벡터(1, 0.9027)'를 기록하고 있으며(파란색 숫자), 화살표 위쪽엔 그 '고유 벡터'로부터 얻어진 새로운 축(성분)인 '주성분(PC$_1$)'을 정의하고 있다(빨간색 1차 함수). 'PC'는 'Principal Component'의 첫 자를 딴 표기다. 이 '주성분'에

---

102) 최용석·정광모(2001), 『실무자를 위한 MINITAB 다변량 분석』, 이레테크, pp.38~42.

'원 자료'의 각 'x 값', 'y 값'을 대입하면 '주성분'상의 새로운 변환 값들을 얻는다. 즉, '두 개 축(x, y)'이 '한 개 축($PC_1$)'으로 '축소'된 것이다.

[그림 III-62] '차원의 축소' 과정 및 결과 개요도

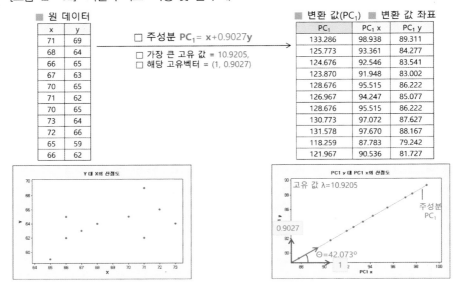

그림의 오른쪽 아래 '산점도'를 보면 '고유 벡터' 중 'x-축 성분'인 '1'과 'y-축 성분'인 '0.9027'을 토대로 새로운 1개 축, 즉 '주성분($PC_1$)'이 형성되었음을 표기하고 있고, 이 축상에 변환된 값들이 분포한다(산점도상 빨간 타점들). 단, 기존 xy-좌표축상에 겹쳐 표시하기 위해 '$\tan\theta = 0.9027/1$'로부터 '$\theta ≒0.7343$라디안(42.073°)'을 구해 변환 값들의 'x', 'y' 좌표 값[103]들을 각각 얻은 뒤 함께 타점하였다. 지금까지의 작업을 미니탭 「통계 분석(S) > 다변량

---

103) 각도 '$\theta$'를 얻기 위해서는 $\tan^{-1}(0.9027/1)≒0.7343$라디안(약 42.073°)이며, 엑셀 함수로는 '=Degrees (Atan(0.9027/1))'을 통해 '42.073°'를 얻는다. 각 '변환 값'의 좌표는 'x=변환 값×$\cos(\theta)$', 'y=변환 값×$\cos(90-\theta)$'을 이용한다. 엑셀 경우 '$\theta$' 대신 '라디안' 값을 이용하니 계산에 주의하기 바란다.

분석(<u>M</u>) > 주성분 분석(<u>P</u>)…」을 통해 얻으면 다음 [그림 Ⅲ-63]과 같다.

[그림 Ⅲ-63] 미니탭을 이용한 '주성분 분석' 과정 및 결과

　　[그림 Ⅲ-63]의 왼쪽은 '원 자료'를, 가운데는 '주성분 분석'의 입력 '대화 상자', 오른쪽 그림은 '세션 창' 결과 화면이다. '세션 창' 중 '고유 값'은 '10.920, 3.080'으로 직접 계산한 값과 동일하나 '고유 벡터'는 '$\lambda$=10.920' 경우 '$PC_1$(0.742, 0.670)'으로 차이를 보인다. 그러나 'x'의 '0.742'로 나누면 '$PC_1$(1, 0.90297)'로 같아진다. '고유 값'별 '고유 벡터'는 여럿 존재하며 상기 예와 같이 그 비율이 같으면 동일한 결과로 간주한다.[104]

　　'차원의 축소'를 설명하기 위해 [표 Ⅲ-20]의 2차원(x, y)을 1개 차원($PC_1$)으로 줄이는 예를 보였다. 그러나 '원 자료'의 차원이 두 개가 아닌 여럿이라면 축소된 차원이 1개가 아닌 두 개 또는 세 개가 될 수 있다. '대응 분석'에서는 통상 '$PC_1$'과 '$PC_2$'처럼 2차원으로 축소하는 경우가 대부분이며, 이때 '고유 값'과 '고유 벡터' 역시 각각 두 개를 선택한다.

---

104) 미니탭은 행렬을 '직교 행렬'로 변환하기 위해 '그람슈미트 직교정규화(Gram-Schmidt orthonormalizing)' 처리를 함(필요 시 '위키백과' 참조).

본문의 예로 돌아와 [그림 Ⅲ-60]에 보인 바와 같이 [표 Ⅲ-19]의 행렬 각 3차원씩을 2차원으로 축소하는 과정이 필요하다. 미니탭 '대응 분석' 기능을 이용하면 [표 Ⅲ-14]의 '원 자료'로도 바로 결과를 얻을 수 있다. 그러나 '연속 자료'가 아닌 '표 형식'이란 차이점 때문에 번거롭지만 미니탭과 동일한 결과를 얻기 위해 [표 Ⅲ-19]를 이용한 몇 가지 절차를 더 거쳐야 한다. 이 때 도입돼야 할 것이 행렬의 '특이 값 분해'이다.

### 7) 특이 값 분해(Singular Value Decomposition)[105]

중학교 때인 것으로 기억된다. 교과 과정 중 '인수분해'란 단원을 배우면서 한 학년 전체가 수학 시간을 마치 공포 체험 시간으로 간주했던 적이 있다. 수학 선생님이 몇 명 호명하면 앞으로 나가 미리 제시한 다항식들의 인수분해를 하는 것인데 못하거나 틀리면 그 자리에서 30대씩 회초리를 맞곤 했었다. 기운도 좋으셨지 모두 틀리기라도 하면 "설마 모두 다는 못 때리시겠지!" 같은 실낱같은 희망은 애당초 기대하기 어려웠다. 그래서 수학이 있던 날은 앞서 고초를 치른 다른 반들을 찾아다니며 "오늘 호명 번호는 뭐로 했어? 또 날짜 끝자리니? 20번대? 아님…" 뭐 이런 초고속 정보들을 주고받느라 무척 분주한 시간들을 보내곤 했다. 그런 효과 때문인지 '인수분해'란 낱말이 아직도 찌릿하게 들린다. 당시 수학 선생님의 의도가 여기에 있었던 것일까?(^^!) 아무튼 현 단계에서 필요한 지식이 바로 '인수분해'란 것이다. '인수분해'란 "주어진 정수(整數) 또는 다항식(多項式: 整式)을 몇 개의 인수의 곱의 꼴로 변형하는 일로, 예컨대 $ac+bc+ad+bd=(a+b)(c+d)$로 되며, 좌변의 식인 '$ac+bc+ad+bd$'를 우변의 식 '$(a+b)(c+d)$'로 변형하는 것을 말한다"이다.

'대응 분석'을 통해 '분할 표' 내 정보들을 좌표평면에 도시하기 위해서 시작점이라 할 수 있는 [표 Ⅲ-19]와 개념도인 [그림 Ⅲ-60]을 상기해보자.

---

105) '비정칙값 분해'라고도 한다. '비정칙 행렬'이란 '역행렬'이 존재하지 않는 행렬이다.

만일 [표 Ⅲ-20]의 예처럼 '연속 자료'일 경우 미니탭의 '주성분 분석' 기능을 이용해 적절한 결과를 바로 얻어볼 수 있으나 [그림 Ⅲ-60]은 '분할 표' 안의 정보를 '행'과 '열'로 분리해 각각의 벡터를 축소된 차원의 평면에 타점해야 하는 번거로움을 암시한다. 어떻게 '행'과 '열'을 분해할 수 있을까? 이에 대한 해답에 '특이 값 분해(**Singular Value Decomposition**)'가 있다. 주어진 '행렬'을 '행'과 '열'의 형태로 분해, 즉 '인수분해'하는 것이다. '인수분해' 후 각 '행'과 '열'별로 좌표를 지정하면 2차원 좌표평면상에 관계도가 완성된다. 다음은 '특이 값 분해'의 사전적 정의이다.

---

• **특이 값 분해**(SVD, Singular Value Decomposition) (위키백과) 행렬을 특정한 구조로 분해하는 방식으로, 신호 처리와 통계학 등의 분야에서 자주 사용된다. m×n 행렬 T가 다음과 같은 세 행렬의 곱으로 분해된다.

$$T = U \Sigma V^*$$

　- 'U'는 m×m 크기를 가지는 직교 행렬이다.
　- 'Σ'는 m×n 크기를 가지며, 대각선상에 있는 원소의 값은 음수가 아니며 나머지 원소의 값이 모두 0인 대각행렬이다.
　- 'V*'은 V의 켤레전치 행렬로, n×n 유니터리 행렬이다.

---

　참고로 행렬 'U의 열'을 특히 'Left Singular Vectors', 행렬 'V의 열'을 'Right Singular Vectors'라고 부른다. 'V*'는 '전치 행렬'이며 "mxn행렬의 행과 열을 바꾸어 넣은 nxm행렬"을 말한다. 이후 'SVD'의 사례를 소개할 때 간단히 알아보도록 하겠다. '특이 값 분해(이하 'SVD')'는 벡터 공간, 벡터, 선형 변환, 행렬, 연립 선형 방정식 등을 연구하는 '선형대수학'에서 다룬다. 다음 [그림 Ⅲ-64]는 이해를 돕기 위해 [그림 Ⅲ-60]과 분해 식인 'SVD'를 연결한 개념도이다.

[그림 Ⅲ-64] '분할 표'와 'SVD' 관계 개념도

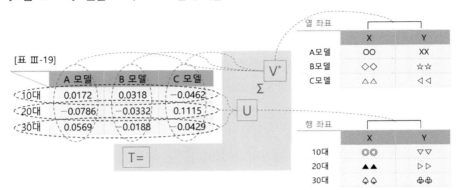

[그림 Ⅲ-64]에서 [표 Ⅲ-19]의 '행벡터'는 'SVD' 식 중 'U'와 연결되며, 이를 통해 '행 좌표'를 얻는다. 동일하게 '열벡터'는 'V*'와 연결되며 이를 통해 '열 좌표'를 얻는다. 이 개념도로써 '대응 분석'의 주요 내용들은 거의 정리된 듯하다. 남은 것은 약간의 수학적 처리절차뿐이다. 'T=UΣV'를 아직 완전하게 이해하지 못한 상황이지만 한 가지 더 추가하겠다. 다음을 보자.

---

· **고유 값 분해**(Eigenvalue Decomposition) (위키백과) '특이값 분해'의 한 유형이다. 행렬 T가 양의 정부호인 에르미트 행렬일 때 T의 모든 '고유 값'은 음이 아닌 실수이며, 이때 T의 '특이 값'과 '특이 벡터'는 T의 '고유 값' 및 '고유 벡터'와 같아진다. 일반적으로 T의 '특이 값 분해'가 주어졌을 때 다음의 두 식이 성립한다.

－ $T^*T=(V\Sigma^*U^*)U\Sigma V^*=V(\Sigma^*\Sigma)V^*$
－ $TT^*=(U\Sigma V^*)V\Sigma^*U^*=U(\Sigma\Sigma^*)U^*$

두 식의 우변은 좌변의 '고유 값 분해'를 나타낸다. 즉, T의 0이 아닌 '특이 값'들의 제곱은 $T^*T$와 $TT^*$의 '고유 값'들과 같다. 또한 U는 $TT^*$의 '고유 벡터'이고 V는 $T^*T$의 '고유 벡터'이다.

---

다른 말은 그렇다 치고 '고유 값 분해'의 정의 중 맨 아래 빨간색으로 강조된 내용을 보자. 이 내용과 '특이 값 분해'의 정의를 합치면 다음과 같은 내용을 유도할 수 있다.

---

· **고유 값 분해**(Eigenvalue Decomposition) (필자) SVD인 '$T = U\Sigma V^*$'을 얻으려면, 다음과 같이 접근한다.
 − 행렬 U를 얻는 방법: '행렬 T'와 'T의 전치 행렬'을 곱해서 나온 행렬로 '고유 값'과 '고유 벡터'를 구한다. 이때의 '고유 벡터'가 '행렬 U'이다.
 − 행렬 V를 얻는 방법: '행렬 T의 전치 행렬'과 'T'를 곱해서 나온 행렬로 '고유 값'과 '고유 벡터'를 구한다. 이때의 '고유 벡터'가 '행렬 V'이다.
 − 행렬 Σ를 얻는 방법: 앞서 구해진 '고유 값'의 제곱근을 구해 '대각 행렬'을 만든다.

---

설명된 방법으로 'T=UΣV$^*$'를 얻으면 이를 이용하여 각 '행과 열의 좌표'를 얻을 수 있다. 이에 대해서는 다음 소단원으로 미루고 여기서는 [표 Ⅲ−19]를 이용하여 '고유 값 분해(인수분해)'를 통해 'T=UΣV$^*$' 형태를 만들어보자.

$$U\text{의 } Eigenanalysis;\ TT^* = \begin{bmatrix} 0.0172 & 0.0318 & -0.0462 \\ -0.0786 & -0.0332 & 0.1115 \\ 0.0569 & -0.0188 & -0.0429 \end{bmatrix} \begin{bmatrix} 0.0172 & 0.0318 & -0.0462 \\ -0.0786 & -0.0332 & 0.1115 \\ 0.0569 & -0.0188 & -0.0429 \end{bmatrix}^T \quad (\text{Ⅲ}.51)$$

$$= \begin{bmatrix} 0.0172 & 0.0318 & -0.0462 \\ -0.0786 & -0.0332 & 0.1115 \\ 0.0569 & -0.0188 & -0.0429 \end{bmatrix} \begin{bmatrix} 0.0172 & -0.0786 & 0.0569 \\ 0.0318 & -0.0332 & -0.0188 \\ -0.0462 & 0.1115 & -0.0429 \end{bmatrix}$$

$$= \begin{bmatrix} 0.0034415 & -0.0075590 & 0.0023628 \\ -0.0075590 & 0.0197125 & -0.0086315 \\ 0.0023628 & -0.0086315 & 0.0054315 \end{bmatrix}$$

행렬은 모두 미니탭에서 간단히 계산할 수 있다. 다음 [그림 Ⅲ−65]는 '행렬 M'의 메모리 저장 예이다. 원 행렬이 저장되면 식 (Ⅲ−51)의 '전치' 및 '곱 계산'이 가능하다(미니탭 「데이터(<u>A</u>) > 복사(<u>C</u>) > 열을 행렬로(<u>U</u>)…」).

[그림 Ⅲ-65] '행렬 T'의 미니탭 메모리 저장 예

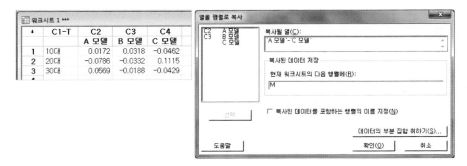

필요하다면 저장된 행렬은 미니탭 「데이터(<u>A</u>) > 데이터 표시(<u>I</u>)…」에서 확인할 수 있다. 저장된 행렬로 '전치(Transpose)'와 '곱'을 수행하기 위해서는 다음 [그림 Ⅲ-66]을 수행한다(미니탭 「계산(<u>C</u>) > 행렬(<u>M</u>) > 전치(<u>T</u>)… 및 산술 연산(<u>A</u>)…」).

[그림 Ⅲ-66] '행렬 T'의 '전치'와 곱 'TT*' 구하기

'행렬 TT*'는 [그림 Ⅲ-66]의 오른쪽 '대화 상자'에서 'M3'에 저장돼 있음을 알 수 있다. 다음은 '행렬 TT*'의 '고유 벡터'와 '고유 값'을 구할 차례다.

위치는 「계산(<u>C</u>) > 행렬(<u>M</u>) > 고유 분석(<u>E</u>)…」이며, 이때 구해진 '고유 벡터'
는 'T=UΣV<sup>*</sup>'에서 'U'에 해당한다.

[그림 Ⅲ-67] '행렬 TT*'의 '고유 벡터(U)'와 '고유 값' 구하기

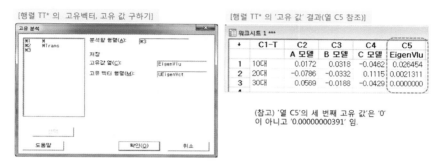

[그림 Ⅲ-67]에서 '고유 값'은 'EigenVlu'라는 열 이름으로 워크시트에 저
장되도록, '고유 벡터(U)' 행렬은 'UEigenVct'로 메모리에 저장하였다. 저장된
행렬은 미니탭 「데이터(<u>A</u>) > 데이터 표시(<u>I</u>)…」에서 확인 가능하고. '세션 창'
결과는 다음 [그림 Ⅲ-68]과 같다.

[그림 Ⅲ-68] '행렬 TT*'의 '고유 벡터(U)'

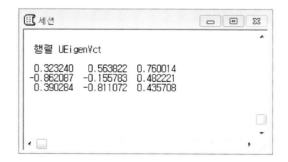

[그림 Ⅲ-68]의 결과로부터 'SVD'인 'T=UΣV$^*$'에서 'U'를 얻었다. 함께 얻은 '고유 값'은 'V'와 공유돼야 하기 때문에 이어서 얻어질 'T$^*$T'의 '고유 벡터' 및 '고유 값'을 감안해야 한다. 그러나 앞으로 알게 되겠지만 'T$^*$T'의 '고유 값'은 'TT$^*$'의 그것과 동일하며, 따라서 'TT$^*$'의 '고유 값'을 '제곱근'하면 곧 'Σ'가 된다. 이제 행렬 'T$^*$T'를 이용해 '고유 벡터' 'V'를 얻어보자.

'행렬 V'를 얻기 위해서는 우선 '행렬 T$^*$T'를 얻어야 하므로 미니탭 「계산(C) > 행렬(M) > 산술 연산(A)…」에 들어가 [그림 Ⅲ-66]과 동일하게 연산한다. 다음 [그림 Ⅲ-69]는 '대화 상자' 입력 예와 그 결과이다. 참고로 '대화 상자' 내 '결과 저장 위치(R):'에 'M5'가 입력돼 있으며, 이것은 미니탭 메모리 주소 'M5'에 '행렬 T$^*$T'가 저장돼 있음을 나타낸다. 그림의 오른쪽 '세션 창'은 미니탭 「데이터(A) > 데이터 표시(I)…」에서 확인한 'M5'의 내용, 즉 '행렬 T$^*$T'를 나타낸다.

[그림 Ⅲ-69] '행렬 T*T' 구하기와 '세션 창' 결과

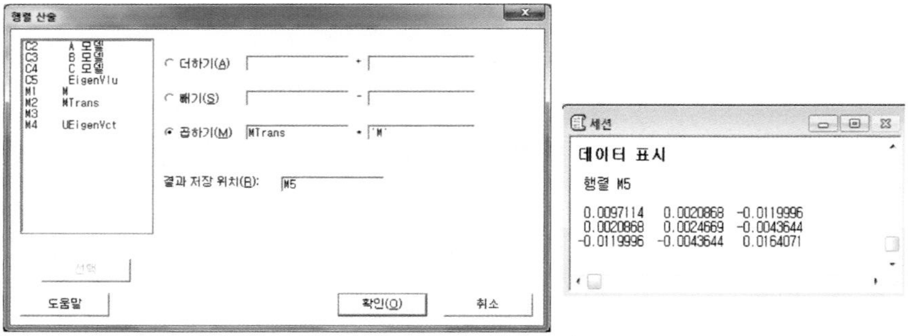

'SVD'인 'T=UΣV$^*$' 중 'V'를 얻기 위해 [그림 Ⅲ-69]의 '행렬 T$^*$T'에 대한 '고유 값 분석'을 수행한다. 이것은 [그림 Ⅲ-67]과 동일하게 「계산(C) > 행렬

(M) > 고유 분석(E)…」에서 수행하며, 이때 구해진 '고유 벡터'는 'T=UΣV*' 중 'V'에 해당한다. 다음 [그림 Ⅲ-70]은 '대화 상자' 입력 예와 그 결과이다.

[그림 Ⅲ-70] '행렬 T*T'의 '고유 벡터(V)'와 '고유 값' 구하기

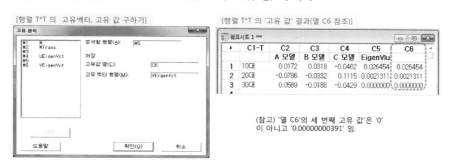

[그림 Ⅲ-70] 내 '대화 상자'에서 '고유 값'은 워크시트 'C6'에 저장되도록 설정했으며, 그 값은 '행렬 TT*'의 그것(열 C5)과 동일하다. '고유 벡터 (V)' 행렬은 'VEigenVct'로 메모리에 저장하였다. 'SVD'인 'T=UΣV*' 중 'V*'는 'V의 전치'이므로 「계산(C) > 행렬(M) > 전치(T)…」에서 'V*'를 별도로 얻는다. 저장된 행렬 'V'와 'V*'는 미니탭 「데이터(A) > 데이터 표시(I)…」에서 확인 가능하고, 그 결과는 다음 [그림 Ⅲ-71]과 같다.

[그림 Ⅲ-71] '행렬 T*T'의 '고유 벡터(V)'와 그 전치 'V*'

결론적으로 'SVD'인 'T=UΣV*'는 '고유 벡터 U, V'에 해당하는 [그림 Ⅲ -68], [그림 Ⅲ-71]과 '고유 값 Σ'에 해당하는 [그림 Ⅲ-67] 또는 [그림 Ⅲ-70]에 의해 다음과 같이 정리된다('Σ'는 앞서 구한 '고유 값'의 '제곱근 (√)'을 구한 뒤 '대각 행렬'로 나타냄).

$$( T = U\Sigma V^*$$ 

(Ⅲ.52)

$$= \begin{bmatrix} 0.32324 & 0.56382 & -0.76001 \\ -0.86209 & -0.15578 & 0.48222 \\ 0.39028 & -0.81107 & 0.43571 \end{bmatrix} \begin{bmatrix} 0.16265 & 0 & 0 \\ 0 & 0.04616 & 0 \\ 0 & 0 & 0.00006 \end{bmatrix} \begin{bmatrix} -0.58732 & -0.19406 & 0.78574 \\ 0.52439 & -0.83074 & -0.18680 \\ -0.61650 & -0.52175 & -0.58967 \end{bmatrix}$$

$$= \begin{bmatrix} -0.01726 & -0.03185 & 0.04614 \\ 0.07856 & 0.03317 & -0.11154 \\ -0.05693 & 0.01877 & 0.04287 \end{bmatrix}$$

식 (Ⅲ.52)의 맨 끝 행렬은 [표 Ⅲ-19]와 일치하는지 확인해보기 위해 'SVD' 인 'T=UΣV*'를 미니탭 「계산(C) > 행렬(M) > 산술 연산(A)…」을 통해 역 계 산한 결과이다. 즉, 맨 끝의 행렬은 최초 행렬인 [표 Ⅲ-19]가 행과 열벡터로 인수분해 되었기 때문에([그림 Ⅲ-64]의 '분할 표와 SVD 관계 개념도' 참 조) 최초 행렬인 [표 Ⅲ-19]와 정확히 일치해야 한다. 다음 [그림 Ⅲ-72]는 '본 데이터, T'인 [표 Ⅲ-19]와 그를 '인수분해'해 역으로 계산한 식 (Ⅲ.52) 의 결과를 비교하고 있다.

[그림 Ⅲ-72] '본 데이터, T'와 '인수분해' 역 계산을 통한 결과 비교

[표 Ⅲ-19] 본 데이터(T)

| | A 모델 | B 모델 | C 모델 |
|---|---|---|---|
| 10대 | 0.0172 | 0.0318 | −0.0462 |
| 20대 | −0.0786 | −0.0332 | 0.1115 |
| 30대 | 0.0569 | −0.0188 | −0.0429 |

['인수 분해'로부터 역으로 '본 데이터'를 얻은 결과]

$$\begin{bmatrix} -0.01726 & -0.03185 & 0.04614 \\ 0.07856 & 0.03317 & -0.11154 \\ -0.05693 & 0.01877 & 0.04287 \end{bmatrix}$$

그런데 안타깝게도 '인수분해' 후 역 계산을 통해 얻은 결과는 절댓값은 같지만 '본 데이터'인 [표 Ⅲ-19]와 비교해 부호가 모두 반대로 나타났음을 알 수 있다. 이런 현상은 비단 [표 Ⅲ-19]의 '본 데이터'뿐만 아니라 다른 행렬을 갖고 시도해도 일치하지 않는 결과를 얻었다. 이에 직접 수작업으로 'SVD'를 계산해 단계별로 미니탭 결과와 하나씩 비교한 바로는 '고유 벡터'인 'U'와 '고유 값'인 'Σ'는 미니탭과 정확히 일치하나 'V'의 열벡터를 선택하는 방법(부호 선정)에 차이가 있었으며, 이런 차이가 'V의 전치'를 구할 때 다른 결과로 나타나 급기야 오류(?)를 범하는 것으로 확인되었다. 따라서 '대응 분석'을 위한 좌표 산정 시 '고유 벡터 V의 전치' 사용은 안 되는데, 상세히 따져본 결과 다행히 미니탭 경우 좌표 계산 시 'V의 전치'는 사용되지 않고 있었다. 좌표 산정은 다음 단원에서 언급할 것이다.

여기까지 장시간에 걸쳐 많은 절차를 거쳐 온바, 결론만 요약하면 [표 Ⅲ-19]의 '본 데이터'를 2차원 평면에 시각화시키기 위해 '열벡터'와 '행벡터'로 분리할 필요가 있었고, 이를 위해 '인수분해'가 유도되었다. 다음은 이 '인수분해'를 활용해 각 '행벡터'와 '열벡터'들의 '좌표'를 구하는 일이 남았다. 이에 대해 알아보자.

## 8) '행벡터'와 '열벡터'의 좌표 산정

좌표를 산정하기 전에 그 점들을 찍어 관찰할 공간, 즉 '성분(Component, 축에 해당) 수'를 결정해야 한다. 성분 수가 2개면 '2차원 평면'이고, 3개면 '3차원 공간'을 의미한다. '단순 대응 분석' 경우 이미 2개의 성분(또는 축)을 전제해왔으나 미니탭 경우 다음의 기준으로 성분을 결정한다.

> · '성분 수' 결정 (미니탭 도움말) 최소 성분 수는 1입니다. r개의 행과 c개의 열이 있
> 는 분할 표에 대한 최대 성분 수는 (r−1) 또는 (c−1) 중 더 작은 값입니다. 최대 성
> 분 수는 프로파일을 투영하는 부분 공간의 차원과 같습니다. 기본 성분 수는 2입니다.

미니탭 메뉴의 '대응 분석'으로 들어가 '대화 상자'를 열면 기본 '성분 수
=2'로 설정돼 있다. 최소 성분 수는 '1개'까지 가능하나 두 변수의 범주 간
관련성을 따지는데 1개 축상에 점들로 표현되는 경우는 매우 드물다. 본문의
예 경우 [표 Ⅲ−19]를 얻는 데 쓰인 원 '분할 표'는 [표 Ⅲ−14]인 '3행x3
열'로 이루어져 있다. 따라서 적정한 '성분 수'는 "r−1 또는 c−1 중 최솟값"
에 따라 '2개'가 적정하다. 2차원 평면에 시각화시키는 것이 유용하다는 의미
다. 이때 '성분 2개'로의 표현이 과연 [표 Ⅲ−19]를 얼마나 잘 대변할 것인
가의 측도가 필요한데 여기에 쓰이는 값으로 [그림 Ⅲ−67]과 [그림 Ⅲ−70]
에서 얻었던 '고유 값'을 이용한다(둘의 값은 동일). 식 (Ⅲ.45)에 언급된
'Eigenvalue Equation'을 상기하자.

$$\vec{A}\vec{x} = \lambda \vec{x}, \quad \begin{bmatrix} 7.4 & 3.9 \\ 3.9 & 6.6 \end{bmatrix} \begin{bmatrix} x \\ y \end{bmatrix} = \lambda \begin{bmatrix} x \\ y \end{bmatrix} \tag{Ⅲ.53}$$

만일 '행렬 A'가 '공분산 행렬(분산을 기반으로 한 행렬)'이면 '고유 값, λ'
는 동일하게 '분산'을 대변하는 측도가 된다. 유사하게 본문의 예 경우 '행렬
A'에 대응하는 [표 Ⅲ−19]가 '관성'으로 표기돼 있으므로[106] [그림 Ⅲ−67]
또는 [그림 Ⅲ−70]의 '고유 값, λ' 역시 '관성'을 나타낸다. 결국 각 '관성'이
차지하는 '점유율'을 통해 전체 '분할 표'를 몇 개의 '성분 수'가 얼마만큼 대

---

106) 실제는 '방향(부호)'을 고려한 '관성의 제곱근'임.

변할지를 확인할 수 있다.107) 다음은 지금까지 논의된 '성분 수'에 대한 요약이다.

[표 Ⅲ-21] '성분 수' 결정과 '설명력'

| 성분(축) | 고유 값(λ) [or 관성(Inertia)] | 비율 | 누적 |
|---|---|---|---|
| 1 | 0.026454 | 0.925450 | 0.9255 |
| 2 | 0.002131 | 0.074549 | 1.0000 |
| 전체 | 0.028585 | - | - |

[표 Ⅲ-21]로부터 '고유 값'을 합친 '누적'이 단 두 개 값만으로도 본 데이터 설명력이 '100%'가 됨을 알 수 있다. 즉, 두 개 성분(축)만으로 본 데이터를 거의 완벽하게 설명할 수 있다는 뜻이다. 다음의 2차원 공간(x-y 좌표평면)은 설명된 내용에 대한 개념도이다.

[그림 Ⅲ-73] '성분(축)'과 '좌표' 개념도

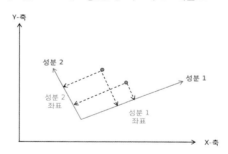

---

107) '고유 값'으로부터 '고유 벡터'를 유도하는 과정이 생략돼 있어 다소 이해가 안 되는 부분이 있을 수 있다. 예로써 '고유 값(λ)'이 2개 나왔다면 각 '고유 값'에 해당하는 '열벡터'가 유도되며, 이들을 모아 행렬로 표기한 것이 '고유 벡터'다. 이를 이용하면 '고유 값'의 누적 점유율을 통해 필요 '성분 수' 및 그들의 본 데이터 '설명 정도'를 확인할 수 있다.

[그림 Ⅲ−73]의 '성분 1'과 '성분 2'는 [표 Ⅲ−21]의 평가로부터 결정된 축 수(數)이고, 이들은 식 (Ⅲ.51)의 '인수분해'에 포함된 벡터 'U' 및 'V'와 관계한다. 또 '본 데이터'인 [표 Ⅲ−19]의 '행벡터'와 '열벡터'를 나타낼 각 점들의 '좌표([그림 Ⅲ−73]에서 각 성분에 사영된 점)'들은 '인수분해'인 'UΣV*'에서 행렬로 표기할 때 다음과 같다(참 어렵다!).

[표 Ⅲ−19] 내 행벡터들의 좌표 ----------------------> $D_행^{-1/2}U\Sigma = D^{-1/2}TV$     (Ⅲ.54)

[표 Ⅲ−19] 내 열벡터들의 좌표 ----------------------> $D_열^{-1/2}V\Sigma$

'UΣ'의 의미는 '본 데이터'의 행벡터를 대변할 값 'Σ'를 '벡터 U'에 사영함으로써 '성분 1'과 '성분 2'의 좌표 점을 얻는 구조이다. 특히 'UΣ'는 'SVD'인 인수분해 'T=UΣV*'로부터 양변에 'V'를 곱했을 때, 'TV=UΣV*V'에서 'V*V=I(단위 행렬)'을 이용한 것이다. 미니탭의 각 좌표 값 계산은 모두 '행렬 V'를 기준으로 수행되기 때문에 해당 식을 추가하였다. 여기서 '행렬 T'는 '본 데이터'인 [표 Ⅲ−19]를 나타낸다. 'VΣ'는 '본 데이터'의 열벡터를 대변할 값 'Σ'를 '벡터 V'에 사영함으로써 '성분 1'과 '성분 2'의 좌표 점을 얻는 구조이다. 또 '$D_행^{-1/2}$' 또는 '$D_열^{-1/2}$'는 '본 데이터'인 [표 Ⅲ−19]에 포함된 셀 값들이 '관성의 제곱근', 즉 '$\sqrt{질량 \times (카이제곱거리)^2}$'로 얻어졌으므로 '거리'로 환산하기 위해 '질량(Mass)의 제곱근'으로 다시 나눠줄 목적으로 도입되었다. 이것은 '대응 분석'이 거리의 가깝고 먼 측량으로부터 서로의 관련성을 따지기 때문이다. 참고로 행과 열에 대한 각 '질량(Mass)'은 [표 Ⅲ−16]에 나타낸 바 있다. 식 (Ⅲ.54)를 계산해 행벡터와 열벡터의 두 성분의 좌표 값을 구하면 다음과 같다(반올림 처리).

행벡터 좌표 $= D_{\text{행}}^{-1/2} TV$ (Ⅲ.55)

$$= \begin{bmatrix} 0.578 & 0 & 0 \\ 0 & 0.233 & 0 \\ 0 & 0 & 0.190 \end{bmatrix}^{-1/2} \begin{bmatrix} 0.0172 & 0.0318 & -0.0462 \\ -0.0786 & -0.0332 & 0.1115 \\ 0.0569 & -0.0188 & -0.0429 \end{bmatrix} \begin{bmatrix} -0.5873 & 0.5244 & -0.6165 \\ -0.1941 & -0.8307 & -0.5218 \\ 0.7857 & 0.1868 & -0.5897 \end{bmatrix}$$

열벡터 좌표 $= D_{\text{열}}^{-1/2} V\Sigma$

$$= \begin{bmatrix} 0.380 & 0 & 0 \\ 0 & 0.273 & 0 \\ 0 & 0 & 0.348 \end{bmatrix}^{-1/2} \begin{bmatrix} -0.5873 & 0.5244 & -0.6165 \\ -0.1941 & -0.8307 & -0.5218 \\ 0.7857 & 0.1868 & -0.5897 \end{bmatrix} \begin{bmatrix} 0.16265 & 0 & 0 \\ 0 & 0.04616 & 0 \\ 0 & 0 & 0.00006 \end{bmatrix}$$

행렬의 제곱근(1/2승)은 행렬 내 각 숫자를 제곱근하는 것과 동일하다. 또 행렬의 역수('−' 제곱)는 미니탭의 「계산(C) > 행렬(M) > 역행렬 구하기(I)…」에서 얻는다. 식 (Ⅲ.54)를 미니탭으로 계산해서 정리하면 다음과 같다.

행벡터 좌표 $= D_{\text{행}}^{-1/2} TV$ (Ⅲ.56)

$$= \begin{bmatrix} 1.3153 & 0 & 0 \\ 0 & 2.0717 & 0 \\ 0 & 0 & 2.2942 \end{bmatrix} \begin{bmatrix} 0.0172 & 0.0318 & -0.0462 \\ -0.0786 & -0.0332 & 0.1115 \\ 0.0569 & -0.0188 & -0.0429 \end{bmatrix} \begin{bmatrix} -0.5873 & 0.5244 & -0.6165 \\ -0.1941 & -0.8307 & -0.5218 \\ 0.7857 & 0.1868 & -0.5897 \end{bmatrix}$$

$$= \begin{bmatrix} 0.0226 & 0.0418 & -0.0608 \\ -0.1628 & -0.0688 & 0.2310 \\ 0.1305 & -0.0431 & -0.0984 \end{bmatrix} \begin{bmatrix} -0.5873 & 0.5244 & -0.6165 \\ -0.1941 & -0.8307 & -0.5218 \\ 0.7857 & 0.1868 & -0.5897 \end{bmatrix}$$

$$= \begin{bmatrix} -0.0692 & -0.0343 & 0.0001 \\ 0.2905 & 0.0150 & 0.0001 \\ -0.1456 & 0.0858 & 0.0000 \end{bmatrix}$$

열벡터 좌표 $= D_{\text{열}}^{-1/2} V\Sigma$ (Ⅲ.57)

$$= \begin{bmatrix} 1.6222 & 0 & 0 \\ 0 & 1.9139 & 0 \\ 0 & 0 & 1.6952 \end{bmatrix} \begin{bmatrix} -0.5873 & 0.5244 & -0.6165 \\ -0.1941 & -0.8307 & -0.5218 \\ 0.7857 & 0.1868 & -0.5897 \end{bmatrix} \begin{bmatrix} 0.16265 & 0 & 0 \\ 0 & 0.04616 & 0 \\ 0 & 0 & 0.00006 \end{bmatrix}$$

$$= \begin{bmatrix} -0.9522 & 0.8500 & -1.0009 \\ -0.3713 & -1.5905 & -0.9991 \\ 1.3324 & 0.3169 & -1.0001 \end{bmatrix} \begin{bmatrix} 0.16265 & 0 & 0 \\ 0 & 0.04616 & 0 \\ 0 & 0 & 0.00006 \end{bmatrix}$$

$$= \begin{bmatrix} -0.1549 & 0.0392 & -0.0001 \\ -0.0604 & -0.0734 & -0.0001 \\ 0.2167 & 0.0146 & -0.0001 \end{bmatrix}$$

사실 식 (Ⅲ.56), 식 (Ⅲ.57)의 맨 끝 행렬은 '대응 분석'의 기나긴 여정이 마무리되었음을 알리는 결과물이다. 애초 '원 관측치'인 [표 Ⅲ-15]의 '행벡터'와 '열벡터'들을 하나의 점으로 고려하여 2차원 좌표평면에 타점함으로써 그들 간 관련성을 시각적으로 파악하는 것이 주요 목적이었던 만큼 식 (Ⅲ.56), 식 (Ⅲ.57)의 결과를 다음과 같이 'xy-좌표평면'에 최종 정리한다.

[그림 Ⅲ-74] '원 분할 표'와 '대응 분석' 결과(행렬도(Biplot))

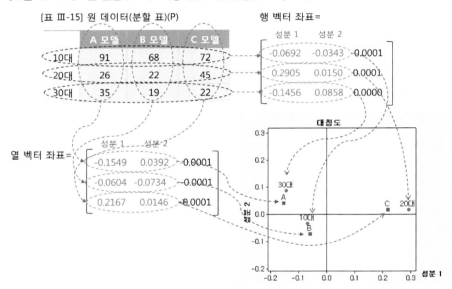

[그림 Ⅲ-74]가 좀 복잡해 보이지만 최초 '원 관측치([표 Ⅲ-15])'와 최종 '행렬도(Biplot)'를 연결 짓는다는 점에서 중요한 정보를 제공한다. 그림 왼쪽 상단의 표는 '원 관측치'인 [표 Ⅲ-15]이다. 또 오른쪽 하단의 2차원 좌표평면은 미니탭으로 얻은 '행렬도(Biplot)'이다. '행렬도'에 타점을 찍기 위해

‘원 분할 표’의 행벡터와 열벡터를 분해한 후 각 벡터들의 좌표를 얻은 것이
그림 내 “행벡터 좌표”와 “열벡터 좌표”로 표기돼 있다. 이들은 ‘행렬도’를 얻
기 위한 중간 과정으로 식 (Ⅲ.56)과 식 (Ⅲ.57)로부터 유도되었다. 세 번째
성분이 대부분 ‘0’에 근사하므로 [표 Ⅲ－21]에서 ‘고유 값’의 ‘누적’이 단 두
개 성분만으로도 설명력이 ‘100%’가 된다는 점과 일맥상통한다.

   결과 해석은 ‘행렬도’로부터 좌표점이 서로 근접한 “10대는 B모델”, “20대
는 C모델”, “30대는 A모델”에 강한 관심(선호함)을 보인다고 판단한다. 즉,
연령대와 제품 모델 간 선호도를 그림으로부터 쉽게 파악할 수 있다.


   지금까지 총 8단계의 소주제로 구분해 ‘원 관측치(분할 표)’부터 ‘행렬도’
를 얻기까지의 과정을 상세하게 알아보았다. 미니탭으로 돌리면 1초도 안 걸
리는 것이 이렇게 복잡한 단계를 거친다는 데 놀라지 않을 수 없다. 시중의
어떤 서적보다도 ‘단순 대응 분석’에 대해 완전에 가까운 해석을 달아놓아
이해의 폭을 넓혔다는 긍정 섞인 자평도 해보지만 덕분에 많은 지면 할애와
시간이 소요되었고 혹 관심도가 떨어지는 역효과가 날지도 모른다는 우려감
도 든다. 어떤 평가를 내놓든 독자들의 업무 분석에 좋은 응용 기회가 되기를
바란다.

   이제 ‘원 분할 표’인 [표 Ⅲ－15]를 이용해 미니탭으로 직접 ‘단순 대응 분
석’을 수행해보자(「통계 분석(S) ＞ 다변량 분석(M) ＞ 단순 대응 분석(S)…」).

[그림 Ⅲ-75] '원 관측치(분할 표)' 입력과 미니탭 '대화 상자'

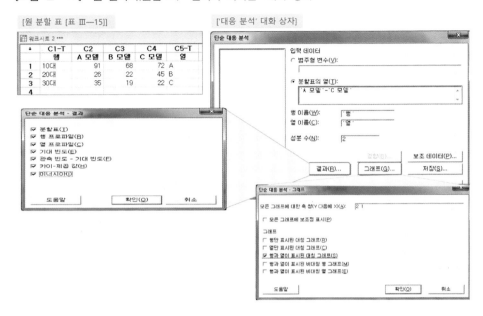

우선 미니탭 '워크시트'엔 '원 관측치(분할 표)'의 '행 이름'과 '열 이름'을 지정해줘야 한다. '대화 상자'는 [그림 Ⅲ-75]와 같이 입력하고 '결과(R)...'에 들어가 선택 사항 모두를, '그래프(G)...'는 "행과 열이 표시된 대칭도(S)"를 선택한다. '세션 창' 결과와 그래프는 다음 [그림 Ⅲ-76]과 같다.

[그림 Ⅲ-76] '단순 대응 분석' 세션 창 결과

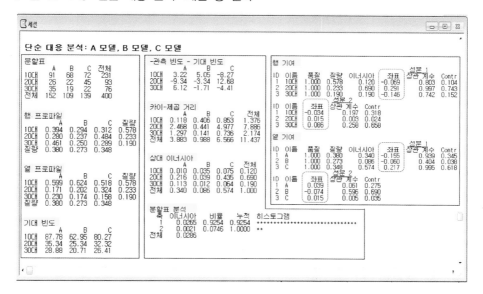

[그림 Ⅲ-76]은 내용이 많은 관계로 한눈에 볼 수 있게 편집해놓았다. 대부분 앞서 '1)~8)'의 세부 단계를 거치면서 설명된 부분들이라 다음과 같이 본문 내 해당되는 위치만 표기해놓았으니 보완이 필요한 독자는 불편하더라도 지정된 곳을 찾아 재학습해주기 바란다.

[표 Ⅲ-22] '세션 창' 내 항목과 본문 내 설명 위치

| 세션 창 항목 | 본문 내 설명 위치 | 비고 |
|---|---|---|
| 분할 표 | [표 Ⅲ-15] | '원 관측치(분할 표)[또는 '원 행렬(Primitive Matrix)]로 명명, 영문 표기는 'P.' |
| 행 프로파일 | [표 Ⅲ-17] | 해당 본문에 '프로파일' 설명됨 |
| 열 프로파일 | [표 Ⅲ-17] | 해당 본문에 '프로파일' 설명됨 |
| 기대 빈도 | 식 (Ⅲ.30) | '카이-제곱 검정' 설명 중 포함됨 |
| 관측 빈도-기대 빈도 | [그림 Ⅲ-54] | '카이-제곱 검정' 설명 중 포함됨 |

| 카아-제곱 거리 | [그림 Ⅲ-58], 식 (Ⅲ.34)~(Ⅲ.37) | '세션 창' 값들은 [그림 Ⅲ-54]에서의 '카이 제곱 기여도'이다. 실제 '카이 제곱 거리'와는 차이가 있다. '카아-제곱 거리=카이 제곱 기여도$_{ij}$×$1/n_{i+}$ (or $1/n_{+j}$)'의 관계가 있다. |
|---|---|---|
| 상대 이너시아 | [표 Ⅲ-18] | 본문의 [표 Ⅲ-18]은 '관성(Inertia)'이다. 이 표 내 각 셀을 '총 관성=0.0286'으로 나누면 '상대 이너시아'가 된다. |
| 분할 표 분석 | [표 Ⅲ-21] | 성분(축)들의 '원 관측치(분할표)'에 대한 설명 정도를 나타내며, 축 수의 결정에 이용된다. |
| 행 기여 | [그림 Ⅲ-74] | [그림 Ⅲ-74]의 좌표 값들에 대해 '세션 창'의 행별 좌표 값은 '행 기여' 내 (성분 1 좌표, 성분 2 좌표)와, 열별 좌표 값은 '열 기여' 내 (성분 1 좌표, 성분 2 좌표)와 각각 대응한다. 그 외의 품질, 질량, 이너시아, 상관 계수, 기여 등은 이후 별도의 설명이 있다. |
| 열 기여 | [그림 Ⅲ-74] | |

[그림 Ⅲ-76] 내 '행 기여'와 '열 기여' 항목들 중 본문에서 설명되지 않은 '품질(Quality)', '질량(Mass)', '이너시아('관성'을 의미)', '상관 계수', '기여(Contribution)'에 대해 알아보자.

### 1) 품질(Quality)

[표 Ⅲ-21]에서 각 '성분'들이 '원 관측치(분할 표)'를 얼마나 잘 설명하는지 평가한 결과 2개의 '성분(축)'만으로 100%에 가까운 설명력이 있음을 확인하였다. 그러나 [그림 Ⅲ-74]를 보면 '성분 1'과 '성분 2' 외에 고려되지 않은 '제3의 성분'이 존재하며, 그 값들이 거의 '0'에 가까워 산정에 포함시키지 않았다. 실제 '대응 분석'에서 나타날 수 있는 최대 성분(축) 수(또는 차원)는 '원 관측치(분할 표)'가 몇 개의 행과 열로 존재하는지에 달렸다. 이때 '행렬도(Biplot)'에 포함되지 않은 '성분'의 영향력이 크면 클수록 제외시켰을 때의 '대응 분석' 결과 신뢰도엔 악영향을 미친다. 즉, '결과 해석의 품질(Quality)'을 평가하기 위해 "전체 성분의 영향력 대비 선택한 성분의 영향력 비"를 구해 결과의 신뢰도를 확인할 목적으로 '품질'이 도입되었다. 이때 '영향력'을 어떻게 정량화할 것인가가 주요 논제가 된다. 다음 [그림 Ⅲ-77]은 '영향력'의

정량화를 위해 [그림 Ⅲ – 74]에서 '행벡터'만을 떼어 옮겨놓은 것이다.

[그림 Ⅲ – 77] '성분 수' 결정에 따른 '품질(Quality)'의 평가

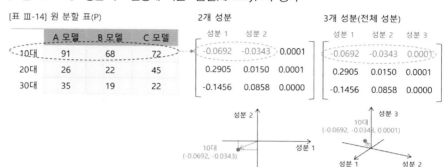

[그림 Ⅲ – 77]은 행벡터 '10대'에 대한 현재의 '2개 성분'을 선택한 경우와 최대 수인 '3개 성분'을 선택했을 때의 '행렬도'를 비교한 것이다. 해당 성분의 좌표 값이 미미할수록 그쪽 방향으로의 치우침은 상대적으로 줄어든다. 따라서 원점에서 각 점까지의 거리를 계산해서 그 비를 얻으면 '성분 수' 결정에 따른 신뢰도 측정이 가능하다. 이를 고려하여 각 행벡터 또는 열벡터의 '품질'은 다음과 같이 산정한다.

$$품질(Quality) = \frac{[\text{선택된 성분(차원) 수의 행렬도] 원점과 타점까지의 거리}^2}{[\text{최대 성분(차원) 수의 행렬도] 원점과 타점까지의 거리}^2} \qquad (Ⅲ.58)$$

식 (Ⅲ.58)을 적용해 [그림 Ⅲ – 77]의 행벡터 '10대'에 대한 '품질'은 다음과 같다.

$$품질(Quality)_{행.10대} = \frac{(-0.0692-0)^2 + (-0.0343-0)^2}{(-0.0692-0)^2 + (-0.0343-0)^2 + (0.0001-0)^2} \cong 1 \qquad (Ⅲ.59)$$

식 (Ⅲ.59)는 분모의 세 번째 성분이 거의 '0'이므로 결과 값은 당연히 '1'에 근접한다. 만일 선택되지 않은 성분의 값이 커진다면 '품질'은 '1'보다 작아질 것이며, '대응 분석'의 신뢰도 역시 떨어질 것이라 기대된다. [그림 Ⅲ-76] 경우 '행 기여'와 '열 기여' 모두 '품질'이 '1'이므로 2개 성분만으로 '원관측치'를 충분히 설명하고 있음을 알 수 있다.

## 2) 질량(Mass)

'원 관측치(분할 표)'에 대한 '질량'은 각 '행벡터'와 '열벡터'별로 산정되며, 이것은 이미 [표 Ⅲ-16]에서 자세히 설명한 바 있다.

[그림 Ⅲ-78] 각 '행벡터' 및 '열벡터'의 '질량'

| | 모델 A | 모델 B | 모델 C | 행 질량 (Row Mass) | |
|---|---|---|---|---|---|
| 10대 | 0.2275 | 0.1700 | 0.1800 | 0.5775 | '행 기여'의 '질량' |
| 20대 | 0.0650 | 0.0550 | 0.1125 | 0.2325 | |
| 30대 | 0.0875 | 0.0475 | 0.0550 | 0.1900 | |
| 열 질량 (Column Mass) | 0.3800 | 0.2725 | 0.3475 | | '열 기여'의 '질량' |

[표 Ⅲ-16]          [세션 창 결과]

'질량(Mass)'은 빈도들이 교차하는 '분할 표'에서 각 셀이 차지하는 '비중(점유율)'을 나타내며, '관성'이라는 개념 도입에 유용한 수단이다. 추가 정보가 필요한 독자는 [표 Ⅲ-16]과 관련 설명을 참조하기 바란다.

## 3) 이너시아(관성)

미니탭은 '이너시아'로 표기하지만 용어 '관성'이 일반적으로 쓰이는 표현이다. 이전도 그랬지만 이후에도 '관성'으로 통일하겠다. '세션 창' 결과에 표기된 '관성'은 사실은 '상대 관성'이다. [표 Ⅲ-18]을 참조하면 각 셀별로 '관성'이 계산돼 있으며, 각 셀을 '전체 관성'으로 나누면 '상대 관성'이 된다. '분할 표'의 각 셀을 '질량'이 있는 '질점'으로 가정하고 원점(평균 벡터)으로부터의 '거리'까지 고려해 이에 적합한 개념인 물리량 '관성'이 도입되었다. 따라서 '상대 관성'은 각 질점(셀)이 전체에 미치는 영향력의 표출이다. 다음 [그림 Ⅲ-79]는 [표 Ⅲ-18]로부터 계산된 '상대 관성'과 '세션 창' 결과와의 관계도이다.

[그림 Ⅲ-79] 각 '행벡터' 및 '열벡터'의 '관성(이너시아)'

[표 Ⅲ-18] 관성

|  | 모델 A | 모델 B | 모델 C | 합 |
|---|---|---|---|---|
| 10대 | 0.0003 | 0.0010 | 0.0021 | 0.0034 |
| 20대 | 0.0062 | 0.0011 | 0.0124 | 0.0197 |
| 30대 | 0.0032 | 0.0004 | 0.0018 | 0.0054 |
| 합 | 0.0097 | 0.0025 | 0.0164 | 0.0286 |

상대 관성

[세션 창 결과]

|  | 모델 A | 모델 B | 모델 C | 합 |
|---|---|---|---|---|
| 10대 | 0.01049 | 0.034965 | 0.073427 | 0.118881 |
| 20대 | 0.216783 | 0.038462 | 0.433566 | 0.688811 |
| 30대 | 0.111888 | 0.013986 | 0.062937 | 0.188811 |
| 합 | 0.339161 | 0.087413 | 0.573427 |  |

'행 기여'의 '이너시아'

'열 기여'의 '이너시아'

## 4) 상관 계수(Coefficient of Correlation)

'상관 계수'는 '가설 검정'의 '상관 분석'에 쓰이는 것과 비교할 때 광의로는 그 의미가 동일하나 협의로 보면 차이가 있다. '상관 분석'의 '상관 계수'는 "두 변수를 산점도로 나타냈을 때 직선상에 얼마나 다닥다닥 붙어 있는가의 정도"인 반면 '대응 분석'에서의 '상관 계수'는 "한 점이 특정 축에서 잘 표현되고 있는가의 척도"이다.

세부적으로 들어가기 전에 [그림 Ⅲ-77]에 설명된 '품질(Quality)' 개념의 재도입이 필요하다. 당시 '품질'은 각 '행벡터' 또는 '열벡터'별 "'전체 성분 수'에 대한 '선택된 성분 수'의 설명력 정도"를 평가하는 데 쓰였다. 이때 '상관 계수'란 '품질'의 한 요소로 볼 수 있으며 굳이 글로 표현하면 "'전체 성분 수' 대비 한 점이 '특정 성분(축)'에서의 설명되는 정도"로 대변된다. 말이 좀 어렵지만 계산식으로 보면 다음과 같다('원 관측치'의 '행벡터' 중 '성분 1'의 '10대'와 '성분 2'의 '20대' 경우).

$$\text{상관 계수}_{10\text{대},\,\text{성분}1} = \frac{(-0.0692-0)^2}{(-0.0692-0)^2+(-0.0343-0)^2+(0.0001-0)^2} \cong 0.803 \quad (\text{Ⅲ}.60)$$

$$\text{상관 계수}_{20\text{대},\,\text{성분}2} = \frac{(0.0150-0)^2}{(0.2905-0)^2+(0.0150-0)^2+(0.0001-0)^2} \cong 0.003$$

식 (Ⅲ.60)의 첫 식은 '성분 1'에서 '행벡터(또는 점)=10대'가 얼마나 잘 표현되고 있는지를 나타낸다. 식을 자세히 관찰하면 식 (Ⅲ.59)와 모두 동일하되 관심 있는 축 성분인 '성분 1'의 값만 분자에 포함돼 있는 것을 알 수 있다. 미니탭 결과([그림 Ⅲ-76]) 중 이 부분만 떼어내 옮겨놓으면 다음 [그림 Ⅲ-80]과 같다.

[그림 Ⅲ-80] '상관 계수' 미니탭 결과 예

세션

행 기여

| | | | | | 성분 1 | | |
|---|---|---|---|---|---|---|---|
| ID | 이름 | 품질 | 질량 | 이너시아 | 좌표 | 상관 계수 | Contr |
| 1 | 10대 | 1.000 | 0.578 | 0.120 | -0.069 | 0.803 | 0.104 |
| 2 | 20대 | 1.000 | 0.233 | 0.690 | 0.291 | 0.997 | 0.743 |
| 3 | 30대 | 1.000 | 0.190 | 0.190 | -0.146 | 0.742 | 0.152 |

| | | 성분 2 | | |
|---|---|---|---|---|
| ID | 이름 | 좌표 | 상관 계수 | Contr |
| 1 | 10대 | -0.034 | 0.197 | 0.318 |
| 2 | 20대 | 0.015 | 0.003 | 0.024 |
| 3 | 30대 | 0.086 | 0.258 | 0.658 |

[그림 Ⅲ-80]은 미니탭 '세션 창' 결과 중 '행 기여' 내 '성분 1'이 '행벡터(점)=10대'를 얼마나 잘 대변(표현)하고 있는지를 나타낸다. 본 예 경우 '약 0.803' 정도 대변하고 있음을 알 수 있다. 이때 의문이 하나 생기는데 '성분 1'이 설명하지 못한 양, 즉 '약 0.197(=1-0.803)'은 어떻게 해석해야 할까? [그림 Ⅲ-80]의 '성분 2'를 보자. '행벡터=10대'에 대한 '성분 2'의 '상관 계수=0.197'로 '성분 1'에서 놓쳤던 양만큼을 정확히 표기하고 있다. 다시 말해 '성분 1'이 설명하지 못한 양만큼을 '성분 2'가 대변하고 있으며, 따라서 '성분 1의 상관 계수+성분 2의 상관 계수'는 '품질'과 같아진다. 즉, 다음의 관계가 성립한다.

$$\text{행(또는 열) 품질}_i = \sum_i \text{행(또는 열) 상관 계수}_i \tag{Ⅲ.61}$$

식 (Ⅲ.60)의 두 번째(20대, 성분 2)의 경우도 동일한 해석이 가능하나 별도의 설명은 생략한다. 다른 '상관 계수'의 산정에 대해서는 독자의 몫으로 남긴다.

## 5) 기여(Contribution)

'기여'란 한 개 성분 내에서의 각 '행(또는 열) 벡터'의 '관성 기여율'을 나타낸다. [그림 Ⅲ-81]의 개념도를 보자.

[그림 Ⅲ-81]에 '행벡터' 중 '10대'의 '성분 1'에 대한 '기여' 산정 과정을 상세히 기록해놓았다. 맨 위 '원 분할 표(P)'와 성분별 '좌표'는 [그림 Ⅲ-74]와 [그림 Ⅲ-77]의 결과를 옮겨놓은 것이다. 오른쪽 2개 성분(축)의 평면을 보면 '행벡터' 중 '10대'의 '성분 1=-0.0692'와 '성분 2=-0.0343'이 표시돼 있다. 또 [그림 Ⅲ-67]과 [그림 Ⅲ-70]에서 얻은 '고유 값'이 각 성분별로 기록돼 있다(파란색 글자). '고유 값'이란 관성의 차원을 갖는 '본 데이터

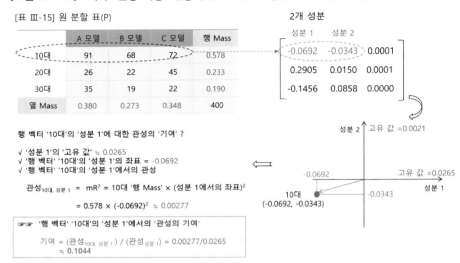

[그림 Ⅲ-81] '기여' 산정 과정 예(행벡터 '10대'의 '성분 1'에 대한 기여)

[표 Ⅲ-15] 원 분할 표(P)

| | A 모델 | B 모델 | C 모델 | 행 Mass |
|---|---|---|---|---|
| 10대 | 91 | 68 | 72 | 0.578 |
| 20대 | 26 | 22 | 45 | 0.233 |
| 30대 | 35 | 19 | 22 | 0.190 |
| 열 Mass | 0.380 | 0.273 | 0.348 | 400 |

2개 성분

성분 1  성분 2

$$\begin{bmatrix} -0.0692 & -0.0343 & 0.0001 \\ 0.2905 & 0.0150 & 0.0001 \\ -0.1456 & 0.0858 & 0.0000 \end{bmatrix}$$

성분 2 고유 값 =0.0021

고유 값 =0.0265
성분 1

-0.0692

10대
(-0.0692, -0.0343)    -0.0343

행 벡터 '10대'의 '성분 1'에 대한 관성의 '기여' ?

√ '성분 1'의 '고유 값' ≒ 0.0265
√ '행 벡터' '10대'의 '성분 1'의 좌표 = -0.0692
√ '행 벡터' '10대'의 '성분 1'에서의 관성

관성$_{10대, 성분 1}$ = $mR^2$ = 10대 '행 Mass' × (성분 1에서의 좌표)$^2$

= 0.578 × (-0.0692)$^2$ ≒ 0.00277

☞ '행 벡터' '10대'의 '성분 1'에서의 '관성의 기여'

기여 = (관성$_{10대, 성분 1}$) / (관성$_{성분 1}$) = 0.00277/0.0265
≒ **0.1044**

(T)'로부터 유도된 값이며, '연속 자료' 변수들의 '주성분 분석' 경우 '분산'에 대응한다. 즉, '원 관측치(분할 표)(P)'의 '관성(분산)'을 '성분 1'과 '성분 2'로 분리해놓은 것이며, 이때 '성분'별 각 '행벡터(또는 열벡터)'가 차지하는 '관성 (분산)'의 점유율을 구하게 되면 이 값이 '기여'가 된다. [그림 Ⅲ-81]의 왼쪽에 설명된 '행벡터' 중 '10대'의 '성분 1'에 대한 '기여'를 산정해보자. 기본 산식은 다음과 같다('행 Mass=0.578' 대신 소수점 4째 자리까지 사용).

$$기여_{10대, 성분1} = \frac{관성_{10대, 성분1}}{관성_{성분1}} = \frac{m_{행, 10대} \times R^2_{10대, 성분1}}{관성_{성분1}} \tag{Ⅲ.62}$$

$$= \frac{0.5775 \times (-0.0692)^2}{0.02645} \cong 0.1044$$

식 (Ⅲ.62)는 그림에 설명된 내용을 압축해놓은 것이다. 만일 '행벡터'인

'10대'의 '성분 2'에 대한 '기여'를 계산하면 다음과 같다.

$$기여_{10대, 성분2} = \frac{관성_{10대, 성분2}}{관성_{성분2}} = \frac{m_{행, 10대} \times R^2_{10대, 성분2}}{관성_{성분2}} \tag{Ⅲ.63}$$

$$= \frac{0.5775 \times (-0.0343)^2}{0.00213} \cong 0.3188$$

미니탭 '세션 창' 결과인 [그림 Ⅲ-76] 내용 중 식 (Ⅲ.62)와 (Ⅲ.63) 부분만을 옮기면 [그림 Ⅲ-82]와 같다(결과 값의 약간의 차이는 엑셀에서 소수점 개입 여부로 인한 것임).

[그림 Ⅲ-82] '기여' 산정 미니탭 결과

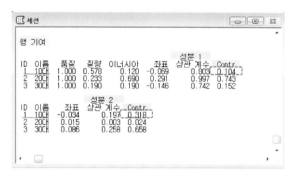

여기까지 '단순 대응 분석'의 이론적 고찰을 마무리하고 끝으로 '탐색적 자료 분석'의 일환인 그래프 분석을 수행해보도록 하자. 해석에만 초점을 맞춘다면 이 부분부터 읽어 나가도 좋다. 설명이 쉽도록 '원 관측치(분할 표)'인 [표 Ⅲ-15]를 다음에 다시 옮겨놓았다.

[표 Ⅲ-23] '단순 대응 분석'을 위한 '원 관측치(분할 표)'

| | 모델 A | 모델 B | 모델 C | 합 |
|---|---|---|---|---|
| 10대 | 91 | 68 | 72 | 231 |
| 20대 | 26 | 22 | 45 | 93 |
| 30대 | 35 | 19 | 22 | 76 |
| 합 | 152 | 109 | 139 | 400 |

'단순 대응 분석'을 위해 미니탭 「통계 분석(S) > 다변량 분석(M) > 단순 대응 분석(S)…」에 들어가 다음 [그림 Ⅲ-83]과 같이 입력한다.

[그림 Ⅲ-83] '대화 상자' 입력 예

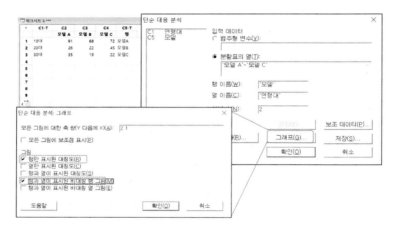

해석만을 위해서는 ' 결과(R)… '로 들어가 "행 프로파일(R)"을, ' 그래프(G)… '는 "행만 표시된 대칭도(R)"와 "행과 열이 표시된 비대칭 행 그림(M)"을 선택한 다. "행만 표시된 대칭도(R)"는 [표 Ⅲ-23]에서 '행벡터'를 기준으로 '열벡 터'들과의 관련성을 확인할 때 선택한다. 즉, "연령대별 모델의 선호도"로써 현재 직접적인 비교 대상은 '행벡터'인 '연령대 간 차이'에 관심이 있다. 만일

'열벡터들 간 차이'에 관심이 있다면 '그래프(G)...'에서 "열만 표시된 대칭도(C)"를 선택한다.

결과의 해석을 간단히 요약 정리해보았다. 먼저 '성분(축) 수'는 '세션 창'의 '분할 표 분석'란을 참조한다. 이에 대해서는 [표 Ⅲ－21]에서 이미 설명한 바 있다.

[그림 Ⅲ－84] '성분(축) 수' 확인

세션

분할표 분석

| 축 | 이너시아 | 비율 | 누적 | 히스토그램 |
|---|---|---|---|---|
| 1 | 0.0265 | 0.9254 | 0.9254 | ****************************** |
| 2 | 0.0021 | 0.0746 | 1.0000 | ** |
| 전체 | 0.0286 | | | |

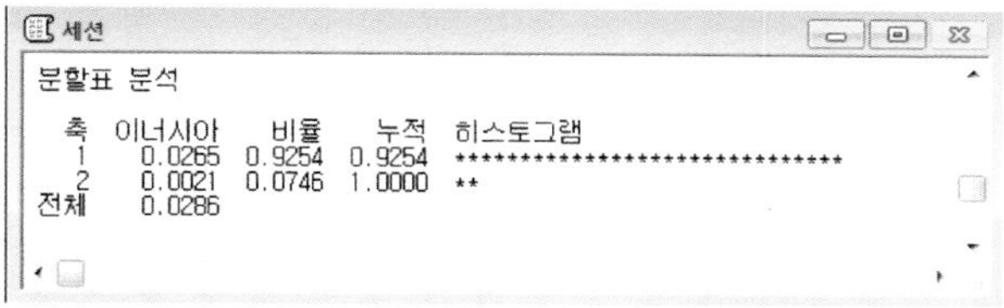

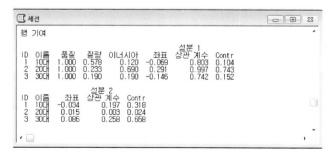

[그림 Ⅲ－84]에서 본 예제 경우 '성분 수=1개'만으로도 '약 92.5%' 표현이 가능하다는 것과, 2개면 100% 가깝게 표현할 수 있음을 알 수 있다. 이어서 '세션 창'의 내용 중 '행 기여'가 나타내는 것을 간단히 알아보자. '열 기여'의 해석도 유사하므로 이에 대해서는 설명을 생략한다.

[그림 Ⅲ－85] '행 기여' 확인

세션

행 기여

| | | | | | 성분 1 | | |
|---|---|---|---|---|---|---|---|
| ID | 이름 | 품질 | 질량 | 이너시아 | 좌표 | 상관 계수 | Contr |
| 1 | 10대 | 1.000 | 0.578 | 0.120 | -0.069 | 0.803 | 0.104 |
| 2 | 20대 | 1.000 | 0.233 | 0.690 | 0.291 | 0.997 | 0.743 |
| 3 | 30대 | 1.000 | 0.190 | 0.190 | -0.146 | 0.742 | 0.152 |

| | | 성분 2 | | |
|---|---|---|---|---|
| ID | 이름 | 좌표 | 상관 계수 | Contr |
| 1 | 10대 | -0.034 | 0.197 | 0.318 |
| 2 | 20대 | 0.015 | 0.003 | 0.024 |
| 3 | 30대 | 0.086 | 0.258 | 0.658 |

[그림 Ⅲ-85]에서 맨 처음의 '품질', '질량', '이너시아(관성)'는 각 '행벡터'의 상태를 해석하는 데 쓰인다. '품질'은 모든 연령대에서 '1.000'이다. 이것은 앞서 선택된 '2개의 성분'만으로 각 '행벡터'의 변동을 100% 설명(또는 표현)하고 있음을 의미한다. 만일 '품질'이 '10대=0.965, 20대=0.947, 30대=0.132'이라면 '2개의 성분'으로 '10대'와 '20대'는 잘 표현하는 반면 '30대'는 잘 표현하지 못한다는 것을 뜻한다. 그래프를 통한 '행벡터'와 '열벡터'의 관계 해석 시 참고로 활용한다. '질량'은 [표 Ⅲ-21]에서 각 '행벡터'의 전체에 대한 '비율(점유율)'이다. 이 값들은 '차원 축소'를 통한 연관성 해석 시 '가중'의 용도로 활용한 바 있다. [표 Ⅲ-16]과 [표 Ⅲ-17]을 참조하기 바란다. '이너시아(관성)'는 "총 이너시아에 대해 각 행이 기여하는 비율"이다. 각 '행벡터'는 '이산 자료'이므로 '연속 자료'의 '분산'에 상응하는 측도가 필요한데 이것이 '이너시아(관성)'다. 또, '이너시아(관성)'는 '카이 제곱 기여도'를 '총 개수, $n$'으로 나눈 값이므로 '카이 제곱 통계량' 또는 '카이 제곱 거리'와도 관계한다. [그림 Ⅲ-85]에서 '20대'의 '이너시아(관성)'는 '0.690'으로 '총 관성(또는 총 카이 제곱 통계량)'에 '69%' 기여하고 있음을 알 수 있다.

[그림 Ⅲ-85]의 '성분 1'과 '성분 2'는 두 개 축의 상태를 설명한다. 2차원 평면에 각 '행벡터'별 좌표는 'x축=성분 1 값', 'y축=성분 2 값'에 해당한다. '상관 계수'는 각 "성분(축)이 해당 행벡터의 관성에 기여하는 정도"를 나타낸다. '성분 1'은 '20대(상관 계수=0.997)'를, '성분 2'는 '30대(상관 계수=0.258)'를 잘 설명하고 있다. 특히 '성분 1' 경우는 전체 '행벡터'의 '상관 계수'가 모두 높은 것이 특징이다. 'Contr(기여)'는 개념적으로 '상관 계수'의 반대이다. 즉, 각 "행벡터가 해당 성분(축)의 관성에 기여하는 정도"를 나타낸다. '성분 1'에 대해서는 '20대(Contr=0.743)'가, '성분 2'에 대해서는 '30대(Contr=0.658)'가 기여 정도가 크다는 것을 알 수 있다. '성분(축)'과 '벡터'들 간의 기여 관계는 그래프를 이용한 해석 시 정보로 활용한다. 다음 [그림 Ⅲ-

86]은 지금까지의 수치 해석을 시각화시킨 미니탭 결과물이다.

[그림 Ⅲ-86] 미니탭 '행 그림'과 '비대칭 행 그림' 결과

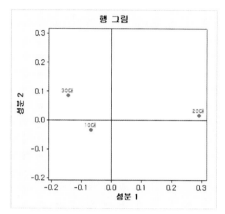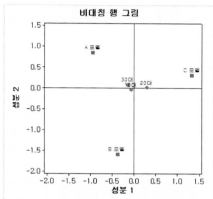

　[그림 Ⅲ-86]의 왼쪽 '행 그림'은 '연령대 간 차이를 비교'하기 위해 선택
된 그래프이며 우선 '행벡터'들 간 상태를 확인할 수 있다. [그림 Ⅲ-85]의
'상관 계수'로부터 '성분 1'은 '20대'를 가장 잘 설명하고 있으며, 나머지 '10
대'와 '30대'도 매우 잘 설명하고 있다. 이때 '10대'와 '20대'는 원점을 사이
에 두고 멀리 떨어져 있으면서 부호가 반대인 상태인데, 이것은 '성분 1'은
'10대' 및 '30대'와 세대 '20대'를 대비(두 가지의 차이를 밝히기 위하여 서로
맞대어 비교)하는 축으로 고려될 수 있다. '성분 2'는 동일하게 [그림 Ⅲ-85]
의 '상관 계수'로부터 '10대'와 '30대'가 원점을 사이에 두고 떨어져 있으면
서 부호가 반대이다. 즉, 두 세대를 대비하는 성분으로 간주된다(미약하지만
'20대'는 '30대'와 동일하게 양의 영역에 있으므로 '30대'에 포함시켜 해석
도 가능).

[그림 Ⅲ-86]의 오른쪽 '비대칭 행 그림'은 '행벡터'는 '주 좌표(Principle Coordinates)'로, '열벡터'는 '표준 좌표(Standard Coordinates)'로 척도화된 그래프이다. 특징은 이미 해석된 '행벡터'보다 '열벡터'의 분포가 확대돼 보이며, 서로 근접한 '행 또는 열벡터' 간 관련성과 각 축을 중심으로 한 '대비'의 해석이 가능하다. 앞서 [그림 Ⅲ-85] 중 '행 기여'만 설명했고, '열 기여' 설명은 생략했으나 '성분 1'에 대해 'A 모델'과 'C 모델'의 '상관관계'는 각각 '0.939'와 '0.995'로 설명력이 높고 그래프상 원점을 사이에 두고 서로 대비된다. 반면, '성분 2'는 'B 모델'의 설명력이 높다(상관 계수=0.596). 열과 행벡터 간 연계성을 파악하기 위해서는 [그림 Ⅲ-86]의 오른쪽 그래프로도 충분하지만 눈에 쉽게 들어오게 하려면 '행 주 좌표'와 '열 주 좌표'를 중첩시켜 함께 표시하는 '대칭 그래프'를 활용한다. 이것은 [그림 Ⅲ-83]의 '  ' 에 들어가 "행과 열이 표시된 대칭도(S)"를 선택함으로써 얻어진다.

[그림 Ⅲ-87] 미니탭 '대칭도' 결과

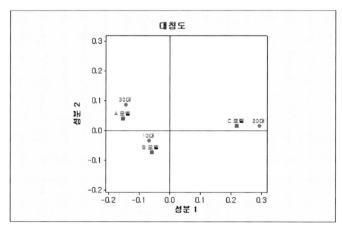

[그림 Ⅲ-87]에서 '10대-B 모델', '20대-C 모델', '30대-A 모델'의 선호 경향을 보이며, '대비' 관점에서는 'C 모델'이 디자인이 우수한 모델로, 'A와 B 모델'이 특성화된 기능이 포함된 모델이라고 가정할 때, '20대'는 '디자인'을, '10대'와 '30대'는 각 연령층 성향에 맞는 기능이 포함된 모델을 선호하는 것으로 대비된다.

지금까지 많은 분량을 할애해서 '이변량 자료'의 다양한 '탐색적 자료 분석' 관점의 해석을 소개하였다. 다음 단원부터는 여러 변수들로 모여진 '다변량 자료'에 대해 알아보자.

# 다변량 자료(Multivariate Data)의 탐색적 자료 분석(EDA)

‘다변량 자료의 탐색적 자료 분석’은 변수가 3개 이상인 상태에서 정보를 얻는 분석법이다. 본 단원에서는 기본적으로 알아야 할 개념은 물론 정보를 얻기 위한 절차와 도구 및 해석 등을 상세히 소개한다.

# 1. 개요

'다변량 자료(Multivariate Data)'는 위키피디아 영문판에 '다변량 통계(Multivariate Statistics)'와 동의어로 정의하고 있다. 여러 출처의 사전적 정의를 옮기면 다음과 같다.

> · **다변량 자료**(Multivariate Data) (신비즈니스 인사이트 용어사전108) 관찰할 때마다 무작위 변수가 2개 이상 포함된 자료.
>
> · **다변량 통계**(Multivariate Statistics) (위키피디아) 'Multivariate Data'와 동의어. '다변량 통계'는 동시 관찰되면서 출력 변수가 1개 이상인 자료를 분석하는 통계의 한 유형으로, '다변량 통계'의 한 응용에 '다변량 분석'이 있다. '이변량 통계'에 속하는 '단순 선형 회귀'나 상관 분석 등은 출력변수가 오직 1개뿐이므로 '다변량 통계'에 속하지 않는다. '다변량 통계'는 '다변량 분석'에 쓰이는 여러 도구들 각각의 배경, 목적 또는 그들 간 관계 등을 파악하는 데 주안점을 두며, 때론 변수들 사이의 관계를 파악하기 위해 '일변량 분석' 등을 수반하기도 한다.
>
> · **다변량 분석**(Multivariate Analysis) (신비즈니스 인사이트 용어사전) 다중 변수 간의 특성과 관계를 검토하기 위한 작업연구에 쓰이는 수많은 통계 도구의 모음. 다변량 분석에는 군집 분석, 판별 분석, 다중 회귀 분석이 있다.

출처에 따라서는 '다변량 분석'과 '다변수 분석(Multivariable Analysis)'을 혼용해 쓰기도 하지만 전자는 '출력 변수'가 2개 이상인 경우, 후자는 '출력 변수'가 1개인 경우로 한정하는 것이 일반적이다. 물론 두 분석 모두 '입력 변수'는 2개 이상이다.

사전적 정의를 따를 때 '다변량 자료'를 이용한 '다변량 분석'은 일반적으로 [그림 Ⅲ-53]의 미니탭 메뉴에서 보이듯 '주성분 분석', '인자 분석', '군집

---

108) Business 집필진(2009), 『신 비즈니스 인사이트 용어사전 2009-2010』, 바른번역 옮김, 비즈니스맵.

분석', '판별 분석', '대응 분석' 등을 포함한다. 그러나 본문이 '일변량 자료'와 '이변량 자료'에 대한 '탐색적 자료 분석'을 지향하고 있는 상황에서 기술했던 통계 도구들에 치중한다면 기업에서 과제를 수행할 리더용 도서가 아닌 통계 학습자용 도서가 돼버릴 가능성이 높다. 애초 리더들을 대상으로 기획한 시리즈의 취지에서 많이 벗어난다는 뜻이다. 따라서 본문에서 의미하는 '다변량 자료'는 '일변량 자료'와 '이변량 자료'에 대한 '탐색적 자료 분석'과의 연계성을 확보하고, 리더들이 실제로 필요로 하는 프로세스 내 문제 해결 접근법에 도움이 되는 방향으로 나름 다음의 정의를 새롭게 설정하였다.

> · **다변량 자료**(Multivariate Data) (필자) 프로세스에서 수집된 자료로서, 엑셀 기준 3개 이상의 열을 포함하는 데이터들의 집합. 그로부터 원인 규명, 특징이나 경향 파악, 개선 방향 등을 얻어낼 목적으로 1차의 '탐색적 자료 분석', 2차의 '통계 분석' 등 다양한 도구들을 활용할 수 있다.
> 본문에서는 '일변량 자료 분석'과 '이변량 자료 분석'은 '다변량 자료 분석'을 위해 필요한 기본 학습 과정으로 간주할 것이다. 반대로 '다변량 자료 분석'을 분리할 경우 '일변량 또는 이변량 자료 분석'을 수행해 목적을 달성할 수 있다.

새로운 정의에 따르면 '다변량 자료'는 프로세스로부터 수집된 자료가 '일변량 자료' 또는 '이변량 자료'에 속하지 않으면 모두 '다변량 자료'로 간주한다. 단, 시각화 작업인 '탐색적 자료 분석'을 우선시한다는 특징이 있다. 수집된 데이터 형태는 다음 [그림 Ⅳ-1]과 같다.

[그림 Ⅳ-1] '다변량 자료(Multivariate Data)' 예

| 요일 | Y1 | Y2 | Y3 | X1 | X2 | X3 | X4 | X5 | X6 | X7 | X8 |
|---|---|---|---|---|---|---|---|---|---|---|---|
| 20xx-1-03 | 1.35 | 1346 | OK | 영역 1 | 1245 | 13 | 1827 | 1791 | A | 357 | U Type |
| 20xx-1-04 | 3.22 | 2341 | OK | 영역 2 | 1246 | 5 | 1833 | 1791 | B | 358 | L Type |
| 20xx-1-05 | 2.18 | 1654 | NG | 영역 4 | 1246 | 24 | 1837 | 1790 | D | 359 | U Type |
| 20xx-1-06 | 2.54 | 1137 | NG | 영역 1 | 1247 | 32 | 1842 | 1787 | A | 357 | U Type |
| 20xx-1-07 | 1.11 | 4322 | OK | 영역 3 | 1249 | 26 | 1844 | 1785 | A | 358 | L Type |
| 20xx-1-08 | 3.27 | 285 | NG | 영역 2 | 1250 | 51 | 1845 | 1782 | B | 359 | L Type |
| 20xx-1-09 | 3.65 | 4436 | NG | 영역 3 | 1251 | 8 | 1846 | 1777 | B | 357 | L Type |

[그림 Ⅳ-1]은 '출력 변수(또는 종속 변수, Y)'가 3개 있으나 설사 1개만 있더라도 '일변량 자료' 및 '이변량 자료'가 아니라면 모두 '다변량 자료'로 간주한다. 또 데이터 유형이 '연속 자료'는 물론 'Y3'와 같이 'OK, NG'의 '이진수 자료(Binary Data)'뿐만 아니라 'X1, X6, X8'과 같이 '범주형 자료 (Categorical Data)'도 모두 포함한다. 또 '표본 크기'는 무작위로 추출한 경우라면 그 수에 제약을 두진 않는다. 다만 프로세스 상태를 객관적으로 파악하기 위해 너무 적은 수는 지양하며, 장치 산업의 경우 그 수가 너무 많아 전부 다루기는 불가한 경우 대표성을 갖는 표본을 층화를 통해 추출하는 것도 가능하다. 그러나 수천에서 수만이 되는 경우도 존재한다. '표본 크기'를 확대하면 요즘 이슈거리인 '빅 데이터'로 연결되나 본문에서의 '빅 데이터'는 제외한다.

'다변량 자료'와 '다변량 분석'에 대한 기본 정의와 개념이 섰으면 실질적인 해석에 집중해보자. '다변량 자료'의 필자 정의에 따르면 '일변량 자료 분석'과 '이변량 자료 분석'은 모두 '다변량 자료 분석'을 위한 사전 학습 과정으로 정의하고 있다. 즉, 실질적인 프로세스 내 문제의 근원을 파악하고 개선 방향을 설정하기 위해서는 정제되지 않은 '원 자료(Raw Data)' 그대로가 매우 큰 의미를 갖는다. 울퉁불퉁한 굴곡이 있더라도 그 자체가 프로세스의 정보를 품고 있기 때문이다. 따라서 프로세스로부터 수집된 따끈따끈한 데이터, 그렇지만 다소 거친 데이터를 대상으로 개선 방향을 끄집어내는 활동은 통찰력을 강조하는 '탐색적 자료 분석'의 백미라 할 수 있다.

그러나 '탐색적 자료 분석'으로 진입하기 전에 꼭 알아두어야 할 매우 중요한 사항들이 있다. '데이터 분석'만 잘한다고 모든 문제가 해결되진 않는다는 뜻이다. '데이터 분석'과 전혀 관련이 없는 것처럼 보이지만 실제 분석 과정이나 결과에 지대한 영향을 미쳐 "아차!" 하는 상황들이 존재한다. 다음 소주제 본문을 통해 분석 전 꼭 알아두고 필요하면 사전 조처를 취해야 할 주요 내용들에 대해 알아보자.

　'탐색적 자료 분석'에 웬 조직의 저항? 매우 의아스러운 주제임에 틀림없다. 이 내용을 가장 먼저 도입한 이유가 있다. 실제 '자료 분석'에 집중하다 보면 문제의 근원을 밝히고 개선을 수행하며 성과를 내는 활동 외에 조직과 관련된 장애물에 회의를 느끼는 경우가 꽤 많다. 이 부분에 대해 필자는 다음과 같이 정의하곤 한다.

$$Y = f(Xs) \qquad\qquad (IV.1)$$

　'Y'가 얻고자 하는 성과이고, 'Xs'가 그와 직접적으로 연관된 변수들이면 그 사이를 가로막고 있는 '$f$'에 주목할 필요가 있다. 바로 "넘어야 할 산"으로 정의하고 싶다. "산(山)?"

　　필자가 연구원으로 활동할 때의 일이다. 신뢰성 업무를 수행하던 당시 디스플레이 제조 공정 내 'Top 1, 2, 3'에 속하던 고질 불량 중 하나를 해결하라는 특명을 받았다. 제품이 생산된 이래 수많은 엔지니어들과 엄청난 시간을 투입해도 해결되지 않던 문제를 하필이면 필자를 포함한 단 두 명에게 해결하라고 명(?)을 내린 이유는 지금도 모르겠다. 시장 상황도 녹록지 않고 첨단 경쟁 제품도 득세하는 상황에서 고육지책으로 나온 해법 중 하나로 생각된다. 아마도 고질 불량을 해결하는 담당 부서원들은 고정관념의 틀에서 벗어나지 못할 가능성을 염두에 두고 좀 떨어져 있던 연구소에 배당함으로써 새로운 시각으로 접근해보라는 의도도 있었던 것 같다.

　　매일 새벽 5시까지 연이은 분석 작업과 끈질긴 노력 끝에 단 3주 만에 근본 원인을 완전히 규명하게 되었고, 그 원인이 공정 내 어디서 유입되는지도 찾아내 고질 불량이 역사 속으로 사라지는 큰 성과를 얻었다. 물론 부서장은 100억의 성과라고 자찬하였고 필자, 그리고 함께했던 대리 역시 긴장되고 피곤한 나날에서 즐

겹게 해방되는 기쁨을 만끽하게 되었다. 그런데 이상한 일이 벌어졌다. 그 불량률이 평상시보다 높아지기라도 하면 온 공장이 원인을 찾느라 떠들썩하고 분주한 나날의 연속에서 당시처럼 완전히 해결된 상황에 표창장 수여는 그만두고라도 담당부서로부터 "보고 내용을 발표해달라"든가, "보고서를 공유했으면 좋겠다"는 등의 아주 작은 관심조차 표출되지 않았다. 마치 문제를 혼자 고민하고 혼자 해결한 듯한 고요하고 잠잠하고 여느 때와 같은 그런 분위기!(?) 전화를 한 번 받긴 받았다. 그것도 아주 짧은 대화, "그 성분이 왜 영향이 있는 거죠?" "아, 예. 일함수가 낮은 원소인지라…."

당시는 그에 대해 깊이 있게 고민하진 않았지만 그것이 '부서 이기주의'의 한 단면이라는 것을 아는 데는 그리 오래 걸리지 않았다. 쉽게 말해 담당 부서에서 해결해야 의미가 있고 성과를 독점(?)할 수 있는 반면 그와 관련이 없거나 연관성이 적은 부서에서 해결하면 절대로 그 공을 치하할 수 없는 구조가 만연돼 있었던 것이다. 이런 사례는 특정 분야의 특정한 부서 간에 존재하는 상황은 아니다. 하나의 연결된 프로세스가 있고 각 영역별로 담당 부서와 담당 부서장 및 담당자가 존재하는 환경이면 항상 내재돼 있는 고질병이다. 이런 '부서 이기주의'는 문제의 원인을 규명하고 개선에 이르는 순기능 활동을 오히려 방해하는 요인이 되기도 한다.

수년 전 컨설턴트로서 문제 해결을 목적으로 참여했던 A사의 과제 예이다. A사는 프로세스 내에서 발생되는 특정 문제에 늘 고민하고 있었고, 그를 해결하는 것만이 경쟁력을 갖추는 일이라 모두가 공감하고 있는 상황이었다. 이를 해결하기 위해 기술부 인력 4명이 투입되어 약 2개월간 데이터 분석을 통해 문제를 유발하는 원인들 중 40%를 명확하게 규명하였고 그의 해결책을 포함하여 임원들이 참석한 공식석상에서 내용을 발표하였다. 규명된 원인이 명확하므로 그에 대한 이의 제기는 전혀 없었으며, 그 성과에 모두가 만족하였다. 그런데 문제는 한 달이 넘어도 그 해결책이 실제 프로세스에 개선으로 연결되지 못하고 표류하고 있었다. 원인을 규명하고 해결책을 제시했던 기술부 담당자와 부서장 역시 손을 놓고 있는 모습이라 그 연유를 물은 즉, "아, 예. 실제 개선을 하려면 현장 담당자들이 움직여야 하는데 그 윗선인 부서장이 개선에 매우 소극적인 상황이라…" 좀 더 따져 물은 결과 다소 충격적인 '부서 이기주의'의 단면을 보는 듯했다. 즉, 그 문제를 해당 부서에서 받아들여 해결책대로 움직이려면 문제의 출처가 해당 부서에서 기인한 것이라 자인하게 된다는 것이다. 해당 부서장이 그것을 인정하지 않으려면 개선책을 받아들이기보다 서서히 주변의 관심으로부터 잊히는 전략(?)을 구사하는 방책을 선택한 것이었다.

혹 독자 중에는 좀 과장된 사례를 들은 것이 아닌가 하고 의문을 제기할지 모른다. 그러나 부서 간 발생되는 이런 상황은 우리가 알고 있는 것보다 훨씬 더 심각한 경우가 많다. 필자는 다음과 같은 말을 통해 이 같은 현실을 대변하곤 한다. "모든 기업 내 해결되지 않는 프로세스의 고질 문제는 시장의 영향이나 기술적 난제가 아닌 바로 인재(人災)에 기인한다!"라고. 안타깝게도 프로세스의 주요 문제를 해결할 때 이 말에 공감하는 리더가 참으로 많다. 조직 간 장벽을 조절하지 않은 상태에서의 문제 해결은 자화자찬의 결과만을 낳을 가능성이 매우 높다. 그럼 이 상황을 그대로 인정하고 결국 아무것도 하지 말라는 말인가? 아니다, '탐색적 자료 분석'에 들어가기 전 조직 간 장벽이 없는지 미리 검토해보라는 뜻이다.

'탐색적 자료 분석'을 위해 '다변량 자료'를 수집할 때 아주 소수의 자체 자료만을 대상으로 할 경우 문제 될 일이 전혀 없다. 그러나 기업 내 프로세스는 서로 연결돼 있고 다량의 자료를 수집하다 보면 내 부서를 넘어서는 데이터가 서로 엮여 들어오게 마련이며, 해석 결과 우리 원인으로만 문제가 발생되지 않는다는 것을 쉽게 확인하곤 한다. 결국 '부서 이기주의'의 맥락은 '성과의 공유 여부'에 있다. 담당 부서에서 그 문제를 해결하면 공식화하기도 편하고 실적에 대한 혜택을 누리기도 용이하다. 원인 규명을 별로 관련 없는 타 부서에서 하게 되면 당연히 외면하고 거부당하기 십상이다. 따라서 통상

'TFT(Task Force Team)'로 결성된 문제 해결 집단 체제가 아니라면 '탐색적 자료 분석'을 수행하는 담당자는 중간중간 사안이 발생할 때마다 관련 부서와의 대화 창구를 항상 열어두어야 하며, 혼자 힘이 부치면 부서장 또는 사업부장의 도움을 공식적으로 요청하는 지혜가 필요하다. 문제 원인을 규명한 뒤 고위 임원들이 모두 참석한 장소에서 공표하는 일은 원인 프로세스를 담당하는 부서장에겐 원자 폭탄을 안기는 일과 같다. 잘못하면 상처뿐인 영광이 될 수 있으며 기업 입장에선 매우 큰 손실일 수밖에 없다. 물론 '부서 이기주의'가 전혀 존재하지 않는 기업이라면 별개의 문제지만 말이다.

내용을 요약하면 '다변량 자료'를 이용한 '탐색적 자료 분석'은 다음의 상태가 됐을 때 비로소 그 효과가 배가된다.

$$Y = {}_f(Xs)$$
(IV.2)

식 (IV.2)는 과장된 비유이긴 하나 '부서 이기주의'의 상징인 '$f$'가 매우 낮아져 그 성과인 '$Y$'와 그에 직접적 원인인 '$Xs$'가 수월하게 관계할 수 있는 토대가 마련됐음을 상징한다. 역시 조직(?)도 유기체란 말 그냥 떠도는 유언비어는 아니다!

## 1.2. '고장 해석'의 중요성

프로세스 내 운영 상태를 파악하고 고질 문제 또는 고질 불량의 원인을 규명하기 위해 '탐색적 자료 분석'적 접근은 매우 유용하다. 그러나 서비스나 간접 부문과 달리 제조 부문의 프로세스에 있어 또 하나 간과해서는 안 될 접근이 바로 '고장 해석(Failure Analysis)'[109]이다. 「네이버 지식사전」과 「위키피디아」에 따른 용어 표기와 정의는 다음과 같다.

> • **용어 개요** 영문 표기 'Failure Analysis'는 '네이버 지식사전' 경우 '고장 해석', '장
> 애 분석', '고장 분석'으로 번역하고 있다. 또 '위키피디아' 경우 'Failure Analysis'
> 대신 'Physics of Failure'로 쓰고 있으며, 우리말로 '고장 물리', 영문으로 'Failure
> Physics' 등 비공식 명칭도 사용된다.
>
> • **고장 해석**(Failure Analysis) (네이버 지식사전) (협의) 어떤 고장 항목의 논리적, 계
> 통적인 시험 또는 고장의 확률, 원인 및 그 가능성과 실제의 고장 결과를 구분하여
> 해석하기 위한 다이어그램의 논리적, 계통적인 시험.
> (광의) 고장이 일어났을 때, 그 메커니즘(mechanism)을 밝히기 위하여 고장 발생 개
> 소에 대하여 수행하는 물리적, 화학적 원인 규명.

학문적으로 볼 때 '위키피디아'의 'Physics of Failure'가 가장 적절한 사전
적 정의로 판단된다. 다음과 같다.

> • **Physics of Failure(고장 물리)** (위키피디아) 제품 성능 향상과 신뢰도 예측을 위해
> 고장을 유발시키는 메커니즘(Mechanism)과 그 과정의 이해 및 지식화에 영향을 미치
> 는 신뢰성 설계 활동에 필요한 한 기술. 다음을 포함한다.
>     – '설계 신뢰성' 확보를 위한 모델링과 시뮬레이션 등 과학적 기반의 신뢰성적 접근
>      (중략)….
>     – 고장 예방을 목적으로 근본 원인에 따른 고장 유발 메커니즘을 밝힘으로써 신뢰할
>      만한 제품 설계 및 개발을 수행하는 접근(중략)….

공통적으로 "연구 개발 단계에서 신뢰도 높은 제품을 개발하기 위해 이행

---

109) '한국통계학회' 통계 용어집엔 '고장 분석(Failure Analysis)'으로 정의.

되는 고장의 원인 규명 및 그 결과의 설계 반영"으로 요약된다. 그러나 고장을 유발하는 메커니즘은 현 사용 제품들의 고장 원인을 탐구하는 데 매우 중요하므로 프로세스 개선과 관련된 과제 수행에도 '고장 해석'은 매우 필요한 분석적 접근법이다.

몇 년 전 한 기업 내 A 제품 생산 공정에서 고질 불량을 제거할 목적으로 과제를 멘토링한 적이 있었다. 문제의 핵심은 직조 중인 섬유의 파단이 어느 잠재 원인에 주로 기인하는지에 맞춰져 있었다. 심증이 가는 요인으로 프로젝타일110)이 있었지만 안타깝게도 명확한 근거 자료는 없었다. 이때 '확증적 자료 분석(가설 검정)'이나 '탐색적 자료 분석'처럼 수치 데이터를 모아 '핵심 인자' 여부를 확인하는 접근은 효용성에 의문을 가질 수밖에 없다. 유의하게 나오더라도 결국은 프로젝타일에 의한 것인지는 여전히 물음표로 남기 때문이다. 끊어진 직물처럼 현물이 있는 경우 '사실 분석'적 접근이 실제로 도움을 주는데, 이때 필요한 것이 '고장 해석'이다. 즉, 절단된 섬유를 가져다 물리, 화학적 분석을 통해 근본 원인을 규명하는 일이다. 필자는 전자 소재를 연구하면서 당시 '수 Å ~ μm 규모'의 재료 표면 분석을 오랫동안 수행했기 때문에 당시 상황이 데이터 분석을 통해 확인할 사안이 아니라는 것쯤은 쉽게 짐작할 수 있었고 왜 검출을 못해내는지도 잘 알고 있었다. 순간 접촉에 의한 극미량의 성분 잔존이 예상되므로 통상의 분석으로는 해당 성분이 검출되지 않는다. 리더를 설득해 근처 대학 분석실을 찾아 EDX111)로 절단된 섬유 단면에서 프로젝타일의 성분을 검출해내되 몇 가지 분석적 조처를 가하도록 오퍼레이터에 주문하였다. 그 결과 미량의 스펙트럼을 얻어냄으로써 확실한 원인 규명을 이루어냈다.

사실 기업을 방문해 다양한 제조 과제를 멘토링하다 보면 수치의 통계적 검정에만 매달려 원인 규명에 실패하는 경우를 종종 본다. 이때 방법을 알려 줘도 실행에 제약이 많은데, 예를 들어 적합한 분석 장비를 보유하고 있지 않

---

110) 빠르게 움직이며 실을 꿰는 부품.
111) 'Energy Dispersive X-ray Spectroscopy'의 약어로 'EDS'라고도 하며, 우리말로 '에닥스'로 불린다. 전자현미경(SEM)에 붙은 마이크로 크기(μm) 규모 대상의 성분분석기이다.

거나 보유하더라도 제대로 된 기능을 발휘하지 못하는 경우, 더 안타까운 것은 리더의 인식 부족으로 조언을 하더라도 실천에 매우 소극적인 반응을 보이는 경우 등이다. 리더의 의지만 있으면 어디든 재료 표본을 들고 가서 원인 규명에 도움을 주고 싶지만 '평안감사도 저 싫으면 그만이다'란 속담처럼 조언만의 한계는 극복하기 어렵다. 다음 [그림 IV-2]는 과제를 수행할 때 필요한 '흐름도'와 그때 필요한 '분석의 유형'을 나타낸 것이다.

[그림 IV-2] 신뢰성 향상을 위한 '업무 흐름도' 및 '분석의 유형'

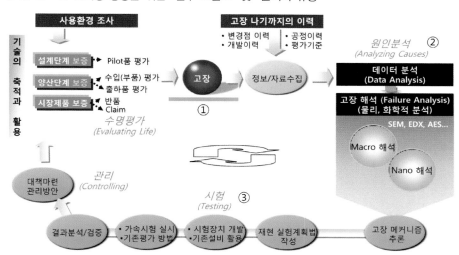

'고장 해석'은 신뢰성의 한 부문이므로 [그림 IV-2]의 '신뢰성 향상을 위한 업무 흐름도' 관점의 이해가 필요하다. 우선 '설계 제품', '양산 제품', '시장 제품'에서 발생된 제품의 '고장(①)'은 그 이력을 수집해 '원인 분석(②)'으로 이어지며, 이때 '데이터 분석(Data Analysis)'과 '고장 해석(Failure Analysis)'이 필요하다. 이를 통해 '고장 발생의 메커니즘'이 확인되면 적절한 방법으로 '재현 시험(③)'을 통해 검증이 이루어지고, 그 결과는 다시 제품의 신뢰도를 향상시킬 목적의 '설계'에 반영된다. 하나의 사이클이 완성되는 것이다.

'과제 수행'에 있어 '일하는 방법론' 중 '분석(Analyze)'의 중요성은 여러 번 강조해도 부족함이 없으며, 이때 '데이터 분석'뿐 아니라 '고장 해석' 같은 물리, 화학적 분석 역시 매우 비중 있게 다뤄줘야 할 사항임을 결코 잊어서는 안 된다.

1.3. '그물 효과(Net Effects)'의 이해

혹시나 해서 '그물 효과' 또는 'Net Effects'로 인터넷 검색을 해보니 포토샵이나 외국 서적명과 관련된 일부 용어가 있을 뿐 사전 용어로는 존재하는 것 같진 않다. 다행이다. 어차피 필자가 만들어낸 신조어인데 이미 다른 개념으로 존재하면 혼란만 가중될 수 있기 때문이다!(ᄉᄉ) 용어 정의는 다음과 같다.

> · **그물 효과**(Net Effects) (필자) '데이터 분석'을 수행할 때, 고장(또는 불량) 발생에 대해, 다양한 변수들의 상호작용이 서로 엮이어 근본 원인의 규명에 혼선을 주는 효과.

막상 정의해놓고 보니 현실을 잘 반영하고 있는 것 같아 꽤 괜찮아 보인다. 사실 프로세스로부터 다량의 '다변량 자료'를 수집해 궁금한 현상에 대해 분석하다 보면 실질적 원인이 되는 변수 또는 이상점들이 눈에 띈다. 그러나 고질 문제들의 근본 원인은 시도해본 사람은 잘 알겠지만 그리 쉽게 모습을 드러내지 않는다. 쉬우면 벌써 누군가 발견하고 이미 해결했을 것이기 때문이다. '그물 효과'의 개념은 다음의 개요도112)를 통해 확인할 수 있다.

[그림 Ⅳ - 3] '그물 효과' 개요도

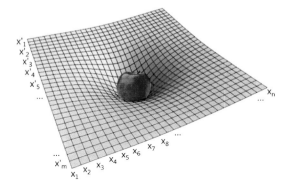

　　[그림 Ⅳ - 3]에서 가로 또는 세로로 줄지어 엮인 '그물의 각 선'은 프로세스에 존재하는 다양한 '변수(원인, Xs)'들을 대변하고, 그물 한가운데의 '사과'는 우리가 보는 '문제 현상(Y)'이다(고 가정하자). 즉, 어떤 이유로 그물 내 한 선이 밖으로 당겨지면 '사과'가 표면 위로 올라온다(고장이나 불량이 드러남). 선 하나가 당겨져 사과가 위로 올라왔으므로 그 '선'은 '핵심 인자(Vital Few)'임에 틀림없다. 그러나 현실에서는 그 변수가 '핵심 인자'인지 확신하기 어렵다. 실제 통계 분석을 수행하면 주변에 엮인 수많은 변수들도 모두 유의한 결과들로 나타나기 때문이다. 너무 많은 요인들이 관여하고 있다는 결론은 분석자로 하여금 혼란만 가중시킨다. 보고라도 할라치면 그에 대해 신뢰하는 부서원도 별로 없다. 불분명하고 가설에 가설이 덧붙여진 결론은 모두를 피곤하게 할 따름이다. 모두 개선하자는 것은 개선하지 말자는 것과 맥락을 같이하기 때문이다.

　　앞서 예를 든 현상은 서로 독립된 프로세스보다 첫 공정부터 끝 공정까지 생산 라인이 하나로 연결된 장치 산업에서 자주 목격된다. 하나를 건드리면

---

112) 사진 출처 http://blackcherrying.tistory.com/313

이후 공정의 다른 영역이 변하게 되므로 특정 위치에서의 원인은 이전 공정의 변화에 기인한다. 따라서 '그물 효과'를 고려치 않은 '데이터 분석'은 많은 후유증을 낳는다. 결과에 대한 신뢰성을 담보하기도 어려울뿐더러 개선 효과 여부도 불분명하기 때문이다. 오히려 개선으로 야기된 변경이 이후 공정에 크나큰 악영향을 미치기라도 한다면 그에 대한 손실은 고스란히 과제 리더나 회사가 떠안아야 한다. 생각하기도 싫은 결과다. '탐색적 자료 분석'을 수행하기 전 이 같은 '그물 효과'를 어떻게 최소화시키면서 원하는 '핵심 인자'를 찾아갈 수 있을지에 많은 고민이 필요한 이유가 여기에 있다.

'그물 효과'는 '실험 계획(DOE, Design of Experiment)'에서 언급되는 '상호작용 효과(Interaction Effect)'와 구별된다. '상호(또는 교호)작용'은 "두 개의 '핵심 인자' 간 수준 조합의 변화에 따른 출력 값 변화"를 설명하는 것으로 통계적 판단이 가능한 수치이다. 그에 반해 '그물 효과'는 서로 다른 변수들이 얽혀 정작 알고 싶은 핵심 요인이 드러나지 않도록 방해하는 효과를 말한다. 예를 들어, 표면 결점을 관리하는 품질 부서에서 결점의 원인을 찾는다고 가정하자. 그런데 정작 결점 발생이 예상되는 공정에서는 표면 상태의 관찰이 불가능하고, 이에 코팅이 이루어진 이후 공정에서 검사가 이루어진다고 가정할 때, 발생 빈도나 결점 형태의 측정에 큰 어려움이 예상된다. 왜냐하면 코팅이 얇은 제품은 표면 결점이 잘 드러나 발생 빈도가 높은 상황으로 인식될 수 있고, 상대적으로 코팅 두께가 두꺼우면 표면 결점이 가려지는 효과가 생길 수 있기 때문이다. 이런 효과를 확인하지 못한 상태에서 표면 결점의 근본 원인을 찾는 활동은 '코팅 두께'라는 '그물 효과'로 인해 잘못된 판단을 하거나 원인 규명의 실패로 이어질 수 있다. 이를 해결하기 위한 가장 좋은 접근은 확실하게 밝혀진 '그물 효과'들을 하나씩 끊어 나가는 일이다.

[그림 Ⅳ-4] '그물 효과' 제거하기

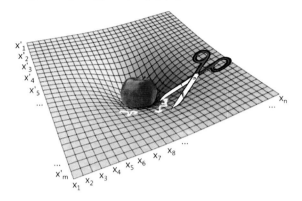

    [그림 Ⅳ-4]는 '문제 현상(사과)'과 관계된 그물 선들 중 그 관계가 명확하게 규명된 주변 요소들을 하나씩 제거하는 활동을 가위의 절단 이미지로 형상화한 것이다. 사소하면서 낮은 빈도로 영향을 주는 요소들을 명확하게 제거해나감으로써 고질 문제의 '근본 원인'을 규명하는 활동이 빛을 발한다.

    여기서 '그물 효과' 요소들을 제거한다는 의미는 그와 같은 현상이 발생하지 않도록 미세 관리가 지속적으로 이뤄진다는 뜻이다. 관리 능력을 향상시킨다는 의미로도 해석되므로 결국 고질 문제를 해결하면서 프로세스 전체가 견실해지는 효과도 거둔다. 일석이조다. 다음은 '그물 효과'를 제거하면서 고질문제의 근본 원인을 규명했던 제조 부문 사례이다.

    A사는 두 개의 서로 다른 면 재질을 접착하는 프로세스를 운영 중에 있으며, 이후 품질 검사에서 접착력이 기준에 미달되는 문제가 항상 골칫거리였다. 이를 해결하기 위해 과제로 선정하고 베테랑 엔지니어 한 명과 컨설턴트를 투입하였다. 오랜 기간 운영해왔던 프로세스이므로 기존 데이터를 추적하면 문제의 원인이 밝혀질 것이라 확신한 터라 통계 분석을 병행한 '탐색적 자료 분석'을 주요 접근 방

법으로 결정하였다. 그러나 통계 분석 경우 접착제 첨가물 종류, 양, 두 면의 압착 압력, 접촉면 유격도 등 유의한 변수가 다량 확인되었으며, 이것은 과거 TFT나 개별 과제 수행에서도 늘 거론되었던지라 특별난 것도 아니었다. 이들을 하나하나 개선해 나간다면 결국 과거 수행 사례를 답습하는 꼴이므로 누가 보더라도 근본적인 해결이라고 보긴 어렵다.

팀은 우선 다양한 인자들이 왜 유의한지 그 이유를 찾아보기로 했다. 수일간의 집중적이고 깊이 있는 분석을 통해 접착제 '첨가물 종류'와 '첨가물 양'은 그 자체가 영향을 줬다기보다 접착 공정에 들어가기 전 '표면 전 처리 차이'에 원인이 있음을 의심하게 되었다. 공정의 이력을 좀 더 파고든 결과 '첨가물 종류 또는 양'에 대한 변경이 통지되면 담당자가 변경 전 일정 기간, 변경 후 일정 기간을 원 체계대로 복귀시키지 않고 변경품의 운영 조건대로 유지시키고 있음을 확인한 것이다. 인터뷰를 해보니 바로 복귀시키면 표면 전처리 설비의 작동에 이상이 감지된다는 그동안의 경험을 근거로 자의적 판단을 해왔던 것이다. 그 외에 '압착 압력'과 '접촉면 유격도'는 피스톤의 작동 프로파일을 IT시스템으로부터 별도 수집해 '탐색적 자료 분석'한 결과 미세하고 불규칙한 스파이크의 영향이 확인되었다. 기존 알려진 대부분의 인자들이 소위 '그물 효과'를 보였던 것이다. 과제 수행팀은 왜 오랜 기간 고질 문제로 남아 있었는지 그 이유를 알게 되었다. 그렇다면 '근본 원인'은 무엇일까? 팀은 공정 담당자가 왜 접착제 관련 변수가 바뀌면 표면 처리 설비에 이상이 있을 것이라 생각하는지에 관심을 갖기 시작했다.

먼저 기존 공정에 흘렸던 여러 '접착제 종류'들을 파악한 후 유사 표본들을 수집해 표면 전처리 공정에 단계별로 투입한 뒤 접착 공정에 들어가기 전 표면 상태를 검사하였다. 그 결과 재료 면 부위별 경도가 크게 다르다는 것을 발견하였다. 그들 간 산포가 크면 접착이 용이토록 표면을 거칠게 하는 공정에서 설비 부하에 잦은 변경을 유발한다는 것도 확인하였다. 이것은 미니탭의 '등고선도'를 이용해 현상을 시각화시킨 '탐색적 자료 분석'의 일환으로 이루어졌다. 최종 근본적인 원인은 건조기 노즐들의 일부 막힘, 미세 막힘, 완전 막힘 등 그동안 관리의 사각지대에 놓였던 요인들로 파악됨으로써 고질 문제를 확실하게 제거하는 성과를 거두었다. 결국 기존에 알려진 거의 모든 변수들은 노즐 이상 때문에 영향을 받거나 다른 이상들로 변동이 생긴 것들이었으며 철저하게 근본 원인을 가리고 있었던 '그물 효과'로 밝혀졌다.

사실 '그물 효과'는 「Be the Solver_프로세스 개선 방법론」편의 Analyze Phase에서 논했던 '분석의 심도'와도 관계한다. 심도가 깊지 않은 상태에서 규명된 원인들엔 '그물 효과'로 작용하는 것들이 상당수 포함된다. '사실 분석'적 차원의 깊이 있는 해석이 뒷받침되지 않는 한 수박 겉핥기식의 개선만 이어질 뿐이며, 고질 문제는 줄었다 늘었다와 같이 늘 괴롭히는 대상으로 남는다.

예로 들었던 제조 부문은 변수들 간 명확한 공학적 관계가 성립한다. 기계적 결점이나 오작동, 표면 불량 등은 모두 물리, 화학적 현상들과 관계한다. 그러나 간접 또는 서비스 부문 경우 '그물 효과'의 양상에 약간 차이점이 있다. 고객 관리나 무형의 서비스 활동들은 IT 시스템의 불완전성을 제외하면 주로 사람이 관여하는 프로세스적 요소들과 관계하며, 문제가 지적될 시 물리, 화학적 현상을 통해 원인을 규명하는 일은 현실성이 떨어진다. 즉, 명확한 '근본 원인(Root Cause)'을 찾는 것은 쉽지 않거나 한편으로 불필요할 수도 있다. 이것은 프로세스 요소들이 인적 관계나 제도의 차이, 제어가 어려운 고객의 성향 등에 기인하는 경우가 많으므로 오히려 그들이 서로 얽혀 문제를 유발시킨다고 보는 것이 적절하다. 따라서 이와 같은 관점에서 고질 문제를 해석한다면 간접 또는 서비스 부문에서의 문제 해결은 '근본 원인'을 찾아가는 접근이 아니라 서로 얽혀 있는 그물들을 끊어가는, 즉 '그물 효과'를 줄여가는 접근이 더 적절하단 결론에 이른다.


## 1.4. '벨트 분석(Belt Analysis)'

'그물 효과'에 이어 또 하나 도입할 신조어에 '벨트 분석'이 있다. '벨트'는 말 그대로 허리에 차는 '벨트'이다. 정의는 다음과 같다.

> · **벨트 분석**(Belt Analysis) (필자) '근본 원인'을 찾아갈 때 특정 문제는 특정 프로세스에 국한돼 발생할 수 있지만 앞뒤로 연결된 타 프로세스도 깊이 관계하는 경우가 많으며, 이때 관련된 프로세스 모두를 묶어 원인 규명하는 '탐색적 자료 분석법'을 지칭함. 벨트처럼 서로 연결돼 해석한다는 의미로 '벨트 분석(Belt Analysis)'이라 명명하였다. 각 단위 프로세스별 시각화 도구가 먼저 개발돼야 하고 그들을 서로 연결해 문제를 추적한다.

'벨트 분석'은 고질 문제 해결 시 경험적으로 꼭 필요하다고 판단해 도입한 분석 접근법이다. 고질 문제의 본질을 제대로 파악하지 못하도록 방해하는 '그물 효과'는 비단 특정 프로세스에만 존재하는 것이 아니라 이전 프로세스에서 유입되는 경우가 많다. 따라서 이들을 하나씩 걸러내기 위해서는 프로세스 전체를 파악해야 하는데 이런 접근은 현실적으로 많은 제약이 따른다. 인적자원도 그렇고, 시간, 비용도 모두 허용돼야 하기 때문이다. 그렇다고 의심 가는 프로세스만 깊이 파고들었음에도 해결의 실마리를 찾지 못할 경우 결과 없이 과제를 종료할 수도 있다. 차후에라도 누군가 과제를 이어갈 수 있으면 그나마 다행이지만 대부분은 거기까지다. 주변 사람들로부터 잊히거나 새롭게 시작하는 악순환이 반복된다.

'벨트 분석'은 정해진 프로세스에서 원인을 규명하려는 노력도 중요하지만 무엇보다 그 프로세스를 객관적으로 파악할 수 있는 '시각화 도구의 개발'에 초점을 둔다. 다음 [그림 Ⅳ-5]는 '벨트 분석'의 개념도이다.

[그림 Ⅳ-5]는 4개의 연속된 단위 프로세스를 개략화한 그림이다. '벨트 분석'은 원인 분석을 목적으로 각 단위 프로세스의 현상을 한 번에 관찰할 수 있는 도구의 개발이 요구된다. 도구가 개발되면 단위 프로세스로부터 생성되는 데이터를 도구에 입력해 현상을 찍어낸다. 찍어낸 패턴을 관찰해 문제 발생 여부를 확인하고 이상 징후로 판단되면 원인 규명에 역량을 집중한다.

[그림 Ⅳ - 5] '벨트 분석' 개념도

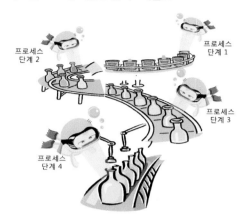

[그림 Ⅳ - 5]에서 각 단위 프로세스에 '물안경'을 끼고 개발된 도구를 관찰하는 모습이 담겨 있다. 즉, 물속 상황을 자세히 관찰하기 위해 맑은 물안경을 물속에 반쯤 담근 후 눈을 대고 가만히 들여다보는 것에 비유된다. 여기서 '물안경'은 '시각화된 도구'를 의미한다. 단위 프로세스를 관찰할 시각화 도구는 다음의 유형들이 포함된다.

[표 Ⅳ - 1] '벨트 분석'에 쓰이는 시각화 툴 예

| 유형 | 설명 |
| --- | --- |
| 그래프 | 미니탭 또는 엑셀 등에서 제공되는 다양한 그래프 또는 그들의 조합 |
| IT 시스템 제공 이미지 | 전체 또는 특정 프로세스를 관리할 목적으로 운영 중인 시스템으로부터 제공되는 각종 분석 차트, 프로파일, 그래프 또는 그들의 조합 |

[표 Ⅳ - 1]은 단위 프로세스를 관찰할 시각화 도구의 유형들이다. 한번 개발된 도구는 업그레이드는 가능해도 기본 구조가 바뀌어서는 안 된다. 딱 고

정돼 있어야 누구든 그 프로세스에서 생성되는 데이터를 이용해 현상을 관찰할 수 있고 이전 또는 이후 상태와 비교함으로써 프로세스의 변동이나 이상 징후를 판독할 수 있다. 다음 [그림 Ⅳ-6]은 미니탭의 '등고선도' 기능을 이용해 특정 단위 프로세스의 상태를 점검하도록 개발된 도구의 한 예이다.

[그림 Ⅳ-6] '벨트 분석'을 위한 '시각화 도구' 예

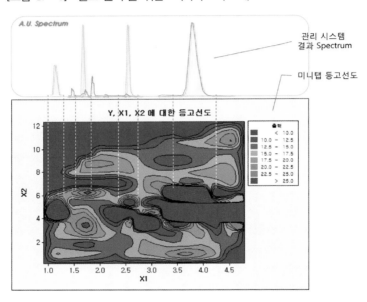

[그림 Ⅳ-6]은 특정 단위 프로세스에서 관리되는 시스템 출력 이미지와 현상 관찰이 용이토록 미니탭의 '등고선도'를 결합한 시각화 도구 예이다. 스펙트럼 봉우리(Peak)와 등고선도의 고밀도 영역이 일치돼 있다(고 가정한다). 이로부터 동일한 출력 값들이 여러 X들의 조합에서 관찰된다는 점과 특이치(주황색 스펙트럼으로 가정)의 분포, 미세 값들과 주요 값들과의 관계 등, 정

해진 시간대의 데이터를 수집해 예와 같이 시각화함으로써 단위 프로세스에 대한 다양한 해석과 타 시간대와의 비교를 통한 진단이 가능하다.

'벨트 분석'의 정의에서 설명한 바와 같이 [그림 Ⅳ-6] 같은 각 단위 프로세스를 관찰할 분석 도구를 개발해 Lot별, 시간대별, 또는 제품 코드별로 전체 프로세스 흐름에 따라 '벨트 분석'을 수행함으로써 이상 징후나 문제 발생, 특이 유동 등을 감지해낸다. 물론 문제점들이 발견되면 해당 프로세스에서 '원인 규명'이 이루어져야 함은 두말할 나위도 없다.

지금까지 본격적인 '다변량 자료 분석'에 들어가기 전 기본으로 알아둬야 할 사항들에 대해 알아보았다. 다음 단원부터 '다변량 자료'의 분석 방법들에 대해 알아보자.

## 2. EDA 방법

‘다변량 자료(Multivariate Data)’의 형태는 [그림 Ⅳ-1]에 나타낸 바 있다. 본 단원에서는 이를 이용하여 ‘탐색적 자료 분석’의 기본적인 몇몇 도구들을 소개하고자 한다. 단 여느 통계 서적이나 공개 교육 등에서 논한 내용이 아닌 필자가 기업의 고질 불량 해결을 위해 컨설팅 중 직접 다루었던 경험을 토대로 한다. 이들의 공통점은 현상을 시각화하는 방법들에 맞춰져 있으며, 가급적 통계적 접근은 배제하였다.113) 또 미니탭으로 처리할 수 있는 접근들에 한정한다. 사실 고질적 문제 해결을 위해 현상을 시각화하는 방법들은 미니탭뿐만 아니라 엑셀의 활용, 기업 내 IT시스템에서 제공되는 각종 차트들도 이용된다. 그러나 이들은 모두 그때그때의 ‘Case by Case’로 필요한 사항들이라 책에서 일반화시키기엔 분명 한계가 있다.

이어지는 주제에서 소개할 내용들은 ‘다변량 자료’를 접했을 때 전체적 관점에서 해석하고, 또 어떻게 상세 분석으로 들어갈지에 대한 접근 방법과 유용한 시각화 도구들에 대해 알아본다.

## 2.1. ‘산점도 행렬(Matrix Plot)’의 활용

미니탭의 ‘그래프(Graph)’ 기능에 포함된 도구이다. 프로세스에서 수집된 여러 변수들로 이루어진 ‘다변량 자료’를 접했을 때 사실 막막해하는 리더들이 꽤나 많다. 이때 적합한 접근법이다. 우선 다음 [그림 Ⅳ-7]과 같은 ‘다변량 자료’를 가정하자.

---

113) 통계 도구들은 앞서 설명했던 ‘인자 분석’, ‘판별 분석’, ‘군집 분석’ 등을 의미한다. 이들은 ‘탐색적 자료 분석’보다 자료의 통계적 처리나 분석과 관련한다.

| ↓ | C1<br>Date | C2<br>Y | C3<br>X1 | C4<br>X2 | C5<br>X3 | C6<br>X4 | C7<br>X5 | C8<br>X6 | C9<br>X7 | C10<br>X8 | C11<br>X9 | C12-<br>X10 | C13<br>X11 | C14-T<br>X12 | C15<br>X13 | C16<br>X14 |
|---|---|---|---|---|---|---|---|---|---|---|---|---|---|---|---|---|
| 1 | 20021102 | 24.03 | 158.0 | 60.0 | 110 | 70 | 4.9 | 254 | 1 | 40 | 19 | 중부 | 4.7 | 이제는 | 0 | 2 |
| 2 | 20021102 | 21.61 | 168.0 | 61.0 | 110 | 70 | 7.5 | 213 | 1 | 43 | 5 | 서울 | 4.5 | 이말선 | 0 | 1 |
| 3 | 20021102 | 21.75 | 159.0 | 55.0 | 120 | 80 | 7.2 | 304 | 1 | 44 | 19 | 서울 | 4.5 | 바른차 | 0 | 2 |
| 4 | 20021102 | 21.45 | 170.0 | 62.0 | 120 | 80 | 6.5 | 370 | 0 | 34 | 19 | 서울 | 4.5 | 바른차 | 0 | 1 |
| 5 | 20021102 | 19.92 | 160.0 | 51.0 | 120 | 80 | 4.3 | 180 | 0 | 44 | 19 | 서울 | 4.5 | 바른차 | 0 | 2 |
| 6 | 2002110 | 20.07 | 164.0 | 54.0 | 110 | 60 | 6.1 | 290 | 3 | 43 | 19 | 서울 | 1.3 | 군대로 | 0 | 2 |
| 7 | 2002110 | 21.33 | 162.0 | 56.0 | 110 | 60 | 9.8 | 376 | 3 | 31 | 19 | 서울 | 1.3 | 군대로 | 0 | 2 |
| 8 | 2002110 | 18.35 | 160.0 | 47.0 | 110 | 60 | 9.1 | 250 | 3 | 31 | 19 | 서울 | 1.3 | 군대로 | 0 | 2 |
| 9 | 2002110 | 21.13 | 182.0 | 70.0 | 120 | 70 | 6.3 | 252 | 3 | 27 | 19 | 서울 | 1.3 | 군대로 | 0 | 1 |
| 10 | 2002110 | 19.72 | 170.0 | 57.0 | 100 | 70 | 5.1 | 185 | 2 | 36 | 19 | 부산 | 5.8 | 살살이 | 0 | 2 |
| 11 | 2002110 | 21.79 | 170.0 | 63.0 | 140 | 90 | 5.7 | 261 | 2 | 30 | 19 | 대구 | 4.0 | 참조아 | 0 | 2 |
| 12 | 2002110 | 19.14 | 160.0 | 49.0 | 110 | 70 | 3.8 | 145 | 2 | 21 | 19 | 중부 | 1.8 | 조순수 | 0 | 2 |
| 13 | 2002110 | 25.18 | 176.0 | 78.0 | 120 | 80 | 9.3 | 279 | 3 | 31 | 19 | 서울 | 1.3 | 가자구 | 0 | 1 |
| 14 | 2002110 | 21.79 | 170.0 | 63.0 | 120 | 80 | 12.1 | 271 | 1 | 39 | 5 | 서울 | 1.3 | 이말선 | 0 | 1 |
| 15 | 2002110 | | | 56.0 | 120 | | | | | 36 | 5 | 서울 | | | | 2 |

　[그림 Ⅳ-7]은 16개의 열에, 데이터 수는 12,879건에 이른다(고 가정한다). 접근법을 논하고 있으므로 전체 자료를 하나하나 표현하지는 않았다. '다변량 자료'에서 가장 먼저 확인할 사항은 'Y 열'이다. [그림 Ⅳ-7] 경우 편의상 둘째 열을 'Y'로 가정하였다. 나머지 열들은 'X 열'들이다.

　'Y'와 'X'가 구분되면 다음은 '데이터 유형'을 확인한다. 예를 들어 'X10(지역)'과 'X12(성명)', 'X14(1, 2로 구분)'는 '범주 자료'이며, 'X13(0, 1로 구분)'은 '이산 자료(이진수 자료)', 나머지는 모두 '연속 자료'로 관찰된다. '불량품/양품', 'O/X'들은 모두 비율로의 표현이 가능한 '이진수 자료(Binary Data)'에 해당한다. 다음 순서는 전체를 조망하기 위해 '연속 자료'들로 '산점도 행렬'을 작성한다. [그림 Ⅳ-8]은 미니탭 「그래프(G) > 산점도 행렬(M)… - '단순'」을 선택하여 [그림 Ⅳ-7]의 자료 전체('범주 자료' 제외)를 시각화시킨 결과이다. 참고로 '산점도 행렬'을 작성할 때 '대화 상자' 입력란에 'Y 열'을 가장 먼저 입력한 뒤 그 이후로 'X 열'들을 입력한다. 이렇게 하면 결과 그래프의 맨 윗줄이 'Y vs. Xs'의 산점도 이므로 이 부분을 중점적으로 눈여겨볼 수 있다. 그 아래 나머지 산점도는 모두 'X vs. X'의 관계를 보여준다.

[그림 Ⅳ-8] 자료 전체의 시각화 예(산점도 행렬)

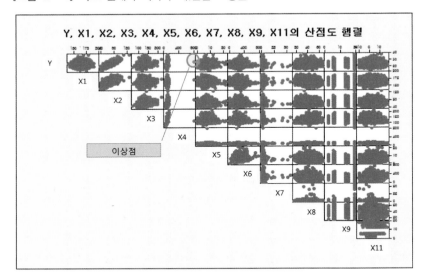

프로세스로부터 많은 수의 '다변량 자료'를 수집해 전체를 시각화시키면 제일 먼저 처리해야 할 타점이 눈에 바로 띄는 '이상점(Outlier)'이다. [그림 Ⅳ-8] 경우 '이상점'이라 표기된 데이터로 인해 해당 산점도 내 다른 대부분의 타점들이 한쪽으로 몰리는 형국이다. 이때 그 타점이 왜 '이상점'인지에 대한 조사가 있어야 한다. '이상점'을 제거할 때는 「① 원인 규명 → ② 개선 → ③ 재발 방지책 마련」의 3박자가 이루어져야 함은 누누이 강조한 바 있다. 본 예에서는 'X4 열'의 '11837 행'의 값이 '806'으로 '80'의 잘못 표기임이 확인되었다(고 가정한다). 따라서 값을 '806 → 80'으로 정정 후 '산점도 행렬'을 다시 작성한다. 다음 [그림 Ⅳ-9]는 '이상점'을 제외(또는 보정)한 후 다시 작성한 '산점도 행렬'이다.

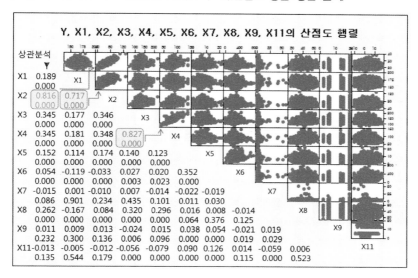

[그림 Ⅳ-9]는 '산점도 행렬'에 '상관 분석'을 추가해 편집한 예이다. 'Y vs. X2'가 'r=0.816'으로 '강한 양의 상관관계'를 보인다. 'X'들 간의 관계도 주요 정보가 될 수 있는데, 예를 들어 'X1 vs. X2'와 'X3 vs. X4' 역시 '강한 양의 상관관계'를 보인다. 이들이 공학적으로 연계성을 갖든, 아니면 프로세스상에서 연관성을 갖든 '사실 분석'적 차원의 해석이 뒤따라야 함은 두말할 나위도 없다. 본문에서는 '탐색적 자료 분석'의 접근법을 소개하고 있으므로 그들이 어떤 물리적 관계에 있는지 구체적인 논의는 하지 않겠다. 다만 실제 분석을 해야 할 리더 입장에선 PPT 파일 작성 시 관계 규명이 반드시 포함돼야 한다. 지금까지의 해석은 사실 '산점도'를 작성할 때마다 기본적으로 점검하고 확인할 사항이다. 다음으론 통찰력을 기반으로 한 다양한 해석적 접근에 대해 알아보자.

우선 프로세스상에서 잘 관찰되지 않는 데이터를 식별해낸다. '이상점'이
될 수도 있지만 이전 강하게 튀는 양상과 달리 정상 데이터와 섞여 있으면서
그 양도 일정 수준 이상을 유지하는 경우가 많다. 이에 걸맞은 데이터는 [그
림 Ⅳ-9]에서 'X7'을 예로 들 수 있다. 다음 [그림 Ⅳ-10]은 시스템 오류
로 확인된 데이터(수정 전)와 제거 후 데이터(수정 후)를 나열한 것이다.

[그림 Ⅳ-10] '시스템 오류'로 확인된 'X7' 데이터 '제거 전'과 '제거 후'

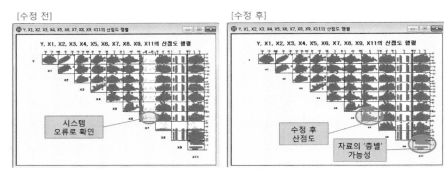

이 같은 과정을 거치면서 변수들 간의 관계는 훨씬 더 명료해지며, 원인 규
명 과정이 쉬워진다. 이 밖에도 [그림 Ⅳ-10]의 맨 끝 열인 'X11'의 맨 아래
'산점도(X9 vs. X11)'를 보면 몇 개의 층이 관찰되는데 아마 전체 자료들의
'층화' 가능성을 의심할 수도 있다. 본 예 경우 'X9'의 '5 미만'은 현재 운영
되지 않는 과거 프로세스 데이터로, 'X11' 역시 '음수 값'은 타 업무와 관련
된 자료로 '삭제'한다(고 가정한다). 이 과정은 미니탭「데이터(A) > 부분 집
합 워크시트(B)…」로 들어가 "포함할 행 지정" 내 ' 조건(C)… '에서 "X11>0"
와, "X9>=5"를 입력해 얻은 데이터로 진행한다. 다음 [그림 Ⅳ-11]은 최종
정리된 결과이다.

[그림 Ⅳ - 11] 최종 정리된 '다변량 자료' 예

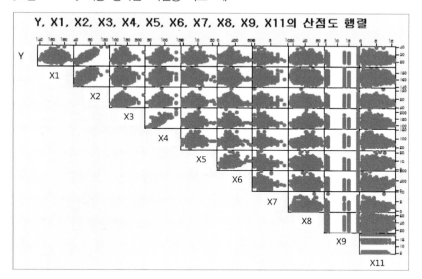

    [그림 Ⅳ - 11]과 같이 '이상점'을 제거하거나 현재 운영 중인 프로세스와
관련 없는 자료를 정리함으로써 문제 규명 효율과 개선 성과를 높이는 데 주
력한다. 이때 명심해야 할 사항은 제거하거나 정리된 자료들의 근거와 이력관
리를 철저히 하는 일이다. 누군가 이의를 제기하거나 오판의 가능성을 늘 염
두에 둬야 하기 때문이다.

    준비된 '원 자료'가 정리되면 다음은 남겨진 '범주 자료'를 [그림 Ⅳ - 11]
에 적용한다. 이 과정은 미니탭 「그래프(G) > 산점도 행렬(M)⋯ -'그룹 표
시'」로 들어가 "그룹화에 대한 범주형 변수(0-3)(C):"에 "'범주 자료' 열을 입
력함으로써 이루어진다. 본 예에서는 [그림 Ⅳ - 7]의 'X14'를 입력한다(고 가
정한다). 다음 [그림 Ⅳ - 12]는 '산점도 행렬' 결과이다.

[그림 Ⅳ-12] '범주 자료'인 'X14'를 추가한 예

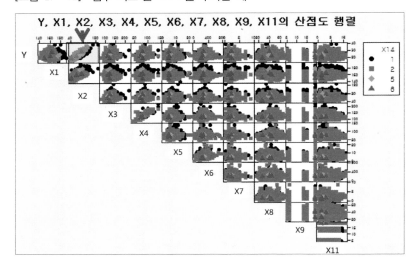

[그림 Ⅳ-12] 중 관심 있는 영역은 'Y vs. Xs'의 관계를 따져야 할 첫 번째 행이다. 그들 중 '상관관계'가 명료한 굵은 화살표(↓)의 'Y vs. X2'를 보면 범주 '5'와 '6'은 빈도가 매우 낮고 '1'과 '2'가 대부분을 차지하고 있다는 것과, 특히 '1(검은 점)'이 약간 아래로 쳐져 있음도 관찰된다. 좀 더 상세한 이미지를 확보하기 위해 이 부분만 '산점도'를 작성해본다(고 가정한다).

앞서 설명한 바와 같이 '범주 5와 6'은 몇 개 없고, '1'과 '2'가 대부분을 차지하며, 특히 둘은 서로 다른 기울기로 'Y'와 '강한 양의 상관관계'를 형성한다. 즉, 분석으로부터 현재 남아 있는 총 '8,746건'의 데이터는 다시 둘로 나누어 상세 분석을 수행해야 한다. 두 집단의 속성은 무엇이며, 왜 서로 다른 기울기를 형성하는지, '강한 상관관계'의 의미와 그를 통한 '개선 방향'은 무엇인지, 범주 '5와 6'은 벤치마킹 대상인지 아니면 제거 대상인지 등 앞으로 파악해야 할 많은 과정을 남겨두고 있다. 두 집단으로 분리한 이후의 분석

적 접근은 「이변량 자료 분석」 중 「2.1.1. '산점도'를 이용한 EDA」와 유사한
양상을 띠므로 해당 본문을 참고하기 바란다.

[그림 Ⅳ-13] 'Y vs. X2'의 산점도('X14' 추가)

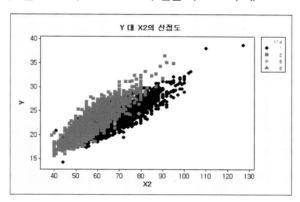

사실 지금은 '원 자료'로 직접적 원인을 규명하기보다 구체화 과정과 상세
분석 방법을 소개하고 있으므로 더 이상의 탐구는 자제한다. 그러나 규모 있
는 자료들을 어떻게 알기 쉽게 체계화해 나가는지에 대해선 확실히 이해했으
면 한다.

## 2.2. '등고선도(Contour Plot)'의 활용

'다변량 자료'를 접한 후 '산점도 행렬'을 통해 자료가 정리되고 상세 분석
으로 들어가는 기틀이 마련되면 이후 다양한 도구들이 필요에 의해 동원된다.
모든 도구들은 처한 상황에 따라 소위 'Case by Case'로 그 쓰임이 결정되므

로 그들 모두를 사용할 것으로 가정하고 하나하나 학습하는 것은 별 의미가 없다. 그러나 쓰임은 잘 알려져 있지 않은 반면, 실제 자료 해석에 큰 도움을 주는 도구가 있다면 얘기가 달라진다. 이들 중 하나가 바로 3개 변수를 한 번에 관찰할 수 있는 '등고선도(Contour Plot)'이다.

'등고선도'는 연구원이나 엔지니어들에겐 매우 익숙한 도구다. 미니탭 '실험계획법' 모듈에 포함돼 있어 '실험 계획(Design of Experiment)'을 하고 나면 결과 값을 이용해 종종 작성하곤 한다. 그러나 분야에 관계없이 '다변량 자료'를 이용해 현 프로세스 상태를 점검하거나 진단하는 용도로 이용하면 기대이상의 좋은 효과를 볼 수 있다. 실제 기업에서 컨설팅 수행 중 고질 불량의 원인을 규명하거나 현상 진단을 수행할 때 '산점도'와 '상자 그림' 다음으로 많이 사용하고 있는 도구가 바로 '등고선도'이다.

미니탭 경로는 「그래프(G) > 등고선도(C)…」이며, '대화 상자'에서 세 변수 'Z', 'Y', 'X'를 입력하면 얻을 수 있다. 여기서 'Z $\Rightarrow$ Y', 'Y $\Rightarrow$ $X_1$' 및 'X $\Rightarrow$ $X_2$'로 입력한다. 다음 [그림 $\text{IV}$ - 14]는 [그림 $\text{IV}$ - 7]의 '다변량 자료'들 중 'Y'와 'X2' 및 'X5'를 이용해 '등고선도'를 작성한 예이다.

[그림 $\text{IV}$ - 14] '등고선도'를 위한 '대화 상자' 및 결과 예

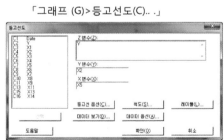
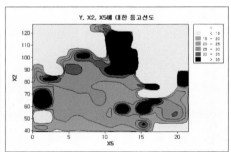

[그림 Ⅳ-14]의 '등고선도'는 '범례'를 통해 파악될 수 있다. '범례'로부터 색의 질감이 가장 짙은 영역은 'Y'가 '35'를 초과한다. 'Y'가 '망대 특성'일 경우 이 짙은 영역의 'X2'와 'X5'의 값에 관심이 있으며, 특히 '35'를 초과하는 영역이 여럿 분포하는 것으로부터 '최적 영역'이 프로세스 내 다양한 'X'들의 조합에서 나타나거나 '산포의 존재'를 유추해볼 수 있다. 만일 '최적 점'이 여러 영역에 분포한다면 '비용'과 '운용의 편의성' 측면의 새로운 'X'들 간 조합을 결정할 수 있으며, '산포'의 문제라면 원인 규명과 재발 가능성 등을 '사실 분석'해 프로세스 관리 능력을 최대한 향상시킨다. 'Y'를 중심으로 '다변량 자료' 내 다른 'X'들을 대조해 나가며 특이 변화를 관찰하거나 상세 분석 영역을 결정해 나가는 접근도 고려해봄 직하다.

[그림 Ⅳ-14]의 '등고선도'는 '대화 상자'의 '등고선 옵션' 기능을 이용해 점의 해상도를 높여 각 영역 내 값의 분포를 좀 더 섬세하게 관찰하거나, 등고선 개수를 늘려 영역 간 경계를 새롭게 해석할 수 있다. 다음 [표 Ⅳ-2]는 활용 빈도가 높은 '등고선 옵션'의 유용한 기능만을 요약해놓은 것이다.

[표 Ⅳ-2] '등고선 옵션'의 유용한 기능

| 대화 상자 '등고선 옵션' | | 내용 |
|---|---|---|
| | 등고<br>수준<br>개수 | ▷개수: 최소 2~최대 11<br>▷값: 특정 영역(예. 10, 11의 값을 보고자 할 때 '10 11'입력) |
| | 표면<br>보간에<br>대한 망사 | 기본은 15x15. 최소는 2~최대 101. 데이터 점 사이의 구간보다 더 많은 망사를 사용하면 이미지의 해상도를 높일 순 있지만 낱낱이 분해돼 유용하지 않은 정보가 될 수 있음.<br><br>▷x-축, y-축 망사 개수: 높은 해상도는 높게, 반대는 낮게 설정 |

[표 Ⅳ-2]의 '등고선 수'를 기존 '자동'에서 '11개'로 높여보자.

[그림 Ⅳ-15] '등고선 개수=자동'과 '11개'와의 비교

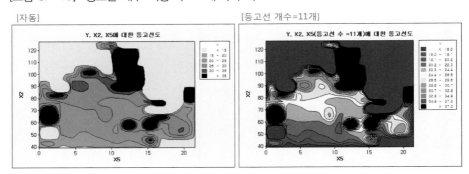

[그림 Ⅳ-15]의 오른쪽 '등고선도(등고선 수=11)'의 전체 윤곽은 왼쪽 '등고선도(등고선 수=자동)'의 그것과 동일하면서 그 내부의 구분이 훨씬 더 세분화돼 있음을 알 수 있다. 이것은 '범례'가 여러 개로 나뉘어 있는 것으로부터도 확인된다. 해석 관점에선 '자동'보다는 정보 획득이 용이하다는 느낌이 든다. 그러나 실제 데이터가 '등고선 수'를 증가시킬 수 있을 정도로 작은 간격이 아니라면 오히려 해석에 방해가 될 수 있으니 항상 최대 개수인 '11'을 고집할 필요는 없다.

'등고선 수'를 늘리거나 줄이는 접근이 해석에 영향을 미친다면 그에 덧붙여 '망사 개수(해상도)'의 조정도 현상을 파악하는 데 매우 유용하다. '해상도'란 각 영역을 얼마나 작은 영역으로 깨트려 보여줄 수 있는가이다. 다음 [그림 Ⅳ-16]은 망사 수를 '자동(15x15)'에서 '20x20'으로 높여 비교한 예이다.

[그림 Ⅳ-16] '망사 개수=자동'과 '20x20'의 비교

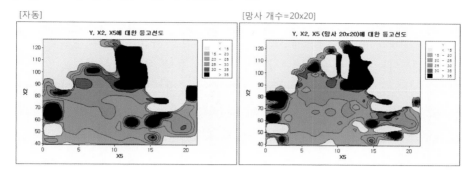

[그림 Ⅳ-16]의 오른쪽 그림이 왼쪽의 '자동'보다 잘게 쪼개져 있음을 알 수 있다. 얼마나 작게 쪼갤 수 있는지는 최대 '101x101'까지 허용되나 이 경우 해석이 불가할 정도로 윤곽이 잘게 흩뜨려져 오히려 방해가 될 수 있다. 따라서 망사 수를 조정해가면서 해석이 용이한 적정 수준을 찾아가는 것도 한 방법이다. 다음 [그림 Ⅳ-17]은 '등고선 개수=11'과 '망사 개수=20x20'을 모두 적용한 후 '자동'과 비교한 예이다.

[그림 Ⅳ-17] '자동'과 '등고선 개수=11 및 망사 개수=20x20'의 비교

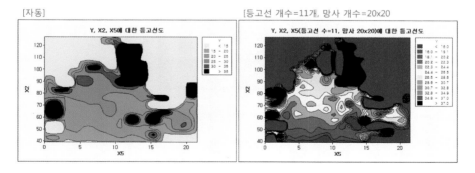

[그림 Ⅳ－17]의 오른쪽 '등고선도'는 '등고선 개수=11'과 '망사 개수=20x20'을 모두 적용한 결과이다. 디폴트인 '자동'에 비해 해석의 여지가 많은 느낌이 들며, 이로부터 프로세스에 대한 통찰력을 얻는 데도 긍정적 역할을 한다.

　　'등고선도'를 조금 응용하면 '시계열 분석'을 통해 유용한 통찰력을 얻는 일도 가능하다. '시계열(時系列)'이란 "시간의 차례대로 늘어놓은 계열"을 뜻한다. [그림 Ⅳ－17] 경우 각 'X-축'의 눈금 값들은 '오름차순'으로 자동 정렬돼 결과를 보여준다. 그러나 시간 순으로 나열하면 큰 값이 그보다 작은 값 앞에 위치할 수 있으므로 '시계열'을 적용한 그래프는 앞서 나타낸 '등고선도'와는 차이가 있다. '시계열'로 관찰하기 위해서는 '등고선도'에 포함시킬 자료들을 순서대로 '1, 2, 3, … 8,731, 8,732'와 같이 인덱스화한 뒤 이 열을 '등고선도'의 한 축으로 사용한다. 다음 [그림 Ⅳ－18]은 'Y vs. X2' 간 관계를 '시계열 분석'한 예이다.

[그림 Ⅳ－18] 'Y vs. X2' 간 '시계열 분석' 예

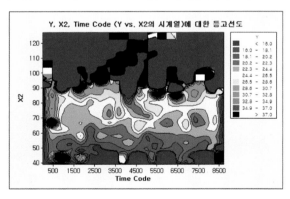

　　[그림 Ⅳ－18]을 통해 'X2'의 미세한 변화(상하 진동)에 따른 'Y 분포'가 시간에 따라 어떻게 유동하는지를 보여준다. 예를 들어, 시간 '약 1,500~

5,500' 사이에서 'X2'가 '100 이상'의 변동을 보이고 있으며, 이때 'Y'는 '범례'로부터 주로 최댓값인 '37'을 초과한다. 문제 영역이라고 판단되면 'X2'의 급변동 원인 또는 이 시점의 다른 요인들의 개입 여부를 확인해야 한다. 반대로 '망대 특성'이면 원인 규명을 통해 프로세스 능력을 향상시킬 수 있는 기회로 활용될 수 있다. 또 'X2'가 주로 '50~90'의 관리 범위를 갖는 것으로 보이며, 이때 'Y'는 '연두색 영역(28.6~32.8)'이 관리 범위 상단에 지속적으로 분포하고 있음도 관찰된다. 'Y'의 '28.6~32.8' 값이 왜 관리 범위 상단에 치우친 경향을 보이는지에 대한 시계열적 해석도 고려해봄 직하다(또는 역으로 파란색인 Y의 작은 값 분포도 고려해볼 수 있다). '등고선도'로부터 현재 운영 중인 프로세스에 대해 어떤 통찰력을 얻든 그 전에 현상의 시각화는 반드시 있어야 할 필요조건임을 명심하자.


## 2.3. '다변량 차트(Multivariate Chart)'의 활용


'다변량 자료'를 논하는 상황에서 '다변량 차트'는 동일한 단어인 '다변량' 때문에 둘의 관계가 매우 깊을 것이란 기대감을 낳는다. 틀리진 않지만 프로세스로부터 수집된 '원 자료'에 적용하기 위해선 몇 가지 제약 조건이 만족돼야 한다. 우선 '다변량 차트'의 용도를 기술하면 다음과 같다.

> · **다변량 차트**(Multivariate Chart) (미니탭 도움말) 미니탭에서는 최대 4개의 요인에 대해 다변량 차트를 그린다(중략)…. 다변량 차트는 데이터 분석의 사전 단계에서 데이터를 전체적으로 살펴보는 데 사용할 수도 있다. 다변량 차트는 각 요인에 대해 각 요인 수준에서 평균을 표시한다.

(필자) 'X'는 '범주 자료'만 가능. 만일 'X'가 서로 다른 값들로 이루어진 '연속 자료'
면 값들을 '범주(또는 수준)'로 인식해 분석이 안 될 수도 있음.
(필자) 미니탭은 'X들 수준들의 총 조합 수' 대비 '실제 존재하는 조합 수' 비율이
'60% 이상'에서만 결과를 얻어줌. '60% 미만'일 경우 "40% 이상의 셀이 비어 있
습니다. 차트가 만들어지지 않습니다"란 오류 메시지를 출력함.

용도 설명에 따르면 'Y' 하나에 최대 4개까지의 'Xs' 간 관계를 하나의 그
래프상에 표현할 수 있으므로 매우 유용한 도구임에 틀림없다. 다양한 형태로
구성된 '원 자료'를 대상으로 '다변량 차트'를 적용하기 위해선 차트의 성향에
대해 명확히 알아둘 필요가 있다. 수집된 자료로부터 바로 '다변량 차트'를
작성할 경우 '오류' 발생이 발목을 잡을 수 있기 때문이다. 지금부터 미니탭
의 '다변량 차트'가 '다변량 자료'를 어떻게 설명하는지 자세히 알아보자.

만일 수집된 자료가 '1개의 X'인 경우를 가정해보자(물론 'Y'가 포함됨).
통상 'X'가 '연속 자료'이면 '산점도'를 작성할 것이다. 그러나 '범주 자료'를
가정하고 '다변량 차트'를 작성하면 다음 [그림 Ⅳ-19]와 같다(미니탭 「통계
분석(S) > 품질 도구(Q) > 다변량 차트(M)…」).

[그림 Ⅳ-19] 'Y vs. X1' 간 '다변량 차트' 예

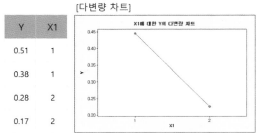
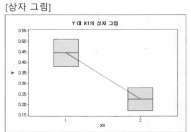

‘다변량 차트’는 X1의 수준 ‘1’과 ‘2’에 해당하는 ‘Y’의 각 두 개 값의 평균점을 찍은 후 둘을 연결한다. 물론 잘 알려진 ‘상자 그림’도 유사한 분석이 가능하다. 만일 ‘X1’이 ‘연속 자료’일지라도 ‘Y vs. X(1개)’의 경우는 데이터 수에 관계없이 ‘다변량 차트’가 가능하다. 쉽게 이해할 수 있도록 극단적인 예를 들어보자. 다음 [그림 IV-20]은 ‘X’가 모두 ‘1개 수준’인 경우와 ‘X’가 ‘13,526개’로 이루어진 ‘연속 자료’의 ‘다변량 차트’를 각각 보여준다.

[그림 IV-20] ‘X1이 1개 수준’ 및 ‘X1이 연속 자료면서 13,526개’인 경우 예

[X 값이 모두 1로 동일한 경우]

[X 값이 ‘연속 자료’로 ‘13,526개’ 존재하는 경우]

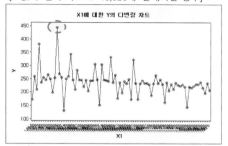

[그림 IV-20]의 왼쪽은 [그림 IV-19]의 데이터 중 ‘X1’이 모두 ‘1(즉, 1개 수준으로만 구성)’인 예이다. 이때 ‘4개의 Y값’을 평균하므로 결국 ‘다변량 차트’는 ‘1개 점’만 타점된다. 이에 반해 ‘X1’이 ‘연속 자료’면서 그 수를 ‘13,526개’로 가정하면[114) ‘X1’에 대응하는 ‘Y’값을 타점해 나가되, 동일한 ‘X1’이 여럿 존재하면 그들에 대응하는 ‘Y값들의 평균’이 찍힌다. 또 ‘X1’은 ‘오름차순’으로 정렬된다(따라서 시계열 분석과는 차이가 있다). 주의할 것은 각 타점이 ‘평균값’이므로 몇 개로부터 타점이 형성된 것인가는 그래프로부터 알 수 없다. 예를 들어, [그림 IV-20]의 오른쪽 차트에서 원으로 표시된 점

---

114) 실제 프로세스로부터 수집된 데이터 수가 매우 큰 경우를 가정하기 위해 1만 개 이상의 자료 수를 도입하였다.

은 'X1=150.8'과 'Y=445'로 그 수가 단 1개 쌍만 존재한다. 즉, 차트상에는 다른 점들에 비해 매우 큰 값으로 튀어 영향력도 클 것으로 보이지만 실제는 '13,526개' 중 1개 쌍만 존재하므로 '이상점'일 가능성이 높다. 차트를 관찰할 때 주의해야 할 점이다.

다음은 수집된 자료가 '2개의 X'인 경우를 가정해보자. 이를 위해 [그림 Ⅳ-19]의 데이터에 'X2'를 추가하였다. 다음 [그림 Ⅳ-21]은 미니탭으로 '다변량 차트'를 작성했을 때의 서로 다른 상황을 예로 든 것이다.

[그림 Ⅳ-21] 'X가 2개'인 경우의 '다변량 차트' 작성 예

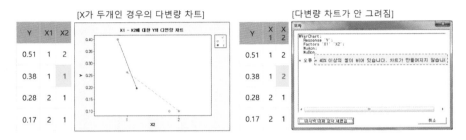

[그림 Ⅳ-21]은 'X'가 '2개'인 경우의 매우 단순화된 예지만 실제 프로세스로부터 얻은 'X'가 '2개 이상'의 경우도 동일하게 적용된다. 우선 왼쪽 그림은 미니탭에서 '다변량 차트'가 얻어진 예이고, 오른쪽 그림은 유사한 상황에서 '오류 메시지'가 나온 예이다. 참고로 '오류 메시지'는 "*오류* 40% 이상의 셀이 비어 있습니다. 차트가 만들어지지 않습니다"이다. 이런 상반된 결과는 실제 수집된 자료를 이용해 '다변량 차트'를 얻으려고 시도했을 때 분석자를 당혹스럽게 한다.

우선 [그림 Ⅳ-21]의 데이터를 보면 오른쪽은 왼쪽의 'X2' 중 노란색으로 표시된 셀의 값 '1'을 '2'로 변경한 것임을 알 수 있다. 숫자 하나가 바뀜으로

써 '오류'가 난 것이다. 원인은 'X들의 수준 간 조합 수'와 관계한다. 예를 들어 'X1'과 'X2'는 각각 '2개 수준'으로 구성된다. 따라서 '가능한 총 조합 수'는 '2x2=4개'이다. '오류 메시지' 중 "40% 이상의 셀이 비었다"는 의미는 "총 조합 수 중 60% 이상이 포함되지 않았다"는 의미로 해석한다. '총 조합의 경우 수'를 나열하면 다음 [표 Ⅳ-3]과 같다.

[표 Ⅳ-3] 'X'별 각 '2 수준' 경우의 '총 조합 수'

| 조합 No | X1 | X2 |
|---|---|---|
| 조합 1 | 1 | 1 |
| 조합 2 | 1 | 2 |
| 조합 3 | 2 | 1 |
| 조합 4 | 2 | 2 |

'X'가 '2개'이면서 각 수준이 '2개'면 '총 4개 조합'이 가능하며, 이때 '다변량 차트'를 그리기 위해서는 '총 조합 수'의 '60% 이상'인 '3개 조합 이상'이 포함돼야 한다. [그림 Ⅳ-21]의 오른쪽 데이터는 'X1'과 'X2'의 수준 조합이 각각 (1, 2) 2개, (2, 1) 2개로 오직 '2개만의 조합 수'만 존재하며 '점유율'은 '50%(=2/4×100)'로 기본 요건인 '60%'에 미치지 못한다.

상황을 좀 더 확대해서 만일 'X2'가 '3개의 수준'으로 구성됐다고 가정해보자. 이때 '총 조합 수'는 'X1'이 '2수준', 'X2'가 '3수준'이므로 '2x3=6개'이다. 따라서 미니탭으로부터 '다변량 차트'를 얻기 위해서는 '60% 이상'이 필요하므로 최소 '4개 조합(4/6≒0.67) 이상'이 자료 속에 포함돼 있어야 한다. 결국 '다변량 자료'를 이용해 '다변량 차트'를 얻으려면 다음을 꼭 확인한다.

· '다변량 차트' 이용 시 확인 사항 (필자) 프로세스로부터 수집된 '다변량 자료'에 대해 2~4개까지의 'X'를 이용, 'Y'와의 관계를 시각적으로 파악하고자 할 때, 주어진 'X'들의 '총 수준 조합 수'의 '60% 이상'이 자료 속에 포함돼 있는지를 확인한다.

미니탭의 '다변량 차트' 작성 원리를 이해했으면 이제 '다변량 자료' 속에서 'Y vs. Xs'의 관계를 시각화시켜 보자. 'X'는 최대 4개까지 가능하다. 이때 미니탭 수행 전 각 'X'의 '수준 수'와 그를 통한 '총 조합 수'를 산정한다. 이로부터 최소 '60%'에 해당하는 '조합 수'를 구한 뒤 '다변량 자료'로부터 그만큼의 '조합 수'가 포함돼 있는지 여부를 검토한다. 물론 이 작업 없이 바로 미니탭을 돌려 '오류 메시지'가 나타나지 않는다면 전혀 문제 될 것이 없다. 그러나 "*오류* 40% 이상의 셀이 비어 있습니다. 차트가 만들어지지 않습니다"가 뜬다면 '60%'를 포함할 '최소 조합 수'가 구비되도록 자료 수집 기간을 연장하거나 원하는 조합 상태의 데이터가 얻어질 때까지 분석 일정을 늘려야 한다. 다음 [그림 Ⅳ-22]는 '4개의 X'를 적용한 '다변량 차트'의 한 예이다.

[그림 Ⅳ-22] 'X가 4개'인 경우의 '다변량 차트' 작성 예

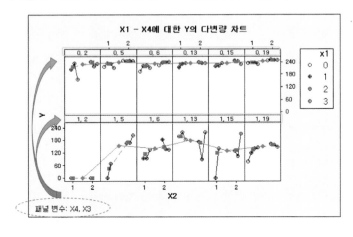

[그림 Ⅳ-22]는 '12,990개'의 자료 수(데이터 건수)에 대해 4개의 '범주 자료, X'와 'Y'와의 관계를 '다변량 차트'로 작성한 것이다. 4개의 축을 하나의

그래프에 표현하는 것은 불가능하므로 차트 왼쪽 하단에 두 개의 변수 조합 (X4, X3)을 하나로 묶는 방법을 쓰고 있다. 예를 들어, 상단과 하단 각각 6개 블록은 'X4'와 'X3'의 각 '수준 조합'을 나타내며, 각 블록 속은 'X2'와 'X1'의 수준들을 반복적으로 표기함으로써 'X1-4수준(0, 1, 2, 3)', 'X2-2수준(1, 2)', 'X3-6수준(2, 5, 6, 13, 15, 19)', 'X4-2수준(0, 1)' 등 '총 조합 수=96개'를 대변하고 있다. 오류 메시지가 뜨지 않았으므로 '총 조합 수'의 '최소 60%'인 '58개 이상'의 조합 수가 '원 자료'인 '다변량 자료'에 포함돼 있음을 짐작게 한다. 해석적 관점에서 하단 6개 블록의 'Y'는 '180 이하'에서 등락하는 반면 상단 6개 블록은 모두 '240'을 중심으로 등락한다. 이것은 'X4 수준'이 '0'과 '1'로 나뉠 때의 현상으로, 이에 대한 '사실 분석'이 요구된다. 또 'X2의 수준'이 '2'일 때가 '1'일 때에 비해 전체적으로 '평균이 높게' 관찰된다. 그 이유에 대해서도 실제 프로세스 안에서 어떤 일이 벌어지고 있는지 '사실 분석'이 필요한 대목이다. 단, 각 타점들이 '몇 개의 데이터'로 이루어진 것인지 별도의 확인이 있어야 한다. 단 1개의 데이터로도 타점이 형성될 수 있으며, 이 경우 프로세스를 설명할 '대표성'에 손상이 갈 수 있다.

'X'가 2개 또는 3개의 접근은 [그림 IV-22]와 같이 최대인 '4개'를 참고하면 유사한 해석이 가능하므로 별도의 설명은 생략한다. 추가로 미니탭 '다변량 차트'의 '대화 상자'에서 'X'들의 입력 순서를 뒤바꾸면 [그림 IV-22]와 모양이 다른 차트가 형성되나 결과 해석은 동일하다. 데이터는 같으므로 그 '평균' 또한 달라질 이유가 없기 때문이다. 다음 [그림 IV-23]은 [그림 IV-22]의 입력 순서 'X1-X2-X3-X4' 대신 'X3-X1-X2-X4'로 뒤바꾼 결과이다.

[그림 IV-23]은 [그림 IV-22]의 그것과 블록의 수부터 전체 모양에 큰 차이를 보이나 결과 해석은 동일하다. 어떤 모양의 차트를 이용할 것인지는 가장 해석이 용이한 것을 선택하면 그만이다. 이를 위해 단 한번의 'X'들 입

력으로 차트를 얻기보다 그들의 순서를 바꾸어가면서 가장 쉽게 눈에 들어오는 하나를 선택하는 방법도 매우 중요한 접근 중 하나임을 명심하자.

[그림 Ⅳ-23] 'X들의 대화 상자' 입력 순서를 바꾼 경우

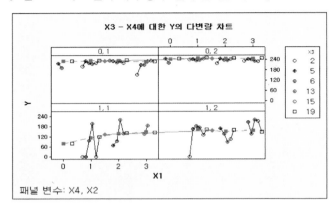

지금까지 나열된 '다변량 자료'의 '탐색적 자료 분석'은 이외에 유용한 도구들이 더 있을 수 있으나 기업 내 리더들이 맞닥뜨리는 대부분의 문제 해결에 상당 부분을 제시된 도구들이 지원하리라 확신한다. 전체 '다변량 자료'를 개관하는 초기 분석에 유용한 접근들이므로 이로부터 분석 방향이 섰으면 '일변량 자료' 또는 '이변량 자료'에서 소개했던 도구들을 적극 활용토록 한다.

해석에 적합지 않은 다양한 유형의 다양한 자료들에 대해서는 그에 맞는 개개의 방법들을 추가로 조사해 활용하거나 자체적으로 개발하는 적극적인 노력이 필요할 것이다.

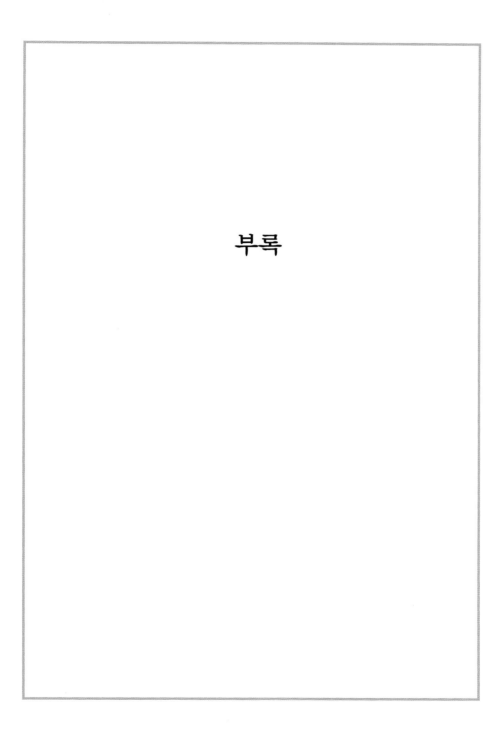

부록

## □ 이항 로지스틱 회귀방정식의 모수 얻는 과정(우도 함수를 이용)

20여 년 만에 미분을 다시 접하는 것 같다. 다음은 '이변량 자료'의 로지스틱 회귀 설명 중 얻어진 식 (Ⅲ.13)을 얻기 위한 편미분 과정을 설명한다. '베르누이 분포'의 '로그 우도 함수'는 다음과 같다.

$$\ln L(p) = \sum [y_i \ln p_i + (1-y_i)\ln(1-p_i)] \tag{1}$$

(1)에 '$p_i = \dfrac{1}{1+e^{-(\alpha x_i + \beta)}}$'를 입력하면,

$$\ln L(p) = \sum [y_i \ln(\frac{1}{1+e^{-(\alpha x_i + \beta)}}) + (1-y_i)\ln(1-\frac{1}{1+e^{-(\alpha x_i + \beta)}})] \tag{2}$$

편의상 'Σ'를 빼고 'α'와 'β'에 대해 각각 편미분 수행한다. 우선 '<u>α'에 대해 수행</u>하면,

(첫 항)

$$\frac{\partial}{\partial \alpha}\ln L(p)_{첫항} = y_i(1+e^{-(\alpha x_i+\beta)}) \bullet \frac{-e^{-(\alpha x_i+\beta)} \bullet (-x_i)}{(1+e^{-(\alpha x_i+\beta)})^2} \tag{3}$$

$$= x_i y_i \bullet \frac{e^{-(\alpha x_i+\beta)}}{(1+e^{-(\alpha x_i+\beta)})} = x_i y_i p_i \bullet e^{-(\alpha x_i+\beta)} \quad \Leftarrow \quad \therefore \frac{1}{(1+e^{-(\alpha x_i+\beta)})} = p_i$$

(둘째 항)

$$\frac{\partial}{\partial \alpha}\ln L(p)_{둘째항} = (1-y_i) \bullet (\frac{1}{[1-\frac{1}{1+e^{-(\alpha x_i+\beta)}}]}) \bullet \frac{(-1)(-e^{-(\alpha x_i+\beta)}) \bullet (-x_i)}{(1+e^{-(\alpha x_i+\beta)})^2} \tag{4}$$

$$= (1-y_i)\frac{(1+e^{-(\alpha x_i+\beta)})}{e^{-(\alpha x_i+\beta)}} \bullet \frac{(-1)x_i e^{-(\alpha x_i+\beta)}}{(1+e^{-(\alpha x_i+\beta)})^2} = -(1-y_i)x_i p_i = (y_i-1)x_i p_i$$

$$\left( \therefore \frac{1}{(1+e^{-(\alpha x_i+\beta)})} = p_i \quad \nearrow \right)$$

(3)+(4) 하면,

$$\frac{\partial}{\partial \alpha}\ln L(p) = (3)+(4) = x_i y_i p_i \cdot e^{-(\alpha x_i + \beta)} + (y_i - 1)x_i p_i \qquad (5)$$
$$= x_i y_i p_i (1 + e^{-(\alpha x_i + \beta)}) - x_i p_i$$
$$= x_i y_i p_i \cdot \frac{1}{p_i} - x_i p_i$$
$$= x_i (y_i - p_i)$$

식 (5)에 '$\Sigma$' 붙이고 미분의 결과이므로 '=0'으로 마무리하면 다음과 같다.

$$\sum_i x_i (y_i - p_i) \doteq 0 \qquad (6)$$

이어서 '$\beta$'에 대해 수행하면,

(첫 항)

$$\frac{\partial}{\partial \alpha}\ln L(p)_{첫 항} = y_i (1 + e^{-(\alpha x_i + \beta)}) \cdot \frac{-e^{-(\alpha x_i + \beta)} \cdot (-1)}{(1 + e^{-(\alpha x_i + \beta)})^2} \qquad (7)$$
$$= y_i \cdot \frac{e^{-(\alpha x_i + \beta)}}{(1 + e^{-(\alpha x_i + \beta)})} = y_i p_i \cdot e^{-(\alpha x_i + \beta)} \quad \Leftarrow \quad \because \frac{1}{(1 + e^{-(\alpha x_i + \beta)})} = p_i$$

(둘째 항)

$$\frac{\partial}{\partial \alpha}\ln L(p)_{둘째 항} = (1 - y_i) \cdot \left(\frac{1}{[1 - \frac{1}{1 + e^{-(\alpha x_i + \beta)}}]}\right) \cdot \frac{(-1)(-e^{-(\alpha x_i + \beta)}) \cdot (-1)}{(1 + e^{-(\alpha x_i + \beta)})^2} \qquad (8)$$
$$= (1 - y_i)\frac{(1 + e^{-(\alpha x_i + \beta)})}{e^{-(\alpha x_i + \beta)}} \cdot \frac{(-1)e^{-(\alpha x_i + \beta)}}{(1 + e^{-(\alpha x_i + \beta)})^2} = -(1 - y_i)x_i p_i = (y_i - 1)p_i$$
$$\left(\because \frac{1}{(1 + e^{-(\alpha x_i + \beta)})} = p \quad \nearrow \right)$$

(7)+(8) 하면,

$$\frac{\partial}{\partial \alpha} \ln L(p) = (7) + (8) = y_i p_i \cdot e^{-(\alpha x_i + \beta)} + (y_i - 1) p_i \qquad (9)$$
$$= y_i p_i (1 + e^{-(\alpha x_i + \beta)}) - p_i$$
$$= y_i p_i \cdot \frac{1}{p_i} - p_i$$
$$= y_i - p_i$$

식 (9)에 'Σ' 붙이고 미분의 결과이므로 '=0'으로 마무리하면 다음과 같다.

$$\sum_i (y_i - p_i) = 0 \qquad (10)$$

식 (6)과 (10)은 [그림 Ⅲ-28]의 미니탭 도움말에 표기된 결과와 일치한다. 즉,

$$\alpha \text{에 대해}, \sum_i^n x_i (y_i - p_i) = 0 \qquad (11)$$
$$\beta \text{에 대해}, \sum_i^n (y_i - p_i) = 0,$$

그러나 미니탭에서는 이들의 연립 방정식을 구해 'α'와 'β'를 구하는 대신 'IRWLS(Iterative Re-Weighted Least Squares)'라고 하는 'Newton-Raphson 알고리즘'을 이용하고 있다. 연립 방정식을 활용 못하는 이유는 식 (6)과 (10)에 포함된 'p'가 비선형인 지수함수로 이루어져 있기 때문이다. '최대 우도법'과 'IRWLS'는 동일한 결과를 얻는 것으로 알려져 있다.

색인

송인식

(현) PS-Lab 컨설팅 대표

한양대학교 물리학과 졸업
삼성 SDI 디스플레이연구소 선임연구원
한국 능률협회 컨설팅 6시그마 전문위원
네모 시그마 그룹 수석 컨설턴트
삼정 KPMG 전략컨설팅 그룹 상무

인터넷 강의: http://www.youtube.com/c/송인식PSLab
이메일: labper1@ps-lab.co.kr

※ 도서 내 데이터 및 템플릿은 PS-Lab(www.ps-lab.co.kr)에서 무료로 받아보실 수 있습니다.

Be the Solver

**탐색적**
**자료 분석(EDA)**

초판인쇄  2018년 2월 19일
초판발행  2018년 2월 19일

**지은이**  송인식
**펴낸이**  채종준
**펴낸곳**  한국학술정보㈜
**주소**  경기도 파주시 회동길 230(문발동)
**전화**  031) 908-3181(대표)
**팩스**  031) 908-3189
**홈페이지**  http://ebook.kstudy.com
**전자우편**  출판사업부  publish@kstudy.com
**등록**  제일산-115호(2000. 6. 19)

ISBN  978-89-268-8250-4  94320